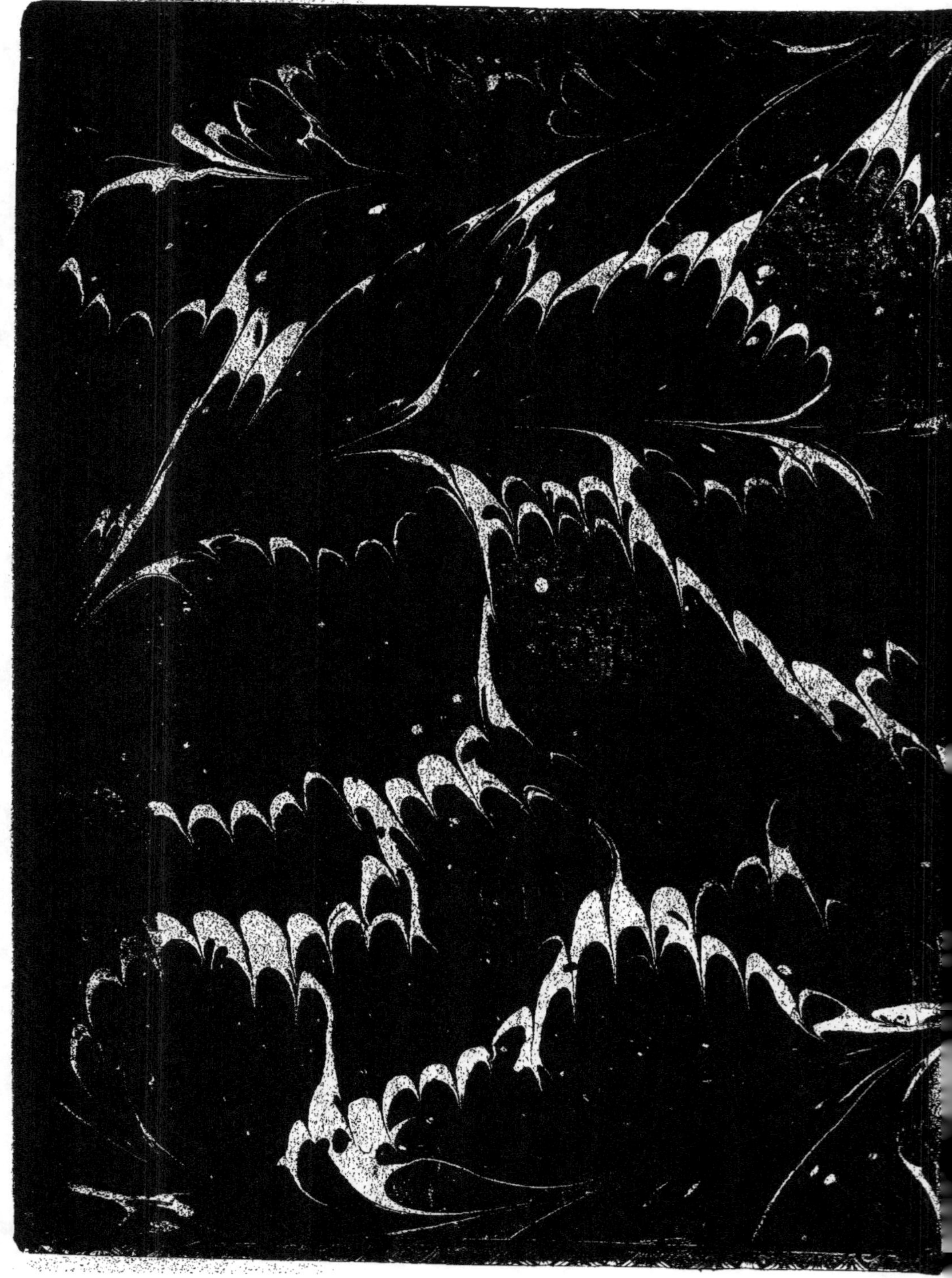

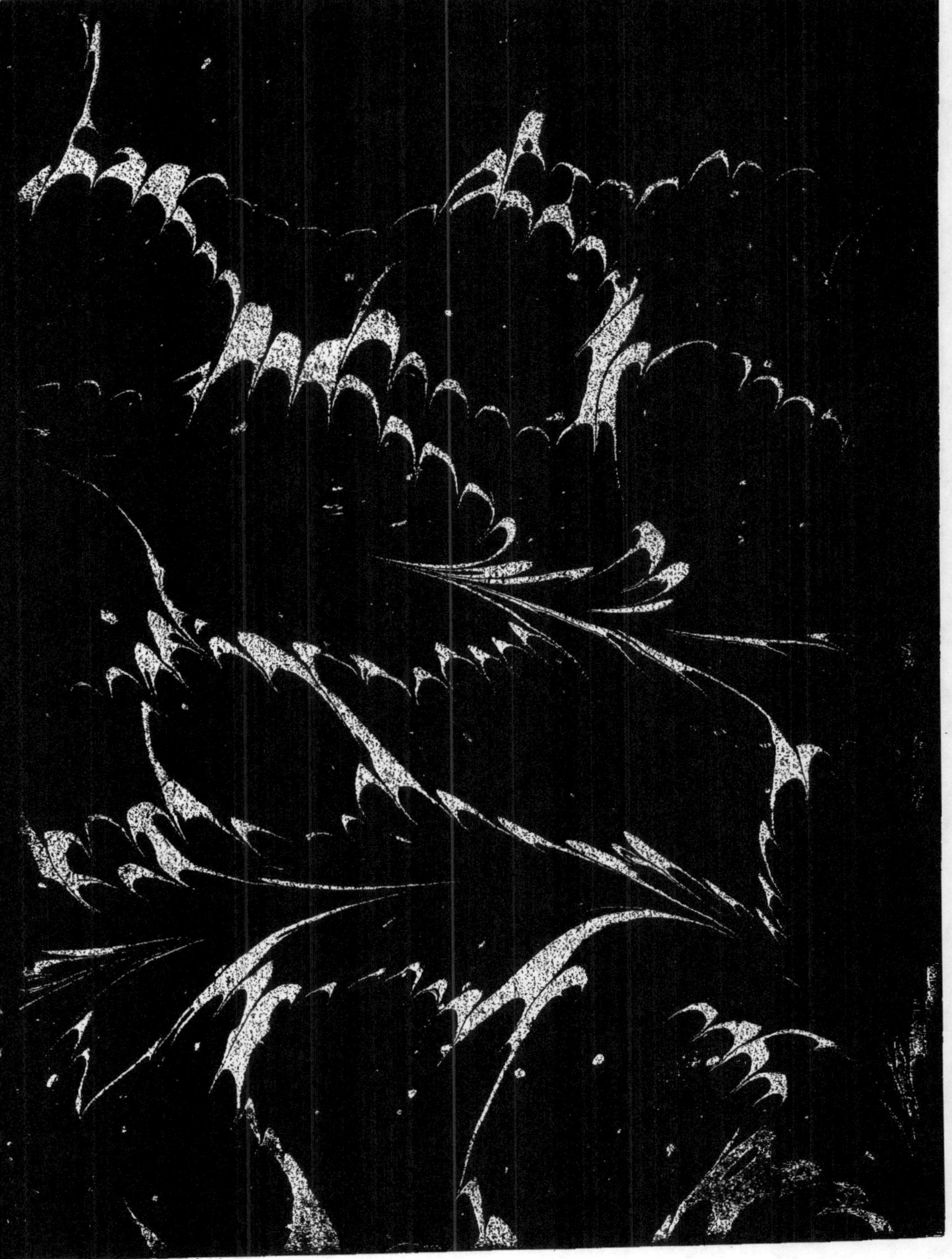

TROISIESME ET DERNIERE PARTIE DE LA PERSPECTIVE PRATIQVE

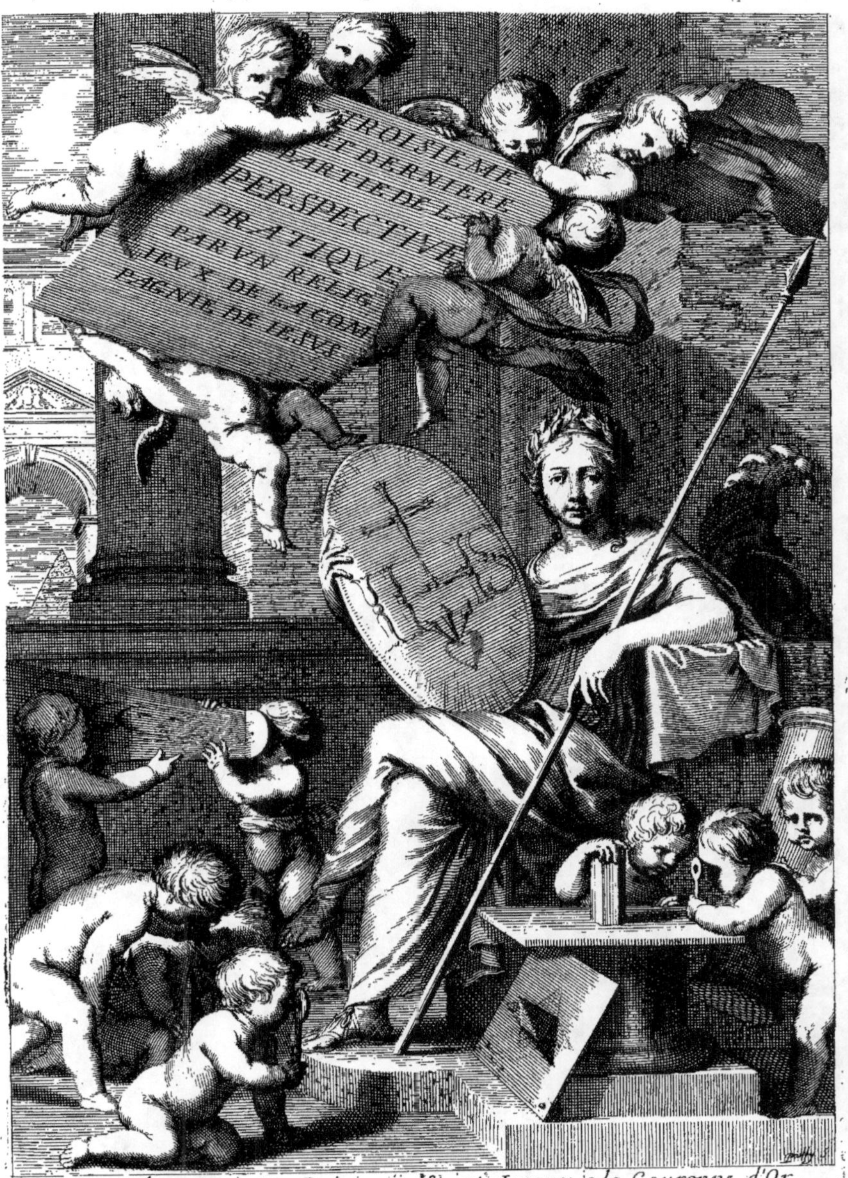

A PARIS Chez Iean Du-Puis, rüe Saint Iacques a la Couronne d'Or,
Avecq Privilége du Roy, M.DCLXVI.

LA

PERSPECTIVE PRATIQVE,

OU SE VOYENT LES BEAUTEZ ET RARETEZ de cette Science :

AVEC LES METHODES POVR LES PRATIQVER sur toutes sortes de Plans.

ET LES EFFETS ADMIRABLES DES TROIS RAYONS, DROIT, REFLECHY, ET BRISÉ.

Par un Religieux de la Compagnie de JESUS.

TROISIEME ET DERNIERE PARTIE.

SECONDE EDITION.

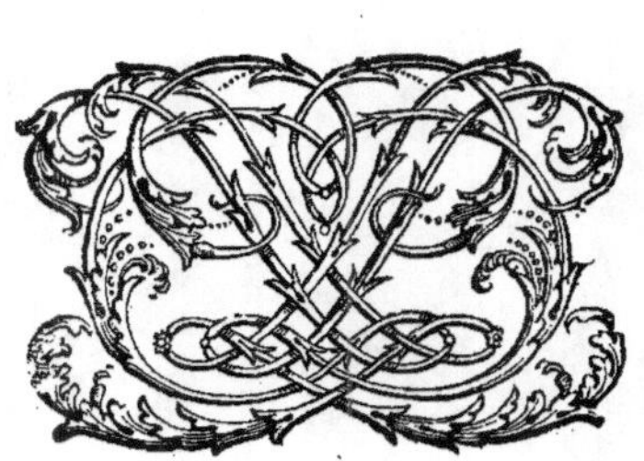

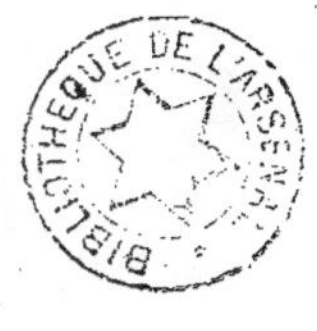

A PARIS,
Chez ANTOINE DEZALLIER, ruë Saint Jacques, à la Couronne d'or.

M. DC. LXXIX.

Avec Privilege du Roy.

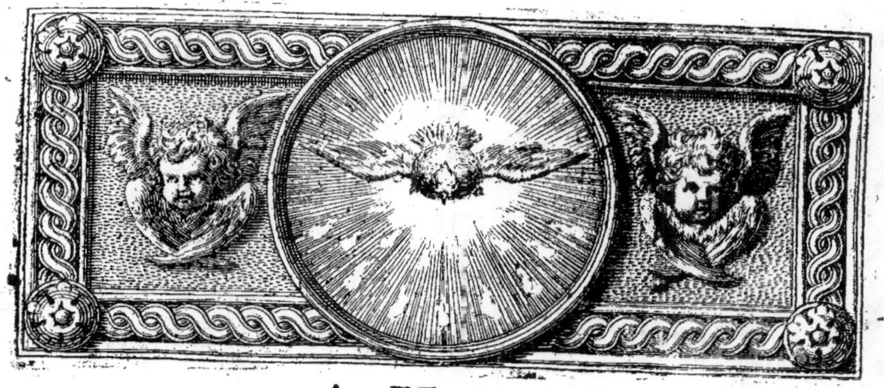

AV

LECTEVR.

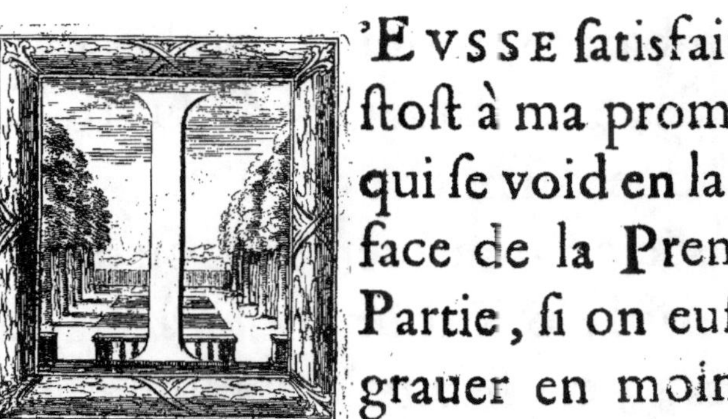

'Evsse satisfait plustost à ma promesse, qui se void en la Preface de la Premiere Partie, si on eust pù grauer en moins de temps, le grand nombre de planches qui compose ces Trois Parties, qui ne pouuoit pas estre plus petit, supposé mon dessein, de donner toutes les pratiques qui dependent des regles de la Perſpectiue; où i'ay eſté le plus ſuccinct qu'il m'a eſté poſsible, n'en ayant donné que ce qui eſt purement neceſſaire pour eſtre clair, & faire entendre mes penſées nettement.

Que ſi apres ce ſoing on ne laiſſe pas de trouuer quelques pratiques qui d'abord ſemblent embaraſſées; cét embaras viendra de ne les auoir pas leües & conſiderées de ſuitte, ſelon l'aduertiſſement que i'en ay donné dés le commencement, ou de n'auoir pas l'eſprit tout entier à ce que l'on fait; car ſi on s'y applique auec ſoing, elles ſont fort ayſées. Il eſt vray que ſi j'euſſe ſuiuy les auis de pluſieurs, ie ne me fuſſe pas contenté de donner, comme j'ay fait, vne pratique ou deux ſeulement, de quantité de piéces, mais ie les euſſe multipliées autant qu'il s'en peut deduire des principes que j'ay auancés; ce qui eut groſsi le Liure au triple, & n'euſt pas eſté plus vtile; outre que ce qui euſt contenté les vns, euſt eſté trouué ſuperflu des autres, puis qu'il ſuffit à vn bon eſprit, de luy donner entrée, & luy enſeigner comme il s'y faut prendre; laiſſant à ſon genie de paſſer plus outre, & faire la découuerte du reſte. A quoy ie pretends conduire tous ceux qui deſireront s'y appliquer, quand ils n'auroient aucune teinture des autres parties de la Mathematique, qu'on a creu autresfois eſtre tres neceſſaires pour cette ſcience.

Si aprés cette grande facilité, on trouue des Peintres ignorans de ce qui eſt neceſſaire en leur art ; il faut les tenir pour des pareſſeux & negligens d'apprendre, puiſque cette ſcience eſt ſi aiſée maintenant, que des enfans ſe ſont rendus ſçauans en Perſpectiue, ſuiuant les principes de la Premiere Partie, qu'il faut entendre auant que de venir à celle-cy, où les Maiſtres verront leurs penſées ſur le papier, & peut eſtre quelque choſe de plus, car il y a diuerſes belles pratiques qui n'ont point encore eſté veuës.

Afin de faire voir plus exactement à mon Lecteur, l'ordre que j'ay ſuiuy en tout mon ouurage, I'ay mis aprés cette Preface, les Traitez qui le compoſent, où l'on pourra choiſir ceux qui agréeront le plus. Il faut ſe ſouuenir qu'il y a trois ſortes de Rayons, le premier eſt le Droit, le ſecond eſt le

Reflechy, & le troisiesme est le Brisé. De plus il faut considerer qu'il y a deux sortes de Rayons Droits. Le premier est ceuly que nous nõmons ordinairement Perspectif, & qui est tousjours supposé couppé par quelque milieu transparent, comme j'ay dit aux deffinitions de la Premiere Partie. Le second Rayon Droit se nomme Optique pour le distinguer du premier. Cette sorte de Rayõ Droit que nous appellons Perspectif, est si vniuersel en cét art qu'il a fallu luy donner les deux Premieres Parties de mon ouurage & les quatre premiers Traitez de celle-cy qui est la Troisiesme. Tout ce qui appartient à la seconde espece de Rayon Droit appellé Optique, se verra au Traité V. de cette III. Partie. Le Traité VI. contient toutes les Pratiques de Catoptrique ou du Rayon Reflechy. Et le Traité. VII. enseigne la Dioptrique & ce qui est propre au Rayō Brisé en fait de peinture.

I'ay creû que pour éuiter la longueur de la Preface je ferois mieux de mettre au commencement de châque Traité les instructions necessaires pour les bien entendre, & l'ordre des pratiques qu'ils contiennent. C'est là que mon Lecteur prendra la peine de les voir.

ORDRE DES TRAITEZ QVI COMPOSENT TOVT L'OEVVRE DE LA PERSPECTIVE PRATIQVE.

DIVISEE EN TROIS PARTIES.

PREMIERE PARTIE

TRAITÉ VI.

METHODES VNIVERSELLES POVR FAIRE des Perſpectiues ſans mettre la diſtance hors du tableau, ou champ de l'ouurage, & meſme ſans aucun poinct que celuy de l'œil.

TRAITÉ VII.

DE LA PERSPECTIVE MILITAIRE, OV ESLEuations Geometrales, où ſe voyent les moyens d'eſleuer tous les objets de leurs plans Geometraux.

SECONDE PARTIE

DES PIECES INCLINEES.

TRAITÉ I.

DEINITIONS DES PLANS, DES ANGLES des ſolides, & des inclinements.

TRAITÉ II.

PRATIQVES POVR TROVVER LES APPArences des ſolides inclinez paralelement à l'horiſon perſpectif.

TRAITÉ III.

PRATIQVES POVR TROVVER LES APPArences des ſolides declinez de l'horiſon, & inclinez vers le poinct de diſtance, vers le poinct de veuë en deuant, & à tel autre inclinement que l'on voudra.

TRAITE' IV.

PRATIQVES POVR TROVVER LES apparences des ſolides, ſouſtenus, & ſuſpendus en l'air.

TRAITE' V.

DES POLIEDRES, OV CORPS REGVLIERS de pluſieurs faces, veus diuerſement en Perſpectiue.

TROISIESME PARTIE

TRAITE' I.

OV SE VOYENT LES PRATIQVES des Perſpectiues veuës de bas en haut, propres aux plat-fonds, & aux voutes.

TRAITE' II.

PRATIQVES DES PERSPECTIVES HORIſontales, c'eſt à dire de celles qui ſont couchées, ou attachées parallelement à la terre, & qui doiuent eſtre veuës de haut en bas.

TRAITE' III.

PRATIQVES DES PERSPECTIVES SVR des plans inclinez, & meſme ſur des plans inclinez & declinez. Propres à rajuſter en apparẽce, tous les defauts qui peuuent ſe rencontrer en vn logis, en vne chambre, en vne ſalle, en vne gallerie, en vn jardin, en vne allée, & autres places deffectueuſes.

TRAITE' IV.

DES PIE'CES DESTACHEES QVI NE SONT autres que des Perſpectiues ordinaires, mais coupées diuiſées, & ſeparées, mouuantes, tournantes & coulantes. Qui peuuent ſeruir aux Autels & Oratoires des Egliſes; aux jardins & maiſons de plaiſances, aux Alcôues, Theatres & Ballets.

TRAITE' V.

DE L'OPTIQVE, OV LES EFFETS ADMIRAbles du rayon droit ſur les plans vnis, pyramidaux, côniques & irreguliers, tant conuexes que concaues.

TRAITE' VI.

DE LA CATOPTRIQVE, QVI CONTIENT LES beautez rauiſſantes du rayon reflechy ſur les Miroirs, Plans ou Plats, Ronds ou Cylindriques, à pans ou de pluſieures faces, Pyramidaux & Côniques.

TRAITE' VII.

DE LA DIOPTRIQVE, OV IL SE PARLE SEVlement du Rayon Briſé, qui par l'inegalité de l'eſpaiſſeur d'vn verre, produit vn effet merueilleux.

TABLE DES PRATIQVES CONTENVES EN CETTE III. PARTIE DE LA PERSPECTIVE PRATIQVE.

TRAICTE' I.

OV SE VOIENT LES PRATIQVES DES Perſpectiues veuës de bas en haut, propres aux Plat-fonds & aux Voutes.

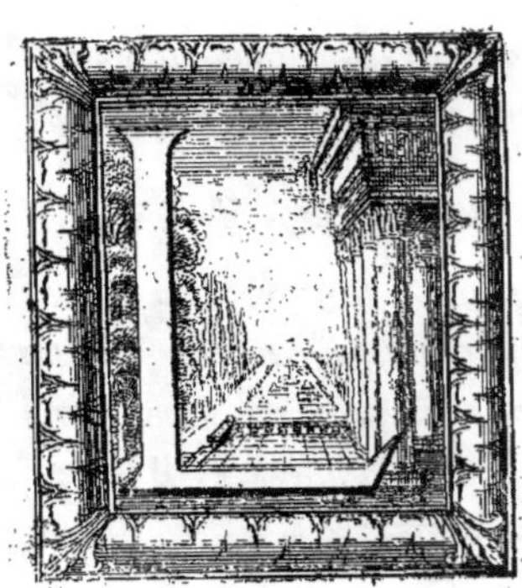

PRATIQVE VI.

PRATIQVE VII.

PRATIQVE VIII.

PRATIQVE IX.

PRATIQVE X.

PRATIQVE XI.

PRATIQVE XII.

PRATIQVE XIII.

PRATIQVE XIV.

TRAITE' II.

PRATIQVES

DES PERSPECTIVES HORISONTALES, c'eſt à dire, de celles qui ſont couchées, ou attachées parallelement à la terre, & qui doiuent eſtre veuës de haut en bas.

TRAITE' III.

PRATIQVES

DES PERSPECTIVES SVR DES PLANS inclinez & mesme sur des plans inclinez & declinez, propres à rajuster en apparence tous les defauts qui peuuent se rencontrer en vn logis, en vne chambre, en vne salle, en vne gallerie, en vn iardin, en vne allée, & autres places defectueuses.

chamb

TRAITE' IV.

DES PIECES D'ESTACHEES QVI NE SONT autres que Perspectiues ordinaires: mais diuisées, coupées & separées, qui peuuent seruir aux Autels & Oratoires des Eglises, aux Iardins & Maisons de plaisances, aux Alcôues, Theatres & Ballets, &c.

TRAITÉ V.

DE L'OPTIQVE OV LES EFFETS ADMIRABLES du Rayon droit ſur des plans vnis & Pyramidaux, Côniques & Irreguliers, tant Conuexes que Concaues.

TRAITE' VI.

DE LA CATOPTRIQVE, QVI CONTIENT LES beautez rauissantes du rayon reflechy sur les Miroirs plans ou plats, ronds ou Cylindriques, à pans ou de plusieurs faces, pyramidaux & côniques.

PRATIQVE II.

PRATIQVE III.

PRATIQVE IV.

PRATIQVE V.

PRATIQVE VI.

PRATIQVE VII.

PRATIQVE VIII.

PRATIQVE IX.

PRATIQVE X.

PRATIQVE XI.

AVIS.

TRAITE' VII.

DE LA DIOPTRIQVE, OV IL PARLE SEVLEMENT du Rayon Brizé, qui par l'inegalité de l'épaisseur d'vn verre, produit vn effet merueilleux.

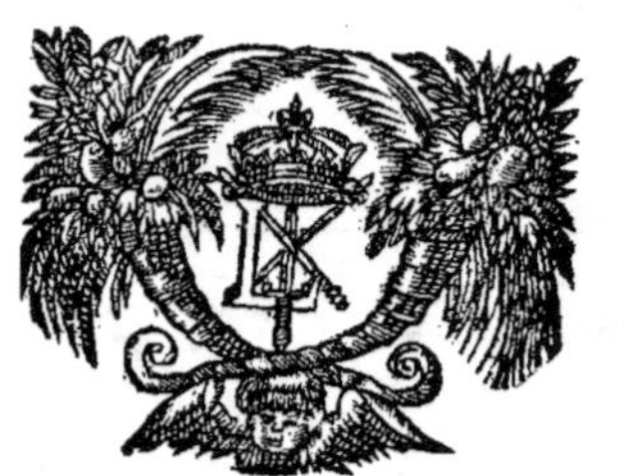

EXTRAIT DV PRIVILEGE DV ROY.

PAR Grace & Priuilege du Roy, il est permis à FRANÇOIS LANGLOIS, dit CHARTRES, Marchand Libraire de cette ville de Paris, de faire Grauer & Imprimer en telle forme, grandeur, caractere, & autant de fois que bon luy semblera, vn Liure intitulé, *La Troisiesme & derniere Partie de la Perspectiue Pratique, necessaire à tous Peintres, Graueurs, Sculpteurs, & autres. Composé par vn Religieux de la Compagnie de* IESVS, & ce durant le temps de vingt années, à commencer du iour que ledit Liure sera acheué d'Imprimer pour la premier fois, auec defences à tous Libraires, Imprimeurs Graueurs Imagers & autres personnes de quelque qualité & condition qu'elles soiēt, de copier, ny faire copier, Imprimer ou faire Imprimer ledit Liure de Perspectiue, ny en partie, ny par aucun desguisement que se soit, pendant ledit temps, ny mesme susciter les Estrangers à ce faire, à peine de confiscation des exemplaires qui se trouueront auoir esté contrefaits; De six mil liures d'amande, & de tous despens dommages & interests. Voulant en outre que foy soit adjoustée au present extraict, comme à l'Original, & qu'il soit tenu pour signifié: ainsi qu'il est plus au long contenu audit Priuilege. Donné à Paris le 7. Iuillet 1645. Signé, LOVYS, Et plus bas, Par le Roy, La Reyne Regente sa Mere presente, Phelippeaux, Et scellé du grand Sceau de cire jaune.

Permission du R. P. Prouincial.

IE IACQVES DINET Prouincial de la Compagnie de IESVS en la Prouince de Champagne, suiuant le Priuilege qui nons a esté octroyé par les Roys tres Chrestiens, HENRY III. le 11. May 1585. HENRY IV. le 20. Decembre 1603. LOVIS XIII. le 14. Feurier 1612. Par lequel il est defendu à tous Libraires & Imprimeur, d'Imprimer aucun Liure de ceux qui sont composez par quelqu'vn de nostre Compagnie sans permission des Superieurs, Permets à FRANÇOIS LANGLOIS, dit CHARTRES, Marchand Libraire & Imprimeur à Paris, de pouuoir Imprimer pour vingt ans, vn Liure intitulé; *La Perspectiue Pratique, necessaire à tous Peintres, Graueurs, Sculpteurs, &c. diuisé en trois Parties. Composé par vn Religieux de nostre Compagnie*, en foy dequoy i'ay signé la presente à Reims, le 18. Iuillet 1646. IAC. DINET.

Acheué d'Imprimer pour la premiere fois, le 20. Octobre 1648.

TRAITÉ I.

OV SE VOIENT
LES PRATIQVES
DES PERSPECTIVES
VEVES DE BAS EN HAVT
PROPRES AVX PLAT-FONDS
ET AVX VOVTES.

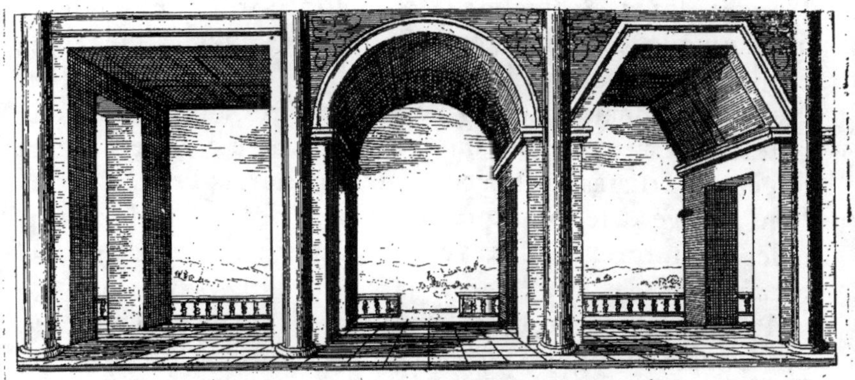

INSTRVCTION SVR LE TRAITE' I.

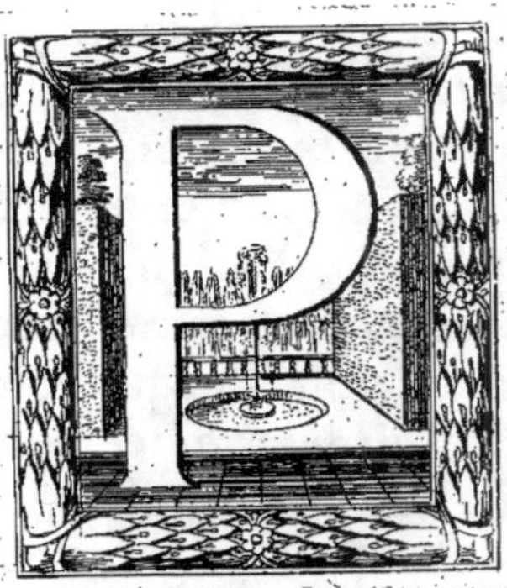

OVR acquiter ma parolle engagée en la Preface de la PREMIERE PARTIE, où i'ay promis de donner les pratiques qui appartiennent aux Perspectiues, non seulement de celles qui sont ordinaires qu'elle contient. Et des piéces inclinées qui sont en la SECONDE PARTIE, mais de tout ce qui s'entend sous ce nom general. Ie dois donner en celle-cy les Pratiques pour celles qui sont esleuées; Pour les autres qui sont abaissées, & pour celles qui paroissent droites, quoy que peintes sur des

Plans inclinez, & déclinez de quelque ſorte que ce ſoit, & meſme ſur des coings & recoings. Bref ſur toutes les inégalitez poſſibles. Enfin on trouuera comme l'on doit ſe ſeruir des Perſpectiues ordinaires, aux Egliſes & Oratoires, aux Alcoues, aux Theatres & aux balets. Tout cela aux quatre premiers traitez de cette TROISIESME PARTIE. Aux trois autres Traitez qui reſtent, on verra les pratiques pour faire beaucoup de gentilleſſes qui ſurprennent les yeux & diuertiſſent l'eſprit tres agreablement.

Pour commencer, ie dis, que dés l'entrée de ce TRAITE I. on trouuera vne figure qui fera connoiſtre la diuerſité des Perſpectiues, afin qu'on ne les confonde point, & que celles que nous nommõs ordinaire, ſont diſtinctes de celles des Platfonds & des voutes, qui ſont veuës de haut en bas. Apres cela, ie donne tout ce qui appartient, & qui eſt neceſſaire pour faire des Perſpectiues ſur des Platfonds, ſoit qu'on y veüille des Perſpectiues percées, en quarré, ou en rond, ou des compoſées de l'vn & de l'autre, auec des baluſtres, de pillaſtres quarrés, ou de pilliers ronds tout à l'entour; ſoit auſſi qu'on y veüille de plus grands enfoncements & des doubles platfonds, ſupportez par des pillaſtres, ou colomnes eſleuées ſur leurs piedeſtaux & poſez ſur des conſoles, tout cela s'y trouuera. I'ay donné de plus le moyen d'y faire paroiſtre des grandes arcades rondes, qui du point donné ſembleront eſtre droites & eſleuées à plomb; Et ſi parmy ces Architectures on veut faire paroiſtre des figures. Les trois ou quatre methodes que i'ay données pour les racourcir ſelon les regles de la Perſpectiue pourront ſeruir, afin qu'eſtant veuës du poinct, & de la diſtance donnée, ou determinée, elles puiſſent paroiſtre droites, & comme ſi elles eſtoient poſées ſur leurs pieds. On trouuera en ſuitte ce qui appartient aux voutes, & comme on doit ſe comporter pour y peindre des Perſpectiues, pour y feindres des ouuertures, des iours, des Architectures, des figures, & quelque objet que ce soit. Enfin dans ce traité on trouuera les moyens de faire paroistre enfoncé, debout, ou tombant, tout ce qu'on voudra; & cela auec la mesme facilité que l'on fait les Perspectiues ordinaires, aussi n'y a-il quasi point de difference, mais vn peu de changement qui consiste en ce que les Perspectiues ordinaires donnent les apparences des obiets, comme veuës par le costé; & le racourcissement en leur largeur par le plan; & aux Perspectiues des platfonds & des voutes toutes les apparences des obiets sont veuës comme par dessous, & le racourcissement se fait en leur hauteur. Voila toute la difference qui se verra plus amplement aux auis que i'ay donnés dés le commencement de ce Traité & aux pratiques qui les suiuent.

DE LA DIVERSITE' DES *Perſpectiues.*

IL m'eſtoit venu en la penſée de donner dés ma premiere & ſeconde partie, cette diſtinction, ou diuerſité de Perſpectiues, qui ſemblent eſtre pratiquées diuerſement, Et faire connoiſtre d'abord que qui poſſedera bien la premiere, qui eſt l'ordinaire, n'aura aucune peine aux autres, qui ne ſont pas ſi communes, puis qu'elles ſont toutes, dans les meſmes principes; il eſt vray qu'il y a vn peu de changement, mais il n'eſt pas conſiderable, comme chacun le pourra voir en la ſuitte.

Mais cét auis, eut pluſtoſt embaraſſé l'eſprit, que de le ſoulager & luy donner jour dans ces deux premieres parties, où il n'y a aucune Pratique que des ordinaires; Ce qui me l'a fait reſeruer pour celle-cy, où il eſt neceſſaire d'autant qu'il s'y traite amplement, tant des Perſpectiues des platfonds & des voutes, que des horiſontales qui ſont couchées parallelement à l'horiſon & regardées de haut en bas.

C'eſt pourquoy auant que de paſſer outre, j'ay voulu faire connoiſtre icy, que les Perſpectiues, que ie nomme ordinaires, ſont celles qui ſont en la Premiere & Seconde partie, icy marquée A, où les apparences des objets, ſont comme ils apparoiſſent ſur terre, & qui ont leur racourciſſement par leurs baſes, plus ou moins, ſelon la diſtance.

Or les Perſpectiues des platfonds, different de celles-là, en ce que les objets ne ſont pas racourcis en leur baſe, mais en leur hauteur, à raiſon qu'ils ſont regardez par deſſous, comme en la figure B. & qu'il ſera veu cy aprés.

Les Perſpectiues Horiſontales, ou paralleles à la terre, & veuës de haut en bas, ont auſſi leurs objets racourcis en leur hauteur, mais ils ſont regardez par deſſus, comme en C, en quoy ils different des pratiques des platfonds, où ils ſont veus par deſſous; mais pourtant ils doiuent l'vn & l'autre, eſtre tirez au poinct de veuë, ainſi qu'on verra en la ſuitte.

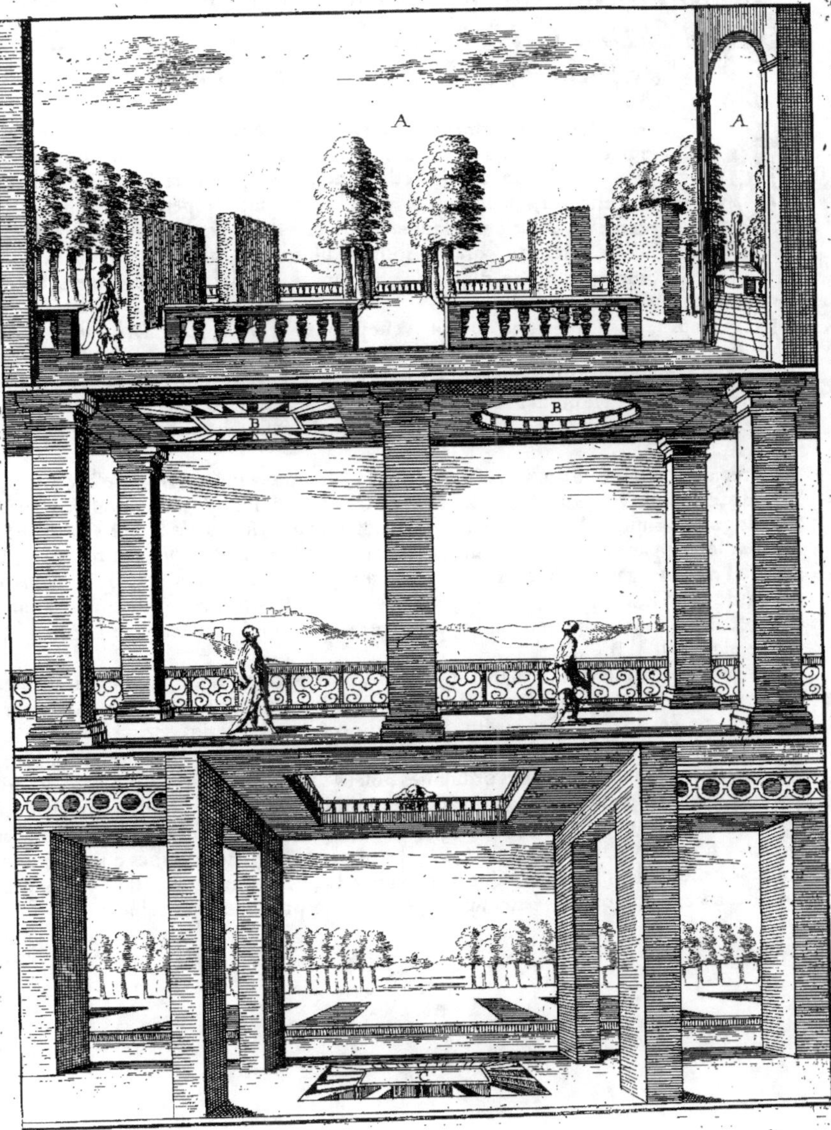
A
A
B
B
C

DEFINITIONS ET PRINCIPES DES *Perspectiues pour les Plat-fonds, & les Voutes.*

LA fin de toutes Perspectiues, est de representer sur vn plan, les objets qui sont imaginés, ou qui sont en effet, au delà de ce plan, ainsi qu'on peut voirplus au long, aux definitions de la premiere partie; or comme en celles-là, nous auons supposé le plan posé perpendiculairement sur terre: en celle-cy, il faut le supposer esleué au dessus de nous & parallele à laterre, comme sont les platfonds, planchers des salles, & les voutes, qui doiuent seruir de plan pour y peindre l'apparence des objets qu'on suppose estre au delà.

Par exemple, que le platfond où l'on veut peindre, soit A, B, C, D. posé en angle droit dans le mur G H, entre les deux fenestres K, M & L, N. Si le peintre veut y representer la fenestre de dessus, luy estant arresté en E. s'il regarde directement au dessus de sa teste, il assignera le poinct F. pour poinct de veuë, lequel poinct F doit estre tenu pour zenith, c'est à dire vn point esleué infiniment au dessus de nostre teste, sur ce plat fonds A, B, C, D.

Apres auoir trouué ce poinct. Des sections O, P, que la ligne AB (qui est comme la ligne de terre) aura faites des lignes KL & MN. Il faut tirer des lignes à ce poinct de veuë F. Puis pour trouuer le bas de la fenestre LN. & le haut QR, sur les lignes O F & PF, qui sont les appparences des montans; & la largeur de ce quatrangle, ou fenestre; Il faut de l'œil du regardant S, tirer des rayons, à ces quatre poincts L, N, Q, R. & prendre garde que SL, coupera OF en T. SN en V. SQ en X & SR en Y. lesquels poincts T, V, X, & Y, sont veritablement l'apparence du quatrangle, ou fenestre L, N, Q, R. Sur le platfond A, B, C, D.

En quoy on connoistra suffisament, par le raport de ce principe, à celuy de la premiere partie. Que les Perspectiues des platfonds, se pratiquent de mesme que les ordinaires, posées au fond d'vn jardin, d'vne salle ou d'vne gallerie; & que la difference qu'il y a de l'vne à l'autre, est seulement au changement de nom de quelques lignes. Pour exemple, aux Perspectiues ordinaires posées sur terre, les lignes KL & MN, demeureroient perpendiculaires à l'horison, comme elles sont icy; Mais pour les Perspectiues esleuées toutes ces lignes perpendiculaires, se font rayons visuels, comme on void icy KL, estre OF, & MN, estre PF; il y en a encore quelques-vnes qui changent, comme celles qui sont rayons visuels, en celles-là, deuiennent en celle-cy, des perpendiculaires, ainsi qu'on verra plus amplement aux pratiques qui suiuent.

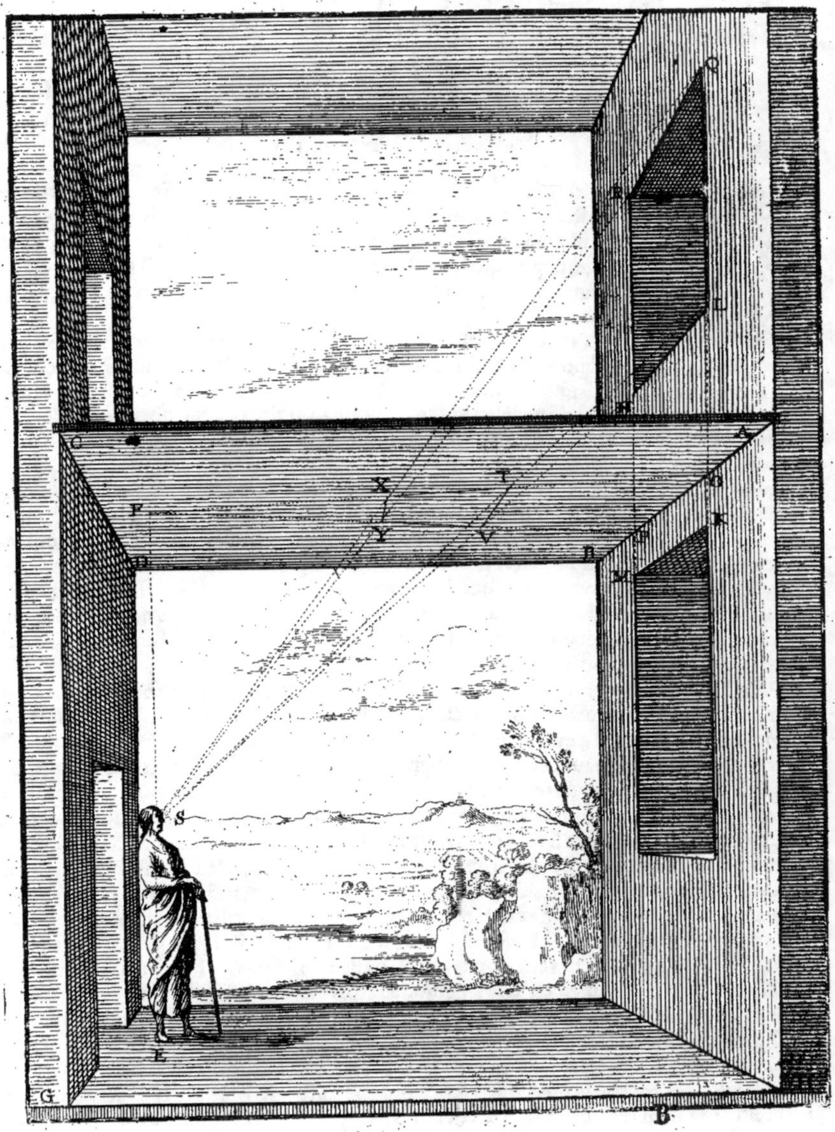
Q
R
L
N
C
A
X
T
O
F
Y
V
K
D
B
P
M
S
E
G
B

AVIS I.

POVR CONNOISTRE OV SE DOIT PRENDRE L'HORISON & la ligne de terre aux plat fonds & aux Voutes, où on veut peindre des Perspectiues.

EN toutes les Pratiques de la Premiere & Seconde partie de nostre Perspectiue Pratique, on aura veu suffisamment, qu'a la hauteur de nostre œil, l'on tire vne ligne parallele à la ligne de terre, qui porte le nom d'Horison, & que sur cette ligne, qui est la gouuernante de la Perspectiue, on pose les poincts de veuë, de distance, & accidentaux.

Or ce qui s'est fait pour les Perspectiues ordinaires posées sur terre, se doit faire aussi pour les esleuées en des plat-fonds, & des voutes, où l'horison se doit prendre tous-jours, directement & à plomb, au dessus de la teste du regardant qui donne le poinct de veuë, par lequel poinct on tire la ligne horisontale, parallele à la ligne de terre, qui n'est autre icy que la rencontre du platfond, ou de la Voute, auec la muraille qui les soustient.

Par exemple, si A, B, C, D. est le plat-fond, où l'on doit peindre; Il faut que le perspectif considere de quel lieu son ouurage sera plus agreable; & se l'estant determiné comme en E; Il faut qu'il choisisse vn poinct F. justement au dessus de sa teste, qui sera le poinct de veuë, par lequel se doit tirer la ligne G, H. horisontale, parallele à C.D. ligne de terre. S'il auoit choisy le lieu I. son poinct de veuë seroit K, si le lieu L. son poinct de veuë seroit M. par lesquels poincts, il faudroit tirer des lignes qui seroient horisontales, ce qui fait assez connoistre que l'horison despent absolument de la discretion du Peintre, ou perspectif.

Pour la ligne de terre, quoy que nous la prenions au bas du plat-fond C D, qui est comme le bas du tableau aux perspectiues ordinaires, châque objet peut pourtant auoir la sienne, cõme il a esté dit en la premiere partie; c'est pourquoy si le plat-fond est partagé en diuers tableaux, cõme en la figure de dessous, où il l'est en trois, châque tableau peut auoir sa ligne de terre: mais tous n'aurõt point d'autre horisõ ny de poinct de veuë que N. quand le plat-fond est petit, car s'il est grand, il y en peut auoir diuers & mesmes encore aux petits si on veut, comme i'ay dit en la Pratique XXIX. feüillet 39.

Pour rendre cette pratique bien aysée, il faut que le perspectif prenne exactement la longueur du plat-fond, A, C. que ie suppose estre seulement de 60. pieds, & sa largeur A B, de 20, qu'il faut reduire au petit pied, & faire le dessein en petit, comme en la figure de dessous, où O P est supposé égal à A B; & Q P. égal à A C. & le poinct N, est comme le poinct de veuë F, par lequel passe l'horison S, T. égal à G H; Tout cét espace Q P, est diuisée en trois, comme trois tableaux, qui tous n'ont qu'vn poinct de veuë N. sur l'horison S T, qui fait icy la conjonction de deux tableaux.

Quand l'horison se rencontre ainsi partageant le plat-fond, il le fait de deux veuës, c'est à dire, que le regardant estant posé en E, ayant veu ce qui est entre C D, & G H: Il faut qu'il leur tourne le dos pour voir ce qui est entre A B & G H. Si le poinct de veuë estoit en K, il n'y auroit rien derriere, ou fort peu, car je suppose que c'est l'entrée, & pour lors le plat-fond seroit tout d'vne veuë, cela est à la discretion du Peintre.

L'on a en cecy la mesme liberté qu'aux perspectiues ordinaires, de mettre le poinct de veuë au milieu, ou à costé, sans que cela change rien des pratiques.

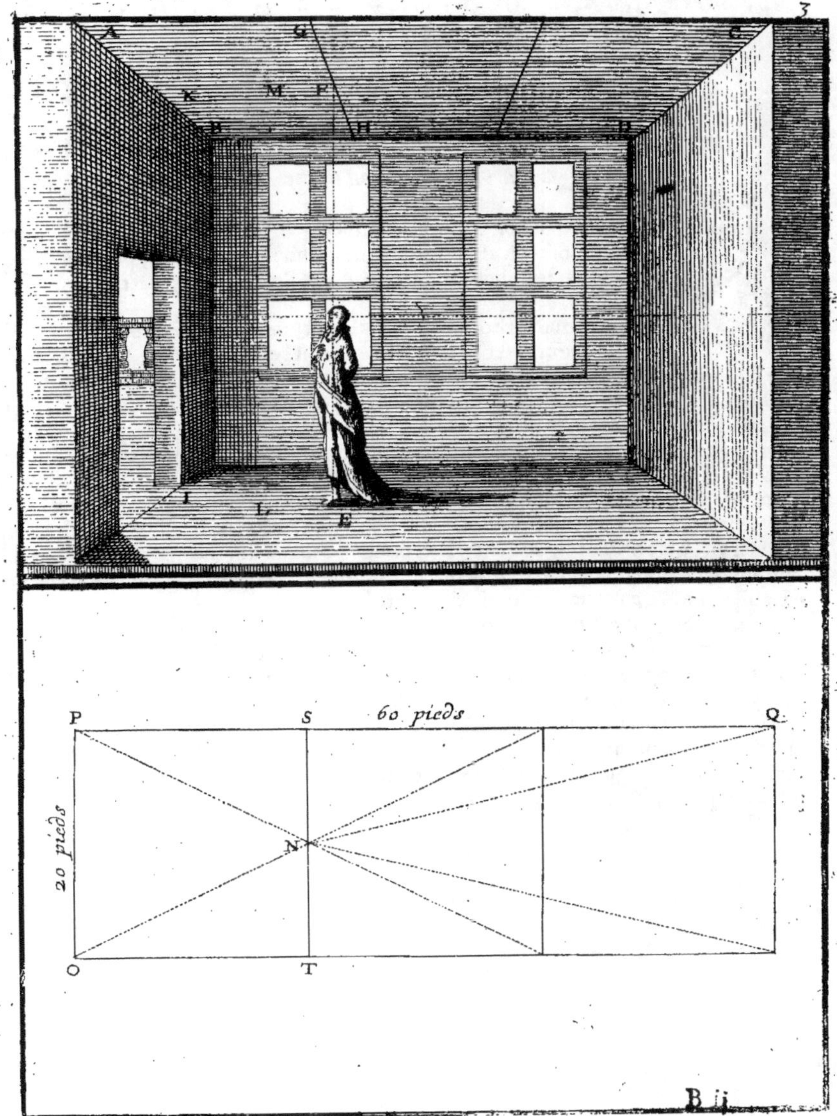
A
G
C
K
M
F
B
H
D
I
L
E
P
S
60 pieds
Q
20 pieds
N
O
T

AVIS II.

POVR GOVVERNER L'OEIL, ET TROVVER LES *horisons qui sont diuers qnand le poinct de veuë est au milieu d'vn plat-fond, ou d'vne voute.*

S'Il arriue que l'on choisisse le milieu d'vn plat-fond, ou d'vne voute, comme pourroit estre de quelque grande salle quarrée, polygone, ronde, &c. ou le milieu de la croisée d'vne Eglise, pour y mettre le poinct de veuë.

Ie dis, que les horisons s'y multipliront selon la figure du plat-fond, car si la figure est quarrée, châque costé est comme vne ligne de terre à qui l'horison est parallele ordinairement; donc pour ces quatres costez ce seroient quatre horisons, qui n'auroient pourtant qu'vn seul poinct de veuë: vn Octogone, selon ce raisonnement, auroit huict horisons; & vn rond autant qu'il y a de parties en vn cercle, puisque l'on peut mener ses yeux de tous costez. Tout cela est vray, puisque de quelque costé qu'on se puisse tourner, estant au milieu, on void les objects tirer au poinct de veuë, auec les diminutions & racourcissements que donne la distance.

Neantmoins, par les pratiques suiuantes, on verra que tous ces horisons, se terminent en vn, qu'on est obligé de chercher, pour y porter la distance, & trouuer les diminutions & racourcissements des objets, qui se donnent d'vne part & d'autres si la figure est polygone, & en rond si elle est circulaire.

Toutes-fois, s'il arriue qu'outre le milieu de la croisée de la premiere figure (rapportée au plan A, B, C, D. en la seconde) l'on veüille encore faire des perspectiues au plat-fond le long de la nef H G & D H, & vers la croupe de l'Eglise I K, l'horison S T, seruira à l'vn & à l'autre, comme en la figure precedente: mais pour les costez QR, & L M, qui forment le croison, il faut prendre l'horison O, P, perpendiculaire à S T. qui aura pourtant le mesme poinct de veuë N. où tireront tous les rayons des costez O P & Q R. affin que le perspectif estant posé en E, & ayant F pour poinct de veuë, representé par N, sur le plan, puisse auoir vn horison.

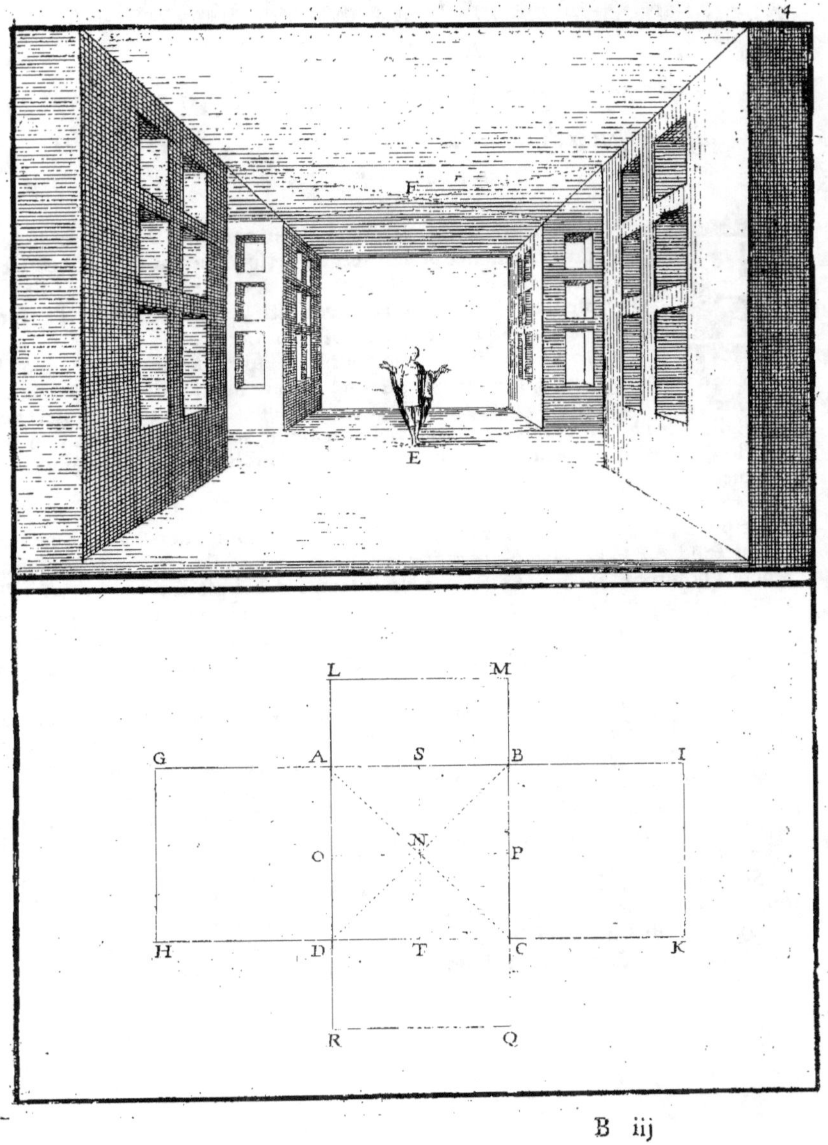
F
E
L
M
G
A
S
B
I
N
O
P
H
D
T
C
K
R
Q

AVIS III.

POVR TROVVER LE POINCT DE distance, ou la distance qu'on doit donner aux Perspectiues des plat-fonds, & des Voutes.

EN la premiere partie, on aura pû voir combien il importe de bien prendre la distance pour tracer les perspectiues, à raison que c'est ce qui les doit rendre agreables, ou dés-agreables à l'œil, ayant dit pour ce sujet, que la discretion du Perspectif, estoit de sçauoir l'auancer ou reculer iusques à ce qu'il ait fait vn bon chois.

On n'a pas cette liberté pour les perspectiues des plat-fonds & des voutes, d'auancer ou reculer la distance; Car si l'on veut bien faire tous les racourcissements; Il faut de necessité prendre la distance naturelle, qui est pour ces piéces cy, depuis l'œil de l'homme sur terre, iusques au plat-fond, ou à la voute où l'on veut peindre; Et puis porter ce mesme esloignement, sur l'horison, autant esloigné du poinct de veuë.

Ie m'explique par figure, & dis, qu'en la premiere, ie suppose vne Salle, large de vingt pieds, longue de 40, & haute de 25. Si l'on veut peindre des Perspectiues dans le plat-fond A B C D. esleué de cette hauteur de 25. pieds; il en faut rabattre la hauteur de l'homme E, du moins jusques à son œil, que ie suppose de cinq pieds, & resteront 20 pieds pour la distance; Or l'on ne peut icy, la donner moindre, ou plus grande, que de 20. pieds. Si la salle ou la chambre estoit haute de 40, 50, ou 60, pieds &c. il faudroit seulement rabatre la hauteur du regardant, & le reste sera & doit estre pour la distance.

C'est pourquoy ayant fait vn plan de ce plat-fond G H I K, selon les mesures marquées cy dessus, soit en grand, ou au petit pied: il faut, par le poinct de veuë F. tirer l'horison M N. & y porter la distance trouuée, depuis F. Or comme elle est icy de 20 pieds, & que depuis F à N, qui est le bord, il n'y a que 10 pieds ce point de distance O, se trouuera donc 10 pieds hors du tableau; mais cela n'importe pas beaucoup, puisque l'on fait les desseins en petit (auant que de les transporter sur la toile, ou le bois) cette distance n'est pas hors la portée de la regle.

Si toutes-fois, on veut laisser la distance dans œuure, cela se peut faire facilemsnt, suiuant nos methodes vniuerselles, qui sont en la premiere partie.

Quand les desseins sont faits en petit, on a plus de fecilité à peindre les piéces ou tableaux, en bas & sur terre; puis les faire tirer & attacher en haut par apres.

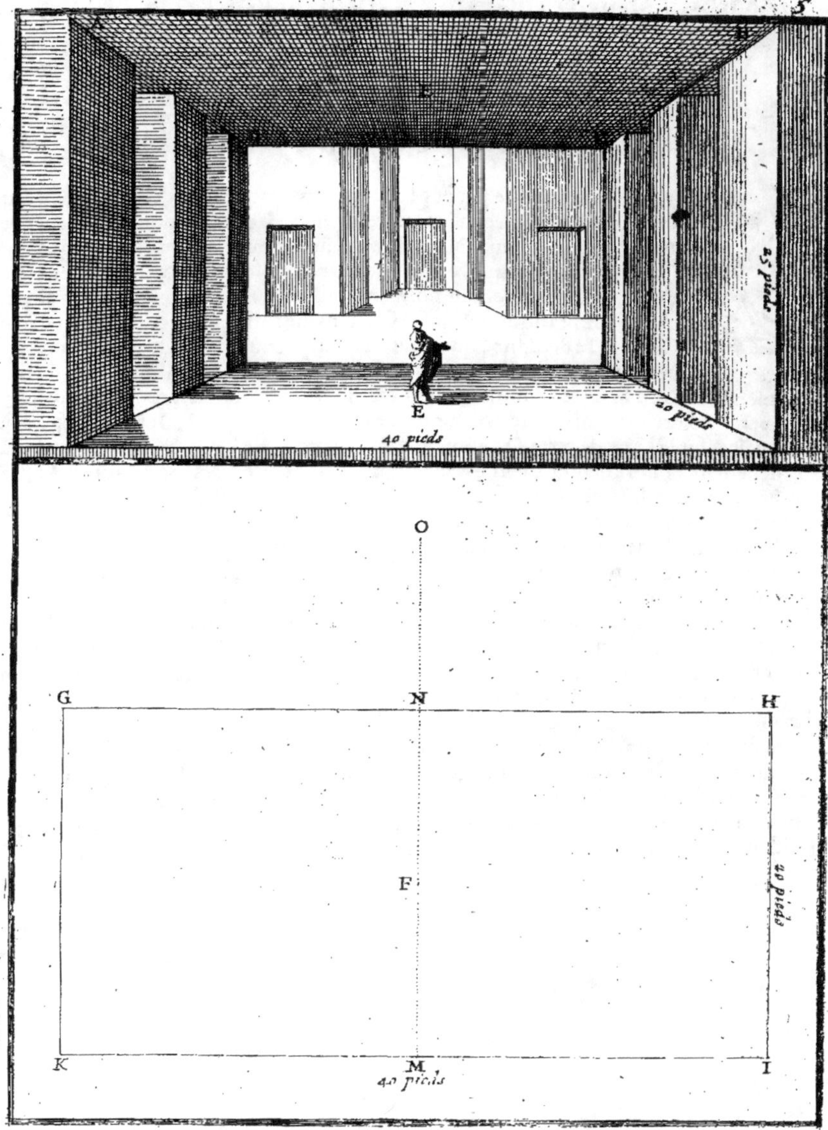
E
40 pieds
20 pieds
25 pieds
O
G
N
H
F
40 pieds
K
M
I
40 pieds

AVIS IV.

POVR CONNOISTRE LA DIFFERENCE DES PERSpectiues Ordinaires d'auec celles qui sont pour les Plat-fonds.

AVant que de passer plus outre, j'ay creu que ie deuois donner cette connoissance qui est extremement necessaire, non seulement pour soulager l'imagination, mais aussi pour faciliter les pratiques qui doiuent suiure, où sans cette instruction & cette figure (où les lignes changent de nom) on auroit peine à les entendre, & mettre en pratique, ce qui se fera sans difficulté apres ce petit mot d'auis.

Ie dis donc, que pour les Perspectiues ordinaires qui posent à terre, ainsi que sont celles de nostre premiere partie; tout ce qui est naturellement perpendiculaire à la terre, comme murailles, pillastres, colomnes &c. est aussi peint perpendiculairement aux tableaux, ainsi que les trois pillastres A, B, C. sont perpendiculaires sur la ligne de terre D, E. où vne de leur faces AA, BB, CC. est tournée parallelement à l'horison, de mesmes celles qui leur sont opposées; & les autres AF, CF, tirent au poinct de veuë G. Ainsi en cette sorte de perspectiue, il se trouue trois sortes de lignes Perpendiculaires, Paralleles, & Visuelles.

Les Perspectiues des Plat-fonds, ont aussi les mesmes lignes, mais il y en a deux qui changent de nature; la premiere est celle qui represente les objets perpendiculaires sur la terre, comme sont celles A H, B H, C H; car elles se font, & doiuent estre faites, toutes lignes visuelles, ou rayons (comme on les void en la seconde figure marquée *a h*, *b h*, & *c h*) qui sont tirées au poinct de veuë, *g*; Et la seconde qui est visuelle, ou rayon, A F, C F, H I, prend la place de l'autre, & est faicte perpendiculaire, comme on void que *af*, *c f* & *h i*, sont perpendiculaires sur la ligne de terre *d*, *e*; Pour la troisiéme ligne elle garde tousiours son rang & son nom, c'est à dire tous les objets qui sont sur terre, parallels à l'horison, donnent aussi leur apparences paralleles à l'horison, tant aux perspectiues ordinaires, qu'à celles pour les plat-fonds, & les voutes.

Or, il est tres certain que si cette seconde figure estoit attachée à vn plat-fond, & qu'elle fut veuë du poinct, & de la distance donnée, que les trois parallelipipedes, ou pillastres, *a a*, *bb*, *cc*, paroistroient comme droits, & perpendiculaires sur terre.

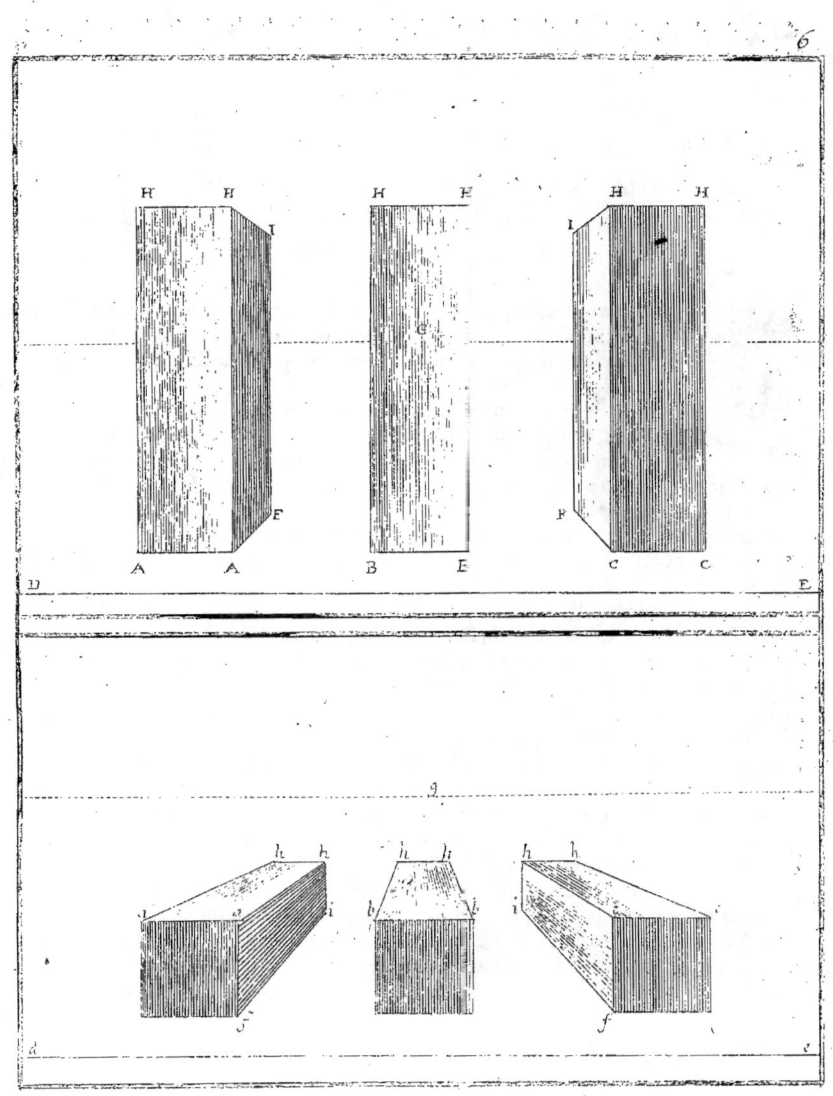
H
H
I
H
H
H
H
I
G
E
F
A
A
B
B
C
C
D
E
g
h
h
i
i
f
h
h
b
b
h
h
i
f
d
e

AVIS V.

POVR FAIRE CONNOISTRE QV'AVX *Perſpectiues des Plat-fonds, & des Voutes, la diſtance r'acourcit ſeulement la hauteur des objects, & non pas les plans, comme aux ordinaires.*

CEux qui ſont quelque peu intelligens, auront remarqué en la figure precedéte Auis IV. que rien ne peut determiner la hauteur des objects, qui ſont tirez au poinct de veuë, que le poinct de diſtance, qui (en ce genre de Perſpectiue) ne ſert à autre choſe; car on ne l'employe point aux plans, mais ſeulement à racourcir les eſleuations.

C'eſt pourquoy, quand on veut faire de ces piéces, pour eſtre veuës dans vn plat-fond; il faut ſe determiner la hauteur des objets qu'on deſire y faire voir, affin que par le moyen du poinct de diſtance, les apparences donnent vn effet tel qüe feroit le naturel.

Par exemple, ſi tout au bas du plat-fond, vers la ligne de terre, ou plus prés du poinct de veuë (car cela n'importe pas où ce ſoit) on veut faire paroiſtre pluſieurs pillaſtres les vns auprés des autres, comme A, B, C, D, E. poſez ſur la ligne F, G. Ie dis qu'ayant porté les largeurs de ces pillaſtres, ſur vne autre ligne, comme ſont, *a*, *b*, *c*, *d*, *e*. ſur la ligne *f*, *g*. Il faut de tous ces poincts, ou largeurs de pillaſtres, tirer des lignes, ou rayons, au poinct de veuë *h*. qui ſont, comme nous auons dit ailleurs, des lignes infinies. Or pour faire que ces lignes ſoient couppées en telle ſorte que du poinct donné, les apparences *a*, *b*, *c*, *d*, *e*. paroiſſent égales, & de meſme hauteur, que les pillaſtres A, B, C, D, E. Il faut prendre la hauteur AI, auec vn compas, & porter cét interualle ſur la ligne *f*, *g*. commençant au pied de quelqu'vn des rayons (car il eſt libre de prendre lequel on veut, puis qu'on à touſiours le meſme effet) comme icy en, *a*, qui donnera *a*, *i*. égal à A I: de ce poinct *i*, il faut tirer vne ligne au poinct de diſtance, *k*, qui coupera le rayon *a h*, au poinct, *m*, par lequel ſe doit tirer vne ligne parallele à *f*, *g*, qui donnera la hauteur que doiuent auoir ces apparences *a*, *b*, *c*, *d*, *e*.

Ces piéces eſtant poſées au plat-fond, & veuës de la diſtance choiſie, ſembleront auſſi hautes que celles A, B, C, D, E. & perpendiculaires à la terre.

Ie n'ay point fait d'eſpaiſſeur à ces pillaſtres, à deſſein de faire mieux comprendre, & ma penſée, & la pratique, la ſuiuante les fera voir.

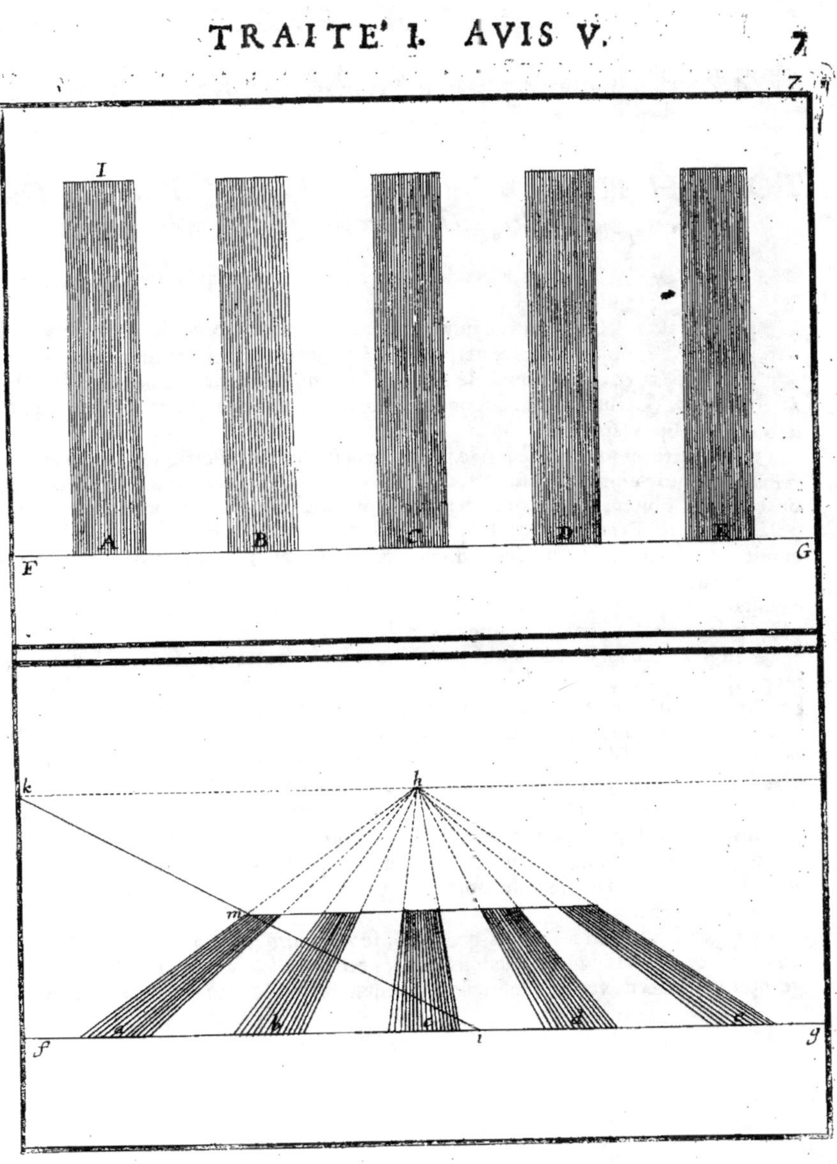
I
A
B
C
D
E
F
G
k
h
m
a
b
c
d
e
f
i
g

AVIS VI.

TOVCHANT LES PLANS, OV BASES DES *objets, pour les Perspectiues des plat-fonds, & des Voutes.*

PAr les plans, entendez icy les bases, sur lesquelles posent les corps solides.

On aura veu suffisamment par les auis precedents, que tous les objets droits & perpendiculaires sur terre, tirent au poinct de veuë. & que le poinct de distance donne le racourcissement de leur hauteurs, ce qui fait que les apparences semblent estre aussi hautes que seroient les objets effectifs.

Or en nostre premiere & seconde partie de la Perspectiue Pratique, on peut auoir remarqué que le poinct de distance, n'a seruy qu'a donner les enfoncemens des plans, ou bases des objets, & qu'il ne peut seruir à autre chose aux perspectiues ordinaires posées sur terre; Et en celles-cy des plat-fonds & des voutes, ce poinct de distance est employé au racourcissement des hauteurs, & ne sert à rien autre chose; ce qui doit faire connoistre que les bases, ou plans des objets, ne sont point racourcis, car ce poinct de distance, ne peut pas faire deux operations, Ie veux dire qu'il ne peut pas estre employé à deux choses, en vn mesme tableau.

C'est pourquoy il faut conclure, que toutes les bases, ou plans des objets, pour les perspectiues des plat-fonds, ne diminuent en aucune façon, & qu'ils se doiuent tracer Geometriquement; comme pour vne colomne, elle aura vn cercle pour son plan; vn pillastre aura vn quarré; vne piéce à pans, aura pour son plan vne figure d'autant de costez. Bref il faut tenir pour maxime generale, que les plans pour les piéces des plat-fonds, ne doiuent estre racourcis de quelque sens que ce soit.

Pour exemple, i'ay mis icy les cinq pillastres precedents auec leur plan, que ie n'ay pas mis aux autres pratiques ou auis IV. & V. pour éuiter l'embaras, maintenant je les y mets, pour faire connoistre que ce sont quarrez parfaits, où rien n'y est diminué: mais seulement en la hauteur des objets; & que de tous les angles de ces plans, on tire au poinct de veuë.

Ce qui s'est fait pour les piéces quarrées, se doit faire aussi pour les rondes, ainsi qu'on peut voir en la figure de dessous, ou des cercles *a, b, c, d, e,* on tire des lignes tangeantes au poinct de veuë, *h*, lesquels donnent la forme & la grosseur à ces piéces.

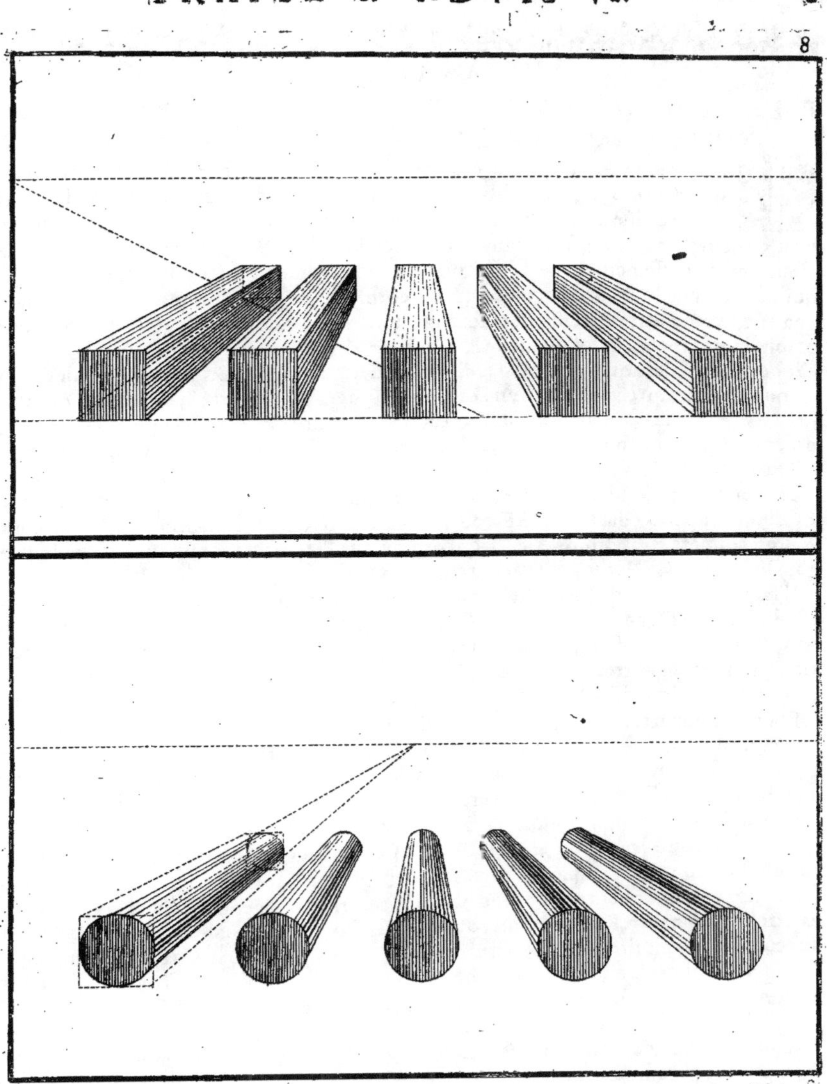

AVIS VII.

POVR SCAVOIR DONNER VNE LARGEVR AVTOVR DES figures Quarrées, Rondes & Polygones, par le moyen d'vne diagonale, ou diametrale.

IE sçay par experience que ceux qui font des desseins, sont bien ayses de trouuer quelque moyen pour abbreger le temps & la peine. Celuy cy est vn des bons qu'on puisse donner pour ce que nous traittons, puisque d'vne seule diagonale, ou d'vn demy diametre, où se trouuerõt les sectiõs de la distãce, l'on peut cõmuniquer le mesme racourcissement à vne figure quarrée, à vne ronde, & à des polygones. Par ainsi qui aura trouué le racourcissement d'vne corniche, & balustres pour vne ouuerture quarrée, le mesme racourcissement seruira, pour vne ronde, ou polygone, pourueu que ce soit dans le mesme esloignement & distance.

Par exẽple, soit le quarré AB C D. diuisé par deux diametres & deux diagonales, qui se coupẽt toutes au cẽtre F. Sur l'vn des costez cõme CD, soit porté la lõgueur d'vn balustre CG & la hauteur d'vne corniche où pose ce balustre CH; Et de ces poincts GH. soiẽt tirées des lignes au poinct de distance E; ces deux dernieres ligne couperont la diagonale CF, aux poincts IK. qui seront le terme des racourcissemẽts du balustre, & de la corniche.

Or, si de ces poincts IK. l'on tire des lignes paralleles aux costez, par exemple au costé AC, l'on coupera la diagonale AF, en LM, égale à IK. faisant le mesme de L M, au costé A B, on coupera BF, comme A F, & encore celle D F. Ce qui monstre qu'vne seule diagonale comme CF, suffit pour racourcir tout vn carré.

Il faut remarquer, qu'en tirant la parallale à C A, des poincts I K, l'on a coupé le demy diametre N F. aux poincts O P. C'est pourquoy si au lieu de l'ouuerture quarée, on en veut vne ronde, il faut prendre, l'interualle ou demy diametre FN. & en faire le cercle Q R, puis des autres interuales O. P en faire deux autres cercles S, T. du mesme cẽtre R, ce qui sera le racourcissemẽt du balustre, & de la corniche, pour vne ouuerture rõde.

Pour vne ouuerture polygone, c'est à dire qui ait plus de quatre costez (car quoy que le triãgle & le quarré soient veritablemẽt polygones, neantmoins, sous ce nom de polygone, on cõ çoit aussi tost vne figure de plus de quatre costez:) Il faut du demy diametre FN. faire vn cercle, & partager ce cercle en autãt de parties égales que l'õ en veut, puis du cẽtre V. tirer des lignes infinies par les poincts des diuisions trouuées sur la circonf. de ce cercle, cõme icy par 1, 2, 3, 4, 5, 6: Il faut encore partager en deux part. égales, l'vne de ces diuisiõs, cõme est 2, 3. par la ligne VX si du poinct X, où cette ligne coupe le cercle, l'õ en tire vn autre qui luy soit perpẽdiculaire, cette ligne coupant les deux rayõs tirez du centre, aux poincts 7, 8. donnera vn costé de la figure. Cet interualle 7, V, doit estre porté sur tous les rayons tirez du centre qui donnera V 9. V, 10, V, 11, V 12, qu'il fait joindre de lignes, droites, & ainsi acheuer la figure. Sur la ligne VX, il faut porter les sections de la ligne FN. qui donneront XYZ. égales à NOP. De ces poincts XYZ : il faut tirer des paralleles au costé 7, 8 qui couperont les rayons V 7. & V 8, aux poincts *a*, *b*, desquels sera des paralleles aux autres costez jusqu'à ce qu'on ait acheué de donner ce racourcissement tout autour de la figure.

Ce qui s'est fait pour cet Hexagone, se doit faire pour tous les autres polygones, auec la mesme facilité.

De ce que dessus on void que d'vn racourcissement pris sur vne diagonale comme C F, & du demy diametre N F, qui est C, F, N, la huictiesme partie d'vn quarré, il s'ensuit le racourcissement d'vn quarré, entier & sur vn cercle, & sur tel polygone qu'on veut c'est pourquoy, quand on verra cy-aprés, vn simple trait comme ceux-cy, l'on se souuiendra qu'il suffit pour former toutes figures.

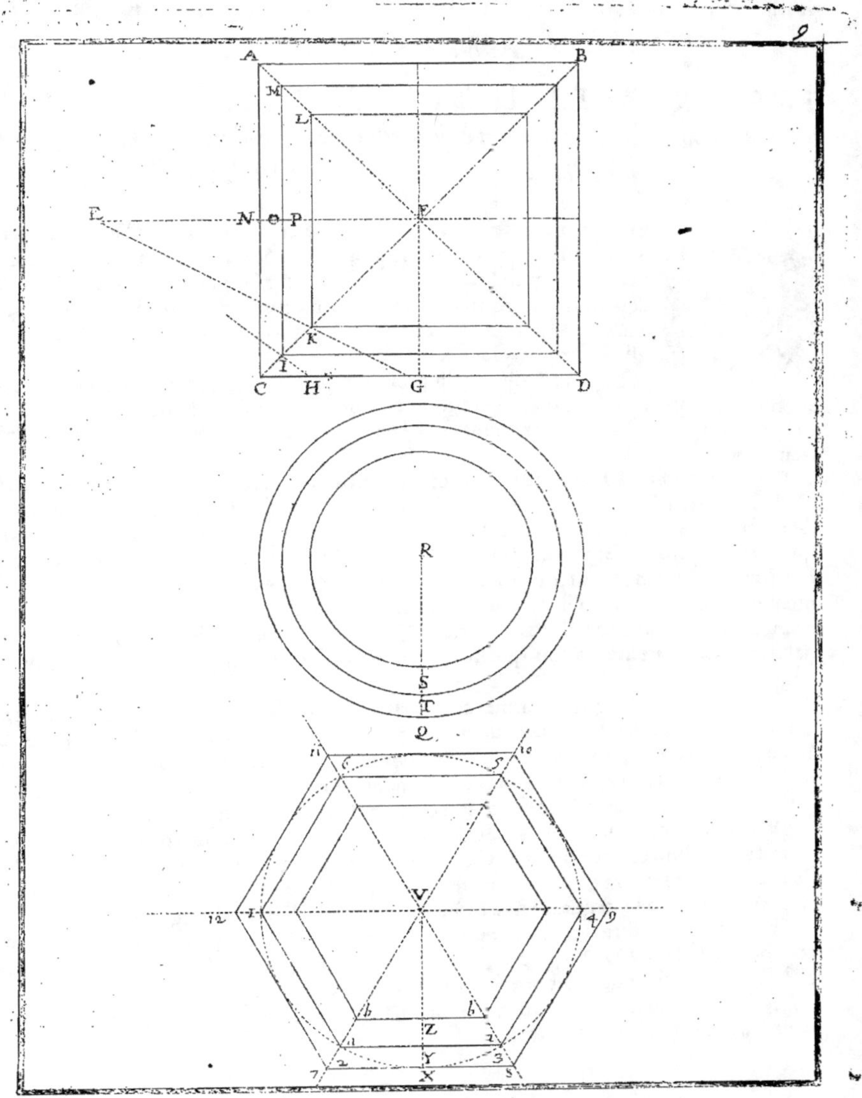
A
B
M
L
E
N
O
P
F
K
I
C
H
G
D
R
S
T
Q
11
6
5
10
V
12
1
4
9
b
b
Z
a
2
Y
3
7
X
8

AVIS VIII.

POVR RETIRER D'ESTONNEMENT CEVX QVI verront les apparences des objets esloignez estre bien plus hautes, que celles de ceux qui sont plus pres de l'œil.

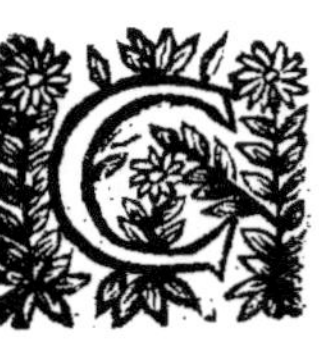

Eux qui ne sçauent pas les raisons de ce que le rayon C F, qui est perpendiculaire sur D E, est le plus court, & que tous les autres deuiennent plus grands à mesure qu'ils s'en esloignent; auroient sujet de demander pourquoy, des objets qu'on void dans vne mesme hauteur, ceux qui sont plus pres de l'œil paroissent plus petits, & les plus esloignez plus grands.

I'ay des-ia dit en la premiere partie, comme cela se fait: pour le monstrer encore icy; je dis qu'il faut supposer que le Profil A, est vne balustre, duquel on veut connoistre l'apparance estant esleué en vn plat-fond & veu en Perspectiue, d'vn lieu esloigné.

Pour le sçauoir; il faut mettre le profil de ce balustre sur vne ligne comme B, vis à vis du regardent C, & à la hauteur qu'il doit estre esleué, Puis de l'œil du regardant C, il faut tirer des rayons qui touchent le bas & le haut du profil de ce balustre, & remarquer les sections de ses rayons sur la ligne D, E, (qui represente vn plat-fond, ou milieu transparant) d'autant qu'entre les sections de ces rayons, se prend le racourcissement de l'objet, selon qu'il est veu; tellement que le rayon C A, coupe D, E, en Z, ce point Z, sera le haut du balustre, l'autre C H, sera le bas ce qui donne Z H, pour l'apparence qui est petite, raison que l'objet est veu fort obliquement, & sous vn petit angle.

S'il estoit plus esloigné, comme celuy qui est sur la ligne G, il est certain que le regardant C le verroit plus à descouuert, & par consequent, que les sections dessus la ligne D, E, seroient plus grandes; car le rayon C I. donneroit S, qui est pour le haut du balustre, & D, seroit pour le bas; tellement que son apparence seroit entre D, S. bien plus haute que celle Z H, à raison qu'elle est veuë sous vn plus grand angle.

Or, supposé que sur vn plat-fond, on veüille peindre deux ouuertures quarrées, entourées de balustres, comme ceux A H, & I D; je dis, qu'à la premiere E P, au dessus de la teste du regardant, qui y donne F, pour poinct de veuë; il faut peindre ces balustres comme ils sont au quarré K L M N. où la hauteur Q R, est si égale à Z H.

En l'autre ouuerture il faut les peindre comme au second quarré *a,b,c,d*, où la hauteur *g, h*, est égale à D, S. qui coupe le rayon, *c*, F, en, *f*, & celuy, *d*, F. en, *e*, & tous ces balustres, tant ceux des costez que les autres, tirent tous au poict de veuë F.

Les figures suiuantes donneront vne instruction suffisante pour entendre & pratiquer tout cecy auec facilité, & plaisir.

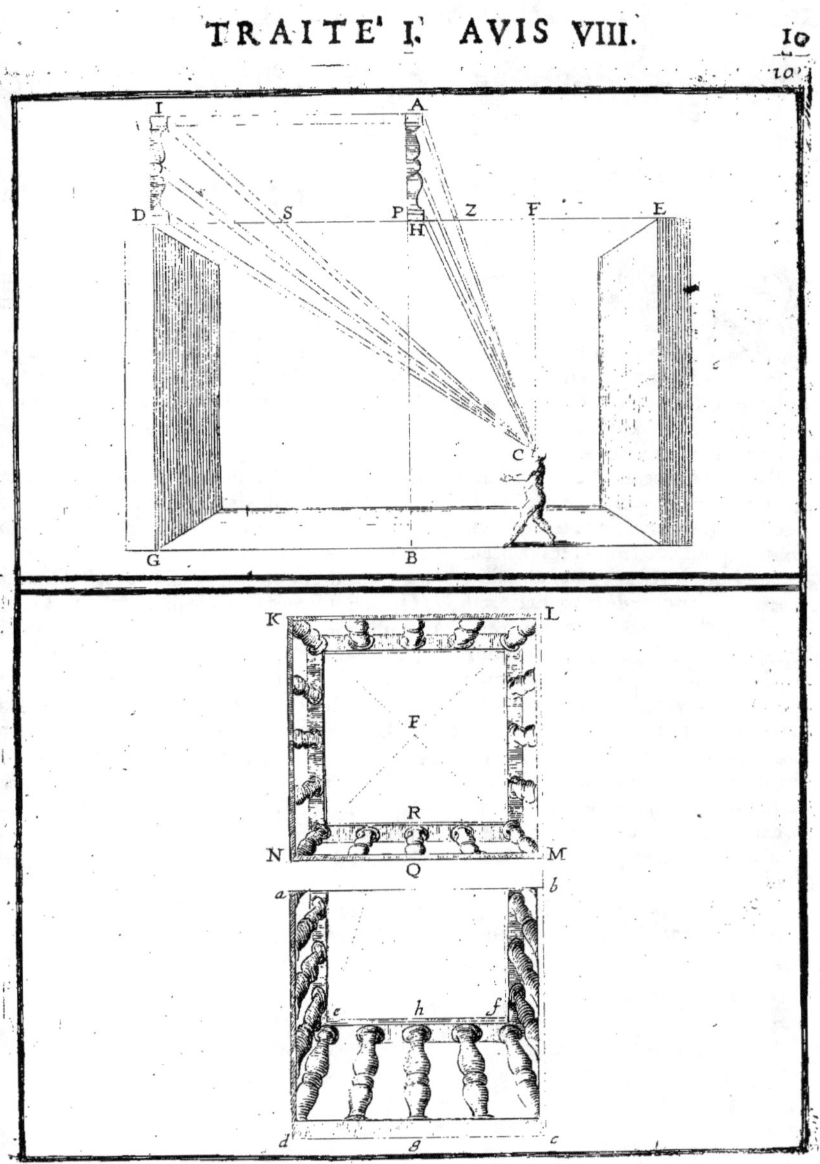

D

PRATIQVE I.

POVR PEINDRE SVR DES PLAT-FONDS ET des Voutes.

POur mieux faire entendre nostre methode & la mettre en pratique auec facilité & plaisir, comme i'ay dit cy-deuant; je commenceray par vne figure d'vn trait tout simple, auquel ie supposeray vne hauteur, que nous trouuerons par le moyen du poinct de distance, où se termineront les rayons de la ligne de terre, qui fait le bas du tableau; nous ne laisserons pas de l'appeller ligne de terre, quoy qu'elle n'y pose pas, à raison qu'elle fait icy le mesme effect que celle qui fait le bas du tableau, dont on se sert pour donner les mesures à tous les objets des Perspectiues ordinaires.

Il faut se souuenir de ce que nous auons dit aux auis precedents. Que tous les rayons qui sont tirez au poinct de veuë, doiuent estre pris pour des lignes infinies & perpendiculaires sur terre, & que les sections qui s'y font par les lignes tirées au poinct de distance, sont pour determiner les hauteurs qu'on veut leur donner.

Par exemple, ayant à peindre sur vn plat-fond, diuisé en trois quadres A, B, C. ou sur vne croisée entiere de cinq quarrez A, B, C, D, E, esleués de terre de 20. pieds, s'estant determiné le poinct de veuë au milieu A, par lequel se tire l'horison E D, parallele à la ligne de terre F G; & pris sur cét horison, la distance A I, égale à la hauteur du plat-fond au dessus de l'œil du regardant. Ie dis qu'il faut tirer des lignes au poinct de veuë A, de tous les angles de ces quarrez; & que pour donner à ces lignes vne hauteur choisie; il faut la porter telle qu'on la voudra sur la ligne de terre, comme icy F H, que ie suppose de quatre pieds. Puis tirer la ligne H I, qui coupera F, A, en K; si de ce poinct K, l'on tire des paralleles aux costez des quarrez, elles couperons en, O, toutes ces lignes tirées au poinct de veuë ce qui donnera vn bord qui paroistra d'enbas esleué de quatre pieds, & celuy qui est le plus esloigné semblera n'estre pas plus haut que celuy du milieu, quoy qu'il soit peint bien plus large; dans cette largeur de l'vn & de l'autre, on peut feindre des balustres, ou ronds, ou plats, ou de fer, & de quelque autre chose.

Que les costez de la croisée B, C, D, E, soient égaux, ou qu'ils ne le soient pas comme E, n'est pas égal à D, cela n'importe pas, l'effet en sera tousiours de mesme.

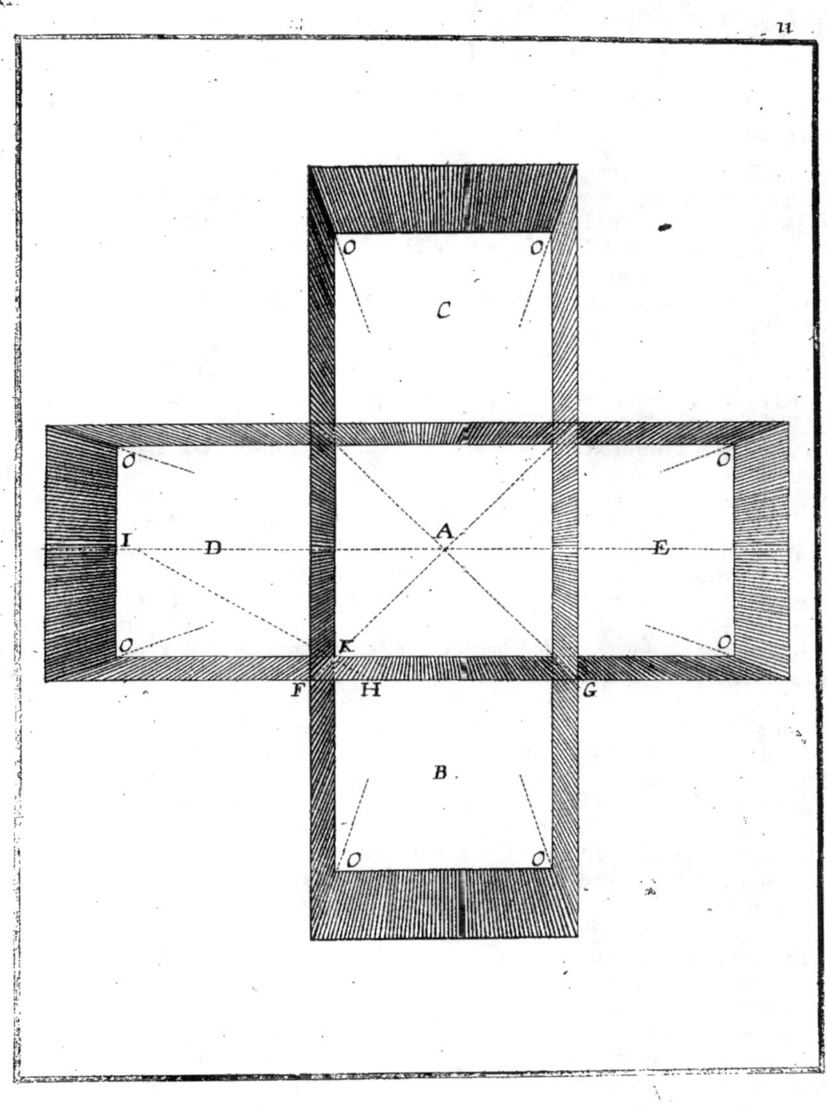
C
O
O
O
O
I
D
A
E
O
O
K
F
H
G
B
O
O

PRATIQVE II.

POVR FAIRE PAROISTRE DES ESPAISSEVRS SAILLANTES ou ventrantes, aux ornements des Plat-fonds ; le poinct de Veuë estant au milieu.

IE ne veux pas entreprẽdre de dõner toutes les inuentiõs pour orner les plat-fonds, & les voutes, puis qu'il s'en produit de nouuelles tous les iours: mais de donner les moyens de les rendre agreables, par leurs saillies, ou renfondrements; qu'on peut leur donner de plusieurs façons par les regles de perspectiue. Sans parler de celles où elle n'est pas necessaires, comme de simples compartiments auec des tableaux, des grotesques, moresques & autres gentillesses sans aucunes apparences d'espaisseurs en dehors ou en dedans.

Pour aller d'ordre, ie commence ces saillies par des petites, comme plus aysées, & puis de la je passeray aux plus esleuées ou abaissées. Ie dis donc de ces petites saillies que si on veut qu'elles paroissent comme pendantes, & hors du plat-fond. Il faut premierement marquer le dessein de ce qu'on veut faire de lignes occultes, comme sont les piéces *a*, *b*, *e*, *f*, *cdgh*, *q*, *r*. Puis du poinct A, qui est icy supposé au milieu du plat-fond B C D E; Il faut tirer des petites lignes par tous les angles de ces figures, *ab*, *ef*, *cdgh*, *q*. Par apres il faut porter l'espaisseur qu'on veut donner à ces piéces sur la ligne *a*, *b*, comme est *a*, *i*, que ie suposse de demy pied: puis tirer vne ligne du poinct de distance D. passant par *i*, qui coupera le rayon saillant de l'angle, *a*, au poinct *k*. Et *ak* sera l'apparance d'vne hauteur de six pouces. Si de ce poinct *k*, on tire vne ligne parallele aux costez *ab*, *cd*; les petites lignes tirées du poinct de veuë par les angles, seront coupées en *o*, *o*, *o*: de ces mesmes poincts *k*, *o*, *o*, *o*. il faut encore tirer des lignes, mais paralleles aux autres costez *be*, *af*, *cg*. *h*. qui couperont toutes les lignes des angles, & donneront les espaisseurs, ou saillies, aux piéces de ce plat-fond, par le moyen de cette seule ligne *ai*, qui a fait trouuer *ik*. Quand dans les desseins de ces plat-fonds il se rẽcontrera des demy ronds ou des ronds entiers, leur espaisseur se trouuera par le moyẽ des lignes tirées du poinct de veuë A, par les centres de ces ronds comme *p*, *p* lesquelles lignes estant coupées par la ligne de l'espaisseur, au poinct *r*, ce poinct *r* sera le second centre, & *r*. *q*. le demy diametre du demy rond. De ce peu on doit estre asseuré que quelque figure que ce soit qu'on puisse donner à ces plat-fonds, leur espaisseur se trouuera dans cette regle; ce qu'on peut voir au premier quartier; l'autre estant comme il doit paroistre acheué. Si on y veut representer des culs de lampe au milieu, comme au quarré F. Il faut tirer deux diagonal, *l*, *m*, *n o*, & du point de veuë A, tirer vne ligne par leur section V. à laquelle on donnera telle longueur qu'on voudra. Le quarré du milieu marqué A ne donne point d'espaisseur à raison que le poinct de veuë est au milieu. S'il estoit à costé il en dõneroit, sans rien changer de la pratique: dans ce milieu on peut suiure les ornements des autres piéces, auec de grands enfoncements, comme on verra cy-apres.

En la seconde figure ie fais voir vne autre moitié de plat-fond, auquel ie donne les mesmes compartiments qu'au premier; mais au lieu de les faire sortir du plan cõme en cettuy-la, je les fais rentrer & paroistre enfoncés, en quoy la pratique n'est pas differente de l'autre, sinon qu'en la premiere i'ay tiré les lignes hors des angles *ef*; *g*, *h*, & en celle-cy, je les fais rentrer dans le plan, comme H, M, & tire au poinct de veuë A. par aprés ayant mis la mesure de l'enfoncement qu'on veut donner de P à S. & tiré de S. à la distance G. la section de P A, au poinct X, sera pour donner les espaisseurs à tout le reste, comme nous auons dit de la premiere figure. Si on y veut des piéces pendentes au milieu; il faut operer comme nous auons fait, pour le cul de lampe du quarré F.

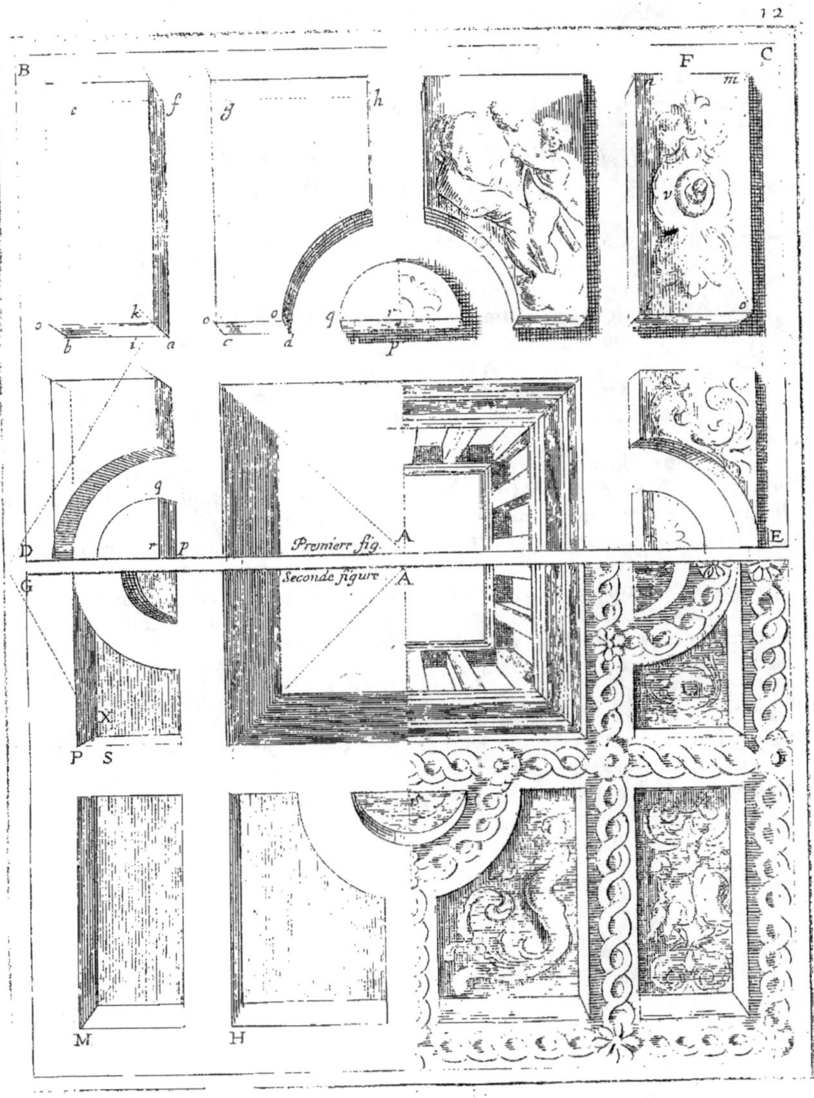
B
C
F
m
c
f
g
h
v
k
o
b
i
a
c
d
q
r
p
D
q
r
p
Premiere fig.
A
E
G
Seconde figure
A
X
P S
M
H

PRATIQVE III.

POVR FAIRE PAROISTRE DES ESPAISSEVRS saillantes, ou rentrantes, aux ornements des Plat-fonds, quoy qu'ils n'en ayent point effectiuement.

CEux qui ne veulent pas s'obliger à vn seul poinct de veuë, ainsi que nous venons de dire, ne se souciant pas beaucoup de cette exactitude de Perspectiue, estant plus aises de voir vne corniche, ou saillie, autour de châque compartiment, que d'en voir seulement à certaines faces, ou costez, comme en la figure precedente; peuuent, ou plustost doiuent prendre autant de poincts de veuë, qu'il y a de piéces separées en vn plat-fond, car si le centre de châque piéce est donné pour point de l'œil elle aura ses saillies, ou corniches, égales de tous costés, soit en dehors, ou en dedans.

La pratique pour donner ces corniches, ou saillies, aux compartiments en dehors, ou en dedans, est la mesme, & toutes deux bien aysées. Par exemple les deux demy plat-fonds qui sont icy, sont de mesme compartiments & figures, dont le premier est pour des enfoncements en dedans, & le second des saillies en dehors, & à tous le poinct de veuë A, au milieu.

Supposé donc que les compartiments soient tracés comme en vn plan geometral; je dis que des angles de châque figure, il faut tirer des lignes au poinct de veuë, qui est le centre A, puis se determiner vne largeur telle qu'on voudra, qui se donnera tout autour de cette figure par des lignes paralleles à châque costé, comme sont BC, & DE. Or entre ces lignes paralleles, on peut donner telle forme de corniche qu'on voudra, suiuant la methode que i'ay donnée aux pratiques XIV & XV. feüillets 24. & 25. Quoy que ces corniches semblent n'estre que pour des piéces rentrantes, si est-ce qu'elles peuuent seruir aux saillantes, changeant seulement les jours & les ombres qui font toute la difference de ces deux plat-fonds, ainsi qu'il se void en la figure.

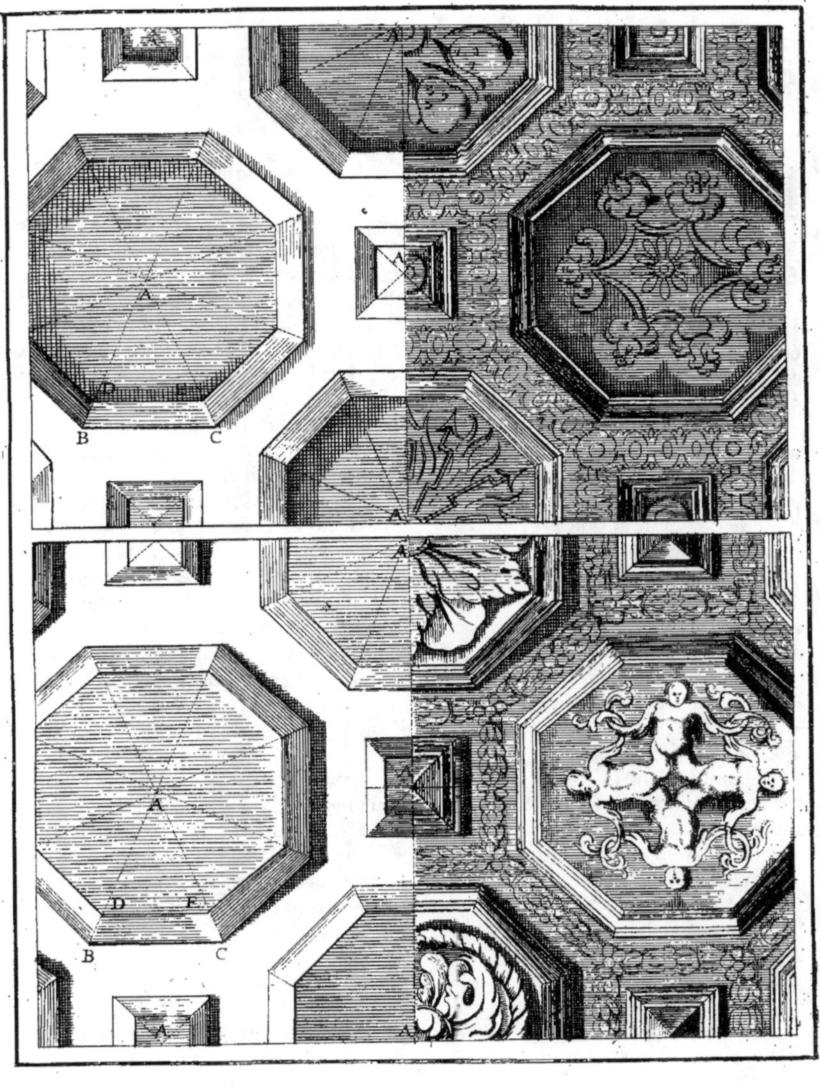
A
A
B
C
D
E
A
A
A
A
A
D
E
B
C
A
A

PRATIQVE IV.

POVR PEINDRE DANS VN PLAT-FOND, L'APPARENCE d'vne ouuerture quarrées, qui aura vn accoudoir de pilliers ou pillastres quarrez, tout autour.

ON aura vû en la Pratique I. precedente, que tous les quarrés ou tableaux d'vn plat-fond, soit pour vne salle, ou pour vne croisée d'Eglise, ne doiuent auoir qu'vn poinct de veuë, quand le plat-fond est petit, ou se tirent toutes les piéces qui paroissent perpendiculaires sur terre; & que la distance ayant fait trouuer tel racourcissement qu'on aura voulu sur vn rayon; Ce rayon donne le mesme racourcissement par tout en tirans des lignes paralleles aux costez, ainsi qu'on a pû voir en la croisée precedente, composée de cinq quarrez, ou parallelogrammes rectangles, où vous aurez remarqué qu'il n'y a, que le quarré, ou tableau du milieu qui ait le poinct de veuë, & qu'en tous les autres, il est hors du tableau, puisque tous les objets doiuent estre tirez au poinct de celuy du milieu.

Pour aller par ordre, je donneray icy celuy du milieu qui porte le poinct de veuë, & au feüillet suiuant on trouuera l'autre, qui suffira pour tous ceux qui ne le portent pas.

Supposé donc que l'ouuerture soit A B C D; de ces poincts il faut tirer des lignes au poinct de veuë F. puis pour auoir vne espaisseur égale à E C, il faut du poinct E tirer vne ligne au poinct de distance ✠. laquelle coupera le rayon C F au poinct G. d'où il faut tirer des paralleles aux costez, qui couperont les rayons A F, BF. & DE. aux poinct OOO.

Par aprés, il faut mettre la hauteur de l'accoudoir sur la ligne C D, comme est icy G H, puis de ce poinct H, tirer vne ligne au poinct de distance ✠, qui coupera C F, en I. duquel il faut encore tirer des paralleles aux costez, qui couperōt les rayons aux poincts K, K, K, & entre ces paralleles K O, K O, I K, & G O, se doiuent tirer les pilliers, ou pillastres quarrez, de tous les angles de leurs plans, au poinct F.

Par exemple, ayant fait les plans geometraux de tous ces pillastres, au dehors du quarré A B C D. comme est le marqué L, il faut des premiers angles (c'est à dire de ceux qui sont vers le poinct de veuë comme M, N) tirer des lignes au poinct de veuë F, qui couperont la ligne I K, aux poinct P Q. d'où il faut tirer deux petites lignes Q R, & P S. perpendiculaires à I K. puis tirer encore deux lignes des angles T V, au poinct F. qui coupant ces deux lignes Q R, & P S. aux poinct R S. donneront le quarré P, Q, R, S. pour l'apparence du dessus du pillastre; qui se verroit s'il estoit transparent, mais ne l'estant pas ordinairement, il suffit de tirer les lignes des angles qui se voyent, comme icy MP. N Q, T R. qui donnent deux faces, ce que font tous les pillastres, horsmis ceux qui sont parallels, ou perpendiculairs à l'horison, comme les marquez 2. qui n'en donnent qu'vne.

Ce que nous venons de faire du plan M, N, T, V. se doit faire de tous les autres, & on aura l'apparence des pillastres.

Si on veut vne moulure ou espaisseur au dessus de ces pillastres; il en faut donner la hauteur sur la ligne I K comme sont X, Y. desquels il faut tirer des lignes au poinct de distance ✠. qui donnent ZZ sur I F, desquelles il faut tirer des lignes paralleles à I K, KK, KI, qui donneront cét espaisseur ou moulure.

Pour acheuer cét accoudoir, il faut du poinct R, tirer des petites paralleles à IK, entre ces pillastres.

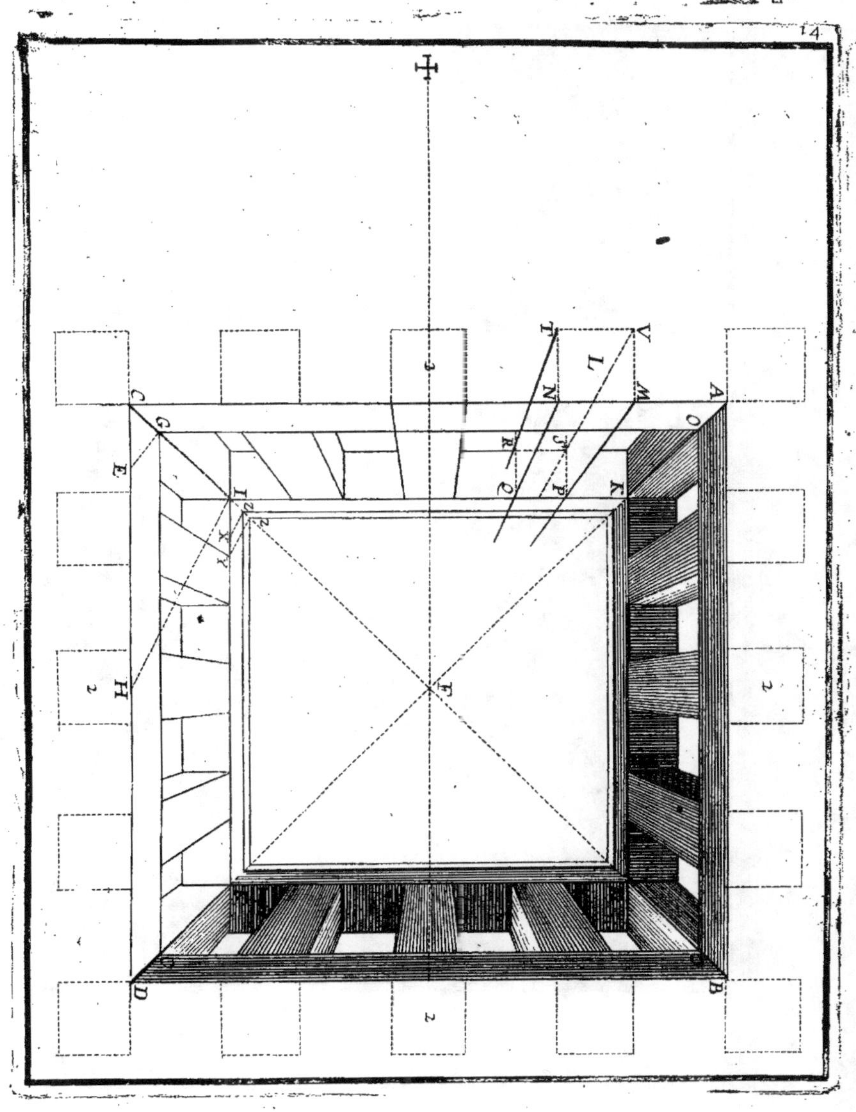
V
T
L
M
N
A
O
C
G
E
K
P
Q
R
I
X
Y
Z
F
H
B
D
3
2

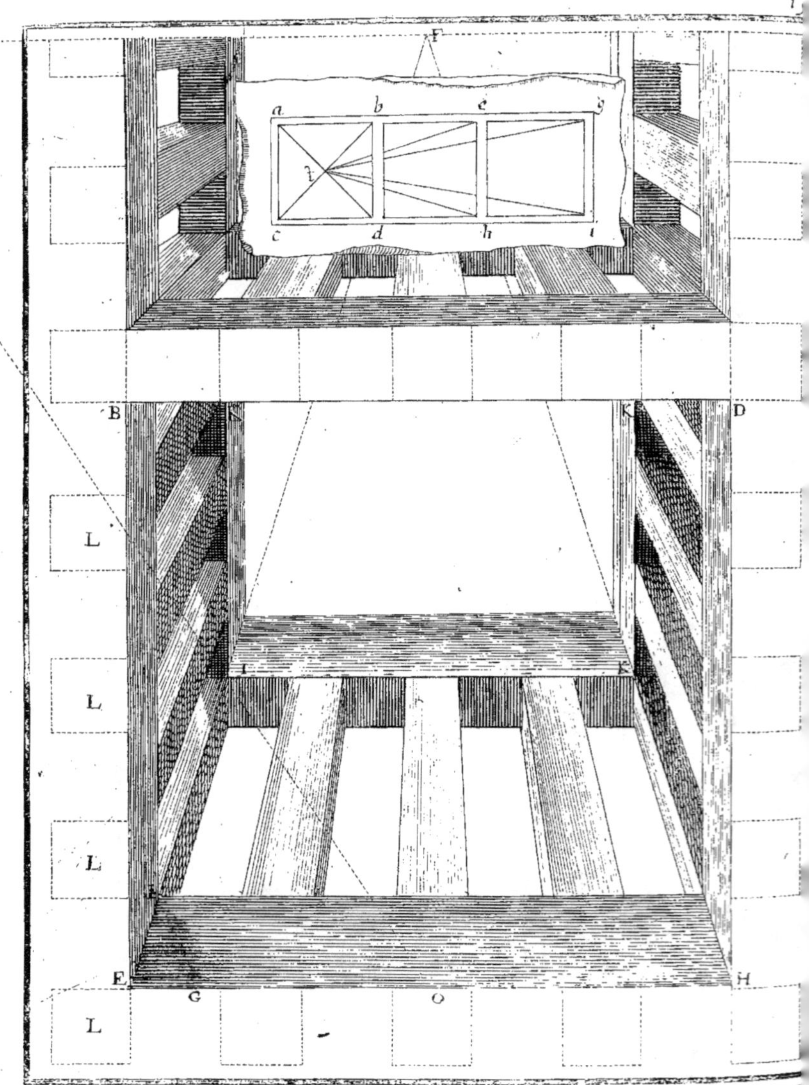
F
a
b
e
g
c
d
h
i
B
K
D
L
L
L
L
E
G
O
H

PRATIQVE V.

POVR PEINDRE DANS VN PLAT-FOND, l'apparence d'vne ouuerture quarrée, qui aura vn accoudoir de pillastres quarrez, de trois costez seulement, à raison que le poinct de de veuë est hors le tableau.

EN cette figure, on aura la methode de pratiquer la perspectiue des plat-fonds, non seulement aux tableaux qui sont proches de celuy qui porte le poinct de veuë, mais encore aux autres qui pourroient en estre plus esloignez, puisqu'aux vns & aux autres l'on peut mettre le poinct de veuë hors du tableau, mais aux vns plus, & aux autres moins.

Par exemple, en la cartelle où il y a trois petits quarrez representans trois tableaux, si le poinct de veuë, *f*, est au milieu de celuy *a*, *b*, *c*, *d*. Le dernier *e g*, *h*, *i*, en est bien plus esloigné que l'autre *b*, *e*, *d*, *h*, neantmoins tous les objets montant & qui sont perpendiculaires à la terre, tant les vns que les autres, doiuent tous tirer au poinct de veuë *f*, ainsi qu'il a esté dit, tant an la pratique precedente, qu'aux avis.

Or il faut supposer que le grand quarré B E D H. est le tableau marqué *b e d h*, en la cartelle, plus proche de celuy où est le poinct de veuë, *f*. Et faut remarquer que ce poinct *f*, est bien esloigné du costé, *b*, *d*; aussi l'est F, proportionnellement, du grand costé B, D. Des angles de ce quarré E H, il faut tirer des rayons au poinct de veuë F. Puis donner autant d'espace entre B K & D K, qu'il y en a entre K & A, de la precedente, & des sections I, que ces lignes feront aux rayons EF, H F. se tirera la ligne I K: ou bien ayant mis la largeur ou espaisseur E G, qui est, pour suporter les pillastres, & la hauteur des pillastres E O, sur la ligne de terre E H. Il faut de ces poincts G & O, tirer des lignes au poinct de distance, ✠ qui est icy hors la planche, & ces lignes coupperont le rayon E F, aux poincts I, I. Si de ces poincts I I, on tire des lignes paralleles aux costez BE, E H, H D. on aura les espaces BK, DK, E I, HK, entre lesquels se doiuent tirer les pillastres, au poinct F, ainsi que nous auons fait en la precedente, où ils sont tirez de tous les angles des plans qui sont hors le grand quarré B D E H. qui sont marquez L, comme en la figure & pratique precedente II. Aussi est-ce la mesme.

On void par cette figure, que la pratique pour faire vn balustre dans le tableau marqué *e*, *g*, *h*, *i* sur la cartelle, est toute la mesme qu'en cettuy-cy, & que tout le changement, n'est qu'en l'esloignement du poinct de veuë F, qui donne pourtant l'espace des costez, icy B K égal au premier; mais ceux du fond tousiours plus large, à mesure que ces tableaux s'esloignent. Quand ces tableaux sont veus du poinct donné, tous ces pillastres paroissent égaux. C'est à dire que le plus esloigné de ces balustres, quand il seroit 100 pas loing du premier, n'auroit pas en apparence, plus de hauteur que le premier où est le poinct de veuë.

Ce que je dis de ces pillastres, se doit aussi entendre de toutes les autres piéces quelles qu'elles soient, comme on verra en la suitte, & en la pratique XXIX. de ce traité feüillet 39. Qu'on doit faire plus d'vn horison quand le platfond est grand, & de plusieurs piéces ou tableaux.

SVITE DE LA PRATIQVE V.

OV OPINION D'VN PEINTRE SVR LES Perspectiues des Plat fonds.

VIola Zanini, ayant à peindre vn plat-fond d'Eglise trois fois plus long que large, où il vouloit faire paroistre des modillons quarrez tout autour, comme attachez contre le mur en forme de consoles, fit son dessein selon les regles de Perspectiue que ie viens de donner, où ayant veu que ceux du fond (ie veux dire des bouts les plus esloignez) comme icy HE, paroissoient tres-bien du point de veuë, mais que hors de là, ils estoient trop longs; voulut y remedier, & faire en sorte que les plus esloignez ne fussent pas peints plus grands que les autres; voicy comme il fit, & dit qu'il faut faire quand on aura à faire quelque chose de semblable. Et moy ie dis qu'on s'en garde, si on veut faire quelque chose de bien, car ie ne mets icy son exemple que pour en faire connoistre le defaut.

Il dit qu'ayant marqué les plans des modillons 1, 2, 3, 4, 5, 6, 7, 8, 9, 10 autour du demy plat-fond, ou voute D, E, F, G. Il faut au bout, & de sa largeur, faire vn quarré parfait comme B, C, D, E. Et du reste B C F G, soit qu'il se rencontre quarré, ou non, il faut des angles opposez tirer des lignes, qui se couperont au poinct I. comme poinct de veuë. Puis diuiser châque demy diagonale, comme I, C, (car ie suppose que ce qui est icy n'est qu'vne moitié.) en autant de parties qu'il y aura de plans de modillons ou pillastres de chaque costé, qui sont icy sept pour la moitié d'vn costé.

Par apres il faut donner la hauteur qu'on veut à ces piéces, qui est icy F K. & de ce poinct K, faire vne ligne occulte K L, parallele à F, D. qui coupera le rayon A D, en L; & faire encore L M, parallele à D E; qui donne la hauteur M N, du bout, égale à F K, du costé, selon l'intention de l'auteur. Ayant fait toutes ces dispositions, il dit que des angles de châque plan, il faut tirer à la diuision qui luy est propre sur la demy diagonale I C. comme du plan marqué 1, à la diuision marquée 1. Le plan 2, à la diuisiõ 2, & ainsi des autres. Pour ceux des bouts 8, 9, 10. Et plus s'il y en auoit entre D & E, ils doiuent se tirer au poinct A, comme on void en la figure où j'ay fait de l'autre costé ces piéces, non pas sortantes, ou attachées à la muraille: mais posées dessus, auec vn accoudoir; Pour monstrer en l'vn, & en l'autre costé, que cette methode n'est qu'vne corruption de Perspectiue, où il paroist autant de fautes que de piéces, puisque pas vne ne se void droite à l'œil du regardant, posé au dessous de I. poinct de veuë. Voila pourquoy il me semble qu'on ne doit pas suiure cette methode qui est pourtant estimée de quelques Peintres.

Quand on aura vn plat-fond semblable, à peindre; Il vaut mieux le diuiser en trois ou quatre tableaux ou parquets, & que chacun ait son poinct de veuë particulier, ainsi qu'on verra en la Pratique XXXII. de ce Traité feüillet 41.

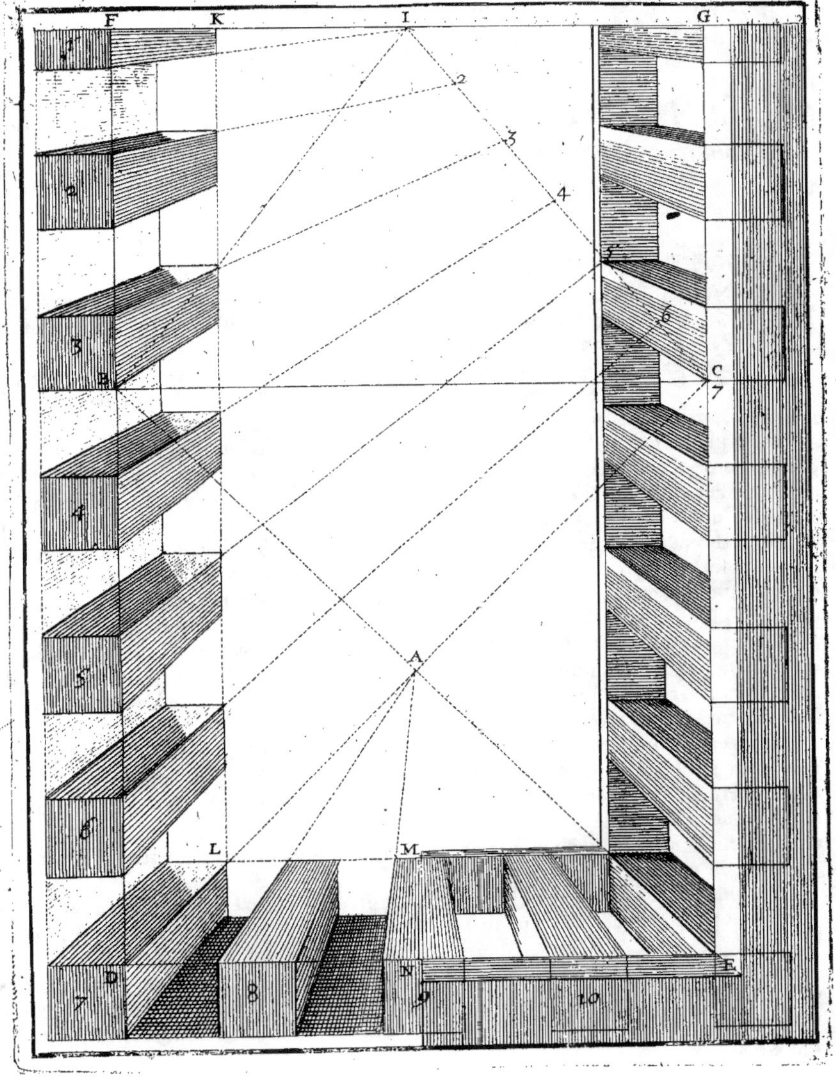

F
K
I
G
2
3
4
5
6
B
C
7
A
L
M
N
D
E
1
2
3
4
5
6
7
8
9
10

PRATIQVE VI.

POVR PEINDRE DANS VN PLAT-FOND, l'apparence d'vne ouuerture quarrée, qui aura vn accoudoir de pilliers ronds tout à l'entour.

'Ay fait icy l'ouuerture A, B, C, D. égale à la precedente de la pratique IV. feüillet 14. comme aussi le poinct de veuë F, au milieu, la distance autant esloignée, & vne mesme hauteur d'accoudoir E, C, laquelle estant tirée au poinct de distance, donnera sur le rayon CF, la section I; d'où ayant tiré des lignes I, K, K, K. paralleles aux costez du quarré, on aura toute la disposition necessaire pour y esleuer ces pilliers par la mesme pratique & methode qu'en la precedente, à la reserue des plans qui sont quarrez en celle là, & ronds en celle-cy.

Or ces plans, se mettent hors le quarré A B C D. & en tel nombre qu'on veut, disposés comme on les void marquez L. De tous ces plans, il faut tirer des diametres, & les continüer iusques à ce qu'ils coupent perpendiculairement la ligne AC, au poinct M, duquel se doit tirer vn rayon au poinct de veüe F. qui coupera la ligne IK, en N, d'où se tirera vne petite ligne parallele au diametre M P. Il faut faire le mesme de tous les plans qui sont autour du quarré. Par apres d'vn diametre de ces plans, comme de celuy O P. Il faut tirer deux rayons au poinct de veuë F. qui couperont la ligne tirée de N, aux poincts Q R. qui sont la distance & diametre du haut de ces pilliers. C'est pourquoy ayant fait vn cercle dont le diametre sera égal à Q R, il doit estre porté sur les lignes qu'on aura tirées, comme nous auons dit & fait de celle N. Et l'on trouuera autant de ces cercles, au tour du quarré I K, K K, K K, K I & disposez de mesme, que ceux qui sont autour de celuy A, B, C, D.

Maintenant pour former ces pilliers, Il faut poser la regle au poinct de veuë F. & la conduire en telle sorte sur ces plans, ou cercles, qu'elle touche en mesme temps le grand, S. & le petit T. Puis tirer la ligne VX; laissant encore la regle, sur le poinct F, il faut la conduire de l'autre costé des mesmes cercles S.T. & du poinct qu'elles les touchent tirer encore vne ligne YZ, qui par la mesme partique donnera à tous les autres, la forme & épaisseur du pillier.

On void par cét exemple que les tengeantes tirées du poinct de veüe F, sont vne regle suffisante pour trouuer les épaisseurs, de tous pilliers, colomnes & autres piéces Cylindriques.

Ie ne donneray pas les pratiques pour faire des mesmes accoudoirs, aux tableaux plus esloignez du poinct de veüe, puis qu'on à veu, par la precedente; Que qui sçaura faire l'vn, fera facilement les autres, sans qu'il soit besoin de multiplier les figures.

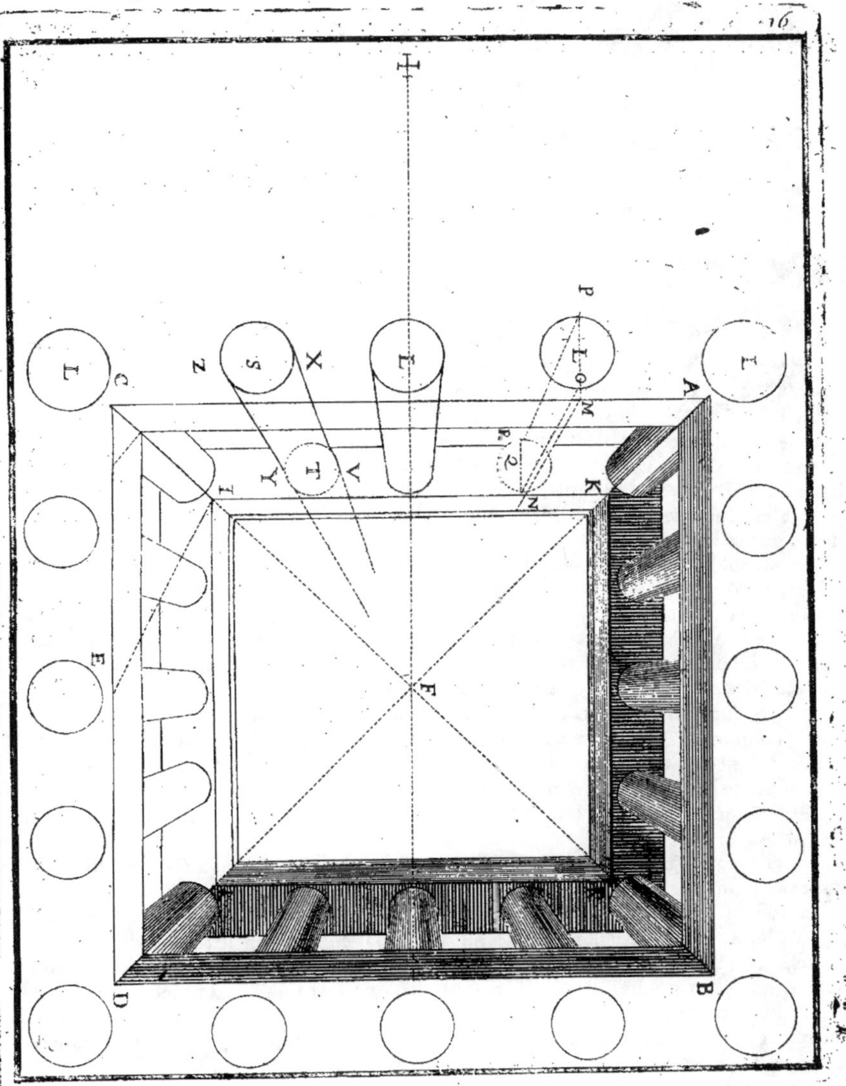

A
B
C
D
E
F
I
K
L
M
N
O
P
Q
R
S
T
V
X
Y
Z

PRATIQVE VII.

POVR PEINDRE DANS VN PLAT-FOND, l'apparence d'vne ouuerture ronde auec vn balustre de pillastres, à lentour, le point de veuë estant au milieu.

Vant que de passer plus outre, vous remarquerez, s'il vous plaist, qu'en toutes piéces circulaires, où l'on veut faire des Perspectiues, si on met le poinct de veuë au milieu, comme il est en cette figure : le centre du Cercle, sert à deux choses, Car comme il est poinct de veuë, l'on y tire tous les rayons, & il est encore le centre de tous les autres cercles, qui sont icy, concentriques & parallels.

Pour la pratique, Ayant fait le cercle A B C; à discretion, selon la grandeur de l'ouuerture, il faut tirer vne tangeãte par dessous, qui le touche au poinct C, & cette ligne D, C, E. doit seruir de ligne de terre. Par le centre F, se doit tirer vne autre ligne A, F, B. qui est l'horison, parallele à la ligne de terre. Sur cet horison se met le poinct de distance ✠ aussi esloigné du poinct de veuë F, que le plat-fond est esleué au dessus de l'œil du regardant.

De plus, il faut porter sur la ligne D, E. les mesures pour l'épaisseur du rond, comme C, H. & pour la hauteur des pillastres comme H, E. desquels poincts H E, il faut tirer des lignes au poinct de distãce ✠. qui coupperõt le rayon C, F. aux poinct I, M. Puis il faut du centre F, faire deux cercles passans par ces poincts I & M. entre lesquels on doit marquer les pillastres, selon que l'on en aura tracé les plans hors le cercle A, B, C.

Pour faire ces plans, il faut faire deux cercles; dõt celuy A, B, C. en sera l'vn, & O P l'autre, & sur l'vn des deux se doit porter la largeur qu'on veut donner à châque pillastre, comme est Q R sur celuy A B. qu'il faut mettre autour de ce cercle, en tel nombre & distance qu'on voudra; Puis il faut poser la regle au centre F. sur le poinct R, & tirer la petite ligne R, S; le mesme se doit faire du poinct Q qui sera. Q T. ce qui donne Q. R, S. T, pour le plan. Or ce que nous auons fait pour celuy cy, se doit faire pour tous les autres.

Pour l'apparance de la hauteur des pillastres, il faut encore des poincts Q R. tirer des lignes au poinct de veuë F. qui se termineront aux poincts V X. sur le cercle M.

Icy où le poinct de veuë est au milieu du cercle, les pillastres ne donnent qu'vne face Q, V, R, X, où se perdent toutes les autres, & par consequent le plan de dessus le pillastre X, V, Y Z, (comme on peut voir de tous les plans que i'yay mis non à autre dessein que pour donner moyen d'en faire l'essay à qui voudra en prendre la peine.) Mais quand ce poinct de veuë n'est pas au milieu, châque pillastre montre deux faces, hormis ceux qui sont perpendiculairs, & parallels à l'horison ainsi que nous auons deja dit, & qu'il se verra en la pratique suiuante.

17

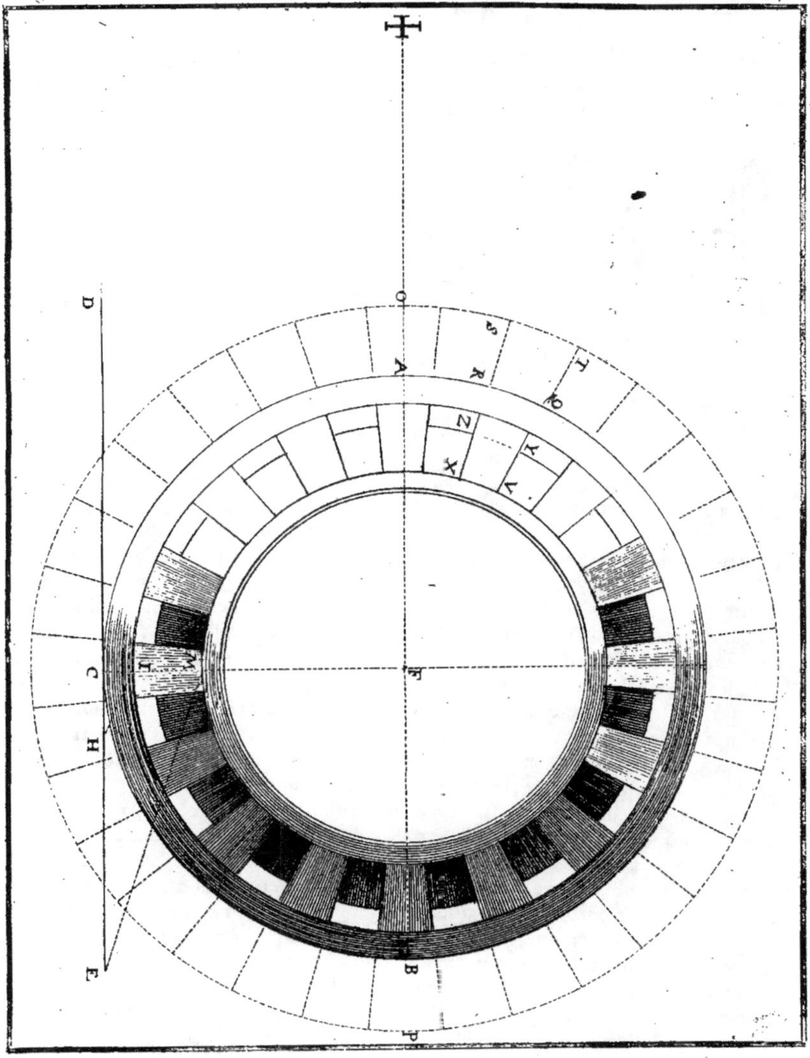

PRATIQVE VIII.

POVR PEINDRE DANS VN PLAT-FOND, L'APPARENCE d'vne couuerture ronde, ayant vn balustre de pillastres à l'entour, & le poinct de veuë, hors le tableau,

IE suppose que cette figure, est comme vn tableau destaché de celuy qui porte le poinct de veuë, & par consequent qu'il ne sera pas le centre de celuy cy comme du precedent, c'est pourquoy on y connoistra mieux ce qui se doit tirer au poinct de veuë, & ce qu'il faut tirer au centre.

Mais, il y a en cette pratique cy vne difficulté qui n'est pas en la precedente, qui est de trouuer les centres des cercles, qui se diminuent à proportion qu'ils s'esloignent de l'œil, & cela sur vne mesme ligne droite, comme qui diroit sur C F, perpendiculaire à D E, trouuer antant de centres differents qu'il y a de cercles; cela pourroit arrester quelqu'vn; auant que de passer plus outre, ie veux leuer cette difficulté. Et affin que cela n'apporte point d'embaras, au reste de nostre pratique.

I'ay mis vn exemple sur vne petite cartelle, où il faut supposer le petit cercle *a*, *b*, *c*, égal au grand A B C. Aussi le poinct, *f*, pour le poinct de veuë, & , *g*, celuy de distance, où sont tirées les hauteurs, *h*, *k*, *l*. qui coupent le rayon *c*, *f*. en *i*, *m*, *n*; Or je dis, que pour trouuer les centres des cercles qui doiuent passer par ces poincts *i*, *m*, *n*; il faut tirer le diametre *a*, *b*, passant par le centre o, & du poinct *a*, faire tomber vne perpendiculaire sur la ligne, *d*, *e*, au poinct, *p*, puis de ce poinct, *p*, se doit tirer vne ligne au poinct, *f*. & ce sera par le moyen de cette ligne que se trouueront tous ces centres, & vne infinité d'autres s'il en estoit besoin. Par exemple, pour trouuer le centre du cercle qui doit passer par le poinct, *i*, de ce poinct *i*, il faut tirer vne ligne parallele à, *d*, *e*, qui coupera *p*. *f*. au poinct, *q*, & cette ligne *i*, *q*, sera le demy diametre du cercle, l'ayant donc pris auec vn compas, il faut poser vne jambe sur le poinct, *i*, & l'autre tombera en, *s*, sur la ligne *c f*, qui sera le centre duquel on fera vn cercle passant par *i*; si du poinct *m*. On fait les mesmes operations, on aura le poinct *r*, &, *m*, *t*, égal à *m*, *r*, sera le demy diamettre. Pour le troisiéme cercle, en faisant encore la mesme operation du poinct, *n*, on aura le poinct *u*, & *x n*. égal à, *u*, *n*, sera le demy diametre du dernier cercle.

Ou bien faire comme en la cartelle ✠, où le diametre du cercle, 1, 2, sert de ligne de terre, sur laquelle on porte les hauteurs 3, 4, 5, 1. égales à *c*, *h*, *k*, *l*. des poincts 1, 2, 3. se tirent des rayons au poinct de veuë 6, & des 4, 5, 1. d'autres lignes au poinct de distance 7, qui couperont la ligne, 3, 6, aux poinct 8, 8, 9. qui seront les centres, des cercles qui doiuent paroistre enfoncés; Or pour trouuer le demy diametre de ces cercles; il faut de ces poincts 8, 8, 9. tirer des lignes paralleles à 1, 2, iusques à toucher le rayon 1, 6, & toutes les lignes qui se trouueront entre les rayons, 2, 6 & 3, 6 seront demy diametres.

Supposons que les cercles qui passent par I, M, N, ont esté treuuez comme ceux là, centres O, S, T, V: Ie dis que de tous les angles des plans il n'y à plus qu'à tirer les apparences des pillastres entre les cercles I & M. comme aux precedentes.

Pour les plans de ces pillastres, ils se forment comme nous auons dit en la precedente. De plus, des poincts Q. R; il faut tirer des lignes au poinct F. qui couperont le cercle M, aux poincts Y, Y, puis du centre de ce cercle, qui est le poinct T, il faut tirer des lignes qui passent par les poincts YY. & qui coupent les lignes tirées des poincts XX, à F, aux poincts ZZ; & ces poincts YY, ZZ, donneront l'apparence du dessus des pillastres. Pour acheuer le tout il faut encore du centre T, & de l'interualle T, Z, former des petits arcs entre ces pillastres, qui termineront la largeur de dessous l'accoudoir, & perfectionneront le tout.

18

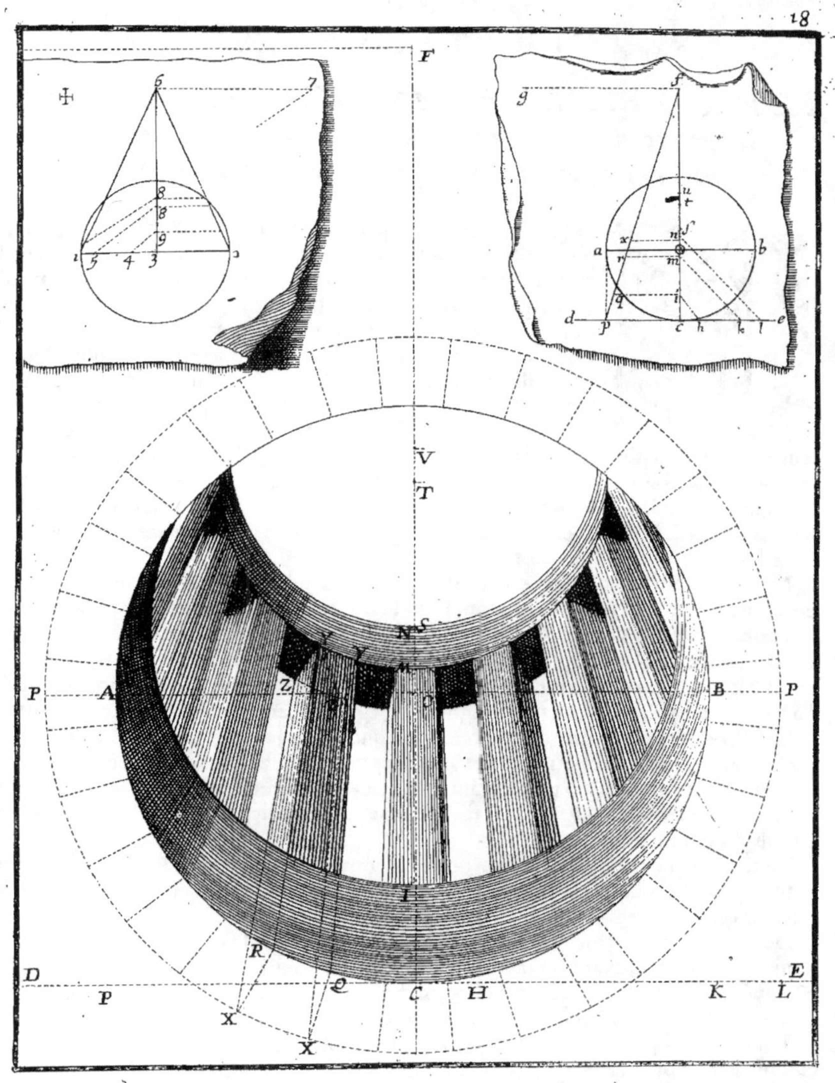

PRATIQVE IX.

POVR PEINDRE DANS VN PLAT-FOND, l'apparence d'vne ouuerture ronde qui aura vn accoudoir de pilliers ronds, tout autour, le point de veuë estant au centre.

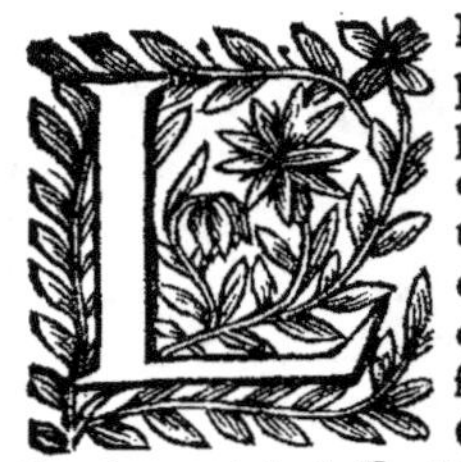

Es piéces circulaires, où se doiuent faire des Perspectiues, sont les plus aysées de toutes celles des plat-fonds, quand elles ont le poinct de veuë au milieu, à raison que tous les cercles, sont concentriques, comme on a des-ja fait voir en la pratique VII. de ce traité feüillet 17. Où j'ay dit qu'ayant fait le cercle A, B, C. à discretion, il faut tirer par dessous vne tangeante au poinct C & que dessus cette ligne, qui est comme la ligne de terre D E; il faut porter les mesures des épaisseurs, premierement du rond C H, puis de la hauteur des pillastres H K; puis mettre l'épaisseur du rond de dessus K L; Par aprés de tous ces poincts H, K, L. Il faut tirer des lignes au poinct de distance G, qui est sur l'horison A, F, B; Et ces lignes coupant le rayon C F, aux poincts L, M, N montrent qu'il faut faire autant de cercles du centre F, passant par ces poinct L M N. Or entre les cercles I, M, il faut faire voir l'apparence des pilliers, tirez des plans qui sont hors le cercle A B C.

Les plans pour ces pilliers ronds, ne sont que des petits cercles, de mesme diametre entre eux, qu'on met à discretion, tant pour leur interualle, que pour le nombre.

Maintenant, pour de ces plans tirer les apparences de ces pilliers, entre les deux cercles I, M. Il faut poser la regle en telle sorte, qu'elle soit au poinct de veuë F, & qu'elle touche le cercle du plan, comme en R. & tirer la ligne R S. Il faut en faire autant de l'autre costé qui donnera encore la ligne R S, égale à l'autre. Si dans l'espace, ou interualle S S, on forme vn autre petit cercle, qui touche ces deux lignes R S, R S. & le cercle M, au poinct Q, ce petit cercle Q S S. representera le dessus du pillier, qui se verroit asseurement, s'il estoit transparant, ce qui n'est pas ordinairement. Or ce que nous auons fait pour ce pillier R R, S S, se doit faire pour tous les autres qui ont leurs plans autour du grand cercle A B C.

Pour acheuer entierement, il faut ouurir le compas de l'interualle F, T. & former des petits arcs entre châque pillier, qui termineront la largeur du dessous de l'accoudoir posé sur ces pilliers.

De cette partique, on connoist suffisamment, comme il faut proceder aux autres ouuertures rondes, ayant vn accoudoir de pilliers ronds, quoy qu'elles soient plus esloignées du poinct de veuë, cela n'importe pas, car c'est tousjours la mesme partique; ce qui me dispensera d'en faire d'autres figures.

Tout ce qui a esté fait pour vn cercle se peut faire aussi, en toutes figures Circulaires, comme Pentagones, Hexagones, Octogones &c.

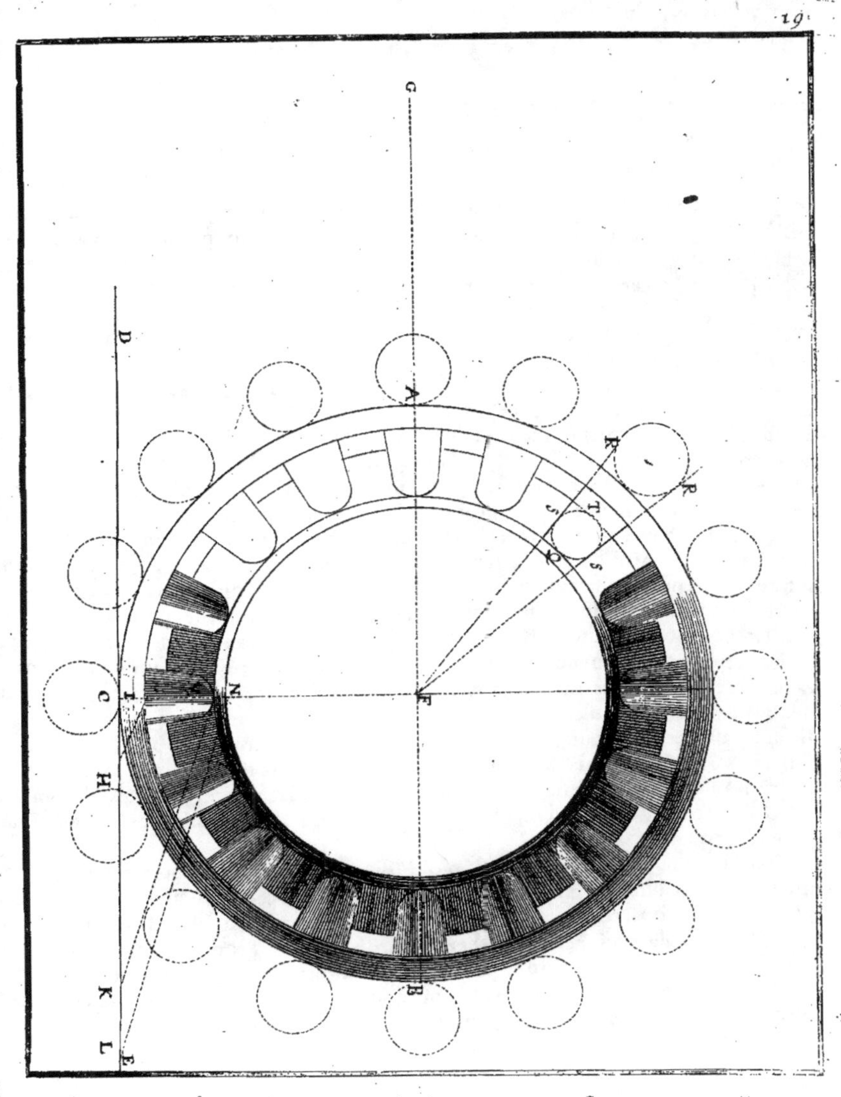
19
G
D
A
R
R
T
S
Q
S
N
F
C
I
H
K
L
E
B

PRATIQVE X.

POVR FAIRE LE MESME QV'AVX PRATIQVES precedentes, mais d'vne methode plus expeditiue.

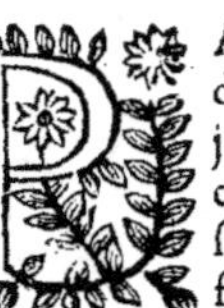

PArlons premierement d'vne ouuerture quarré, auec vn balustre, moitié de pillastres & moitié de pilliers ronds. Aux pratiques precedentes, j'ay donné la methode originaire pour esleuer les piéces de leur plan, cette methode estant vniuerselle, & qui fait connoistre le fond de la science, & estant bien possedée, le perspectif peindra dans les plat-fonds, & les voutes (sans peine ny difficulté) tout ce qu'on s'imagine, estre bien penible, & mal-aysé.

On aura veu dans ces pratiques, qu'auec le plan de ces pillastres, ou pilliers, j'ay fait encore paroistre leur dessus; & cela pour deux raisons. La premiere pour mõstrer qu'elles sont faites exactement. La seconde pour faire voir la verité de la methode que je veux donner maintenant; Qui est, de faire les mesmes choses que nous auons faites iusques icy, sans se seruir des plans, mais seulement des dessus de ces pillastres, ou pilliers, ce qui rend la pratique bien plus prompte, plus aysée, & aussi juste.

Le desir que j'ay d'amoindrir la peine, d'épargner les figures, & gagner le temps; m'a fait diuiser le quarré en deux parties (dans la croyance que jay qu'vne moitié peut suffire pour entendre nos pratiques) l'vne d'vn balustre de pillastres, l'autre de pilliers ronds; & toutes deux de mesme ouuerture, & enfoncement que les precedentes.

C'est pourquoy je suppose l'ouuerture A B C D. égale aux precedentes, & qu'on sçait assez comme il faut donner les enfoncements I K. ayant dit suffisamment comme il faut y proceder; Reste maintenant à faire voir qu'ayant trouué, & fait la largeur de dessous l'accoudoir, qu'on peut faire à discretion, c'est à dire, plus, ou moins large; Il faut dans cette largeur, mettre autant de quarrez qu'on veut de pillastres, comme sont cenx L L, Par apres, du poinct de veuë F. il faut tirer des lignes de tous les angles du plan, ou quarrez de dessus, du moins des angles qui se voyent, jusques à la ligne G, G; & l'on tracera bien aysement l'apparence d'vn balustre de pillastres, autour d'vne ouuerture quarrée.

Que la seconde figure soit aussi la moitié du quarré, égal aux ouuertures & enfoncement des precedẽtes, & que tout soit de mesme icy qu'à celle de dessus, à la reserue des plans, qui sont quarrez en celle là & ronds en celle cy; ie dis qu'il ny à qu'à tirer des lignes du poinct de veuë F, qui touchent ces ronds, & les continüer jusqu'aux lignes G G. Et vous aurez vn balustre de pilliers ronds autour d'vne ouuerture quarrée.

De ce que dessus, il faut inferer qu'on doit proceder de mesme aux piéces qui sont bien esloignées du poinct de veuë, comme sont celle des Pratiques. V & VIII.

20

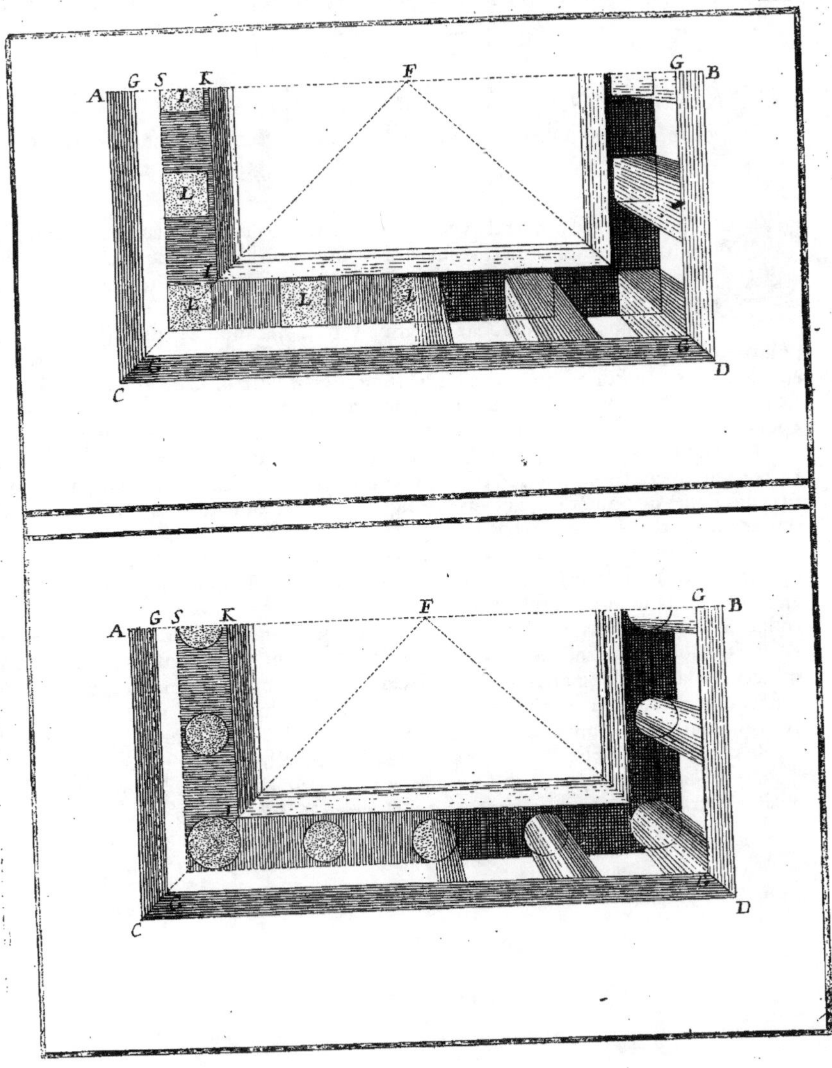

PRATIQVE XI.

POVR PEINDRE DANS VN PLAT-FOND, l'apparence d'vne ouuerture ronde, auec vn balustre de pillastres, & vn autre de pilliers ronds.

SVpposé que le poinct de veuë F, soit au milieu de ces ouuertures rondes, l'on peut en vne moitié de ces ouuertures, faire voir la pratique, de mesme que si elles estoient entieres; ainsi qu'on à veu en la precedente, des ouuertures quarrées, où vne moitié, à seruy autant qu'vn quarré entier.

C'est le mesme pour le cercle, car au demy A, B, C, je suppose l'entier qui a esté donné aux figures precedentes, & par consequent le mesme enfoncement, tant pour les épaisseurs des ouuertures, que pour les hauteurs des pillastres. C'est pourquoy ie diray seulement icy; Qu'ayant fait K S, large, ou estroit (tel qu'on veut le dessous de l'accoudoir) dans cette largeur; il faut mettre celle qu'on veut donner aux pillastres, comme V X, est sur le cercle K; puis du poinct de veuë F, il faut tirer des lignes iusques au cercle S. lesquelles donnent Y Z; Or ayant ainsi formé tous ces plans, il n'y a plus qu'à tirer des lignes du poinct F, par tous les angles qui s'en peuuent voir, & les continuër jusques au cercle G, & ainsi acheuer la piéce.

Pour la seconde figure; il faut faire tout le mesme qu'en la premiere, auec cette seule exception, qu'au lieu de faire des quarrez dans l'espace K L, qui sont pour des pillastres en celle-là, il faut faire des cercles en celle-cy desquels cercles seront formez les pilliers ronds. Si du poinct de veuë F, l'on tire des lignes qui ne fassent que toucher ces cercles, & qu'elles soient continuées iusques au cercle H, H, elles donneront les apparences des pilliers, & la perfection du trait de ces piéces; esquelles on peut donner la forme de balustres, tournez, ou en termes, aprés cela, il ne restera plus qu'à leur donner couleur de bois, de pierre, de bronze, &c. Et ces piéces, estant placées au lieu destiné, seront prises de plusieurs pour choses effectiues, & réelles tant elles trompent la veuë.

Cette mesme pratique, peut aussi seruir pour les autres piéces qui sont plus esloignées du poinct de veuë, comme nous auons fait voir aux pratiques V. & VIII. feuillet 15. & 18.

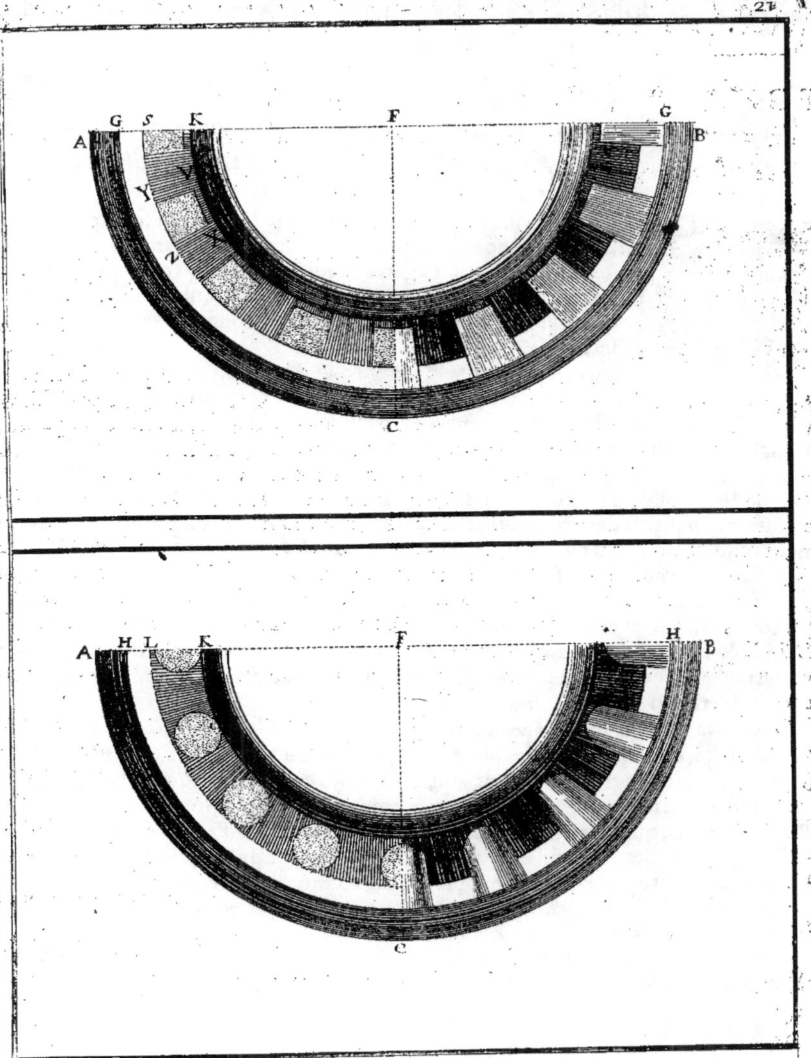
G
S
K
F
G
A
B
V
Y
X
N
C
A
H
L
K
F
H
B
C

PRATIQVE XII.

POVR PEINDRE SVR VN PLAT-FOND, l'apparence d'vne ouuerture Polygone, à tant d'angles & de pans qu'on voudra, auec vn balustre, ou accoudoir de pillastres, ou de pilliers ronds.

I'Ay dit en la pratique IX. feüillet 19. que celles qui sont pour les cercles, sont aussi pour les figures circulaires; or châcun sçait que tous Polygones reguliers sont figures circulaires, soit qu'elles soient inscrites au cercle, ou descrites autour de cercle: Donc nos pratiques données pour les ronds, sont aussi pour les polygones. C'est ce que ie veux monstrer en cette figure.

Où je suppose que le demy rond A, B, C. estant partagé en trois A 2, 3, B forme vn demy hexagone, en la premiere figure; & en quatre 1, 2, 3, 4 qui fait vn demy octogone, en la seconde: on le peut aussi diuiser en plus grand nombre de parties, & angles, sans qu'il soit besoin de changer la pratique. Aux poincts de ces diuisions du cercle A, 2, 3 B, & 1, 2, 3, 4. il faut tirer des lignes qui forment ces demy polygones; Puis de leurs angles, il faut tirer des lignes au poinct de veuë F. Par apres, mettre les espaisseur & hauteur des objets sur la ligne 2 H qui est comme la ligne de terre, premierement celle du bord qui est icy 2, D. puis la hauteur des pillastres, ou pilliers D, E; & l'épaisseur de l'accoudoir E H: & de ces trois poincts D, E, H. tirer des lignes au poinct de distance G, qui couperont le rayon 2, F. aux poincts I, M, N. De plus, de ces poincts I, M, N; il faut tirer des lignes paralleles aux costez A 2, 2, 3 & 3 B, comme sont I, L, MK & N O. Et y en adjouter vne R S pour la largeur du dessous de l'accoudoir qu'on fait large ou estroit comme l'on veut, aussi n'y determinay-ie rien, puisque cela est à la discretion du perspectif ou peintre

Or dans la largeur de cet accoudoir K S, il faut mettre les plans; quarrez si on veut des pillastres; ou ronds, pour des pilliers. Et puis du poinct de veuë F, il faut tirer des lignes par tous les angles de ces plans quarrez, & les continüer jusques à la ligne I L, ce qui donnera des apparences de pilliastres, comme ils sont en la moitié de châque figure. Pour les ronds, qui sont en l'autre partie; il faut du poinct F, tirer des lignes, qui ne fassent que toucher le cercle de part & d'autre, & les continüer jusques à la ligne I L, ils formeront des apparences de pilliers ronds, comme il se void en la figure.

I'ay fait ce meslange de balustres quarrez & ronds, pour donner le choix de ceux qu'on voudra mettre en œuure, & faire regner tout autour de ces ouuertures.

Cette pratique est vniuerselle, tant pour les piéces & ouuertures qui ont le poinct de veuë au milieu, comme celles-cy, que pour celles où il est hors du tableau.

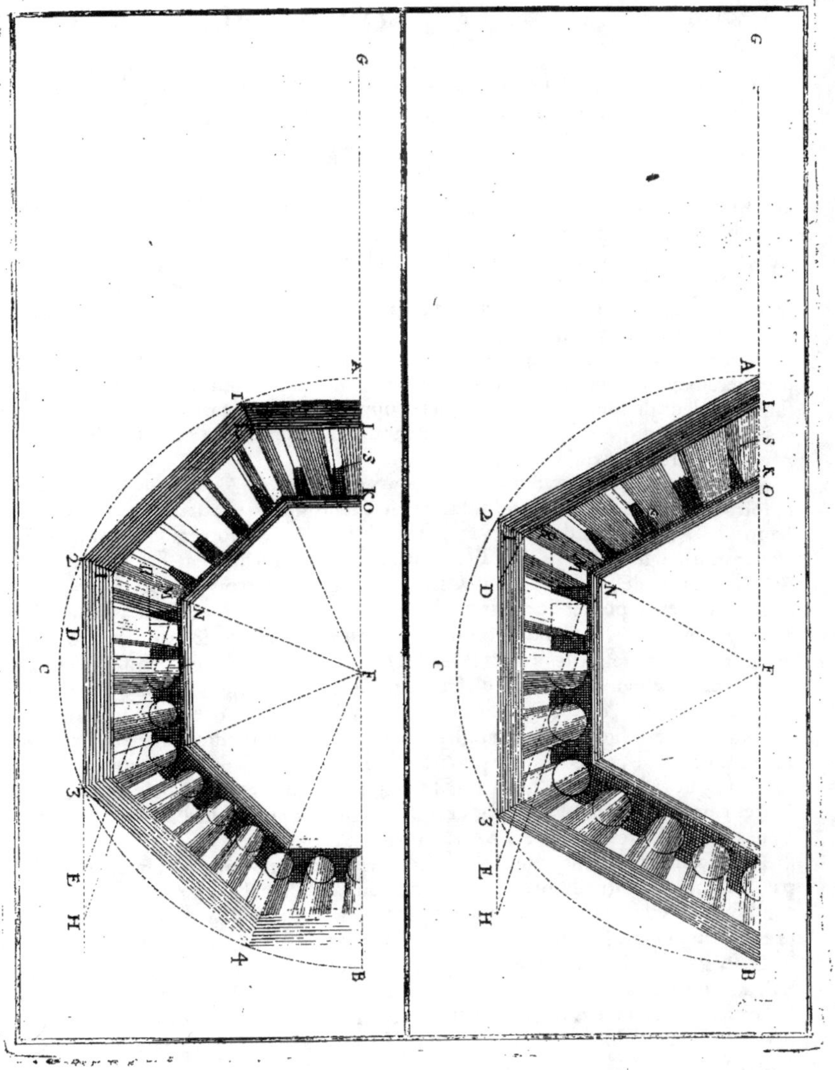

PRATIQVE XIII.

POVR PEINDRE DANS VN PLAT-FOND, l'apparence d'vne ouuerture composée, auec vn balustre de pilastres, ou de pilliers.

Ie nomme ces ouuertures composées, d'autant qu'elles ne sont ny rondes, ny quarrées, purement, mais qu'elles ont quelque partie de l'vn, & de l'autre, qui se prend à discretion, & selon la fantaisie de châcun, car les vns font les portions de cercles, plus grandes, les autres plus petites, ou les costez qui forment l'angle droit, plus courts ou plus longs, enfin c'est vn trait tres-libre, qui a pourtant besoin de quelque regle pour sa composition.

Par exemple, pour vne qui aura vn demy rond sur châque costé d'vn quarré, il faut premierement faire vn quarré *a, b, c, d* comme en la cartelle, par le milieu duquel, il faut tirer deux diametres *e, h, i, k*, qui se couperont en angle droit au centre *f*; Puis en ces poincts *e, h, i, k*, il faut mettre vne iambe du compas, & de l'autre faire le demy rond, de l'interuale qu'on voudra.

Soit donc fait, par la mesme regle le demy quarré A, B, C, D; que le poinct de veuë F, soit au milieu, & le poinct de distance en G. Par apres il faut de tous les angles de la figure C, D, L L tirer des lignes au poinct de veuë F; & porter sur la ligne D C, qui est comme la ligne de terre, lépaisseur du bord D, *m*. La hauteur des ballustres, *m*, *n*, & lépaisseur du dessous de l'accoudoir *n*, *o*, puis de ces trois poincts *m*, *n*, *o*; il faut tirer des lignes au poinct de distance G, qui couperont le rayon D F, aux poincts P, Q, R. de ces poincts P, Q, R. il faut tirer des paralleles aux costez, & aux demy ronds, comme sont R S. de mesme les autres P X, & Q, T, ausquelles il faut adjouster la largeur du dessous de l'accoudoir T, V. Or c'est en cette largeur T V. qu'il faut mettre les plans, ou quarrez, ou ronds, comme on les void en vne partie de la figure; Puis du poinct de veuë F, il faut tirer des lignes par les angles de ces quarrez, pour des pillastres, ou qui touchent le cercle de part & d'autre pour des pilliers ronds; lesquelles lignes estant continüées iusques à la ligne P X, on aura le trait des apparences, soit de pilliers, ou de pilastres comme il se void d'vn costé de nostre figure; ayant laissé l'autre, auec les seules lignes, & les lettres qui aydent à les trouuer.

Pour former les demy ronds plus interieurs, qui sont pour les espaiseurs, il ne faut pas se seruir du centre du premier comme pourroit estre E, qui n'est que pour le demy rond E, L; il est pourtant vray que les centres des autres demy ronds se doiuent bien prendre sur la ligne E. F, mais aux sectiõs que font les lignes paralleles tirées des poincts R, Q, P. Par exemple la ligne R S, qui est la derniere, estant prolongée, coupe la ligne E F, au point Z, qui est le centre du dernier demy rond Y, Z, Y. par consequent toutes les autres sections 1, 2, 3. qui sont entre E & Z sont autant de centres pour former les demy ronds, qui doiuent se terminer sur lés rayons L L F, ainsi faut il faire pour les autres.

En la pratique de cette ouuerture composée, on void celle de toutes les autres, quelles qu'elles soient; non seulement quand elles ont le poinct de veuë au milieu, comme icy, mais aussi des autres, qui l'ont hors d'œuure.

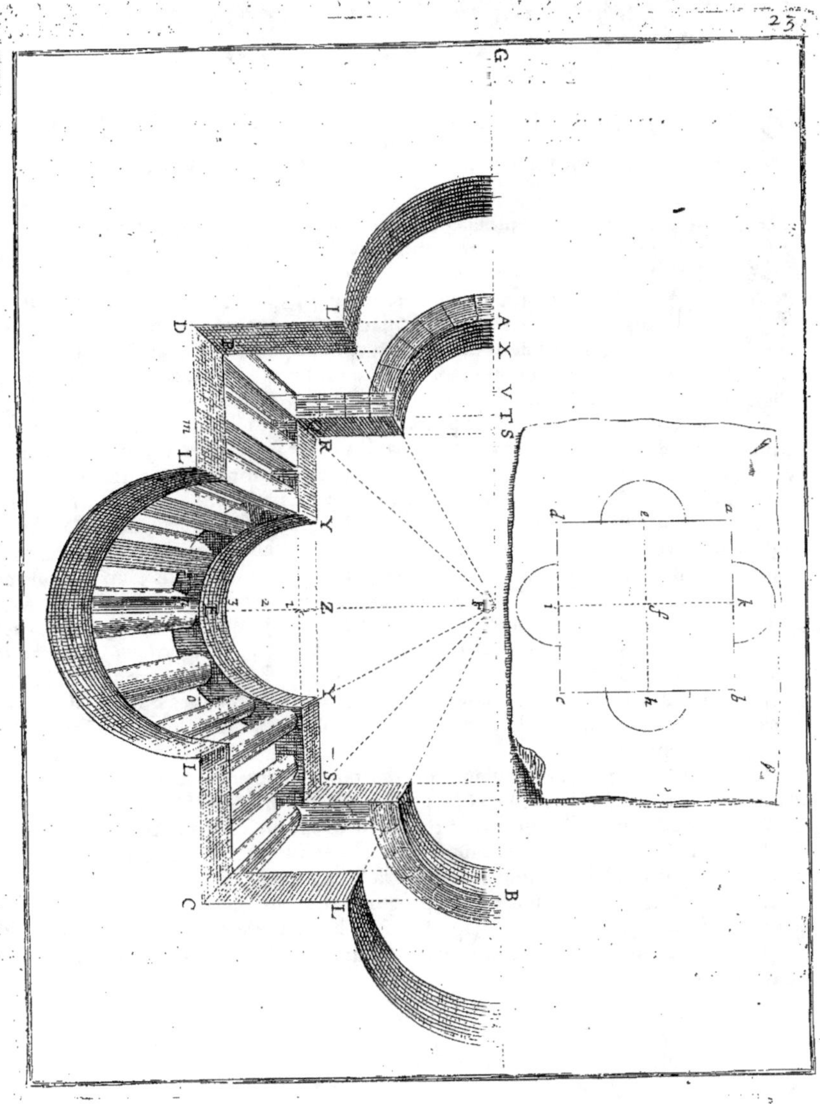
G
A X V T S
B
C
D
L
R
Y
Z
F
a
b
c
d
e
f
h
k
l

PRATIQVE XIV.

POVR PEINDRE VNE CORNICHE SVR VNE largeur donnée autour d'vne ouuerture, quarrée, ou ronde, en Perspectiue.

IE suppose icy que la largeur où l'on veut tracer l'apparence d'vne corniche, est determinée comme icy A E, qui regne autour du quarré A B C D. Ayant F pour poinct de veuë.

Que la premiere figure est pour vn quarré égal à celuy de la Pratique IV. feüillet 14. où la place qu'occupent les plans, hors le quarré A B C D, est de la mesme largeur que A E, C G, D H, B I.

Puis je dis que pour donner justement cette largeur à vne corniche, il faut continüer la ligne D, C. jusqu'en K, & apres auoir partagé C K, en deux parties égales, il faut prendre vne de ces parties K L, & la porter en vn lieu separé, comme *k l*, en la cartelle; de plus il faut du poinct F, tirer vne ligne par le poinct L, jusques à ce qu'elle coupe la ligne F, G, en M; cét interualle se doit prendre auec vn compas, & porter perpendiculairement sur *k l* de la cartelle, qui donnera, *l*, *m*. pour saillie de la corniche, & *k l*, pour hauteur; sur l'vn, & l'autre se doit faire à discretion, le profil de la corniche. De chaque angle qui s'y trouuera, il faut faire des perpendiculaires sur chaque costé, comme on les void sur *k*, *l*. & *k n*; Par apres, il faut transporter toutes ces sections, sur les lignes qui leur sont égales sur le quarré. Par exemple, les sections de la ligne *k*, *l*, se doiuent transporter sur la ligne K, L, & de là, elles doiuent descendre jusqu'à ce qu'elles coupent le rayon G F, entre G C. Il faut aussi prendre les sections de la ligne *l*, *m*, & les porter entre G M, pour estre de là tirées au poinct de veuë F, jusqu'à couper toutes les descenduës de la ligne K L; C'est des sections de ces deux dernieres lignes que l'on doit tracer le profil selon celuy de la cartelle, autant qu'il est possible ainsi qu'on le void marqué de ligne fermes, entre L, M, G.

Or de tous les angles, tant saillans que rentrans, de ce profil perspectif: il faut tirer des lignes paralleles à celles C D, G H, jusques aux rayons G F, H F, & des sections de ces lignes sur ces rayons; il faut encore tirer dautres paralleles aux autres costez, comme icy B D, & A C; ce qui donne la corniche toute tracée autour du quarré. Il n'y a plusqu'à y donner l'ombre où il y en doit auoir pour la faire paroistre de relief.

Ce que je viens de dire pour la premiere figure, se doit entendre pour la secõde, où l'espace A E, est bien plus large que l'espace A E, de la premiere. sans que cela change rien de la pratique qui est en l'vne comme en l'autre, aussi les ay-ie marquées de mesmes characteres.

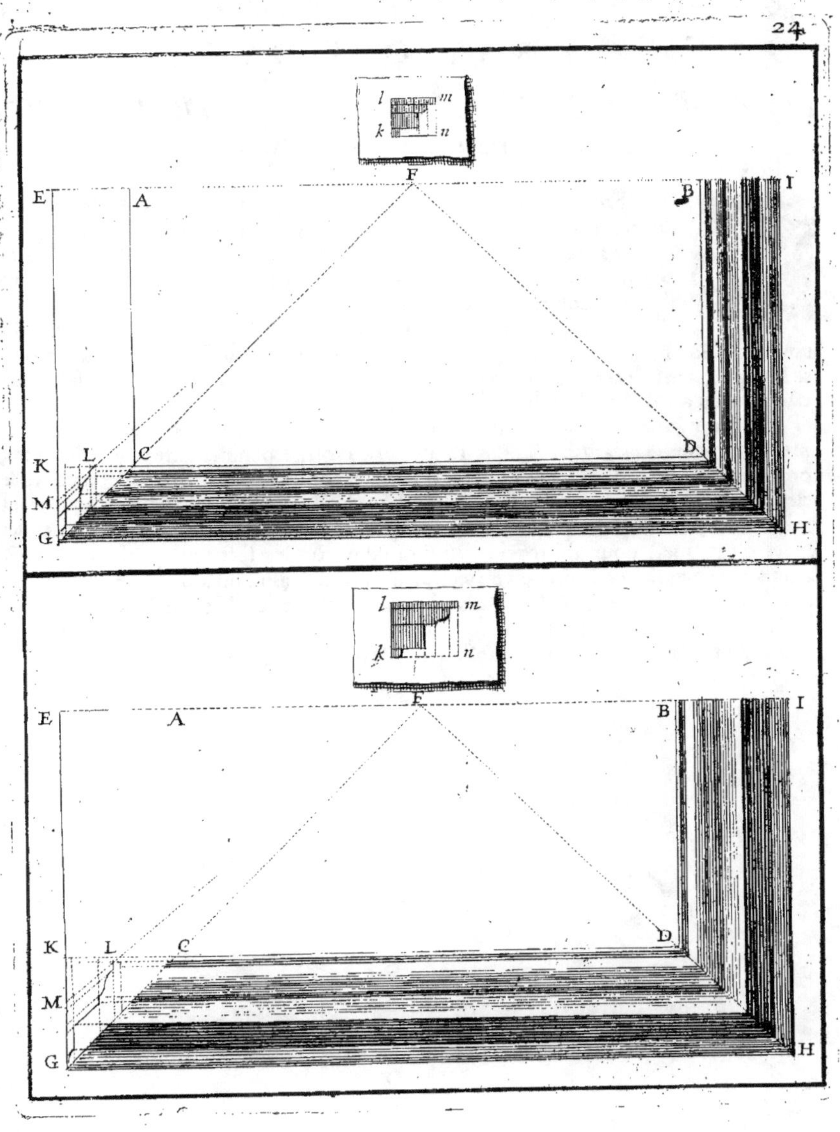
24
l
m
k
n
E
A
F
B
I
K
L
C
D
M
G
H
l
m
k
n
E
A
F
B
I
K
L
C
D
M
G
H

PRATIQVE XV.

POVR PEINDRE VNE CORNICHE AVTOVR d'vne ouuerture ronde, ou Polygone.

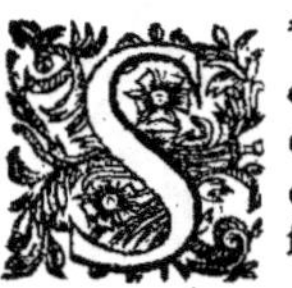

S'I le bord où se doit peindre la corniche, est d'vne largeur égale à l'vne des precedentes, comme ie la suppose icy semblable à la premiere figure, on n'y aura pas grande peine, car il faut seulement prendre, en la precedente toutes les sections qui sont entre I, B, & les porter sur vne ligne separée, comme elle est en la cartelle I B.

Par aprés, ayant fait deux cercles A E, D, C, du centre F, & d'vne distance égale à I B; il faut porter sur le rayon I F. toutes les diuisions de I B. & du centre F, faire autant de cercles qu'il y a de sections, ou de poincts; cela estant fait, il ne reste plus qu'à y donner l'ombre, selon le jour.

Pour vne figure polygone, comme la seconde qui est vn demy hexagone; il faut, apres auoir donné la largeur G H, K L; tirer vn rayon perpendiculaire à vne des faces, comme est I F, sur la face M N; sur ce mesme rayon I F. Il faut porter toutes les sections de I B. & tirer autant de paralleles à M N. lesquelles paralleles couperont rayons M F & N F, sans passer plus outre; l'on deuroit faire le mesme à toutes les autres faces, mais pour abbreger, il suffira de porter les sections qui sont en M F. & puis tirer des lignes droites d'vne section à l'autre, & ainsi on aura, bien facilement toute la corniche tracée, où il n'y aura plus, qu'à donner l'ombre, où il y en doit auoir, & elle sera acheuée, & parfaite.

L'on doit pratiquer la mesme chose à tel Polygone que ce soit.

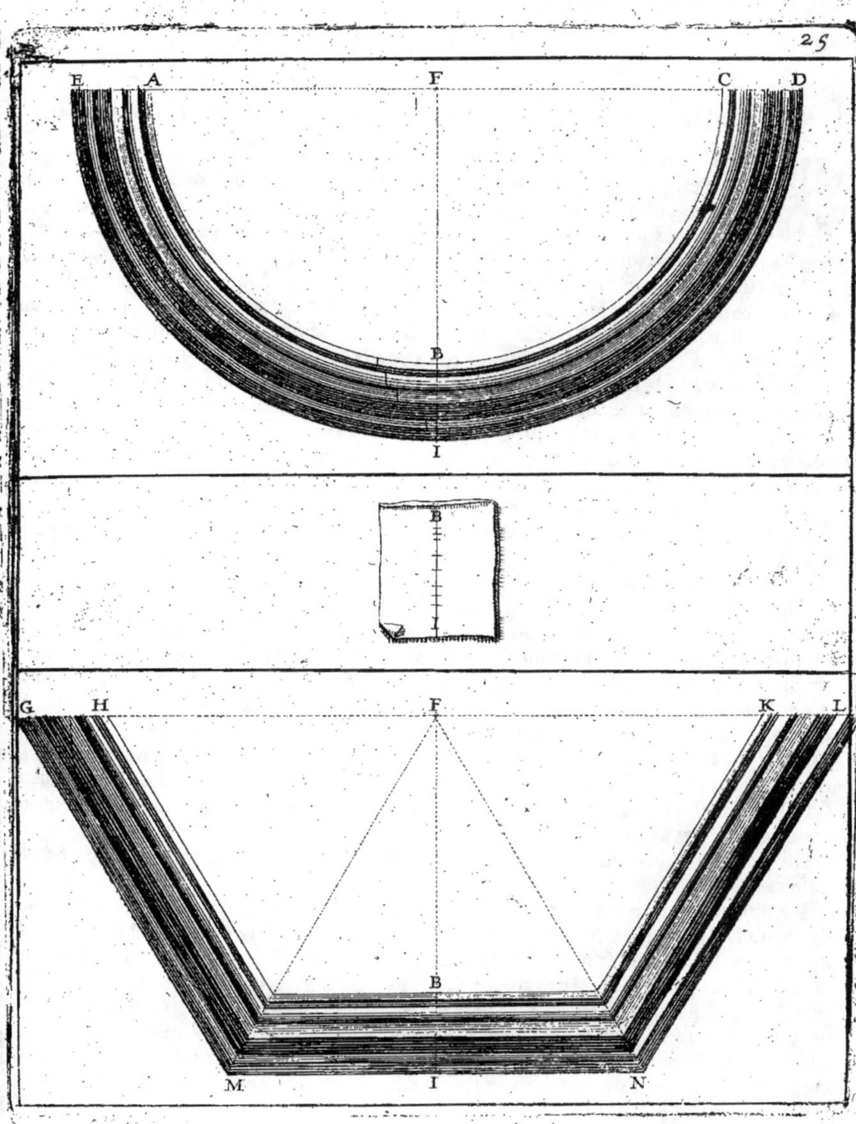
25
E
A
F
C
D
B
I
B
G
H
F
K
L
B
M
I
N

PRATIQVE XVI.

POVR METTRE EN PERSPECTIVE SVR VN PLAT-FOND, le profil d'vne corniche & d'vn baluſtre, autour d'vne ouuerture quarrée.

LE deſſein que j'ay de faire conceuoir nos pratiques nettement, facilement, & ſans embaras m'a fait donner des objets droits, vnis & ſans ſaillie, aux precedentes, affin de faire comprendre plus ayſement celles qui ſuiuent, où il y en a; ceux qui auront veu les Pratiques de la premiere & ſeconde partie de noſtre Perſpectiue connoiſtront que la methode que je tiens pour les piéces des plat-fonds, eſt la meſme que pour les ordinaires, en me ſeruāt des plans & d'vne ligne d'eſleuation; Or pour touuer ce plan & ligne d'eſleuation, on a beſoin d'vn profil de la piéce qu'on veut faire paroiſtre; il eſt bien vray que pour les precedentes je ne me ſuis ſeruy que d'vn ſimple plan, qui ſuffit pour les piéces nuës; mais pour celles où il y a des ornements, comme celle cy, & celles qui ſuiuent; il faut de neceſſité en faire vn profil; à coſté & au deſſous duquel, on fera deux lignes *n*, *o*, & *o*, *p*. perpendiculaires l'vne à l'autte; ſur celle *n*, *o*, ſe marquera tout ce qui doit paroiſtre parallele à l'horiſon, & ſur, *o*, *p*, on fera tomber des lignes de tous les angles, & lignes qui doiuent paroiſtre perpendiculaires; la ligne *n o*, ſe met ſur la ligne de terre, & ſes ſection ſont tirées au poinct de diſtance E; l'autre, *o p*, ſe poſe au bout de celle là, mais perpendiculairement & toutes ſes diuiſions ſe tirent au poinct de veuë F. Les ſections de cette derniere ſur les perpendiculaires eſleuées des poincts trouuez ſur vn rayon, donnent la forme du profil perſpectif, qui ſert à donner les enfoncements, & eſleuation du tout.

Par exemple, pour peindre l'apparence d'vn balluſtre fait de pillaſtres, poſez ſur vne corniche; ſoit pour feindre vne ouuerture quarée ou vne ronde; ou vne polygone, ſur vn plat-fond; il faut poſer le poinct de veuë F, que ie ſuppoſe icy au milieu de l'ouuerture quarrée, dont A, F, O, D. eſt vn quart, qui ſuffit pour le tout, comme nous auons dit & fait voir en l'avis VII. feüillet 9. Et le poinct de diſtance en E, autant eſloigné de F, que le plat-fond eſt, au deſſus de l'œil du regardant. Apres auoir tracé ce quarré, & placé ces poincts de veuë & de diſtance, il faut prendre ſur la cartelle, toute la ligne *n o*, où ſont toutes les meſures tant de la corniche que du pillaſtre quarré, qu'on marquera ſur O D, deſquelles on tirera des lignes au poinct de diſtance E, qui donneront ſur le rayon O F, autant de ſections.

De toutes ces ſections ſur O F, il faut eſleuer des lignes occultes vers A, & perpendiculaires à A O.

Par aprés, il faut porter la ligne *o*, *p*, auec toutes ſes ſections, perpendiculairement ſur O D, ou N O, comme eſt O P. Puis de toutes les diuiſions d'entre O P; il faut tirer des lignes occultes au poinct de veuë F, & prendre garde où elles couperont les perpendiculaires eſleuées des ſections du rayon O F, à raiſon qu'il n'y a pas vne des lignes tirées des poincts qui ſont entre O P, qui n'aſſignent quelque angle ſur les perpendiculaires eſleuées de O F, Par exemple, la ligne tirée du premier poinct prés de P. coupant la derniere perpendiculaire eſleuée de O F, marque le deſſus du quart de rond marqué *q*, ſur la cartelle, & le dernier filet de la corniche de deſſous, marqué *r*; Le ſecond poinct donne la plate bande de deſſus, & le quart de rond de la corniche; Le troiſieſme poinct, donne le pillaſtre, & la couronne de la corniche, Le quatrieſme, le dernier filet de deſſous, & Le cinquiéme, la gueule renuerſée; ce qui donnera entre O, P, Q, R. vn profil perſpectif ſemblable à celuy de la cartelle *n*, *o*, *p*. *q*.

Ie ſuppoſe, qu'on ſçait que le profil, eſt vne ſection d'vn tout, qui fait voir tous les angles, comme en *n*, *o*, *p*, *q*, l'autre figure *a*, *b*, *c*, *d*, ſur la meſme cartelle: montre le deuant de ce pillaſtre. Le reſte de la pratique ſe verra au feüillet ſuiuant.

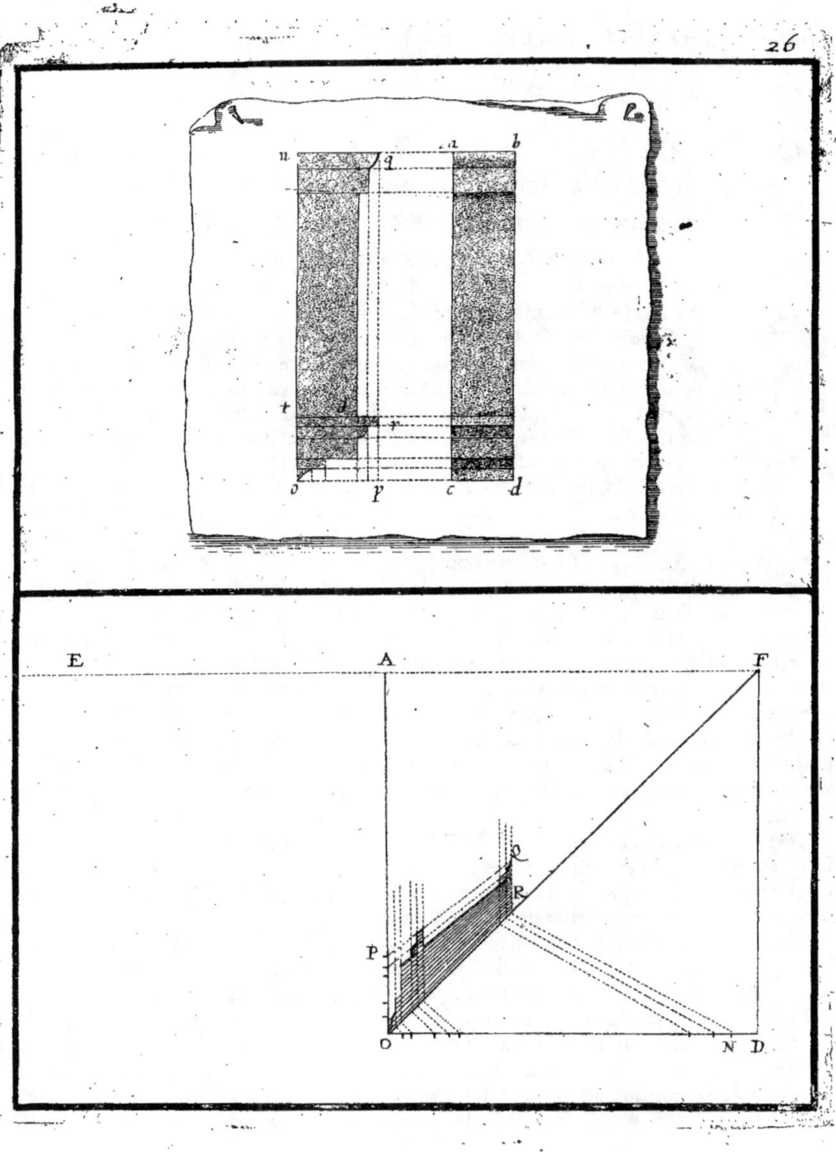
26
n
q
a
b
t
d
r
o
p
c
d
E
A
F
Q
R
P
O
N
D

PRATIQVE XVII.

POVR PEINDRE SVR VN PLAT-FOND, l'apparence d'vne corniche, & d'vn baluſtre de pillaſtres, qui peuuent ſeruir autour d'vne ouuerture quarrée, d'vne ronde, & d'vne polygone.

AYant fait le profil perſpectif, comme en la figure precedente, & qu'il ſe void entre O, P, Q, repreſentant celuy de la cartelle *n, o, p, q*; de tous les angles tant ſaillans que rentrans, de ce profil Perſpectif; il faut tirer des lignes paralleles à N O. & prendre garde qu'elles ne paſſent pas les rayons N, F, & O, F, qui repreſentent des angles; mais des ſections qu'elles y feront, on en tirera d'autres tout autour de la figure, & paralleles aux coſtez, comme nous auons fait aux autres figures.

Pour y mettre les pillaſtres, qui peuuent ſeruir de baluſtres, il faut prendre ſa largeur *ſ, t*, ſur la cartelle, & la porter ſur N, O, aux poincts S, T, & de là, tirer des lignes au poinct de veuë F, juſqu'à couper la ligne du plan X, qui repreſente *x*, du profil; de ces ſections X, X, il faut eſleuer deux perpendiculaires X Y, X Z, juſques à toucher la ligne, tirée de V, qui repreſente *v*, du profil, qui eſt le deſſous de la ſaillie; Par aprés il faut prendre cette diſtance Y, Z, & la porter autant de fois que l'on voudra de pillaſtres, ſur la ligne tirées de V. & des poincts qu'on y aura marquez, tirer des lignes au poinct de veuë F, entre les lignes tirées de R, qui repreſentent *r*, *g*; Cette ligne tirée de G, ſera coupée aux poincts, *i*; Si de ces poincts *i*, l'on fait deſcendre vne perpendiculaire à N, O. couppant celle tirée de *f*, (repreſentant *f*, du profil) au poinct *h*, elle donnera l'eſpaiſſeur du pillaſtre & le deſſous de l'accoudoir; Il faut auſſi tirer vne petite ligne du poinct de veuë F, paſſant par, *h*, juſqu'à la ligne tirée de V, & de ce poinct, *h*, il faut encore tirer des petites paralleles à N O, entre les pillaſtres, & tout ſera tracé.

De toutes les ſections faites ſur O, F, & N, F, il faut faire autant de paralleles aux coſtez, comme j'ay dit cy-deſſus, & tout le reſte, comme à celuy N, O. Ce qui donnera la figure parfaite, comme on void le demy quarré A, B, C, D. où l'on prendra garde à bien donner les ombres, ſelon qu'on prendra le jour.

Si l'on tranſporte les ſections qui ſont ſur le rayon O F, ou ſur celuy H, F, ſelon l'auis VII. que nous auons donné au feüillet 9. on pourra donner cette apparence de baluſtres, auſſi facilement à vne figure ronde, ou polygone, comme à la quarrée.

Il faut remarquer, pour touſiours, que les piéces qui ſont continuës tout autour de la figure, comme pourroit eſtre vne corniche; vn accoudoir, & choſes ſemblables, ſont exprimées par vne ligne, comme I K. tirée entre les rayons, H, F, & O F; mais quand elles ne ſont pas continüées, & qu'elles ſe terminent à certains corps, comme conſoles pied eſtaux &c. il faut en faire le plan, de lignes occultes, comme on verra en ce qui ſuit.

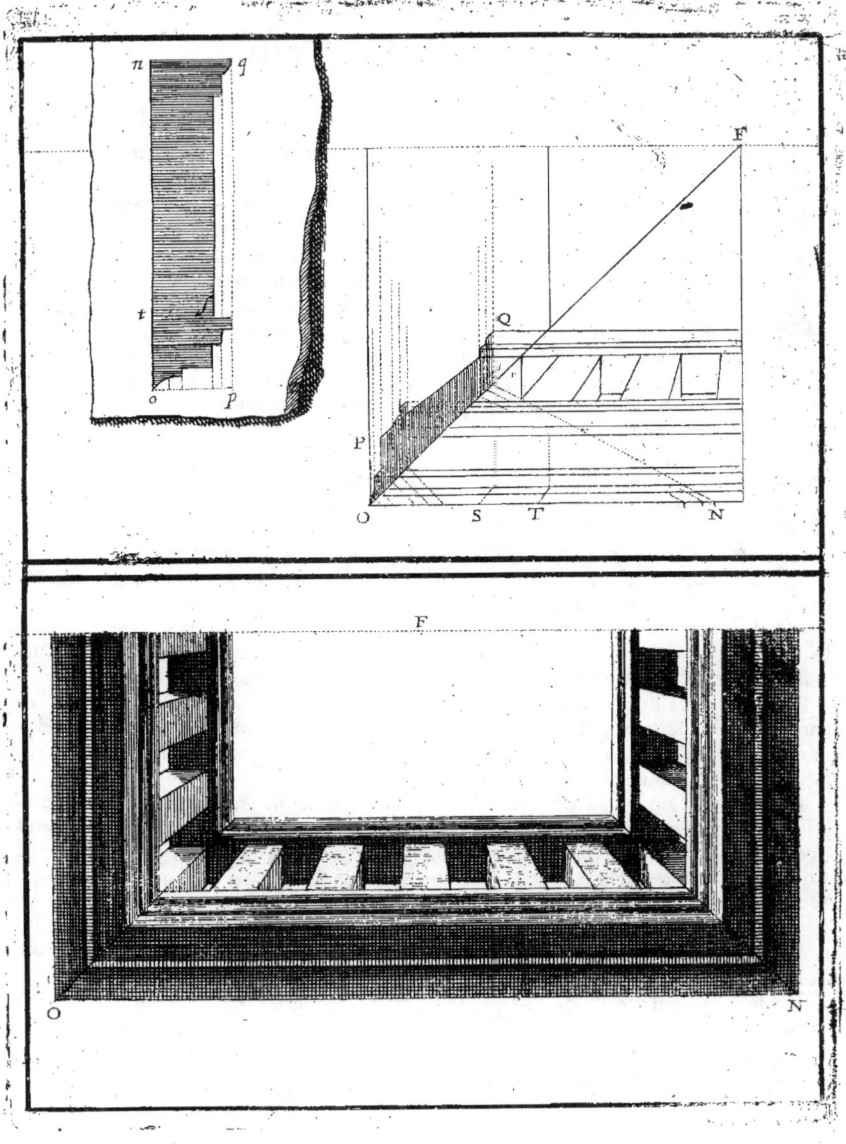
n
q
t
o
p
F
Q
P
O
S
T
N
F
O
N

PRATIQVE XVIII.

POVR PEINDRE L'APPARENCE D'VN BALVSTRE porté de consoles autour d'vne ouuerture quarrée, sur vn Plat-fond.

IE ne repeteray pas icy, la methode de trouuer le profil perspectif, selõ les mesures de celuy de la cartelle, puis qu'elle est dõnée suffisamment aux pratiques precedentes, qui sont vniuerselles, & generales, pour telles piéces que ce puisse estre. Ie me contenteray de donner le profil aux piéces qui suiuent; & d'aduertir seulement des particularitez qui s'y rencontreront; comme en celle-cy où les angles *a, b, c, d, e, f,* du profil perspectif, ne sont pas pour tirer des lignes continuës, comme celle I H, mais pour assigner, les deuants & les dessous d'vne espece de consoles, posées à discretion, & selon le nombre qu'on en veut autour de l'ouuerture; icy nous en mettons six de châque costé du quarré.

Du lieu, où on veut commencer à mettre ces consoles, comme icy au coing L, de la premiere figure (affin de laisser vn quarré vuide à châque angle, ainsi qu'il se void en M, à la figure de dessous) Il faut faire tomber vne perpendiculaire, jusques sur la ligne tirée de la section G, qui represente la ligne du profil, *g*, la plus enfoncée du vuide où se doiuent mettre ces consoles au poinct K, puis du poinct F, il faut tirer vne ligne passant par K, qui coupera celle N O, au poinct P. sur lequel se doit porter la largeur P, Q. égale à *p, q*, de la cartelle; de Q, il faut encore tirer vne ligne, au poinct F, & cette ligne Q, F, coupant celle G, B, au poinct R, donne K, P, Q, R. pour le plan de la console. Des autres largeurs S T, V X, égales à *p, q*; il faut encore tirer des lignes au poinct de veuë jusques à couper celles G, B, ce qui donnera autant de plans de consoles.

Par apres, des deux sections qui sont entre G O, sur le rayon O F; il faut tirer des paralleles à N O, lesquelles partageront châque plan de console en trois parties égales aux sections 1, 2, 3, 4. desquelles il faut esleuer autant de lignes occultes perpendiculaires à N O, comme on les void en la premiere figure.

Le reste se void en la seconde où j'ay transporté le profil perspectif de ces consoles affin de ne rien confondre; supposé donc ce profil *a, b, c, d, e, f,* & les perpendiculaires occultes esleuées, de 1, 2, 3, 4. comme en la premiere figure; je dis, que pour acheuer de former ces consoles; il faut de tous ces poincts *a, b, c, d, e, f.* tirer des lignes paralleles à N O; & prendre garde qu'elles coupent les perpendiculaires esleuées de 1, 2, 3, 4. selon leur ordre, c'est à dire que celle tirée de, *a*, coupe les esleuées de 1, au poinct, 5: Celles tirées de *b*, coupe les esleuées de, 2, au poinct, 6. &, *c*, à 7, & ainsi des autres, jusqu'à ce que la console soit formée, comme on la void en Y, Y, Y. Pour parfaire ce ballustre, il faut de tous les angles du quarré marqué Z, tirer des lignes au poinct de veuë F, entre les paralleles *t, u,* & *x, y*, ce qui donnera les apparences des pillastres; de la section de cette ligne *t, u*, il faut faire tomber des perpendiculaires sur C, D, & le tout sera tracé, il n'y a plus qu'à donner l'ombre, comme on la void d'vn costé.

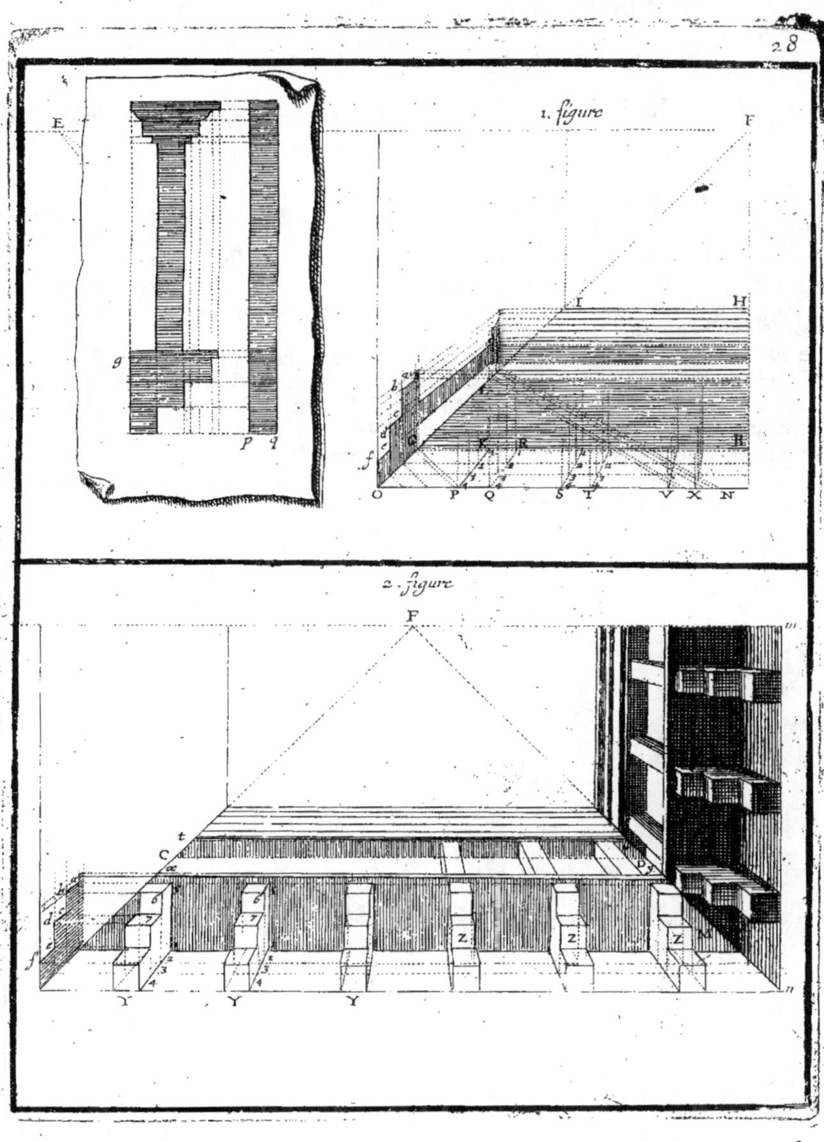
28
1. figure
2. figure

PRATIQVE XIX.

D'VNE OVVERTVRE QVARÉE ORNÉE D'VN balustre de pillastres, portez par des consoles.

E donne cette figure pour confirmer ce que j'ay dit ; qu'vn seul rayon comme O F, en la figure precedente, où sont les sections tirées de la ligne de terre au poinct de distance, suffit pour former vne ouuerture quarrée entiere; Et le demy diamettre F N, suffira aussi pour vne ronde, & mesme vne polygone, ainsi que j'ay fait voir en la Pratique XVII. feüillet 27.

Ie crois auoir dit assez pour mettre en Perspectiue cette figure ; puisqu'elle est toute semblable, à la precedente ; hormis qu'en celle-la, nous auons tiré les pillastres A, du quarré Z, comme ils sont au profil, sur le milieu de la console ; Et en celle-cy ils sont tirez du quarré B. qui est l'extremité console ; Il n'y à que cela de changement, qui est dessein pour monstrer que les pratiques se peuuent diuersifier. Par exemple du simple trait de ces consoles, l'on peut en faire d'autres bien differentes, selon la discretion & inuention du Perspectif; ie ne laisseray pas d'en donner d'autres cy aprés.

29

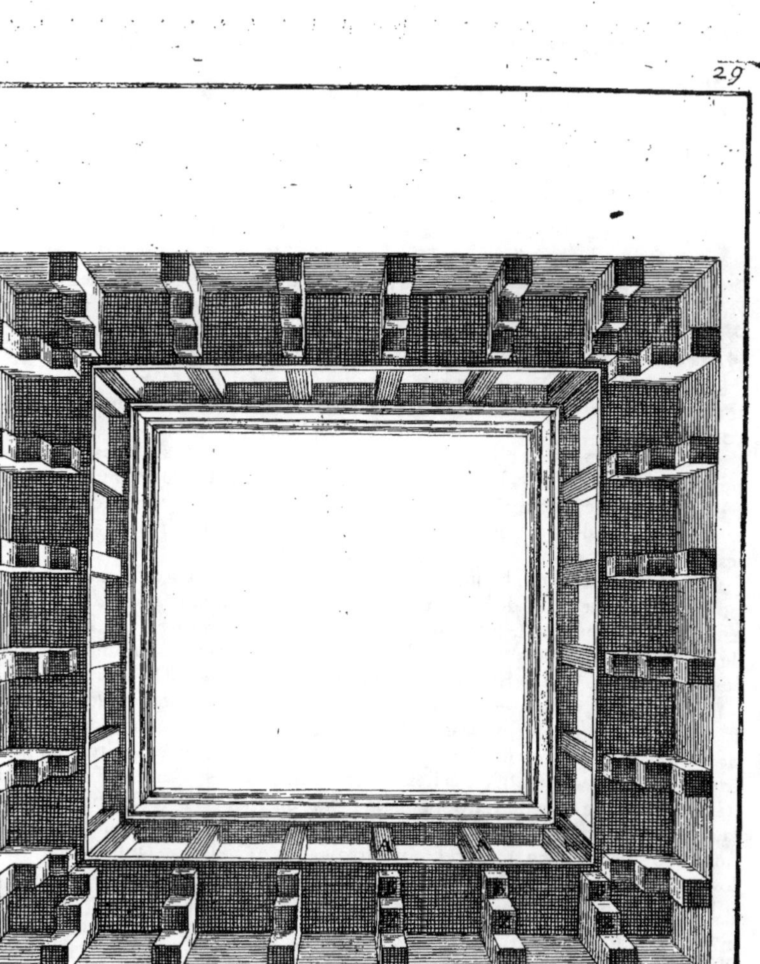

PRATIQVE XX.

POVR PEINDRE DES APPARENCES DE Colomnes, où Pillastres, posées sur des consoles autour d'vne ouuerture quarrée, feinte, sur vn plat-fond.

SVpposé ce que j'ay dit aux pratiques precedentes, il suffiroit pour celle-cy de voir la figure, où il est aysé de connoistre qu'elles sont d'vne mesme methode, ce qui la fera comprendre auec plus de facilité, sans qu'il soit besoin de repeter ce que j'en ay dit, si ce n'est briefuement.

Soit donc A, F, O, D. le quart de la place, où on veut peindre l'ouuerture quarrée, & B. le profil des Pillastres, où Colomnes, posées sur des consoles, desquelles la figure C, est comme le deuant, qui peut encore seruir de plan.

Pour commencer; je dis qu'il faut prendre sur ce profil B. de la cartelle, toutes les mesures & diuisions de la ligne *n o*, & les porter sur celle O, D. comme on les void entre O N; pour de là estre tirées au poinct de distance E, & faire autant de sections sur le rayon O F: Or de toutes les sections, sur le rayon O F, il faut tirer autant de paralleles à O D. entre ces deux rayons O F, & D F.

Par aprés, il faut prendre sur la cartelle, toutes les mesures qui sont entre, *q*, *r*, & les porter sur la ligne O D, de la seconde figure, comme on void *a*, *b*, *c*, *d*, *e*, *f*; & cela autant de fois qu'on veut de pillastres, ou colomnes, comme icy trois fois sur O D, Puis de châcunes de ces marques *a*, *b*, *c*, *d*, *e*, *f*. il faut tirer des lignes au poinct de veuë F, & faire des poincts, ou petites sections sur les paralleles à O D. qui leur sont propres.

Pour exemple, je dis que la parallele S, T. (representant le dessous de la saillie que soustient la console marquée *u*; sous *s*, *t*, en la cartelle) estant coupée par les lignes tirées de *c* & *d*. à F les sections seront le poinct V, qui represente l'angle droit de la console; & ainsi des autres lignes, lesquelles ayant donné tous les poincts dessus ces paralleles, il les faut joindre de ligne, qui donnent la forme du plan perspectif, representant celuy de la cartelle *c*, *q*, *r*. Quand on aura fait autant de plans, qu'on voudra en mettre en la quatriéme partie du quarré, comme icy trois, entre O, D, cela suffira, car il n'y a qu'a les multiplier, autour de la figure.

Par apres, de tous les angles de ces plans, il faut esleuer des perpendiculaires à la ligne D O. & porter sur châcune la hauteur qu'on doit leur donner, qui se prendra au profil perspectif, posé sur le rayon O, F, où il sera fait entre O P Q, selon les regles precedentes.

Par cette voye, l'on aura l'apparence de tel objet que ce soit pour les Perspectiues des Plat-fonds.

Pour ne point perdre le temps, ny trauailler en vain, je conseille de commencer les consoles, & puis par la bande qui est dessus, laquelle donne vne saillie qui couure la base des colomnes, ou des pillastres, ce qui exempte de la peine de les chercher; Par aprés du dessus de ces pillastres qui donnent vn quarré X, on y peut inscrire vn rond, si on y veut vne colomne; ce qu'on verra mieux en la figure suiuante.

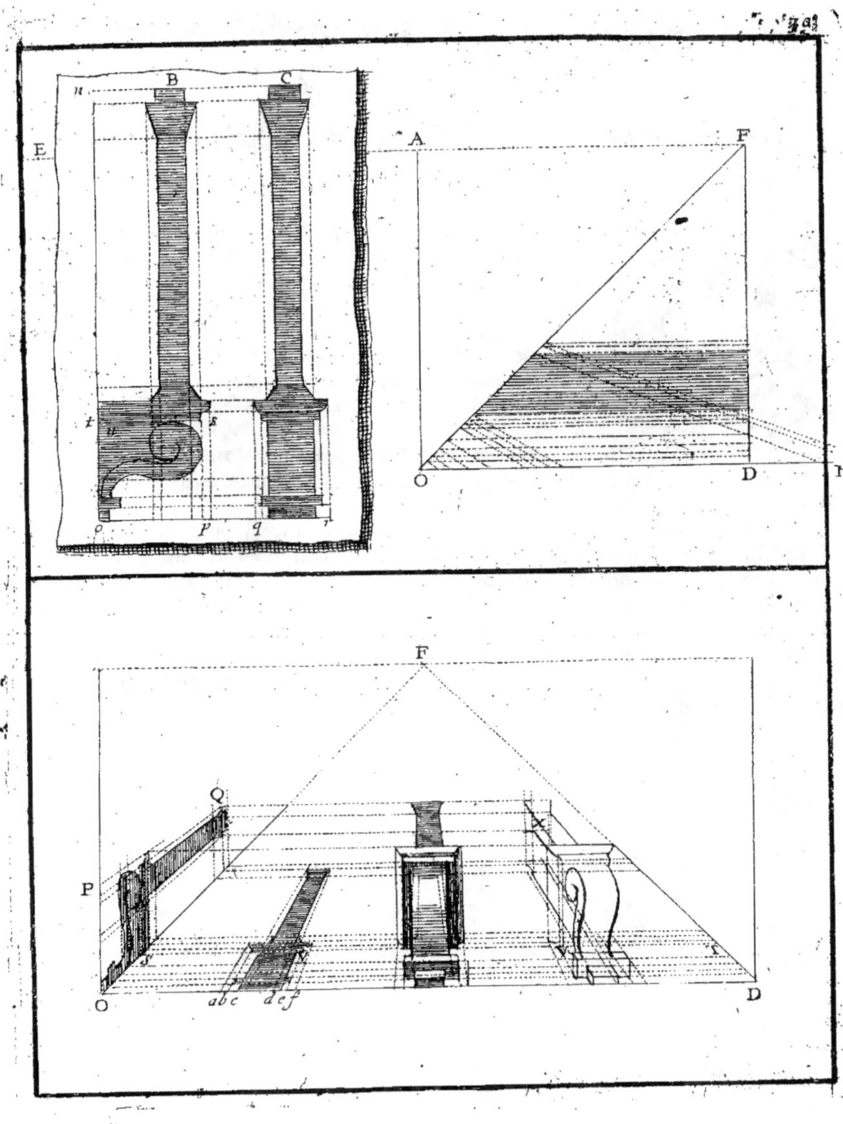
B
C
n
E
A
F
t
u
s
o
p
q
r
O
D
I
F
Q
P
X
O
abc
def
D

PRATIQVE XXI.

POVR ACHEVER L'OVVERTVRE QVARREE, commencée en la figure precedente.

ON void bien en cette figure, que les consoles & les pillastres, ou colomnes qui sont posées dessus, autour du quarré ABCD. sont prises & esleuées selon la pratique precedente; c'est pourquoy ie n'aurois rien à dire d'auantage, si ie n'y auois fait quelque changement, pour monstrer qu'il s'y en peut faire, & quelquefois par obligation, selon les lieux, & les volontés de ceux qui inuentent, & font de ces piéces.

En la figure precedẽte, les consoles semblent sortir de la muraille tout simplement, & toutes nuës, sans qu'il y ait aucune saillie qui les lient & conjoignent ensemble.

En celle-cy, les deux costez A B & B D. en ont vne qui s'auence iusques vers le milieu, & sur cette saillie regne vn petit ballustre.

Aux deux autres costez A C & C D, cette saillie comprend toute celle des consoles, ce qui donne de grands dessous, & moyen de faire quelque figure entre ces consoles, au lieu où jay fait des pointes de diamant, qui sont entre les consoles du costé A C. ou bien au milieu de ces quarrés entre les consoles, on peut faire tomber des festons comme on en void du costé C, D. Or ces festons, si on y en met, doiuent tous tirer au poinct de veuë F, comme font ceux-cy, à raison que les apparences des objets qui sont perpendiculairs, ou qui pendent à plomb sur terre, doiuent despendre du poinct de l'œil absolument.

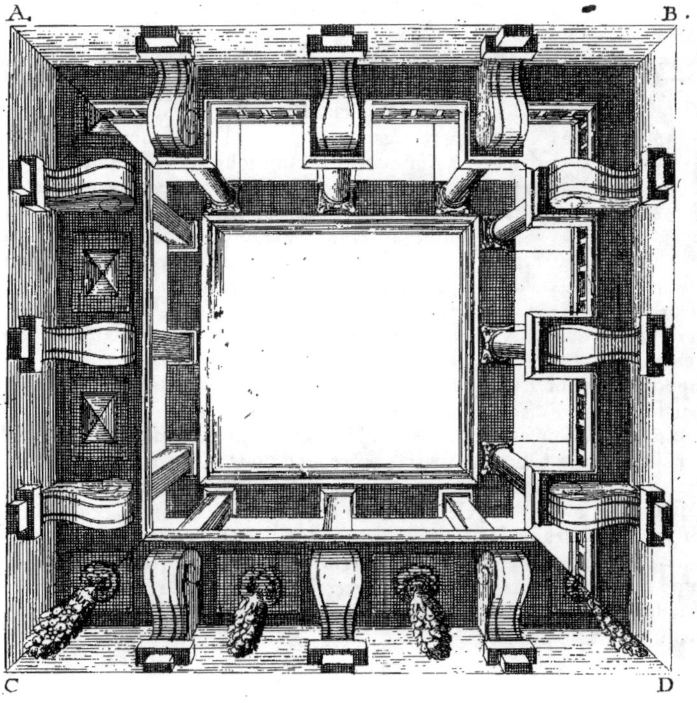

PRATIQVE XXII.

POVR TROVVER DES APPARENCES DE pillastres autour d'vne ouuerture quarrée, quand le poinct de veuë n'est pas au milieu du tableau.

LA petite figure qui est en la cartelle, où les lignes sont toutes simples, donnera connoissance pour la grande, où les pillastres & leurs plans empeschent qu'elle ne soit assez visible.

Ayant fait le quarré *a*, *b*, *c d*, l'on y posera à discretion le poinct de veuë *f*, auquel se tireront toutes les lignes des angles, *a*, *b*, *c*, *d*. & non pas au centre, *e* comme aux precedentes. Par ce poinct *f*. il faut tirer vne ligne qui est l'horison parallele à *c*, *d*; sur cét horison, se doit porter le poinct de distance, *g*; auquel tirant des lignes des poincts *h*, *l*, on coupera le rayon *c f*. aux poincts *i*, & *k* qui sont les poincts d'où il faut tirer des lignes qui terminent les hauteurs *c*, *i*, pour l'espaisseur du quarré; & *i k* pour celle des pillastres; or ces lignes tirées des poincts, *i k*, doiuent estre paralleles aux costez, & entre les rayons *a*, *b*, *c*, *d*, ainsi qu'il à esté fait au precedentes.

Supposons maintenant que le grand quarré A, B, C, D, est l'ouuerture proposé pour le plat-fond; que F est le poinct de veuë, & G, celuy de distance, où on a tiré des lignes des poincts H, L. qui ont données sur C F, les sections I, K. desquelles on a fait des lignes paralleles aux costez du quarré, entre les rayons A, B, C, D.

Par aprés, il faut mettre autour de ce quarré autant de plans, à telle distance, & de telle figures qu'on voudra; c'est à dire ronds, pour pilliers ronds, & quarrez, pour des pillastres, Puis, des angles de ces plans quarrez, il faut tirer des lignes au poinct de veuë F; & des plans ronds, des lignes, qui ne fassent que les friser, ou toucher en vn poinct, comme nous auons fait aux pratiques precedentes; ce qui me fait croire que la veuë de la figure, donnera vn souuenir de tout le reste, que ie laisse à dire, pour ne pas repeter si souuent la mesme chose.

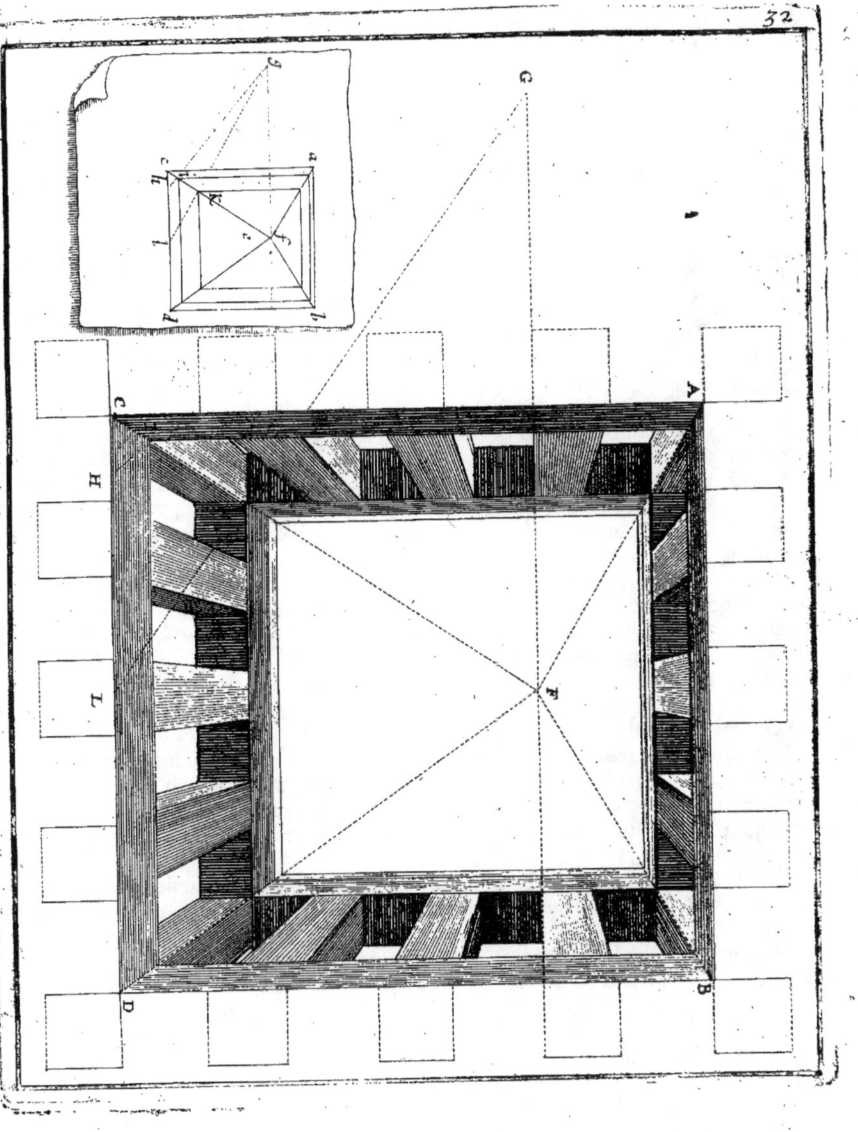
g
a
c
h
k
e
f
l
d
b
G
A
C
H
L
F
D
B

PRATIQVE XXIII.

POVR TROVVER DES APPARENCES DE *Pillastres autour d'vne ouuerture ronde, quand le poinct de veuë n'est pas au milieu.*

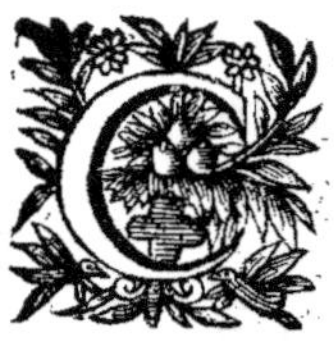

CEluy qui aura bien compris, & pratiqué la figure precedente, n'aura point de peine à entendre celle-cy, qui est quasi la mesme; hormis qu'en celle-cy & en toutes les autres, où le poinct de veuë n'est pas dehors l'ouuerture, l'on void la figure entiere, & les hauteurs racourcies tout autour, quoy que veritablement ce qui est plus prés du poinct de veuë, paroist bien plus serré, que les autres parties qui en sont plus esloignées.

Pour donner facilité à trouuer ces racourcissements, j'ay mis vne petite cartelle, où l'on void, qu'ayant fait le cercle *a*, *b*, *d*, *e*, dont le centre est, *c*; il faut prendre à discretion le poinct de veuë *f*, dans le premier cercle, par lequel se tire l'horison parallele au diametre *b*, *e*; sur cét horison se met encore le poinct de distance, *g*. De plus de trois poincts *b*, *c*, *e*, qui sont les deux bouts, & le milieu du diametre, il faut tirer des lignes au poinct de veuë *f*.

Nous auons des-ja dit en nostre premiere partie, que le diametre d'vn cercle parallele à l'horison, peut seruir de ligne de terre pour y porter les hauteurs des cercles, qui doiuent paroistre enfoncés. C'est pourquoy, ayãt porté sur le diametre *b*, *e c*, l'interualle *c h*, pour l'espaisseur du premier rond; celle *h k*, pour la hauteur des pillastres; & celle *k l*, pour l'espaisseur du dernier rond, ou accoudoir; il faut de ces trois poincts *h*, *k*, *l*, tirer des lignes au poinct de distance *g*, qui couperont le rayon *c f*, aux poincts, *i*, *m*, *n*, qui sont les centres des cercles, qui doiuent paroistre esleuez, où enfoncez.

Les diametres de ces cercles, seront des lignes paralleles à l'horison, tirées de ces poincts *i*, *m*, *n*, entre les rayons *b f*, & *e f*. Par exemple, pour trouuer le demy diametre du dernier cercle; il faut du poinct *n*, tirer vne parallele à *b*, *e*, qui touche le rayon *e*, *f*, au poinct *o*, & cette ligne *n*, *o*, est le demy diametre de ce dernier cercle, qui a pour centre le poinct *n*.

Ce qu'estant bien entendu sur la cartelle, sera aussi compris facilement sur la grande figure A, B, D, E, où j'ay gardé le mesme ordre des characteres, mais en lettres capitales.

Au tour de ce cercle A, B, D, E. se doiuent mettre les plans, comme icy les quatrangulaires, desquels il faut tirer des rayons au poinct de veuë F.

Or pour trouuer la largeur de l'accoudoir, ou rond, qui pose sur les pillastres; il faut d'vn des angles plus esloignez, comme P. tirer vne ligne au poinct de veuë F. & vne autre du centre du cercle M. passant par l'angle S. qui coupera P. F, au poinct R. Par aprés ayant vne jambe du compas au poinct M. l'autre jambe s'estendra iusqu'à R, & de cét interualle M, R, on tracera des petits ars entre tous les pillastres; Aprés cela il n'y a plus qu'à ombrer, & la piéce sera dans sa perfection.

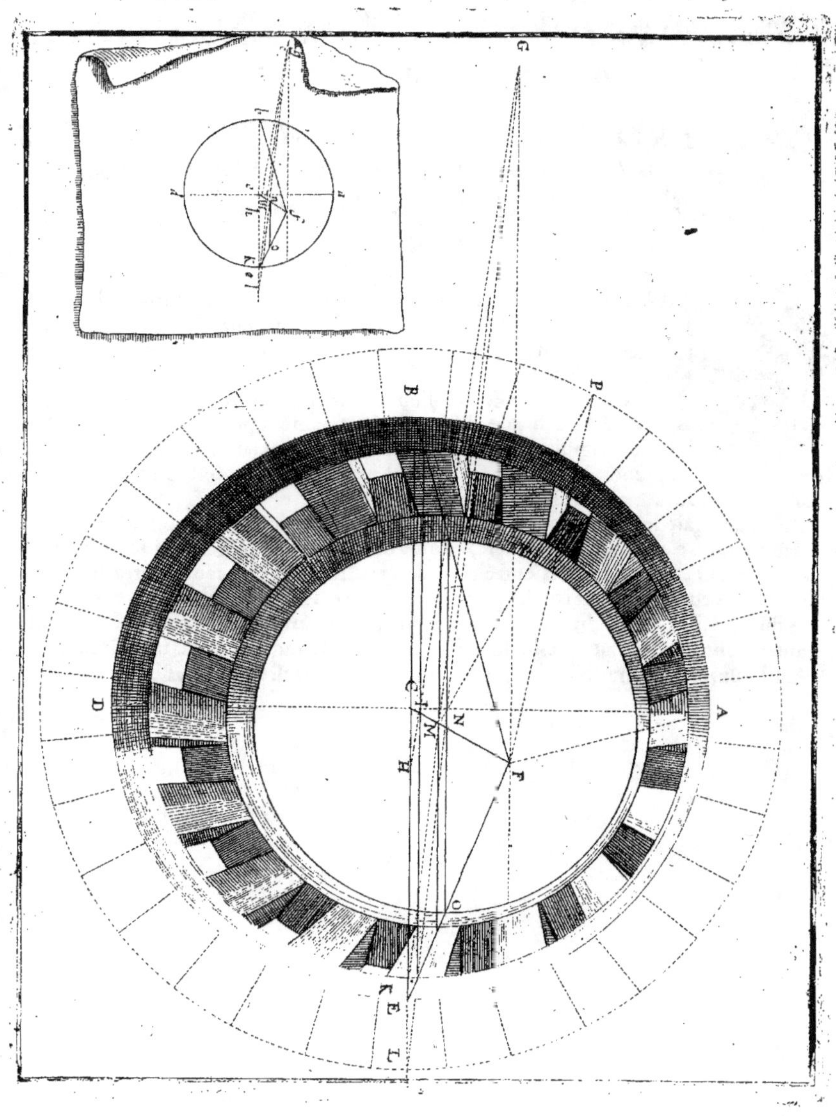

PRATIQVE XXIV.

POVR TROVVER D'VNE METHODE PLVS prompte que la precedente, les apparences de pillaſtres, autour d'vne ouuerture quarrée, le poinct de veuë n'eſtant pas au milieu.

CE que nous auons dit en la pratique X. feüillet 20. parlant des piéces qui ont le poinct de veuë au milieu, ſe doit entendre de meſme pour celles qui l'ont plus d'vn coſté que d'autre, puiſque la pratique eſt toute ſemblable.

Pour le faire voir, ſoit l'ouuerture quarrée A, B, C, D. Le poinct de veuë F, celuy de diſtance G. Les poincts pour les hauteurs H, L, deſquels poincts H, L, ayant tiré des lignes au poinct G, l'on a coupé le rayon C F, aux poincts I K. d'ou il faut tirer des paralleles aux coſtez du quarré, entre les rayons tirés des angles A B C D. au poinct F.

Puis ayant fait le quarré des poincts K, qui eſt pour le deſſus des pillaſtres ; il faut en faire vn autre qui luy ſoit parallele, auquel on dõnera vne largeur à diſcretion, comme eſt icy KO, KO : Or c'eſt entre cette largeur K, O. qu'il faut mettre les plans, ronds ſi on veut des pilliers rondes, ou quarrez, ſi ce ſont des pillaſtres, comme icy. Puis du poinct de veuë F, il faut tirer des lignes par les angles de ceux-cy, & des tengeantes pour les ronds, leſquelles lignes on continüera juſques au quarré fait du poinct I. Ainſi que nous auons deſ-ja dit pluſieurs fois. Tout le reſte ſe void aſſez en la figure.

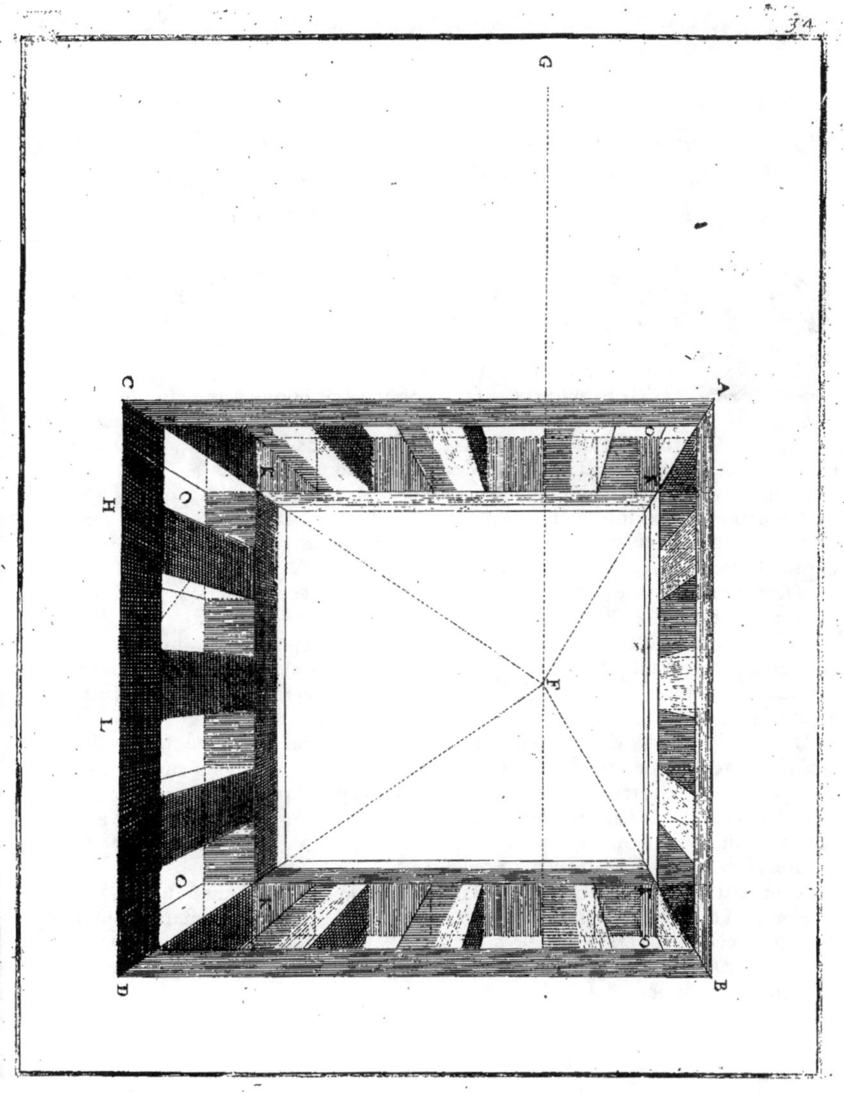
G
A
B
C
D
H
L
F
K
O

PRATIQVE XXV.

POVR FEINDRE VNE OVVERTVRE Polygone, entourée d'vn ballustre, de colomnes, ou de pillastres, sur vn plat-fond, où le poinct de veuë est à costé.

I'Ay creû qu'on ne sera pas marry de voir en cette figure, la pratique de celle du feüillet 9, où i'ay dit qu'vn demy diametre, où seront marqués les enfoncements pour vne figure quarrée, ou ronde, peut seruir aussi pour vne ouuerture polygone, où on voudra donner les apparences des mesmes enfoncements.

C'est ce que je veux faire voir icy, soit fait vn cercle, dont le diamatre soit égale à celuy du cercle precedent, Pratique XXIII. feüillet 33, & autour de ce cercle, soit circonscrit vn hexagone, A, B, C, D, E, G, dans lequel on prendra à discretion le poinct de veuë F, où l'on tirera des lignes de tous les angles

Par apres, du milieu d'vn des costez, comme d'H. milieu de A B; soit tirée la ligne H F. Puis prendre cét interualle H F, & le porter sur le cercle precedent, où ayant mis vne jambe du compas au poinct de veuë F, il faut prendre garde où la circonference de ce grand cercle sera couppée de l'autre jambe.

De cette section, se doit tirer vne ligne occulte jusqu'au poinct de veuë. Puis il faut apporter sur cette cy H F, toutes les sections, & diuisions de cette-là.

Or de tous les poincts qui sont sur H F; il faut tirer des paralleles au costé A B, qui couperont en certains poincts les rayons A F & B F. desquels, il faut encore tirer des paralleles aux autres costez A C, & B D. & faire ainsi à tous les autres costez, tant que la figure soit entourée entierement.

De plus il faut donner vne largeur égale, & à discretion, tout autour du traict marqué K, qui represente le dessous de l'accoudoir, & dans cette largeur mettre autant de plans, ronds, ou quarrez, qu'on veut de pilliers, ou pillastres, puis du poinct de veuë F, il faut tirer des lignes par ces plans, lesquelles lignes seront continüées iusqu'à l'épaisseur qui doit les soustenir, qui est icy le quarré fait, ou qui passe par le poinct I. Tout le reste est comme aux pratiques precedentes.

Ie ne mets point icy de poinct de distance, à raison que ie me suis seruy de l'ouuerture ronde du cercle precedent, où l'enfoncement est donné selon la distance, que ie suppose pour celle-cy, égale à celle-là.

Si on veut des corniches, & saillies, dessus, & dessous ces ballustres, on y en pourra mettre selon la pratique du feüillet. 25.

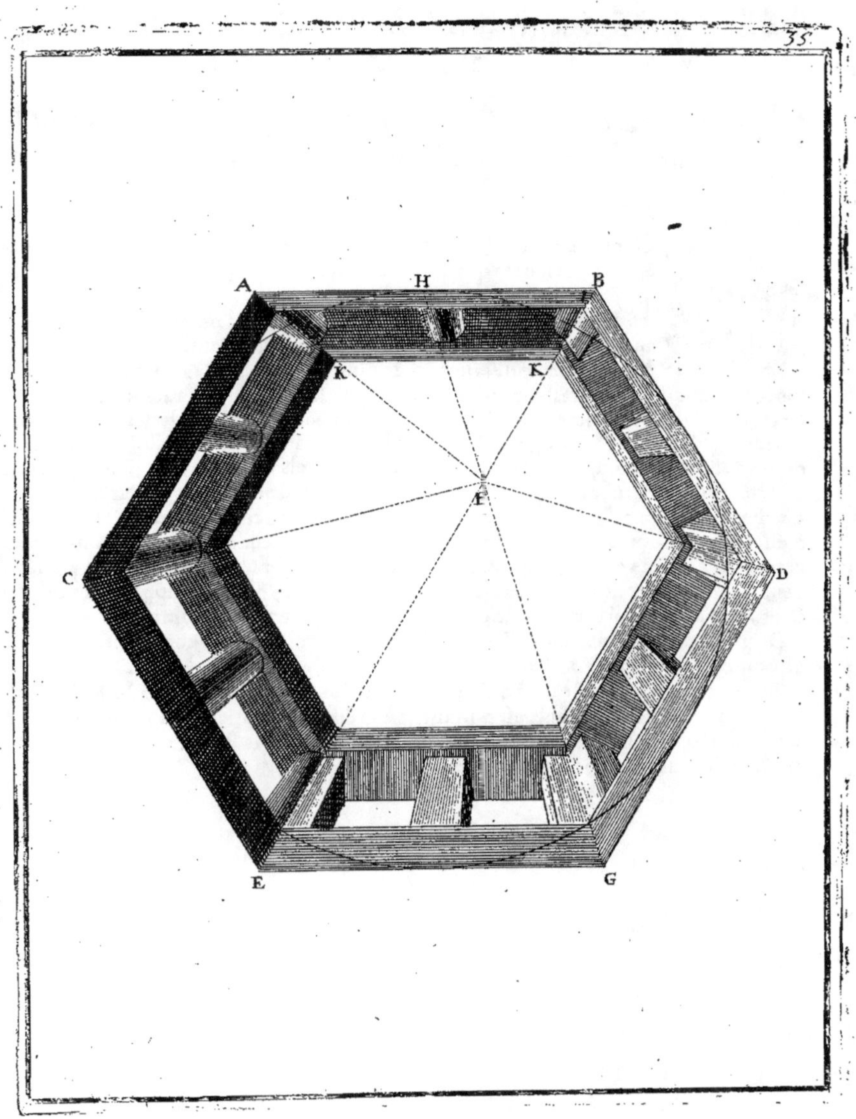
35
A
H
B
K
K
F
C
D
E
G

PRATIQVE XXVI.

POVR PEINDRE SVR VN PLAT-FOND, l'apparence d'vn autre plat-fond, supporté par des colomnes, ou pillastres.

TOutes les pratiques precedentes donnent vn grand iour pour celle-cy, & pour les autres qui doiuent suiure, où il y a peu de changement, comme je le vay faire voir.

Soit donc l'ouuerture quarée A B C D. où l'on veut l'apparence d'vn autre plat-fond, porté par des pillastres ; soit aussi le poinct de veuë F, & le poinct de distance E ; de plus l'interualle C G, pour l'espaisseur du soubassement des pillastres, ou colomnes, celle G H, pour leur hauteur ; & la derniere H L, pour la trebeation, ou corniche de dessus, qui doit supporter le dernier plat-fond.

Ie dis, qu'ayant tiré des lignes de ces poincts G, H, L au poinct de distance E, le rayon C F, restera coupé aux poincts I, K, M, desquels on tirera des lignes paralleles aux costez du quarré, ainsi qu'on à veu cy deuant ; Or de ce poinct K, vers I ; il faut tirer vne ligne N O. parallele au costé du quarré C D & entre cette largeur K L qui se fait à discretion, se doiuent mettre autant de quarrez qu'on veut de pillastres (ou de petits cercles quand on veut des colomnes) desquels la veuë fera souuenir que du poinct de veuë F, il faut tirer des lignes par les angles des quarrez, pour des apparences de pillastres, & d'autres qui touchent le cercle, pour des apparences de colomnes.

De plus, dans cét interualle K M. & C I, on pourra faire des corniches, comme il a esté dit en la pratique VX. feüillet 25.

Tellement qu'il ne reste plus qu'à faire le plat-fond dans le quarré M M M M de telle figure qu'on voudra ; car cela est purement à la discretion de châcun ; quoy que celuy cy ne soit qu'vn simple compartiment, il ne laissera pas d'ayder l'imagination à en trouuer de plus beaux & plus enrichis.

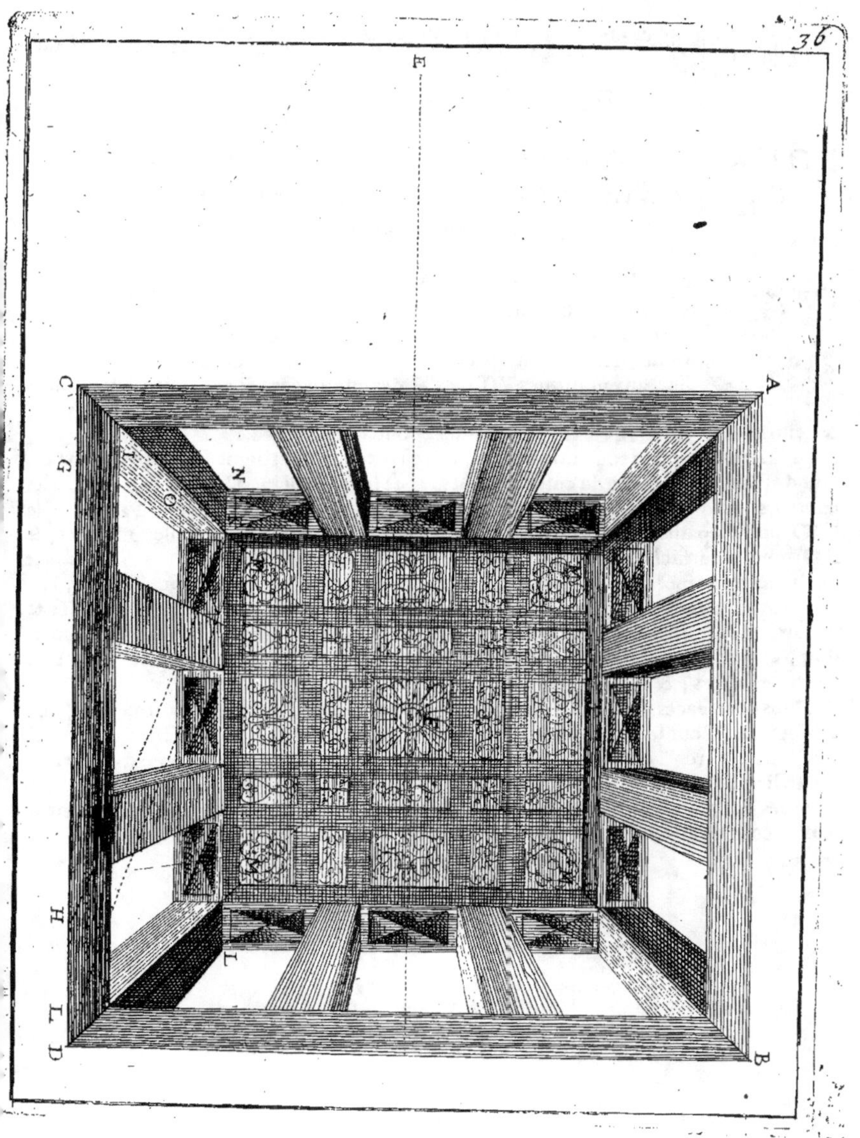
A
B
C
D
E
G
H
I
L
N

PRATIQVE XXVII.

POVR PEINDRE SVR VN PLAT-FOND, l'apparence d'vn autre plat-fond quarré, qui aura vne ouuerture ronde, ou dôme au milieu.

Vpposé que le quarré M M M M, qui sert pour le second plat-fond, a esté trouué par la pratique precedente.

Ie dis, que pour y trouuer cette ouuerture ronde, ou apparence de dôme, il n'y auroit qu'à voir ce que nous auons dit des ouuertures rondes, aux pratiques VII. & IX. des feüillets 17. & 19. mais pour ne point aller chercher hors nostre exemple, il faut supposer F, poinct de veuë, & centre du cercle A, B, C, D : & E, pour le poinct de distance.

Or la ligne C D, qui touche le cercle, doit estre tenuë pour ligne de terre, ayant autant de parties, que celle du costé du quarré *c*, *d*: sur cette ligne C D. il faut porter les hauteurs qu'on veut donner aux piéces qui composent ce dôme. Par exemple C, O. pour l'épaisseur qui supporte les pillastres; O P, pour la hauteur des pillastres, & P Q, pour la corniche de dessus les pillastres; de tous ces poincts, O, P, Q, il faut tirer des lignes au poinct de distance E, qui couperont, le rayon C F, aux poincts R, S, T.

Par aprés du centre F, il faut faire des cercles qui passent par ces poincts R, S, T. & en faire encore vn autre de l'interualle F, V, affin que S, V, soit la largeur de l'accoudoir, entre cette largeur S V, on mettra les plans des pilliers, ou colomnes, d'où on tirera des lignes, &c.

Dans ces espaces C R & S T; il faut faire des corniches, selon la Pratique XIV. du feüillet. 24; Pour le dessus de ce dôme, il faut tirer autant de lignes qu'il y a de colomnes, ou pillastres, au centre F, puis donner l'ombre pour y faire voir vne rondeur.

Au lieu de ce dôme, ou figure ronde, pour double percée de ce plat. fond; l'on y peut faire des Polygones, comme aux pratiques XII. & XIV. des feüillets 21. & 23. ou composées comme au feüillet 23.

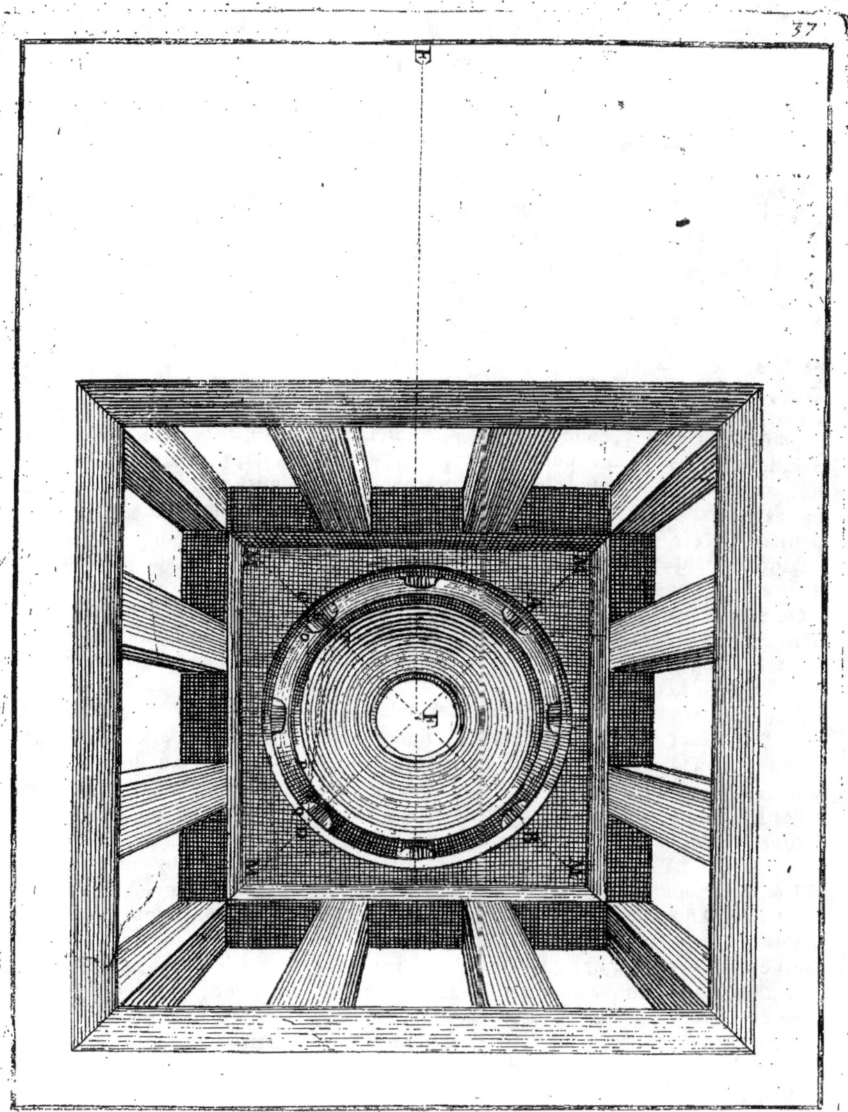

PRATIQVE XXVIII.

POVR PEINDRE DANS DES PLAT-FONDS, DES apparences d'arcades rondes, autour d'Vne ouuerture quarrée.

PAr cette pratique, on apprendra, à tracer les apparences d'arcades rondes pour feindre autour des piéces, qu'on veut peindre ſur des platfonds : Mais comme les rondeurs en perſpectiue demandent plus de ſujection, que les lignes droites : i'ay voulu donner le moyen d'y paruenir, les tracant petit à petit affin de les rendre ayſées à pratiquer, autant qu'il ſe peut.

Ayant fait le quarré A B C D. qui eſt l'ouuerture où l'on veut peindre les arcades, poſées ſur les pillaſtres C C, D D, E E ; il faut prendre l'interualle des pillaſtres C E, ou D E, & le porter en lieu ſeparé comme icy en, *e*, *e*, ſur la cartelle ; de ces poinct *e*, *e*, il faut eſleuer des lignes perpendiculaires, à telle hauteur qu'on voudra comme icy *e b*, *e d*, du milieu de *b*, *d*, comme centre *a*, ſe doit faire l'arc *a b*, *d*, qui ſera diuiſé par les paralleles à *e*, *d*, en quatre poinct 1, 2, 3, *d* ; Or des poincts 1, 2, 3, ; il faut tirer des paralleles à *b*, *d*, qui couperont la ligne *e*, *d*. prolongée, aux poinct *f*, *g*, *h*. Puis transporter toutes les ſections de cette ligne *e*, *d*, *h*, *g*, *f*. ſur celle C, D. commençant à C, & de ces poincts *d*, *h*, *g*, *f*, qui ſont ſur la ligne C D ; il faut tirer des lignes occultes au poinct de diſtance G, leſquelles couperont le rayon C F, aux poincts 4, 5, 6, 7. deſquels poincts, on tirera des lignes paralleles à C D.

De plus, il faut diuiſer C E, & D E, de meſme que *e*, *e*, de la cartelle, & de ces diuiſions entre C, E, & D, E, tirer des rayons au poinct de veuë F, qui couperont aux poincts 1, 2, 3, *b*, les lignes tirées de 4, 5, 6, 7. leſquels ſeruirout à former l'arcade, comme on la void ſur le coſté D, C.

Pour trouuer vne eſpaiſſeur à ces arcades, ſelon celle du pillaſtre H, I, qui eſt ſur le coſté D B ; il faut des poincts H, I, tirer des lignes au poinct de veuë F, & des ſections que celle H F, fera ſur les paralleles à B, D, tirées des poincts 4, 5, 6, 7. Il faut des meſmes ſections 4, 5, 6, 7, faire tomber des lignes qui leurs ſoient perpendiculaires, & qui coupent celles I, F, en *i*, *k*, *l*, *m*. Or de ces poincts 1, 2, 3, *b*, qui ont eſté trouuez pour former le premier trait de l'arcade ; il faut faire tōber des lignes qui ſoiēt paralleles à ces dernieres faites entre H, I. Par aprés, en tirer d'autres qui ſoiēt perpēdiculaires aux poincts *i*, *k*, *l*, *m*.

Par exēple, pour trouuer la largeur du milieu de l'arcade ; il faut du poinct *i*, tirer vne parallele à D B. qui coupera la tōbāte de 1, au poinct *n*, vne autre du poinct *k*, coupera la tōbāte de 2, au poinct *o*. l'autre de, *l*, coupera la tōbāte de 3 au poinct, *p* ; ſi l'ō tire vne ligne courbe par ces points *n*, *o*, *p*, *m*, l'ō aura l'eſpaiſſeur de l'arcade, ſelō celle du pillaſtre H, I.

Il y a vne autre pratique plus ayſée, & gueres moins exacte ; que j'ay deſ-ja donné en la premiere partie, qui eſt, qu'ayant pris auec vn compas, la largeur du pillaſtre où poſe le commencemēt de l'arcade, comme eſt K L, il faut porter cette largeur, ſur toutes les lignes tombantes du premier trait de l'arcade & l'on aura tous les poincts L. par leſquels on tracera l'eſpaiſſeur de l'arcade.

Par aprés, on pourra faire vn bord autour du premier traict de l'arcade, comme on le void én M N, aux arcades qui ſont ſur le coſté A B. Et puis on y pourra adjouſter, à diſcretion, des ornements ouſaillies & corniche, tant aux pillaſtres qu'au deſſus des arcades commes elles ſont du coſté A, C. où elles paroiſſent toutes acheuées.

Cette meſme pratique peut ſeruir aux piéces où le poinct de veuë n'eſt pas au milieu, & meſme quand il ſeroit hors le tableau.

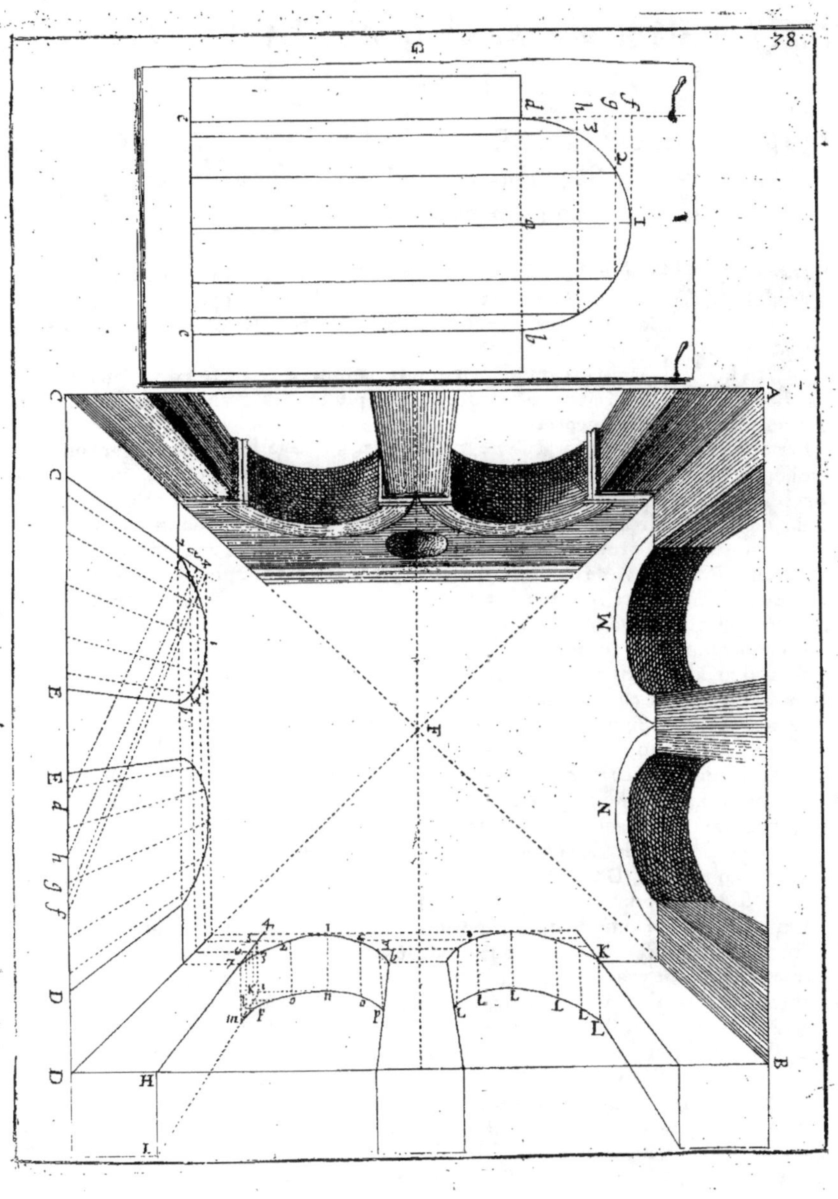

PRATIQVE XXIX.

POVR MONTRER QV'ON NE DOIT PAS s'attacher à vn seul poinct de veuë, & qu'il est necessaire quelques fois d'en prendre plusieurs en vn mesme Plat fond.

I'Ay attendu de dire icy, où je veux conclure les Perspectiues pour les plat-fonds & les voutes; Que quand ils sont petits, c'est à dire qu'il n'y a de capacité que pour vn grand tableau; il est meilleur de n'y auoir qu'vn poinct de veuë.

Mais aux grands plat-fonds, comme d'Eglise, ou d'vne grande gallerie; il est necessaire d'y en auoir plusieurs, à moins que de faire des piéces ridicules, & impertinentes.

Par exemple, si au plat-fond d'vne grande salle, d'vne gallerie bien longue, ou d'vne Eglise, comme C, D, E, F, G, H. on ne vouloit y prendre qu'vn point de veuë en l'vn des bouts F; il n'y auroit que le tableau où seroit ce poinct de veuë, & celuy d'aupres E, qui pussent estre agreables, à raison que les rayons, & la distance donneroient leurs sections trop longues à tous les autres tableaux, comme on a veu en l'auis VIII. feüillet 10, & en la Pratique V. de ce Traité, feüillet 15, où on void vne grande longueur au balustre du second quarré, *b*, *e*, *h*, *d*, que seroit-ce si on y auoit encore tiré ceux du dernier quarré, qui est marqué en la cartelle *e*, *g*, *h*, *i*? ce seroit vne chose monstrueuse.

Or pour empescher cét abus, & le desordre qu'il causeroit, ie ne dis pas qu'il ne faut qu'vn point de veuë en tout vn plat-fond, puis qu'on peut y en prendre plusieurs: au contraire je dis que chaque tableau peut auoir le sien particulier.

Ie m'explique & dis par exemple, que si les platfonds sont petits, comme le premier & second A & B, pour vne salle ou vne chambre, vn poinct de veuë suffit, soit qu'on le mette au milieu, ou en vn coin. Mais pour ceux qui sont plus grands, comme le marqué, 3, vn poinct ne suffit pas, il en faut plusieurs, qui se prendront à la discretion du peintre, ny ayant point d'autres regles que sa volonté; luy estant libre d'en mettre vn au milieu de châque tableau, comme D. ou faire qu'vn seul poinct serue pour deux tableaux comme D, E, D C, D, G, D H, où châcun hors de son tableau, comme seroit E, poinct de veuë pour le tableau D, ou F.

On peut dire le mesme du quatriéme qui est diuisé en plusieurs tableaux, où il est libre de prendre le poinct de veuë, en quel lieu on voudra: Ie ne conseillerois pas icy de se seruir du poinct de veuë du milieu, pour ceux des costez comme du poinct I, pour les tableaux K L, car il est de l'ordre que toutes les figures ayent les pieds vers la ligne M N, qui est pour le fond de l'Eglise, ou de la sale, & la teste vers le poinct de veuë: Encore se faut-il moins seruir du mesme poinct I, pour les tableaux K L, à raison que l'architecture & les figures qui seroient en O P, choqueroient l'œil, d'estre si fort couchées. C'est pourquoy ie serois d'auis qu'on prit tous-jours le poinct de veuë, pour ces tableaux, non pas au milieu, ny trop esloigné du tableau, mais comme à K, pour le tableau P. quoy que cela ne se peut determiner car châcun à sa pensée. Pour la distance; il faut tous-jours la prendre égale à la hauteur de l'œil, jusques au plat-fond, ou à la voute, ainsi qu'il a esté dit.

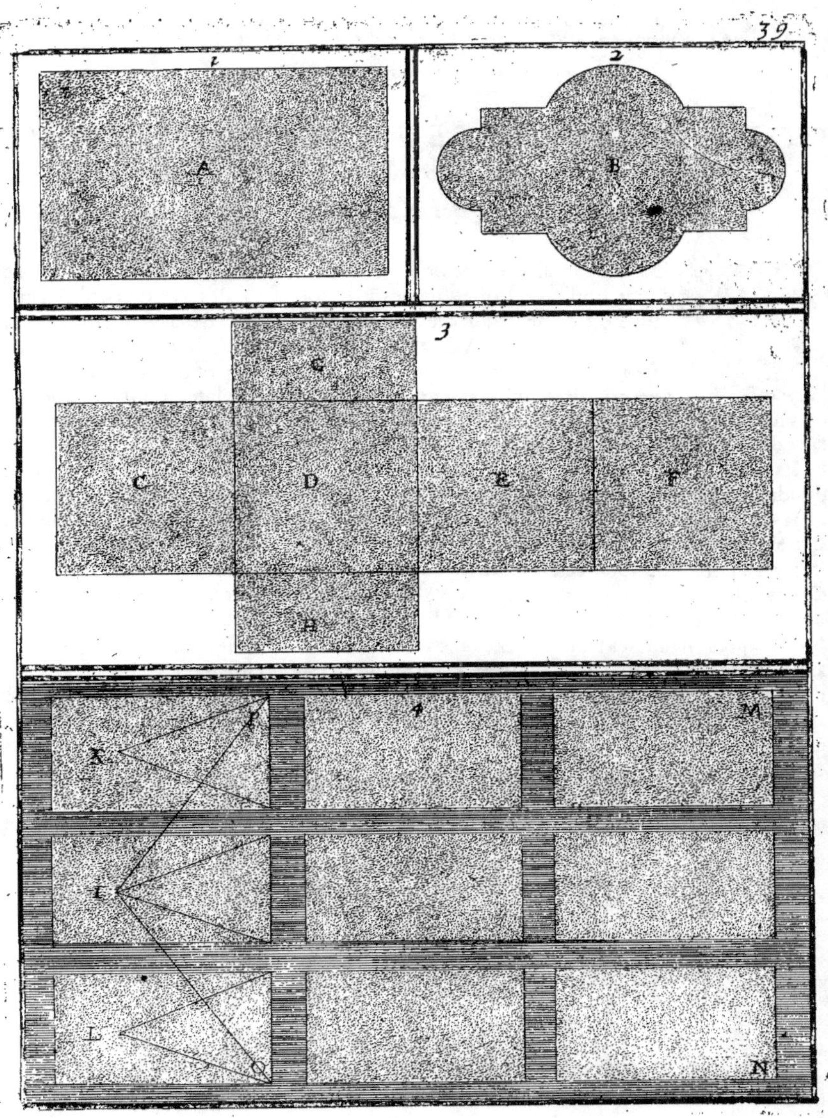
39
1
A
2
B
3
G
C
D
E
F
H
4
K
P
M
I
L
O
N

PRATIQVE XXX.

POVR TROVVER LE RACOVRCISSEMENT des figures qui doiuent paroiſtre droites, & de ronde boſſe, ſur des Plat-fonds & des Voutes, en Perſpectiues.

IL n'y a pas plus de peine ny de trauail à faire paroiſtre ces figures de ronde boſſe, & droites ſur des plat-fonds, & des voutes; qu'à vn pillaſtre ou colomne auec ſes ornements, qu'on a deſia veus en ce traité, Pratiques. XVI, XVII. XVIII. & XX. feüillet 26. 27. 28. & 30. où on a peut eſtre remarqué que la ligne *a b*, ayant receu toutes les perpendiculaires qui peuuent ayder à former ce plan, ſe doit tranſporter en vn autre lieu, comme en A, B; & que des diuiſions qui ſont deſſus, il faut tirer autant de rayons au poinct de veuë,

Par apres, ſur la ligne du profil de la figure *n*, *o*, il faut tirer autant de ligne qu'on voudra, qui luy ſoient perpendiculaires leſquelles porteront les eſpeſſeurs & eſleuations de la figure au deſſus de cette ligne *n*, *o*; qu'il faut tranſporter, auec ſes diuiſions, ſur la ligne A B. prolongée, comme eſt O, N. Puis de toutes ces diuiſions ſe doiuent tirer des lignes au poinct de diſtance E, leſquelles coupans le rayon O, F, aſſigneront par ces ſections le lieu pour tirer des paralleles à A, B. qui formeront le plan ſur les rayons tirez au poinct de veuë F. & aſſigneront auſſi les éminances qu'il faut eſleuer ſelon le profil.

Par aprés, il faut les tranſporter, auec vn compas, ſur le milieu du plan G F, ou bien tirer des lignes paralleles à A B qui feront trouuer le racourciſſement & les eſpaiſſeurs des figures ainſi qu'on à veu aux pratiques precedentes, que j'ay cottées cy deſſus, & qu'on peut voir en celle-cy; que ie n'embaraſſeray pas d'autres lignes affin qu'on la connoiſſe mieux.

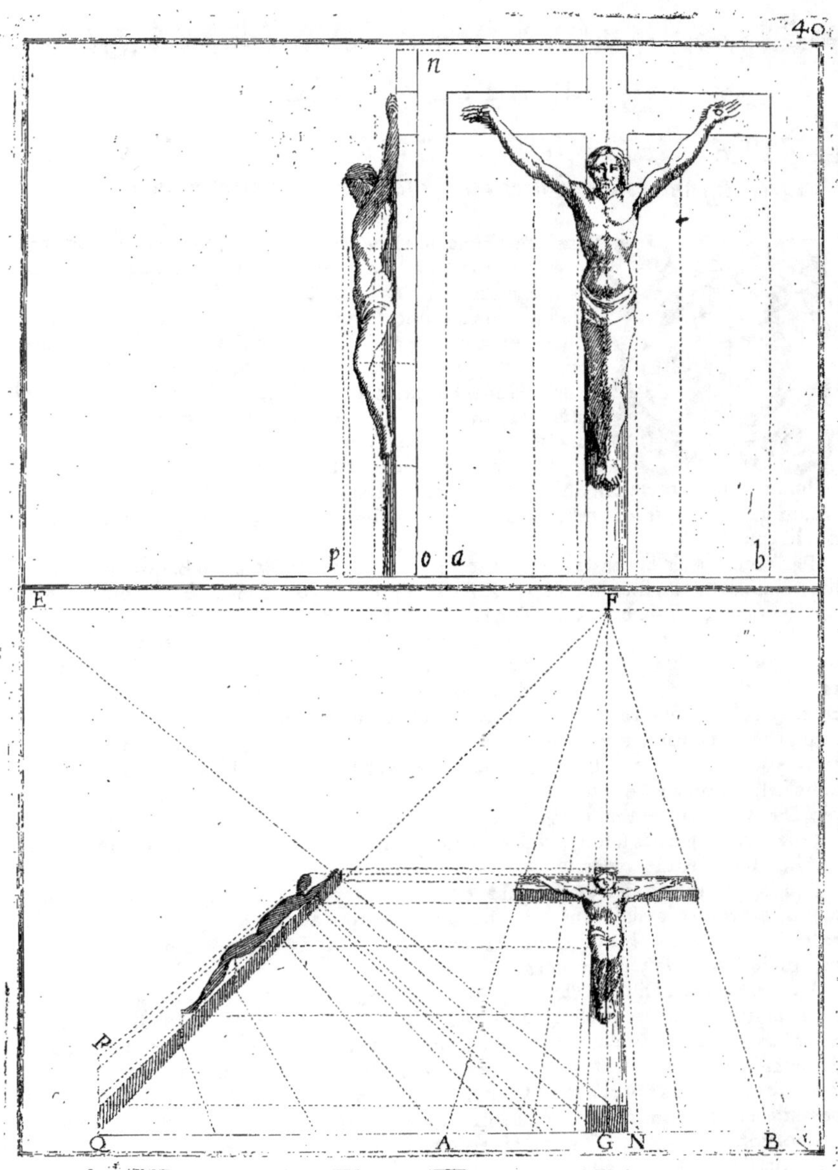

40
n
p
o
a
b
E
F
P
Q
A
G
N
B

PRATIQVE XXXI.

AVTRE METHODE POVR TROVVER LES *racourcissements des figures tant posées sur terre qu'esleuées en l'air.*

OVtre la methode que ie vienr de donner, en voicy encore vne autre qui ne doit pas estre moins estimée, à raison que sans tant d'operations qu'en cette-là, on peut racourcir les figures, aussi bien en l'air, que dessus la terre, & sur la terre qu'en l'air.

Mais auant que de passer plus outre; il faut cõuenir de ce que ie suppose. Qu'il est besoin pour racourcir vne figure, qu'elle ait quelques diuisions qui puissent y ayder, & où l'on doit arrester les rayons de l'œil, comme pourroient estre toutes les jointures, des genoux, des coudes, des cuisses, des bras, du col, & de la teste; ou bien selon les muscles, ou des parties ordinaires, qui se prennent de la teste aux mamelles, de là, au nombril, au bas du ventre aux genoux & ainsi du reste, selon Albert, ou Iean Cousin, cela estant à la discretion de châcun.

Par exemple, la figure de front qui est icy marquée A, & celle B, qui est de profil sont diuisées par mesmes mesures. C'est de ce profil qu'on doit se seruir pour trouuer tous les racourcissements, soit qu'on regarde la figure de front, ou de costé.

Il s'ensuit de ce que dessus; que pour racourcir vne figure couchée sur terre, il faut supposer que ce profil y est, & que l'œil du regardant est en C, duquel il faut tirer des rayons qui aillent par toutes ces diuisions du profil; Par aprés, de cét œil C. comme centre, il faut faire vn arc, commençant par le premier rayon de la figure, qui est icy le pied D; & le continüer jusqu'au dernier E. La corde de cét arc D E, qui coupe tous les rayons, donne le racourcissement de la figure; C'est pourquoy il faut transporter cette ligne D E. où on veut que soit la figure, comme icy en F G, égale & diuisée de mesme que D E. Or si par ces diuisions on tire des lignes occultes, & qu'on y desseigne la figure, mettant ses parties selon qu'elles sont au profil; elle sera racourcie, comme en F G. où elle est veuë par les pieds.

Pour la voir racourcie ayant la teste deuers le regardant; Il faut de l'œil H, tirer des rayons par toutes les diuisions du profil, ainsi que nous auons dit, puis de celuy de la teste K, faire l'arc K, I, duquel on fera comme de celuy D, E, pour auoir la figure L M, racourcie & veuë la teste en deça.

De cette figure D E, qui est veuë par les pieds; on peut tirer la pratique pour racourcir les figures qui doiuent estre veuës au dessus de l'œil, dans des plat-fonds & des voutes. Mais affin de la rendre encore plus claire; Que la figure pour racourcir soit O, B au dessous, l'œil du regardant en N: de ce poinct N, il faut tirer des lignes aux diuisions de la figure O B, & en faire l'arc O Q. puis transporter la corde de l'arc O Q, où on veut peindre la figure comme en T V, si entre ces diuisions on d'esseigne la figure, selon les proportions de l'original O B, elle se trouuera racourcie autant qu'elle le peut estre en cette veuë de N. Mais si elle estoit d'vne veuë plus esloignée, comme en X, elle le seroit moins ainsi qu'on la void en Y, Z.

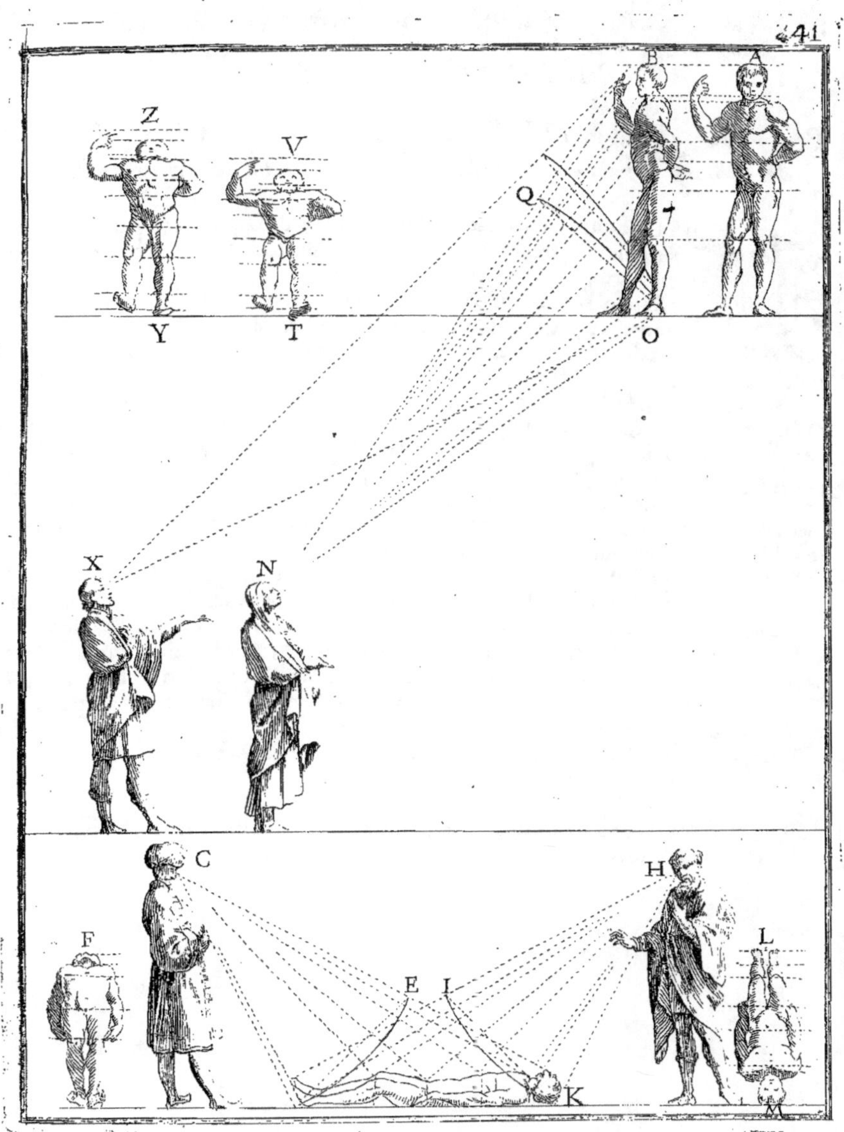

41
B
A
Z
V
Q
Y
T
O
X
N
C
H
F
L
E
I
K
M

PRATIQVE XXXII.

POVR PEINDRE DES FIGVRES DANS des Dômes, & en d'autres lieux esleuez bien haut au dessus de l'œil.

LA Pratique X. du Traitté IV. feüillet 115. de la premiere partie seconde édition : peut tres bien seruir icy : Mais outre celle-là ie veux en donner vne autre.

Supposé donc, qu'on veüille peindre vne figure en la lenterne d'vn Dôme, comme en A. qui doit estre regardée du lieu B, ie dis qu'il faut en faire vn dessein en petit, & puis le transporter en grand sur le lieu qu'on la desire.

Par exemple, en vn lieu separé, comme en la figure d'auprés ; il faut tirer vne ligne C D. perpendiculaire à E F : Et sur celle C D, porter autant de parties égales, qu'il y a de pieds, ou de toises, depuis terre G, jusques en A ; Et de D, vers F, autant des mesmes parties qu'il y a de toises, où de pieds de G à B, qui sont D, H. Or sur H, il faut esleuer vne ligne de la hauteur d'vne personne, de l'œil de laquelle K, on tirera deux lignes, K C, pieds de la figure, & K L, passant par N, teste de la figure, estant C, L, la hauteur égale à A M : qui est celle du lieu où on veut la grande figure.

Par aprés, du poinct K, comme centre ; il faut faire vn arc C N, entre les rayons K C, & K L. qui coupera le rayon K L, au poinct N. Or sur ce petit arc C N. il faut faire vne petite figure bien proportionée, par laquelle on tirera des rayons de l'œil K, jusques en C L, affin que selon ses sections on forme la grande figure, c'est à dire qu'entre les deux rayons qui comprennent la teste sur C N, il faut faire la teste de celle qui est sur C L, & ainsi du reste de la figure, qui sur le lieu sera vn peu disproportionnée, mais paroistra parfaite de celuy qu'on aura choisi, qui est H.

Tant plus le regardant H, sera esloigné, comme en O & P. tant plus l'arc & figure C. N. s'alongera & sera moins disproportionnée.

De toutes les veuës, proches, où esloignées, la figure C L, paroistra tousiours à l'œil, dans ses mesures. ; ce qui fait voir que cette regle est vniuerselle, tant pour les figures du dedans, que du dehors des bastiments.

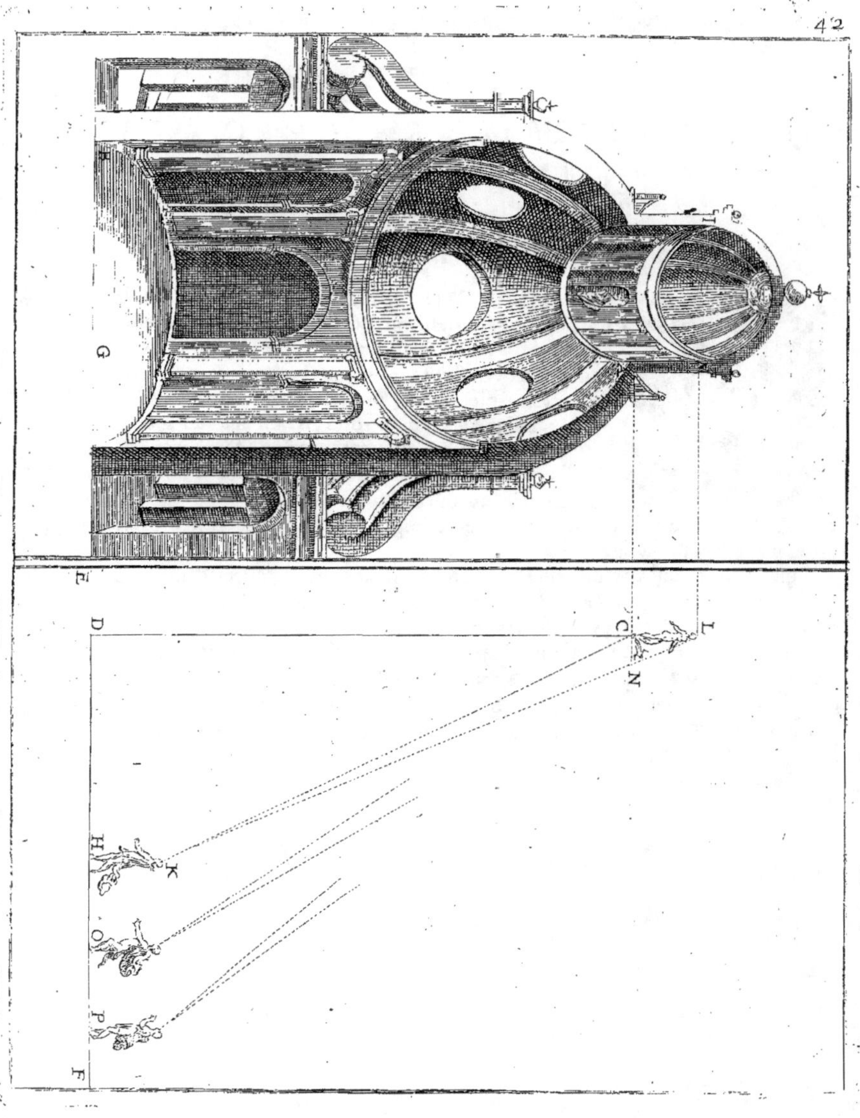

PRATIQVE XXXIII.

POVR TROVVER LE RACOVRCISSEMENT *des figures qui doiuent paroiſtre droites ſur des Plat-fonds & des Voutes, ſans ſçauoir n'y obſeruer les regles de Perſpectiue, que naturellement.*

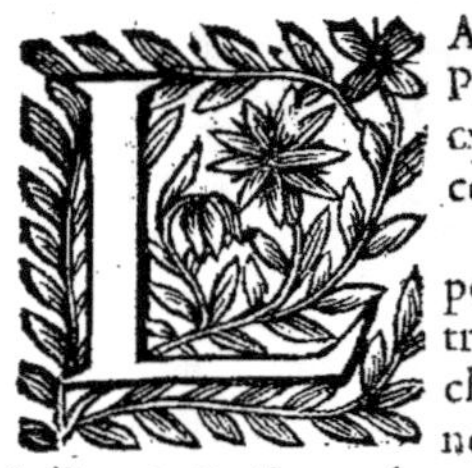

LA Pratique XCIII. du Traité III. feüillet 118. de la premiere Partie, deuſiéme édition, Eſt ſuffiſante pour faire entendre celle-cy, où il n'y a rien de plus particulier; puis qu'il eſt auſſi ayſé à contretirer vne figure qu'vn payſage ou vn baſtiment.

Par exemple, ayant à prendre le racourciſſement d'vne figure pour peindre en vn plat-fond; il faut la poſer à terre, & mettre en la poſture qu'on veut luy donner, autant eſloignée du chaſſis, ou proportionnellement qu'il y a de hauteur depuis noſtre œil iuſqu'au Plat-fond; & s'il ſe peut la ſitüer autant au deſſous de l'œil, que le poinct de veuë eſt eſloigné du lieu où le tableau doit eſtre mis, aprés y auoir peint la figure.

Puis, ayant l'œil au trou, ou lunette A; on peut contretirer cette figure couchée ſur terre, qui demeurera racourcie ſur ce creſpe, ou linon, bien bandé ſur vn chaſſis, ou ſur du verre, du talc & autres choſes tranſparentes.

Si on veut ſe ſeruir d'vn eſchiquier, on peut la deſſeigner de meſme ſur vn papier où il y aura des quarrez proportionnez à ceux du chaſſis. Quand les figures ſont contretirées de la ſorte; il faut les peindre aux tableaux telles qu'elles ſont, ſans y chercher d'autre perſpectiue, puis qu'elle s'y trouue naturellement, dans la rigueur des regles.

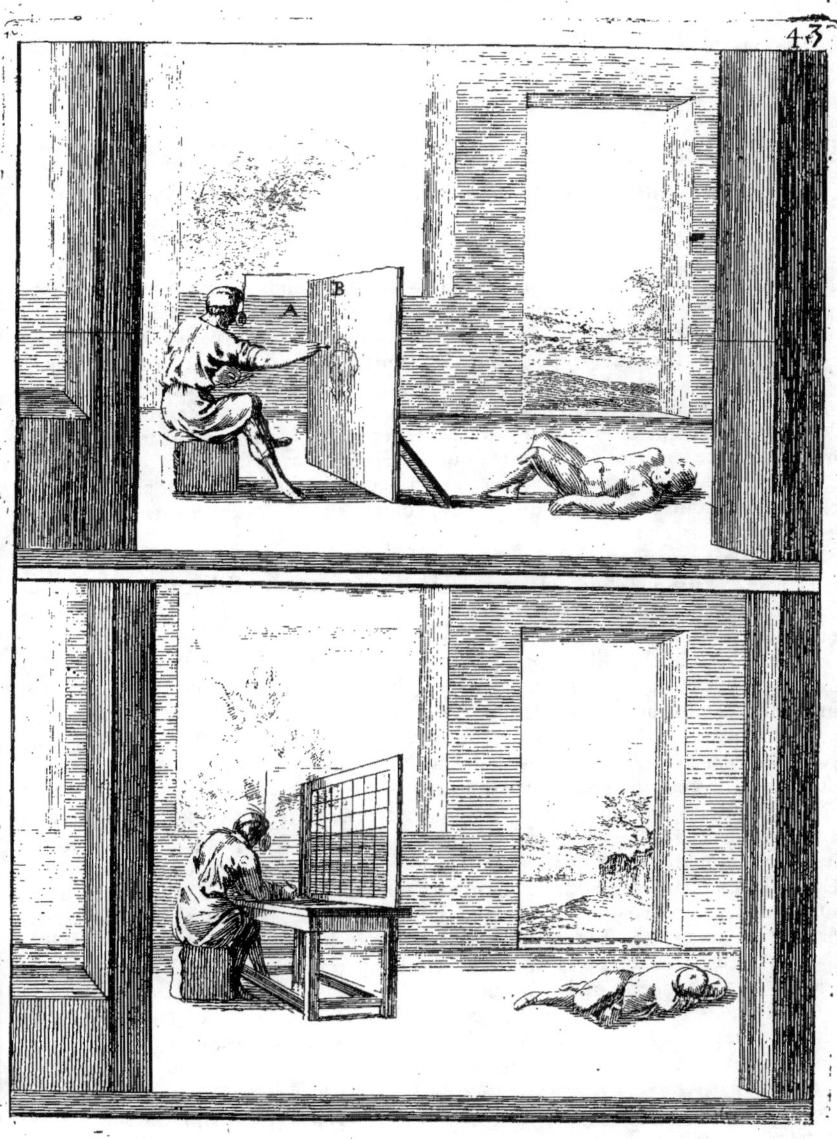
A
B

PRATIQVE XXXIV.

POVR METTRE EN PERSPECTIVE LES figures qui doiuent paroistre droites, sur des Plat-fonds, & des Voutes.

IE ne veux pas quitter ce traité des Plat-fonds, & des voutes; sans donner toutes les methodes d'y peindre des figures, puis qu'elles n'y sont pas vn moindre ornement que des pillastres, des colomnes, des ballustres, des arcades, &c. Celle qui se voyent à Rome à Florence, en plusieurs villes d'Italie, & à Paris, qui semblent & paroissent comme si elles estoient toutes droites sur des plat-fonds, & des voutes, attirent & attachent tellement les yeux de ceux qui les regardent, qu'ils en demeurent dans l'admiration, n'en sçachant pas le secret; qui est d'autant plus à estimer qu'il est aysé à pratiquer; car pour peu qu'on soit versé en la Perspectiue; on y peut reüssir passablement: estant neantmoins tres-certain qu'en cecy, comme en tous les autres arts, les maistres se font tousiours connoistre.

Pour mettre ma proposition dans la pratique: Ie dis qu'ayant vn tableau, comme icy, le nom de IESVS, ou celuy où est vne image de nostre-Dame: Il faut tracer dessus plusieurs quarrez, que quelques-vns disent petit pied, comme quand on veut les contretirer de grand en petit.

Par aprés, en quelque lieu separé; il faut tirer vne ligne, sur laquelle on portera mesme nombre de parties égales, ou de mesme grandeur, ou plus grandes ou plus petites que celles du tableau, *a*, *b*; Au dessus de cette ligne, il faut prendre le poinct de veuë F, par lequel on fera passer l'horison, qui portera le poinct de distance E, autant esloigné du poinct de veuë F. qu'il y a de hauteur depuis l'œil du regardant, jusques au plancher, plat-fond, ou voute, où on veut peindre.

De plus, des poincts qui sont sur la ligne de terre A, B: il faut tirer autant de rayons au poinct de veuë F. Puis du poinct B, tirer vne diagonale B, E, laquelle coupant tous les rayons, y marquera le lieu, pour tirer autant de paralleles à la ligne de terre A, B. Ce qui formera autant de quarrez Perspectifs qu'il y en a de Geometriques au tableau. Or tout le secret est de transporter ce qui est entre les quarrez du plan Geometrique, dans les quarrez perspectifs, estant tres certain que le tableau estant contretiré de la sorte, & veu du lieu choisy pour estre regardé, paroistra comme tout droit; tant le nom de IESVS, que la nostre-Dame.

Quand ce seront des tableaux qu'on voudra faire paroistre ainsi esleuez; il faut les choisir, ou les desseigner comme pour estre veüs esleuez, à proportion de la hauteur où ils doiuent paroistre estant contretirez en Perspectiue.

Il faut remarquer quand on copie ces tableaux selon cette sorte de Perspectiue, que tout ce qui est perpendiculaire à la ligne de terre, comme sont les pillastres sur a, b, se fait rayon visuel; & au contraire, tout ce qui est rayon visuel au tableau a, b, c, d, se fait perpendiculaire sur la ligne A, B comme il a esté dit amplement à l'Avis IV. feüillet 6.

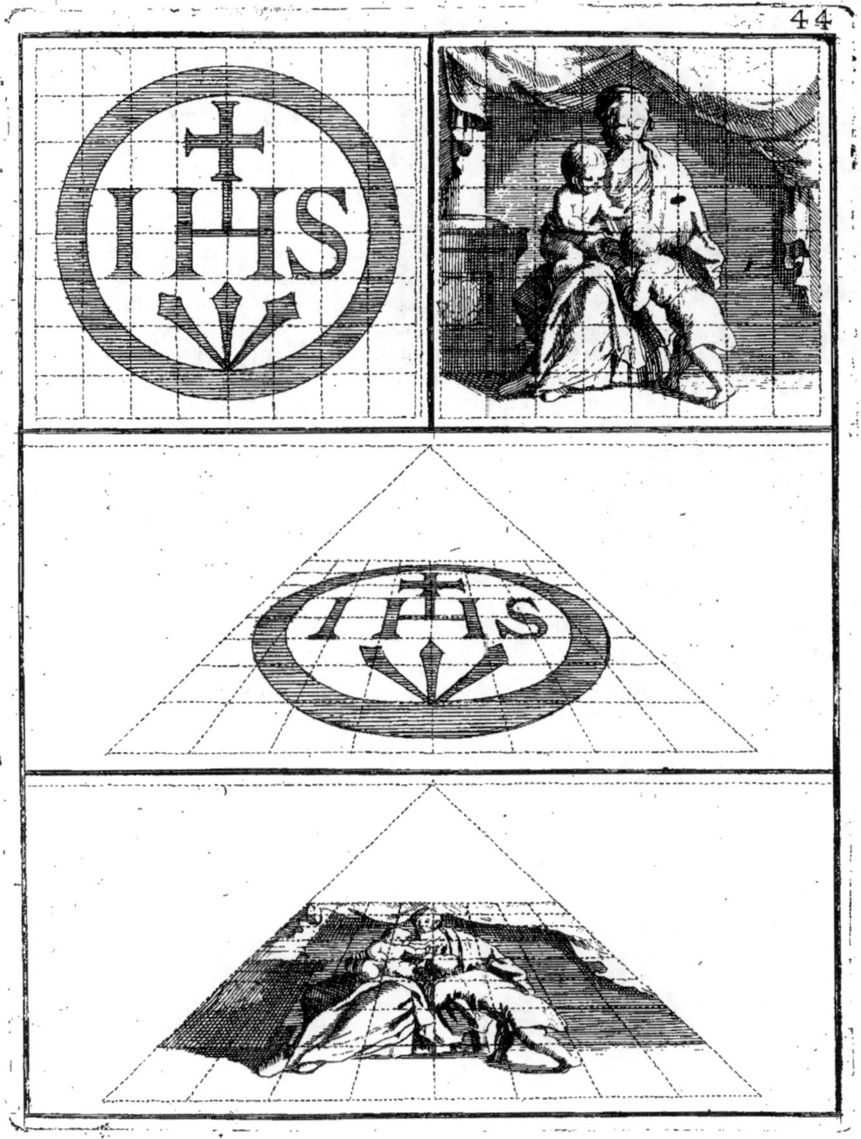
44
IHS
IHS

PRATIQVE XXXV.

POVR METTRE EN PERSPECTIVE DES Architectures qui doiuent paroistre droites sur des Plat fonds & des Voutes.

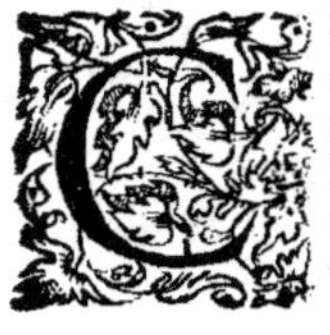

E seroit abuser du temps, de repeter ce que nous venons de dire, veu qu'il suffit de voir la figure pour en connoistre la pratique, qui est la mesme que de la figure precedente : Car quoy que l'Architecture semble demander des regles particulieres, & d'autres sujetions & obseruations que les figures ; on peut s'en dispenser icy, où elle est sans exception ; n'estant pas plus difficile de contretirer & copier vn bastiment, qu'vne figure : suposé que l'vn & l'autre soient sur plans vnis.

Il faut pourtant prendre garde, que les Architectures & les bastiments qu'on veut peindre dans des plat-fonds & des voutes, soient des-ja dans les regles des Perspectiues ordinaire, & veuës par dessous comme en la premiere figure ; car autrement elles n'auroient par leur effect n'y la force de tromper l'œil, comme feroit la seconde figure si elle estoit mise sur vn plat-fond.

45

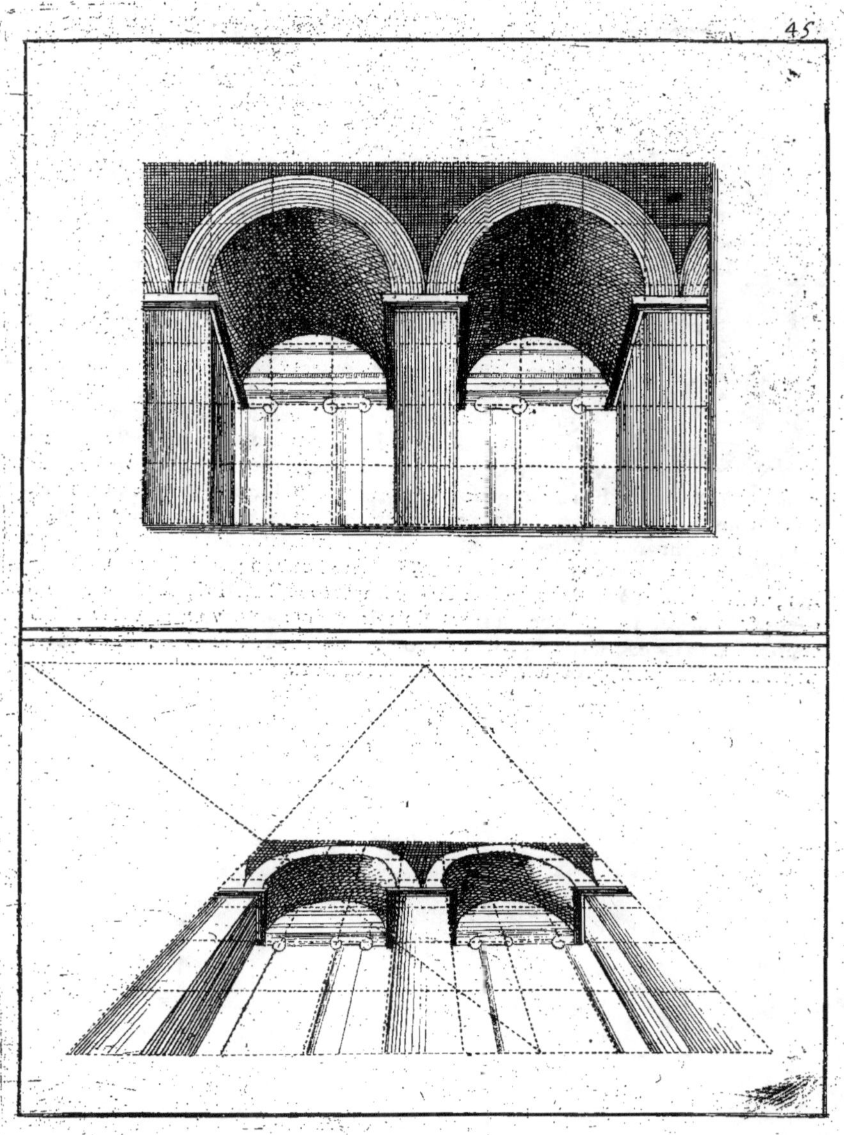

N

PRATIQVE XXXVI.

POVR CONNOISTRE EN QVOY DIFFERE la pratique de peindre en des Voutes, de celle pour peindre és Plat-fonds.

LA grande difference qu'il y a, d'vn Plat-fond à vne Voute, ne change pas beaucoup la pratique d'y peindre, puis qu'il ne faut que changer des lignes droites paralleles à la ligne de terre P Q. comme A, B, C, D, au plat fond; en d'autres lignes qui se doiuent faires courbes en des voutes; c'est à dire, paralleles au trait de l'arcade, comme sont A E B & C F D.

Quelles que soient les voutes, cela se doit tousiours obseruer, estant tres certain que si vne personne estoit directement sous la ligne A B, elle ne verroit pas la ligne courbe A E B. qui seroit cachée de A B ou si au lieu d'vne personne, on met vne lumiere directement dessous A B, son ombre fera vne ligne courbe qui couurira asseurement toute celle A E B.

Quand ce sont voutes d'augiues, croisées, à arrestes, ou à lunettes; ces lignes courbes ayant rencontré les arrestes, comme en G, & en H. elles ne se doiuent plus tirer courbes, mais paralleles à la ligne de terre R S, comme sont G I, H K, & toute cette ligne mixte & meslée de droites & de courbes, doit estre tenuë pour vne parallele à R S: & tout autant qu'il y en aura, seront tenuës pour paralleles entre-elles, & commencement d'vn eschiquier, qui s'acheuera au feüillet suiuant.

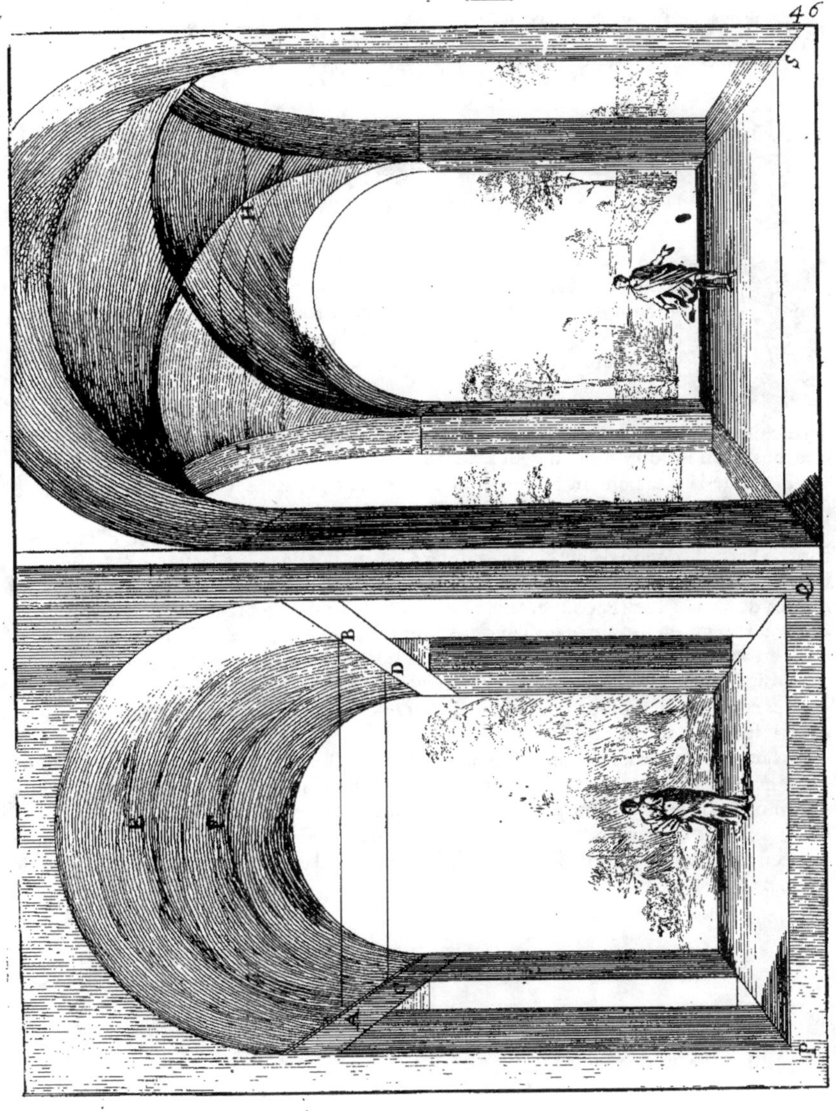

S
H
I
Q
B
D
E
F
A
C
P

PRATIQVE XXXVII.

POVR ACHEVER DE FAIRE L'ESCHIQVIER commencé en la Pratique & figure precedente, qui doit seruir à peindre en des voutes.

I'Ay esté obligé de faire deux planches pour vne seule pratique, affin qu'estant moins embarassée de lignes, elle soit aussi claire & aysée à comprendre, qu'elle est necessaire à tous les Peintres qui en ont besoin quand ils veüillent faire paroistre quelque figure dans des voutes, qui s'y feront, par ce moyen, auec la mesme facilité que de copier vn tableau.

En la figure, & Pratique precedente, feüillet 46. j'ay commencé vn eschiquier par les lignes paralleles à la ligne de terre, qu'il faut mettre en lignes courbes selon la voute où l'on veut peindre. En celle-cy, je donne les lignes qui doiuent couper celle-là quarrement & perpendiculairement, comme sont les lignes ou rayons T, V. qui sont tirées au poinct de veuë X.

Aprés auoir tiré la ligne Y, au poinct de veuë X, il faut mettre de part & d'autre, autour de l'arcade autant de diuisions égales à C D, qu'il y en a sur la ligne A B, comme sont Y, *a*, *a*, *b*, *c*; tellement que si de ces poincts T, V, *a*, *a*, *b*, *c* on tire des lignes au poinct de veuë X, elles couperont les autres de la pratique precedente, en telle sorte qu'il se fera vn eschiquier dans la voute pour y tracer tout ce qu'on voudra comme nous dirons en la pratique suiuante. Qui voudroit aller encore plus exactement, il pourroit du poinct F, comme centre, faire vn arc, de A à B, & sur cét arc A B porter les parties égales, qui sont sur la droite A B, par lesquelles on feroit passer les rayons tirez, de X iusques à l'arcade, où demy rond A Y B.

Et faut bien se garder de suiure l'opinion d'vn certain, qui vouloit que de l'œil du regardant F, l'on fit passer des rayons par les diuisions de la ligne droite L M, & qu'on les continuast jusques à la ligne courbe L O M, qni y donneroient des poincts, *d*, *e*, *o*, *f*, *g*. En quoy il se trompoit; car ces espaces ne peuuent pas estre égaux comme elles doiuent estre estans veus sous angles inegaux; c'est pourquoy il faut en demeurer à ce que ie viens de dire cy dessus.

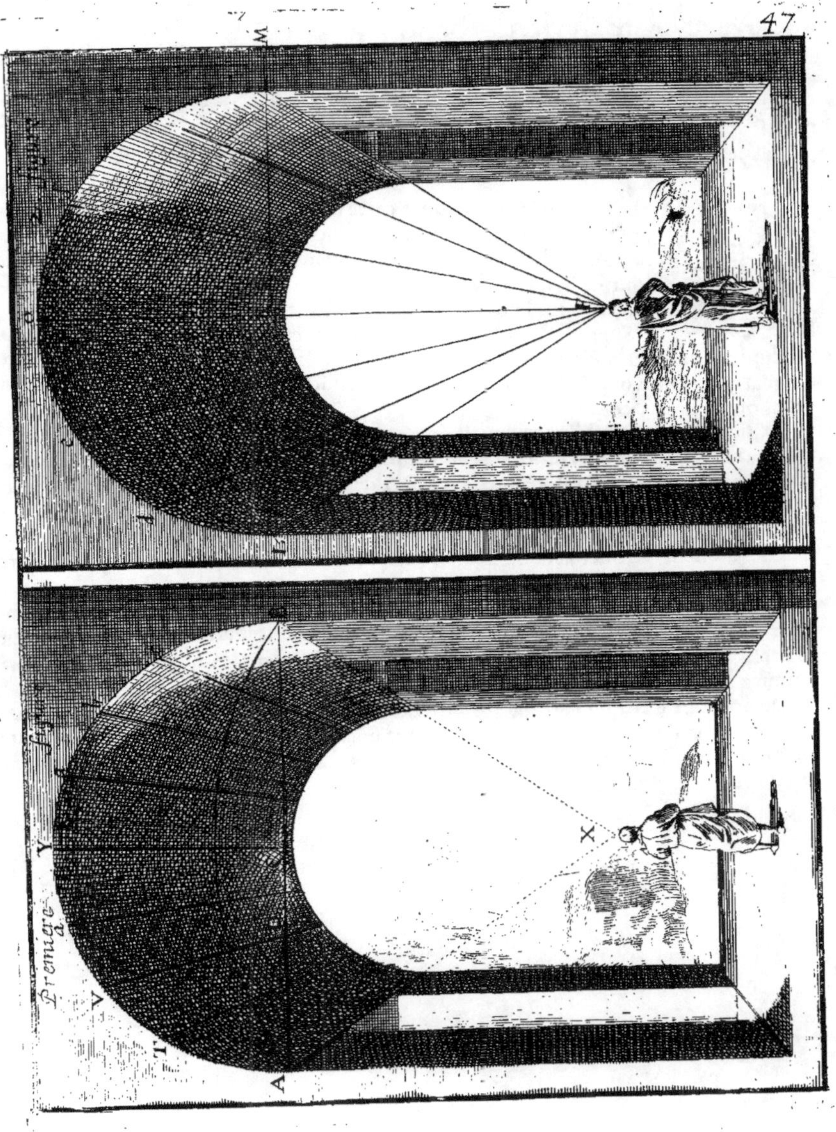
2 figure
Premiere figure
X

PRATIQVE XXXVIII.

POVR TRANSPORTER ET APPROPRIER A VNE voute, vne figure faitte pour vn Plat-fond.

ON comprendra facilement cette pratique à la veuë de la figure & supposé ce que nous auons dit des lignes qui forment l'eschiquier, ou trillis, qui est le nom que plusieurs Peintres donnent aux quarrez qu'ils font de lignes occultes, tant sur les tableaux qu'ils veulent contretirer, que sur la toille, & plans où ils les contrefons.

Supposé donc, que la figure A. soit celle qui a esté racourcie par la methode donnée en la Pratique XXXIV. feüillet 44. il faut l'enfermer de tel nombre de quarrez qu'on voudra, le plus sera tousiours le plus juste, mais non pas pourtant si petits qu'ils soient confus.

Or si en la place où l'on veut peindre ces figures, sur des Plat-fonds, ou des Voutes, on fait autant de quarrez qu'il y en a entre A, B, C, D, & qu'on transporte en ceux-là, ce qui est en ceux du tableau A, B, C, D. Il est certain que l'ouurage estant acheuée, & veu du poinct donné, la figure paroistra comme droite.

Mais il faut que les Peintres prennent garde, quand ils veulent faire de ces figures, qu'elles doiuent estre des-ja dessignée en Perspectiue, & veuës par dessous, à peu prés de la hauteur qu'elles doiuent estre posée.

L'on void, par ce que dessus; qu'vne figure peinte pour vn Plat-fond, peut estre facilement apropriée à vne voute, où il n'y a qu'à tracer l'eschiquier, comme nous auons dit és Pratiques XXXIV. & XXXV. feüillets 44. & 45. & dans les quarrez qu'on y aura trouuez, y transporter ce qui est en ceux du tableau.

On pourroit dire que cette figure ne sera jamais si parfaite en la voute, qu'au plat-fond, à raison de sa courbure; ce qui seroit considerable si la figure occupoit grande partie de la voute: mais sa largeur & ce qu'elle en prend est si peu au respect de cette voute, qu'on peut prendre ce deffaut pour rien.

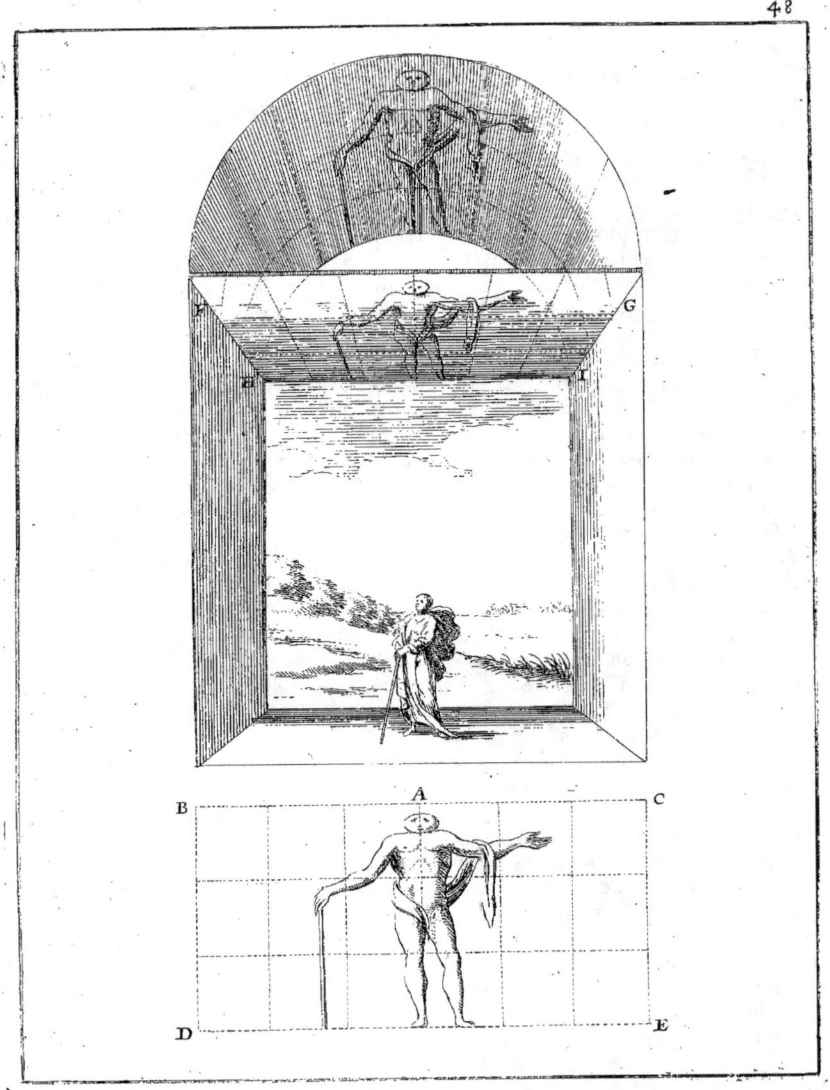
F
G
H
I
A
B
C
D
E

PRATIQVE XXXIX.

POVR PEINDRE DES PERSPECTIVES DEDANS les Croupes, & les Dômes, ou Coupola des Eglises, en voutes de four.

ANciennement les croupes, ou fonds des Eglises, se faisoient en demy rond, sous lequel se mettoit ordinairement le grand Autel; ces voutes qui se faisoient toutes vnies, & sans ornement ont besoin d'estre peintes pour estre ornées, plus agreables, & plus belles.

De plus il y a vne sorte de voute qu'ō nomme, voute de four, qu'ō met au dessus des dômes, ou ainsi qu'ō dit en Italie Cupola, dans laquelle on peut faire de belles Perspectiues.

La façon pour peindre en ces fonds de dômes, qui sont ordinairement ronds, est comme pour peindre en vne voute; Et ces croupes d'Eglise, qui n'ont que la moitié d'vn cercle; n'est pas beaucoup differente de celle dont on se sert, pour peindre contre vn mur tout droit: Car cette courbure est ordinairement celle d'vne voute à tiers poinct, & par consequent plus droite que le demy rond, outre que leur propre hauteur au dessus de l'œil, fait qu'elle paroist encore moins courbée.

Auant que de passer plus outre, il faut sçauoir que cette voute pour les croupes; est formée de plusieurs demy cercles; & pour les dômes, de cercles entiers, posés les vns dessus les autres à certaines distances, & qui vont tousiours en diminuans, cōme sont les lits de pierre les vns toujours pl⁹ serrez que les autres iusques à vne seule qui fait la clef.

Pour exemple, que le premier diametre A A, soit égal au premier cercle *a, a*; si du diametre B, B, à cinq pieds plus haut, on fait tomber des perpendiculaires sur le diametre *a, a*, on aura le cercle *b, b*; d'autres cinq pieds plus haut, le diametre C C, donnera *c, c*; Le 4. D, D. donnera *d, d*; Le 5. E E, donnera *e, e*; Le 6. F F, donnera *f, f*; & celuy G, G. sera le dernier *g, g*. qui est la grandeur de l'ouuerture qu'on veut laisser en haut. Tellement que ces demy diametres & ces cercles, auec leurs diminutions, & esloignements les vns dessus les autres donneront la ligne courbe A, B, C, D, E, F, G, pour le trait de la voute qui se trouuera haute de 30. pieds.

Or tout ce qu'on peut feindre, autour de ce dôme ou de cette croupe c'est à dire à la naissance de la voute ne peut-estre qu'vn balustre, & sur ce balustre quelques vases, boules ou pyramides, car tout ce qu'on feroit de plus ne s'y pourroit pas tenir naturellement, le reste doit estre comme pour vne voute; Cela supposé, je dis pour montrer qu'on y doit peindre, comme en vne muraille droite, que quand ce balustre auroit dix pieds de haut comme C, B. ce qui est à l'excés, car vn balustre ne passe pas trois pieds de haut; je dis pourtant que quand ils auroient toute cette hauteur H, C, la courbure de la voute ne s'esloigneroit de la perpendiculaire que de H A; ce creux diminüera encore beaucoup. Si l'on a égard à ce que la saillie couure à l'œil; car quand l'œil, ne seroit pas plus haut que R, le rayon qui en est tiré par la saillie I; couure le pillastre ou balustre iusque en K. d'où s'ensuit que la courbure ne seroit que de K, en L, qui ne seroit que deux pieds & demy de haut quand la voute auroit 40. pieds de diametre, & que l'œil seroit tout au milieu, que seroit-ce si elle estoit plus estroite comme elle est ordinairement: ainsi il suffira de tracer tous ces ballustres, ou pillastres selon le plomb d'vne ficelle qui tombera du haut & milieu de la voute.

Pour les saillies & corniches de ces ballustres, en Perspectiue, il leur faut donner selon ce que j'ay dit en la premiere Partie Pratique LXII. du Traité III. fol. 89. & les tirer paralleles au plan de la voute: comme sont AA, BB. &c.

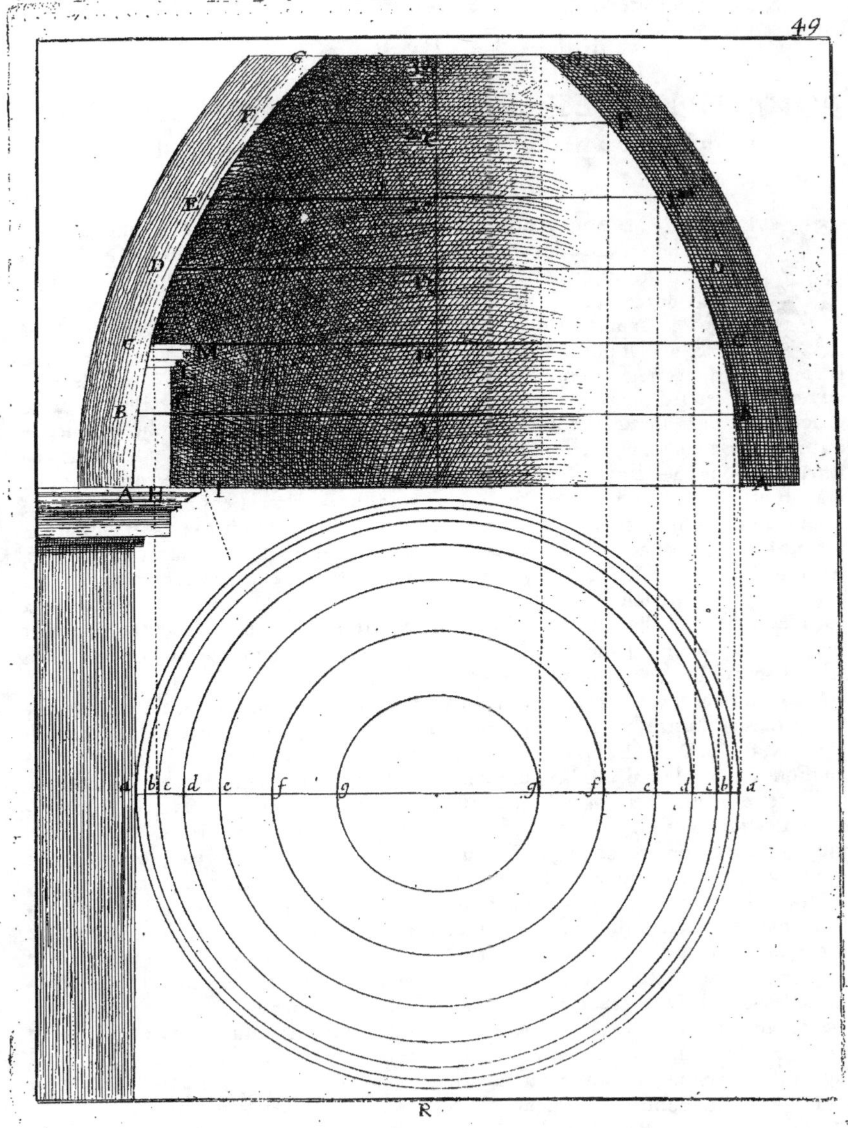

O

PRATIQVE XL.

POVR DONNER DES COSTES, OV ARRESTES *en apparence à des Dômes & Croupes d'Eglises qui n'en auroient point.*

A Ce que nous venons de dire pour orner ces dômes, de balustres ou pilastres auec des corniches, saillies &c. On peut adiouter encore des nerfures, ou costes, entre les quelles on prendra des jours feints, au lieu de réels, qui n'y seroient peut estre pas.

Or pour peindre ces nerfs dedans les Dômes, ou Cupola, où il n'y en auroit point; il n'y a qu'à diuiser la circonference, en autant de parties qu'on y veut de ces nerfs, comme on void celle-cy en 1, 2, 3, 4, 5, 6, 7, 8. & de là les tirer au centre du cercle P, mais comme cela ne se peut pas faire aux voutes effectiues, à ca use de leur concauité; il faut vser d'vne autre inuention, qui est de faire tomber vne ficelle du milieu de la voute, laquelle ficelle sera posée, & bandée le plus qu'on pouura sur vne de ces diuisions; pendant qu'vne autre main conduira du long de cette cordelette, vn crayon attaché à vne baguette, qui marquera vn trait selon la courbure de la voute; Pour connoistre si ce trait est comme il doit estre, il faut attacher vn petit plomb à la mesme ficelle, & quand elle sera en son repos, borgner, c'est à dire regarder d'vn œil, si le trait luy est parallele, s'il n'y est pas, il faut luy faire venir, autrement il ne seroit pas bien: cela estant fait à l'vn, il faut en faire autant à tous les autres, & ainsi on aura tous ces nerfs, ou costes, comme elles doiuent estre aux Dômes. Si le lieu estoit obscur on pourroit se seruir d'vne chandelle, pour donner cette ligne courbe qu'on tracera selon l'ombre de la corde bandée contre les diuisions.

Mais pour tracer ces costes, sur vn plan vny & tout plat, comme en cette figure, il y faut proceder d'autre sorte. Premierement; il faut supposer la hauteur de la voute diuisée en A, B, C, D, E, F, G. ou tel autre nombre qu'on voudra, & du poinct où ces diuisions touchét le traict de la voute, il faut faire tomber des lignes perpendiculaires sur le diametre du plus grand cercle, qui est icy celuy *a*, *a*, & des poincts que ces perpendiculaires donnent sur ce diamettre *a*, *a*, il en faut former des cercles. De plus sur la plus grande circonference, *a*, *a*, se doit porter, & marquer la largeur, le nombre, & la distance, qu'on veut donner à ces costes, comme sont icy les marquées 1, 2, 3, 4, 5, 6, 7 & 8. Et de toutes, tirer au poinct du milieu P. & ces lignes comme Q P & R P coupant tous les cercles, assigneront les mesures pour tracer les costes de la voute; Par exemple, pour trouuer le premier poinct Q sur le premier dia mettre A A, il faut prendre auec vn compas la distance qu'il y a, de la perpendiculaire P T S, au poinct Q, & la porter sur le dia metre A A de part & d'autre de T, qui donneront V, V; il faut faire le mesme des autres diuisions *o*, *o*, *o*, *o*, *o*, *o*. qui donneront sur la voute tous les poincts *p p p p p p*, par lesquels on tirera vne ligne courbe; Des autres sections R, *r*, *r*, *r*, *r*, *r*, *r*; il faut faire la mesme, & on aura sur la voute les poincts S. *ſſſſſſ*; pour tirer l'autre ligne courbe qui donnera la largeur de la coste. Celle du milieu se marquera de mesme, & ainsi on aura ce qu'on desire selon la proposition. Pour les jours, ou percée, châcun les fera à discretion, ie veux dire ronds, quarrez, ou en ouale, cela estant tres libre.

I'en ay fait vn rond Z, entre le troisiéme & quatriéme espace du plan, qui est la place de ceux X qui sont en la voute.

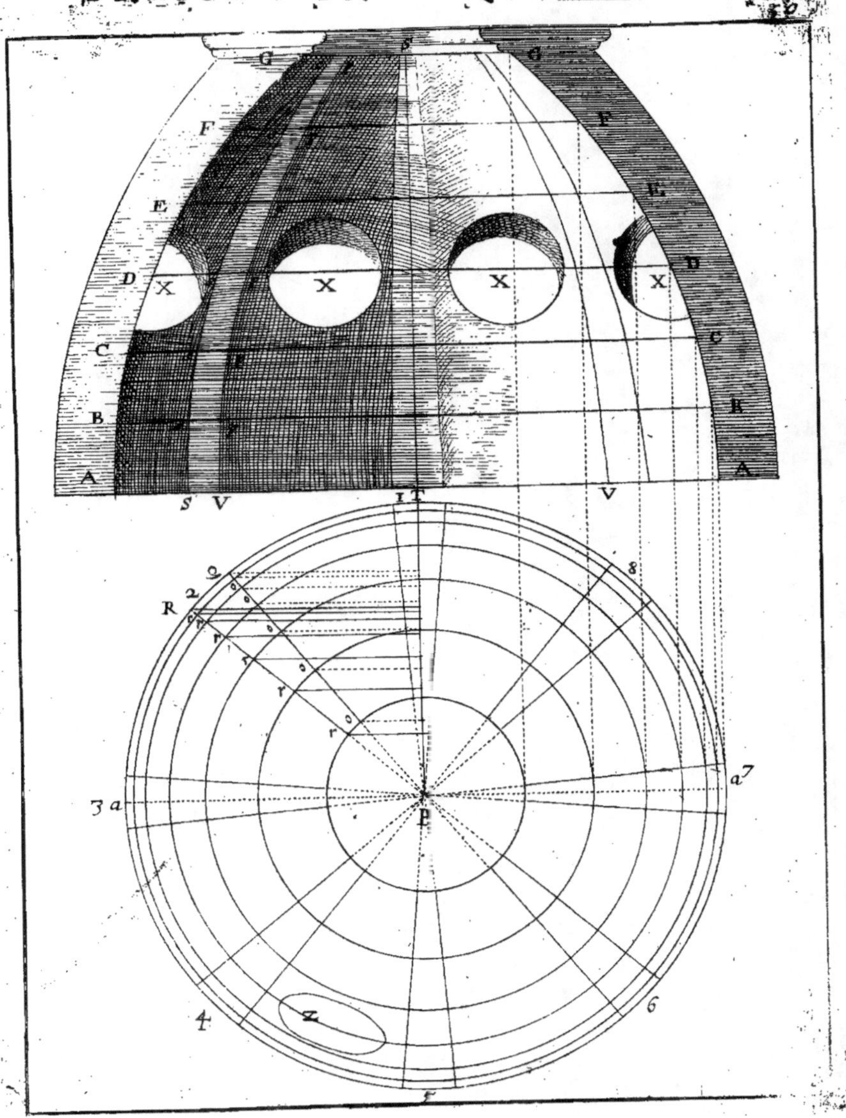
G
G
F
F
E
E
D
D
X
X
X
X
C
C
B
B
A
A
S
V
I T
V
R
2
r
a7
3 a
P
4
6
8
Z

TRAITE II.

PRATIQVES DES PERSPECTIVES HORISONTALES

C'EST A DIRE DE CELLES QVI sont couchées, ou attachées paralellement à la terre.

ET QVI DOIVENT ESTRE VEVES DE HAVT EN BAS.

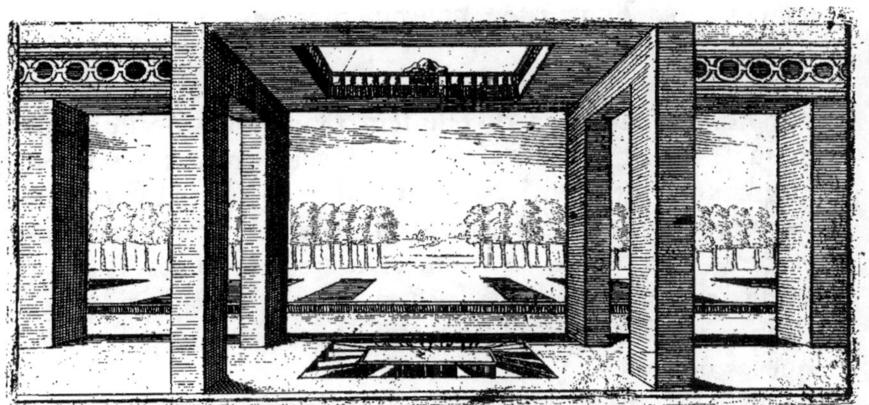

INSTRVCTION SVR LE TRAITÉ II.

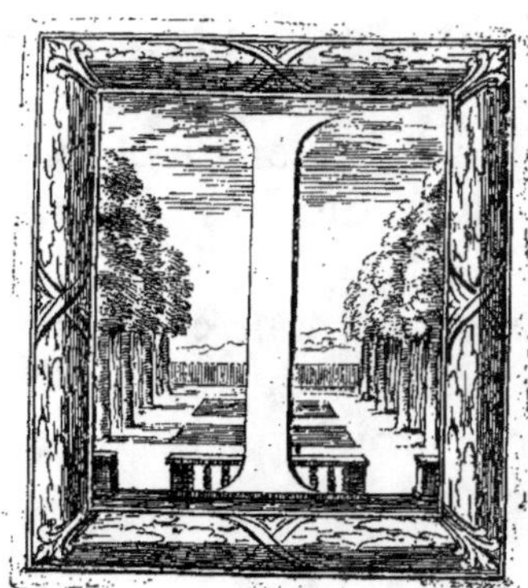

IE mets au Traité II, Les Perspectiues regardée de haut en bas (qu'on peut appeller horisontales, puis qu'elles doiuent estre couchées, ou attachées parallelement à l'horison) ; d'autant qu'elles ont vn grand rapport auec celles du Traité I. n'y ayant rien de different entre les vnes & les autres, sinon que celles du Traité I. qui sont veuës de bas en haut, se regardent par le dessous ; & celles de ce Traité cy, se regardent de haut en bas & par consequent par le dessus des objets, ce qui donne en tout ces deux Traitez le racourciſſement en la hauteur des corps.

Il eſt aſſez croyable, que le peu d'vſage qu'on a de cette ſorte de Perſpectiue, fera qu'elle ſera tenuë pour inutile, d'autant qu'il s'en fait peu, & qu'elle ne s'eſt veuë qu'en trois ou quatre figures que le Sieur Marolois à mis dans ſon liure, ſans donner que fort obſcurement les moyens de les mettre en pratique; Il eut tres-bien fait, ſi ſans quitter toutes les autres, il ſe fut eſtandu d'auantage à celle-là, & à en donner la pratique ayſée, puis que veritablement, elle eſt au moins auſſi vtile, & neceſſaire que les autres.

Si on ſe l'eſtoit renduë familiere on s'en ſeruiroit à tous les plans que font les Ingenieurs ; les Geographes & les Architectes, de qui ordinairement les deſſeins ſont veus eſtendus deſſus des tables, où l'œil eſt eſleué plus haut, ſe pouuans faire de cette methode fort facilement, ce qui donneroit grande ſatisfaction à l'eſprit, & meſme à l'œil, puiſque tous les objets qui ſont tirez au poinct de veuë (lequel repreſente le centre de la terre) luy paroiſtroient comme s'ils eſtoient poſez à plomb ſur le papier, ainſi qu'on peut les voir en tout ce que nous auons donné & mis dans ce Traité, où à deſſein i'ay fait le plan de quelques maiſons, & la pratique pour les eſleuer deſſus ces plans, & meſmes des jardinages, affin de faire voir qu'on eſleue auſſi facilement des Logis & des Louures que des arbres & des paliſſades.

I'y ay mis encore vne fortification pour montrer que les piéces les plus difficiles dans les Perſpectiues ordinaires, ne le ſont pas tant en celle-cy; ce qui me fait croire que les Ingenieurs s'en ſeruiront cy-aprés, plus ayſement, & plus vtilement que de la Perſpectiue qu'on appelle Militaire, qui ne rend jamais le plan du dedans de la place qu'il n'y ait quelque choſe de couuert par l'esleuation des piéces, & murailles de deuant; Et en celle-cy rien n'est caché: & l'esleuation, s'y void toute entiere, à raison que l'œil est constitué au milieu, ou du moins au dedans de la place.

Tout ce que l'on peut dire de cette sorte de Perspectiue, est, qu'elle n'est pas agreable que regardée du poinct & de la distance choisie hors de là, qu'elle est ridicule, de voir des arbres & des maisons les pieds des vns contre les autres, & les toits des logis, sans comparaison, bien plus grands que leur fondement. Ne peut-on pas dire le mesme des autres Perspectiues, puis qu'elles ne sont jamais veuës dans leur perfection que du lieu & de la distance qu'on a prise auant que de les tracer? car pour les objets elles ne les rendent iamais comme ils sont non plus que celle-là: mais comme ils apparoissent; tout ce que les Perspectiues ordinaires ont d'auantages sur celle dont nous traitons, est, que les objets paroissent perpendiculaires & que tous ceux qui le sont sur terre, sont parallels entre eux au tableau; ce qui contente plus la veuë, & en celle-cy non, car tous les objets perpendiculaires sur terre, tirent au poinct de veuë, comme tous les rayons d'vn cercle font à leur centre, ainsi que l'on verra en toutes les figures de ce Traité.

PRATIQVE I.

CE QVE C'EST DES PERSPECTIVES Horisontales veuës de haut en bas, ou Perspectiues couchées paralleles à la terre, & comme l'on y trouue le point de veuë.

LEs Perspectiues Horisontales, qui ordinairement sont couchées parallelement à la terre, & veuës d'vn lieu haut; sont toutes contraires à celles qu'on fait pour les plat-fonds, comme nous auons des-ja dit au commencement de cette III. Partie. Car aux Perspectiues des plat-fonds le regardant est supposé au dessous, ainsi qu'on peut auoir veu au feuillet. 1. Et en celle-cy, il doit estres supposé au dessus & le rayon de son œil tombant à plomb & perpendiculairement, donne le poinct de veuë sur vn plan parallele à la terre.

Pour exemple, que le regardant A soit esleué sur vn balcon, comme en la premiere figure, ou bien en vne fenestre comme en la 2. Ie dis que quand il regarde en bas, il se fait vn rayon droit A F, qui dõne le poinct de veuë F, sur le plan B, C, D, E. Par lequel poinct F, se doit tirer la ligne G, H, qui est l'horisontale eû egard au regardant, sur cette ligne se pose encore le poinct de distance autant esloigné du poinct de veuë, que A, est esloigné du poinct F, ainsi qu'aux autres pratiques de perspectiue où cette regle est gardée vniuersellement.

De ce que dessus, il est aysé à voir, que la pratique de ces perspectiues couchées, ou veuës de haut en bas, est aussi facile que celle des plat-fonds, & des ordinaires, excepté l'aspect des objets, qui aux perspectiues ordinaires, donnent leurs apparences, comme ils sont en effect sur terre.

En celles des plat-fonds, ils sont veus par dessous; & en celle-cy par le dessus, comme il est dit en la figure suiuante.

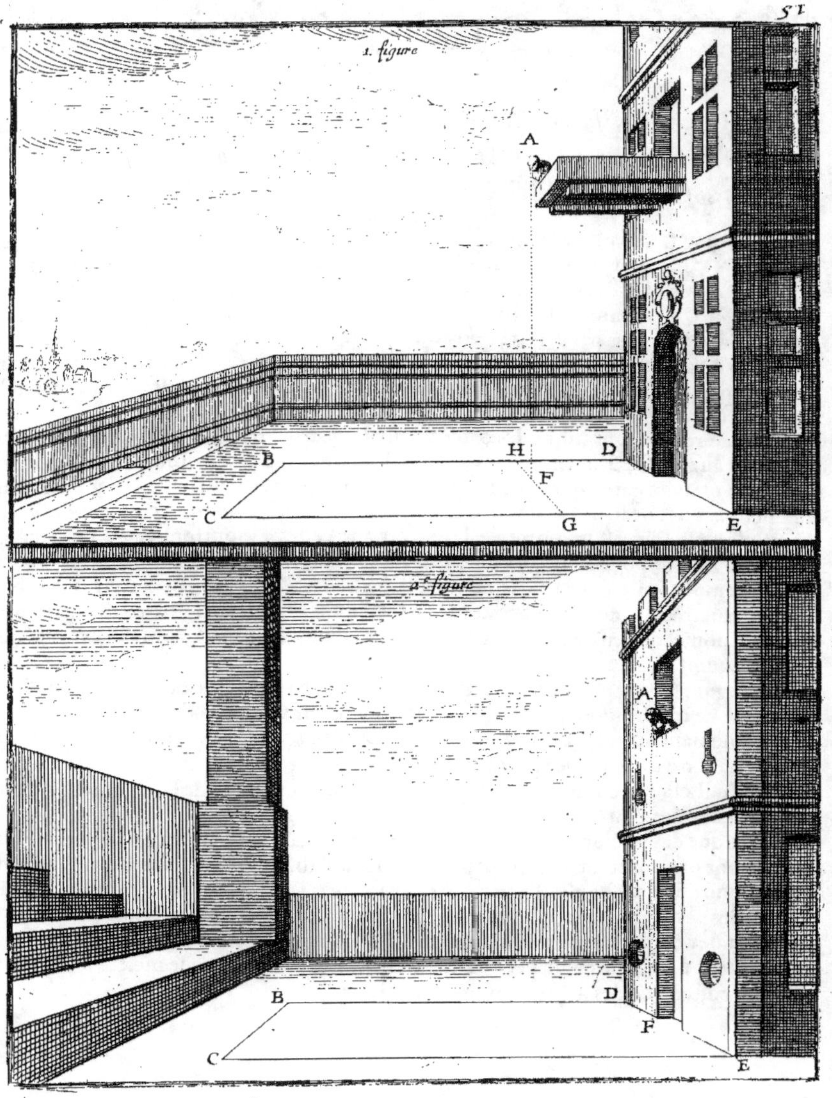
51
1. figure
A
B
H
D
F
C
G
E
2. figure
A
B
D
F
C
E

PRATIQVE II.

POVR CONNOISTRE LA DIFFERENCE DES Perspectiues pour les Plat-fonds, de celles qui sont horisontales supposées couchées sur terre, & regardées d'vn lieu haut.

PArlant de la diuersité des perspectiues au commencement de ce liure, nous auons dit que la difference de celles-cy d'auec celles des plat-fonds, est, qu'en celles-là, les apparences des objets sont données, comme s'ils estoient veus par dessous; & en celle cy, comme s'ils estoiēt veus par dessus; quoy qu'en l'vn, & en l'autre, tous le objets perpendiculaires sur terre tirent au poinct de veuë & sont racourcis en leur hauteur par le poinct de distance, pour les raisons que nous auons données aux feüillets. 5, 6, & 7.

Affin de rendre la pratique de ces piéces plus aysée; il faut que le perspectif s'imagine trauailler aux perspectiues ordinaires, mais d'vne methode extraordinaire; je veux dire qu'il doit prendre garde que tout ce qui est debout & perpendiculaire à la ligne de terre aux perspectiues ordinaires, doit estre en celle-cy, couché & comme enfoncé deuers le poinct de veuë, qui est le centre de la terre pour celles-cy qui sont veuës de haut en bas; & le Zenith pour celles des plat-fonds.

Par exemple, en la figure A, Ie fais voir l'apparence d'vn balustre, autour d'vne ouuerture quarrée qui doit estre peinte sur vn plat-fond; duquel balustre toutes les piéces tirent au poinct de veuë F, & ne s'y void que le dessous des objets, comme icy le dessous de l'accoudoir K. &c.

En la figure B, qui est vne perspectiue veuë de haut en bas, les objets tirent aussi au poinct de veuë, comme en celle A, mais ils monstrent tout le dessus de l'acoudoir C, & du soubasement où posent ces balustres D, & de la plate-forme E, enfin tout ce qui appartient à cette sorte de perspectiue, est tousiours veu par le dessus, à raison qu'on y supposse l'œil esleué; comme il est supposé au dessous des objets de la figure A, pour les prespectiues des plat-fonds.

De ce que dessus, l'on void aysement, la difference, de ces deux sortes de perspectiues qui ne sont pas pourtant fort esloignées ny dissemblables l'vne de l'autre en ce qui est de la pratique; si ce n'est qu'ordinairement, ou souuent; on met le poinct de veuë F, au milieu des perspectiues des plat-fonds; ce qui ne se fait que rarement aux perspectiues horisontales & piéces veuës de haut en bas, à raison que l'œil ne peut pas se pousser si auant sur le plan, qui est vn peu grand, ce qui oblige souuent de le mettre plus pres de l'vn des costez que des autres, comme on void icy en G.

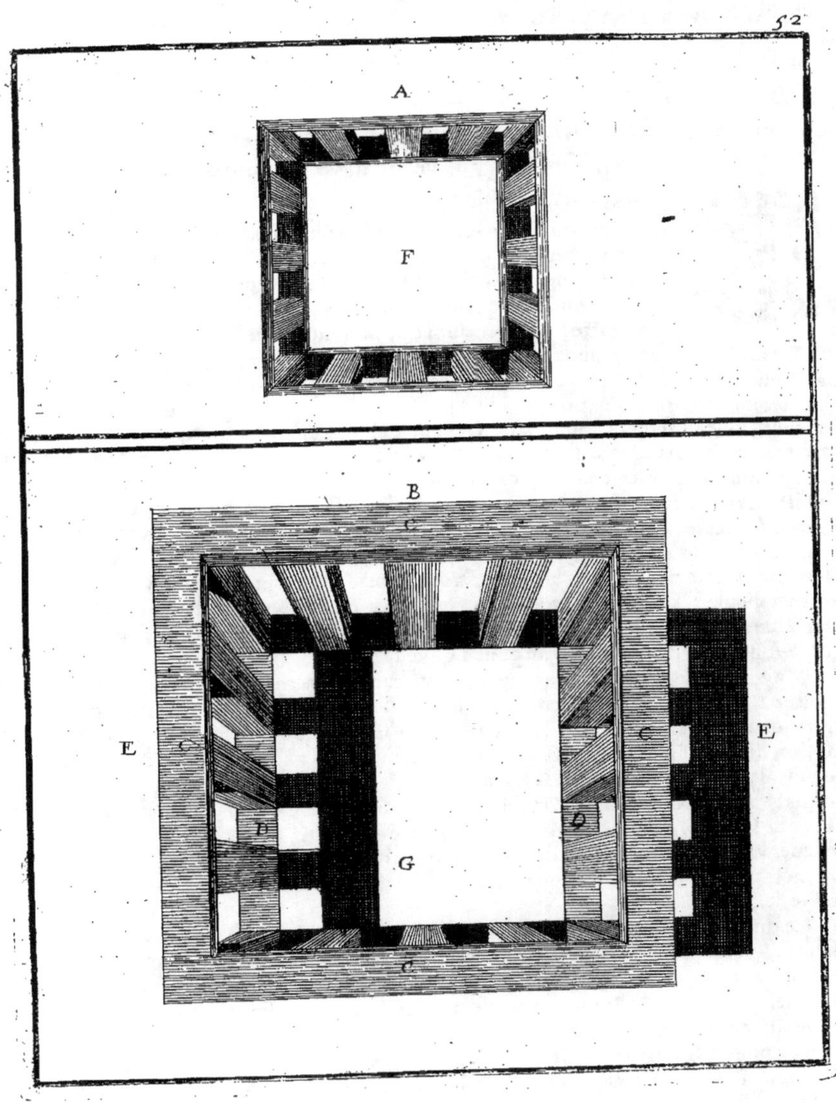
A
F
B
C
E
C
C
E
D
D
G
C

PRATIQVE III.

DES RAYONS TIRES AV POINCT DE VEVE, & comme ils doiuent estre considerés en cette sorte de Perspectiues horisontales & veuës de haut en bas.

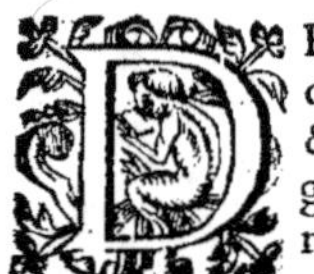

Es le commencement de nostre premiere partie, i'ay tasché de faire conceuoir le poinct de veuë comme vn poinct esloigné de nous infiniment, & que toutes les lignes qui sont tirées à ce poinct, sont tenuës pour lignes paralleles entre elle. Or ce poinct de veuë aux perspectiues ordinaires, est vn poinct qui se rencontre tousiours vis à vis de nos yeux par lequel se tire l'horison, ainsi que nous auons des-ja dit plusieurs fois.

De mesme, pour les perspectiues des plat-fonds, nous auons pris le poinct de veuë, au dessus de nostre teste, & ce poinct doit estre pris pour le Zenith c'est à dire, le plus haut que nostre imagination le puisse pousser; & toutes les lignes qui sont tirées à ce poinct, sont aussi tenuës pour paralleles entre elles. Et pour les perspectiues dont nous traitons maintenant, qui sont pour estre veuës de haut en bas; il faut que nous nous imaginions le poinct de veuë, comme le centre de la terre; & cette imagination nous aydera extremement dans la pratique; car supposé cette verité, que tout ce qui est esleué sur terre, comme Colomnes, Pillastres, Maisons, Pyramides Arbres &c. tirēt à leur centre, il s'en suiura; que toutes les lignes qui seront tirées au poinct F; que nous supposons estre ce centre de la terre, seront tenuës pour lignes paralleles entre elles & perpendiculaires sur terre; tellement que pour esleuer vn pillastre, selon cette perspectiue, où tout est veu par le dessus; il faut des angles de son dessus, que ie suppose estre A B C D, tirer des lignes au poinct de veuë F.

Mais pour determiner vne longueur, ou hauteur à ces lignes, il faut sur l'vn des costéz A, B, de ce dessus, tirer vne ligne parallele à l'horison, & sur cette ligne porter cette hauteur à discretion, qui est icy B G, que ie suppose de dix pieds. Or si de ce poinct G, on tire vne ligne au poinct de distance E, aussi esloigné de F, que l'œil est esleué au dessus de l'objet; cette ligne G E coupera B F en H, & B H sera supposée estre de 10, pieds; Par apres de ce poinct H, il faut tirer vne parallele à B D, qui coupera D, F, en I, & de I, faire vne autre parallele à D C, qui donnera K, sur C, F. De K, il faut encore esleuer vne autre ligne, parallele à A C, qui coupera A F, au poinct L, & ces quatre poincts H, I, K, L, seront pour la base du pillastre qui pose à terre, dont A, B, C, D, est le dessus en l'air.

Ce que nous venons de faire pour vn pillastre, se doit faire lors qu'il y en aura plusieurs, soit qu'ils soient en ligne droite, ou autour d'vne figure, comme les huict qui sont autour du quarré M, N, O, P, qui ont vn mesme poinct de veuë F, mesme distance E, mesme hauteur G, & mesme grosseur qu'en la premiere figure.

Ayant des angles de ces dessus de pillastres E, tiré des lignes au poinct de veuë F; il faut du poinct G, en tirer vne à la distance E, & cette ligne G E, coupera le rayon O F, au poinct R; duquel on tirera vne ligne R S parallele au costé M O, & vne autre S T, parallele au costé M, N, &c. tout le reste se connoist assez en la figure, & à ce qui a desja esté fait.

Les quarrez veus de l'angle, qui sont entre le grand quarré R, S, T, V. representent le paué d'vne court & rien autre chose.

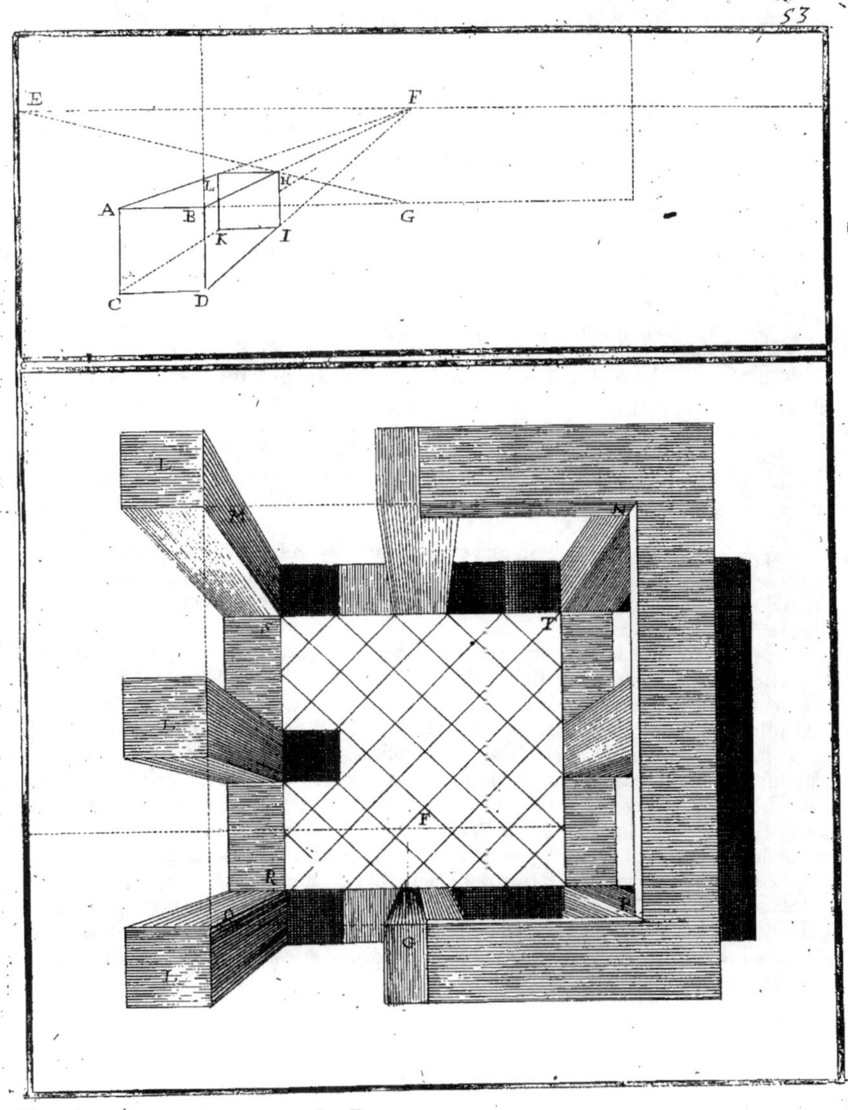
E
F
L
H
A
B
G
K
I
C
D
L
M
N
S
T
L
F
R
Q
G
I
L

PRATIQVE IV.

POVR FAIRE VN BALLVSTRE, QVI DOIT estre veu d'vn lieu haut en Perspectiue, dans vne court, ou autre lieu bas.

DE la pratique precedente, on void assez, que cette sorte de perspectiue est aussi aysée que celle des plat-fonds, aussi estce quasi la mesme chose; hormis qu'en celle là, on void les apparences des objets, comme par leur base, & en celle cy, comme par leur dessus; mais cette difference, est si peu considerable, que ie ne fais aucune difficulté de dire qu'on peut prendre les pratiques qui sont pour les plat-fonds, & les faire seruir au lieu de celle qui sont pour estre veuës de haut en bas: cela ne s'entend pas pourtant vniuersellement de toutes, mais de certaines piéces, desquelles le bas & le haut sont d'égale grosseur, car celles qui ont des diminutions, ne s'y peuuent pas adapter, sans de nouuelles operations; que ie feray voir cy aprés. Pour maintenant je donneray les choses plus aisées, entre lesquelles, est vn ballustre qui peut seruir dans vne court, dans vn jardin, sur vne platte forme, &c.

Supposé donc, que la place où on veut peindre, soit A B C D. autour de laquelle on veut feindre vn ballustre de petits pillastres, auec vn accoudoir posé dessus. Il est certain que si ce balustre est regardé d'vn lieu haut, le dessus de cet accoudoir se presentera le premier à nos yeux.

Or pour faire que la peinture fasse le mesme effect que la nature, nous tirerons M N, parallele à A B. M, O, parallele à A C, &c. Entre ces lignes A B, & M N, qui representent la largeur de cét accoudoir; il faut mettre autant de petits quarrez que l'on veut de pillastres. Par aprés, il faut porter sur la ligne O P. l'espaisseur de l'accoudoir O H, & la hauteur des pillastres H, G, & de ces poincts G, H, il faut tirer des lignes au poinct de distance E. qui couperont le rayon O F, és poincts I, K, par lesquels, il faut tirer des paralleles aux costez du quarré; Puis des angles de ces petits quarrez tirer des lignes au poinct F, entre ces lignes tirées de I & K, & le reste à l'ordinaire.

Si du quarré 1, 2, 3, 4, l'on veut esleuer vne pyramide; il faut du poinct F, tirer vne ligne qui doit passer par la section des diagonales R, sur laquelle, on portera la hauteur de la pyramide R, S. qui se donne à discretion, puis des anges du petit quarré 1, 2, 3, 4, il faut tirer à ce poinct S. & l'on aura l'apparence de la pyramide comme on la desire.

Au lieu de ces pyramides on peut y mettre des figures de ronde bosse, des vases de fleurs, des boules, &c.

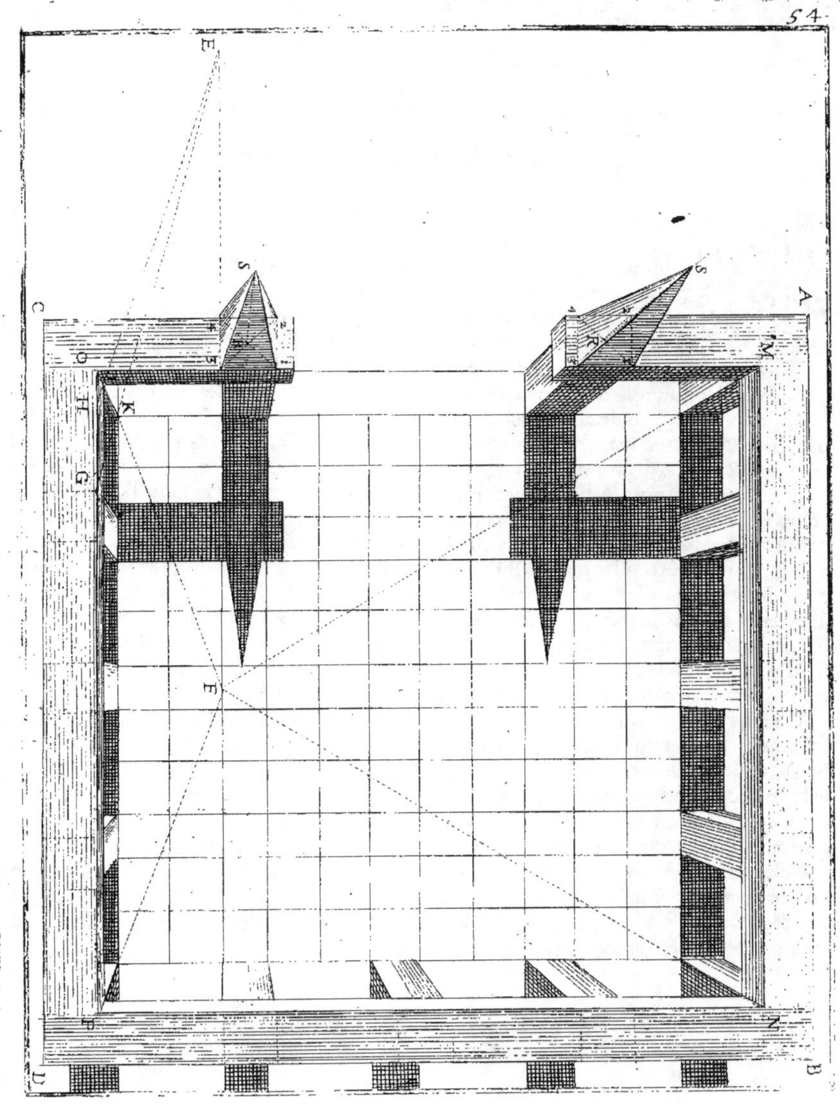

Q

PRATIQVE V.

POVR FAIRE EN PERSPECTIVE DES MAISONS qui doiuent estre veuës d'vn lieu haut.

PAr cette grande cour catrée, cantonnée de quatre corps de logis, ou pauillons, & l'instruction que ie vay en donner; on comprendra facilement cette pratique, de faire tels logis, & maisons que l'on voudra, pour estre veus en Perspectiue d'vn lieu haut.

Puis qu'en cette sorte de perspectiue, les objets sont veus par leur dessus; je suis d'auis qu'on fasse ces dessus les premiers, & que leur longueur, ou largeur seruent d'échelle pour donner les mesures à tout le reste.

Par exemple, supposé que le quarré A, B, C, D. qui est pour le dessus du premier pauillon, ait dix-huit pieds de châque costé; Il faut continüer le costé B, D. par vne ligne occulte, & y porter deux fois la longueur B D. qui fera D, G, & G H; Par aprés, des angles A, B, C, D, il faut tirer des lignes au poinct de veuë F. & des poincts G, & H, d'autres lignes au poinct de distance E (qui est autant esloigné de F, que l'œil est esleué dessus de l'objet) qui couperont le rayon D F, en I & K, faisant K D, de 36. pieds pour hauteur de ce pauillon. Puis de ce poinct K, il faut tirer des paralleles aux costez D C, & B D. qui couperont les rayons B F, & C F, aux poincts L M. & donneront l'apparence de deux costez d'vn bastiment, où l'on distribuëra les estages & les fenestres, à la discretion de châcun, icy, le premier estage, est depuis K à I, & le second de I à D, les fenestres & les portes sont d'enuiron trois pieds de large châcunes, qui font enuiron neuf pieds de vuide, les autres neuf pieds ou enuiron, qui restent des dix-huit qu'on donne à chaque costé, seront pour les montans.

De plus, pour former les toits; il faut tirer deux diagonales A D, & B C, & de leur section N. esleuer vne ligne du poinct F, sur laquelle on portera la hauteur du poinçon N O, où il faut tirer des lignes de tous les les angles A, B, C, D. à ce poinct O, & puis le logis, couuert d'vn pauillon, sera tout acheué. En ayant fait autant des autres P, Q, R. il n'y aura plus, qu'à les joindre d'vne muraille, où on fera vne porte au milieu de châque pan, l'ouuerture de cette porte, & la hauteur des murailles, se font à discretion.

De ce que dessus, on peut conclure qu'il est aysé de construire tels bastiments qu'on voudra, par cette mesme methode; ce qui m'eust esté facile de faire voir par d'autres figures que j'eusse produites si je n'eusse eû crainte de les multiplier sans necessité, veu que celle-cy & les precedentes peuuent suffire.

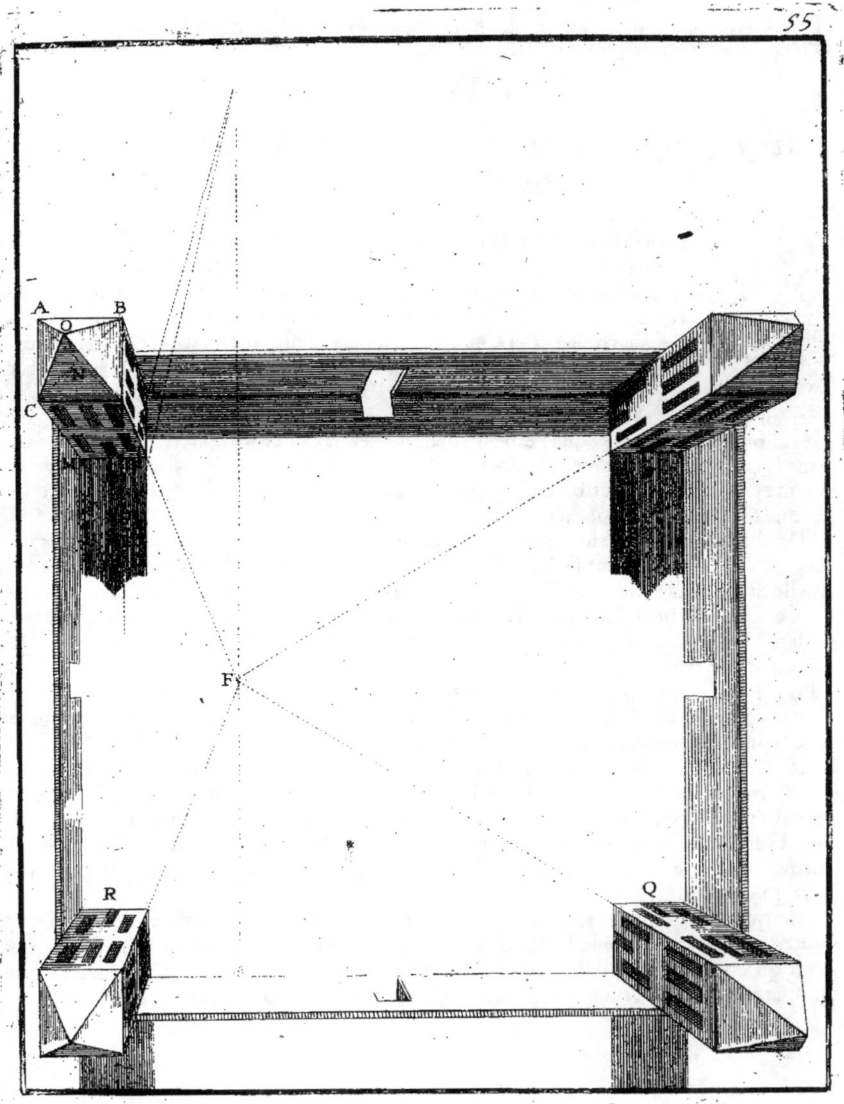
A
B
O
N
C
F
R
Q

PRATIQVE VI.

POVR FAIRE EN PERSPECTIVE VN IARDIN, qui doit estre veu d'vn lieu haut.

SI on se souuient de la pratique precedente, on aura grande facilité à entendre celle-cy, où ces quatre Cabinets ont vn grand rapport auec les quatre corps de Logis de celle-là; son instruction pourroit encore suffire pour celle-cy; neantmoins j'en diray briefuement vne particuliere. Le quarré A B, C D. estant fait pour le dessus d'vn cabinet; il faut prolonger le costé B D, par vne ligne, sur laquelle on portera la hauteur qu'on veut donner au cabinet, qui est icy D G; Par aprés des angles A, B, C, D; il faut tirer au poinct de veuë F, & du poinct G, vne autre ligne au poinct de distance E, autant esloigné du poinct F, que l'œil est esleué au dessus de l'object. Cette ligne G E, coupant le rayon D F, au poinct H, donnera D H, pour hauteur du cabinet; puis de ce mesme poinct H, il faut tirer deux paralleles aux costez B D, D C, qui couperont les rayons B F, & C F, aux poincts I, K.

De plus, pour former le petit imperial de dessus les cabinets; il faut tirer deux diagonales A D, B C, & de leur section N, esleuer vne petite ligne tirée du poinct F, sur laquelle on portera la heuteur N O, qui se fait à discretion. Puis des angles D & A, se tire vne ligne courbe passant par O. des angles B, C, il faut faire encore vn autre arc passant par O. & le cabinet sera parfait. Les trois autres P, Q, R. se feront aysement par la mesme methode.

Pour joindre ces cabinets de deux rangées d'arbres, il faut du haut du cabinet C, tirer vne ligne occulte C L, & du poinct K, vne autre K M. Puis entre ces deux lignes faire la premiere rangée d'arbres, de telle distance & grosseur qu'on voudra; Entre les lignes D S, & H T, se fera la seconde rangée d'arbres, qui tirent tous du poinct de veuë F; en cette sorte de Perspectiue: Au lieu où on veut mettre des arbres, il faut faire vn petit rond Y, comme si c'estoit le plan du tige de l'arbre, puis du poinct de veuë F, il faut tirer deux lignes qui touchent ce petit rond Y, de part & d'autre, & ces lignes formeront le tige Y Z. que l'on fera (aussi bien que le feüillage de dessus) de telle hauteur qu'on voudra.

Ce que nous venons de faire, pour vn costé, se doit faire pour les autres. Quoy que nous ayons pris icy la hauteur des arbres, selon celle du cabinet, ce n'est pas vne regle qu'on doiue obseruer, car cette hauteur depend de la volonté & discretion du perspectif, aussi bien que cette pallisade V. ce rond, le jet d'eau, & tout le reste.

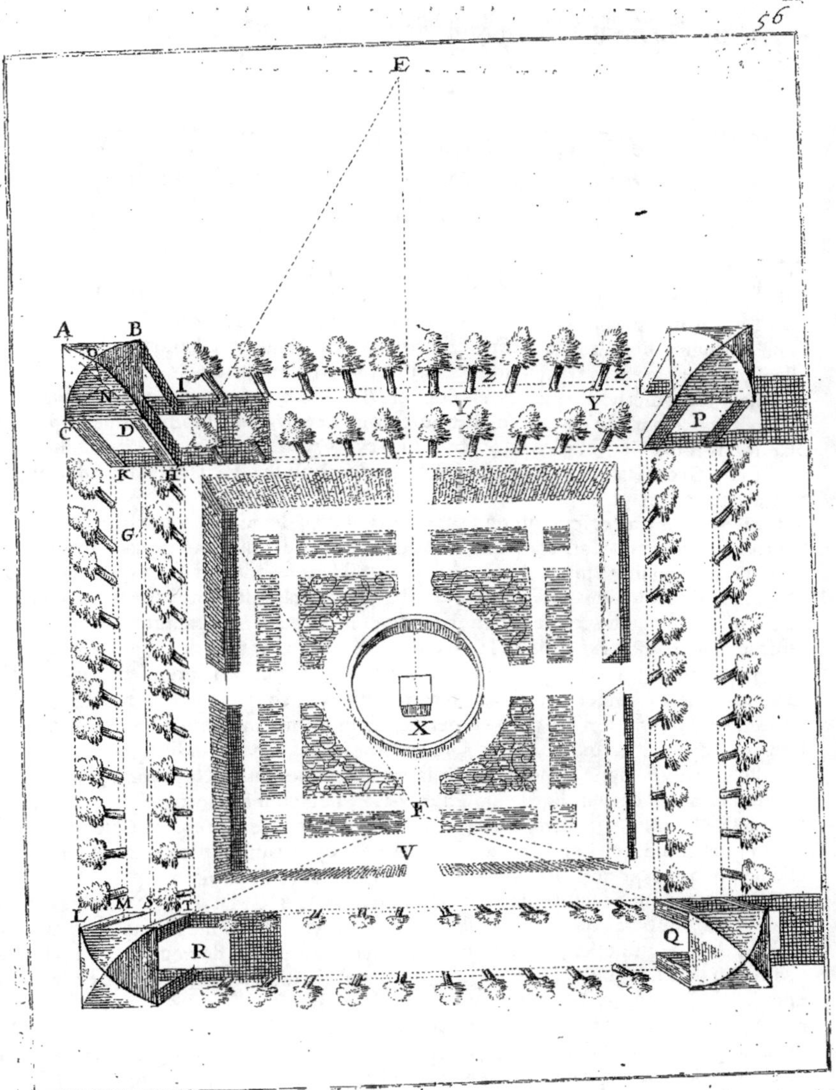
E
A
B
O
N
I
C
D
Z
Z
Y
Y
P
K
H
G
X
F
V
L
M
S
T
R
Q

PRATIQVE VII.

D'VNE AVTRE METHODE POVR ESLEVER des corps solides qui doiuent estre veus en Perspectiue, d'vn lieu haut.

IVsques icy, toutes les piéces que nous auons données, de cette sorte de Perspectiues qui doiuent estre regardées d'vn lieu haut; donnent le moyen de trouuer les hauteur des objets, qar leur dessus, duquel on se sert comme d'vne échelle pour y prendre les mesures, en quoy l'imagination est bien aidée puisqu'en, effect, ces apparences representent les objets veus de ce sens là.

Pour l'autre methode que ie veus donner; Il suppose, auant que de passer plus outre, qu'on aura remarqué ce que j'ay dit au commencement du Traité des piées pour les plat-fonds, auis VI. feüillet 8. & de celles-cy: Que leurs plans & leurs dessus, sont tous-jours Geometriques, d'autant que la perspectiue se fait en la hauteur des objets, & non pas en leur plan.

Or ie veux montrer icy, qu'on peut encore esleuer des piéces pour estre regardées de haut, en se seruant du plan de l'objet, & non pas de son dessus, comme aux precedentes.

Pour rendre la pratique aysée, & plus claire; il faut se souuenir de ce que nous auons des-ja mis parmy les auis de la premiere partie; qu'autant de lignes tirées au poinct de veuë, ou rayons, que coupe la ligne tirée au poinct de distance, autant donne-t'elle de renfoncements. Par exemple en la cartelle, ayant des six parties de la ligne *a*, *b*, qui sont autant de pieds, tiré des lignes au point de veuë, *f*, & que de la premiere partie *i*, l'on tire vne ligne au poinct de distance *e* cette ligne *i e*, coupant le rayon, *a f*, au poinct *k*, donne *k a*, longue d'vn pied en perspectiue; de mesme pour jetter en deuant, si l'on prolonge ces rayons *f*, *a*, & *f*, *i*, comme ie les ay marquez de lignes occultes, & que l'on tire vne ligne du poinct *e*, passant par *a*; elle coupera le rayon *f*, *i*, au poinct, *g*, duquel ayant tiré vne ligne parallele à, *a*, *b*; l'on coupera le rayon *f*, *a*, au poinct, *h*, & fera *a h*, aussi d'vn pied, mais plus en deça & reculé du poinct de veuë, par consequent plus grand que *k a*. C'est de cette derniere operation que ie veux me seruir pour esleuer vn solide qui doit estre veu de haut, par le moyen du plan.

Soit donc, pour exemple, le plan Geometrique A, B, C, D, long de six pieds, & large de deux, supposé, que nous voulons l'esleuer d'vn pied; Il faut d'vne des parties de la ligne A B, comme A I, & de B, tirer des rayons au poinct de veuë F, & mesme les prolonger vers la ligne C D. Par aprés du poinct de distance E. (qui doit estre autant esloigné de F, que l'œil est esleué au dessus de l'objet) il faut tirer vne ligne passant par A, qui coupera le rayon F, I, au poinct G, Duquel ayant fait vne parallele à A B, on couppe les rayons F A, & F B, aux poincts H, & M, ce qui donne des-ja, le deuant de ce cors esleué d'vn pied; De ces poincts H, M, il faut tirer deux lignes paralleles aux costez du plan A C, & B D, puis tirant des lignes occultes du poinct F, qui passent par les angles C & D, on coupera ces dernieres paralleles aux poincts K L; lesquels estans joints d'vne ligne droite, donneront tout ce corps solide acheué, lequel estant veu de haut, c'est à dire de l'œil sur F, & la distance de E, il paroistra esleué dessus sa base ou plan A, B, C, D. Si l'on fait valoir châcune des parties de ce plan dix pieds, l'on pourra dire que ce solide, est de 60. pieds de long, de 20. de large & de 10, de haut.

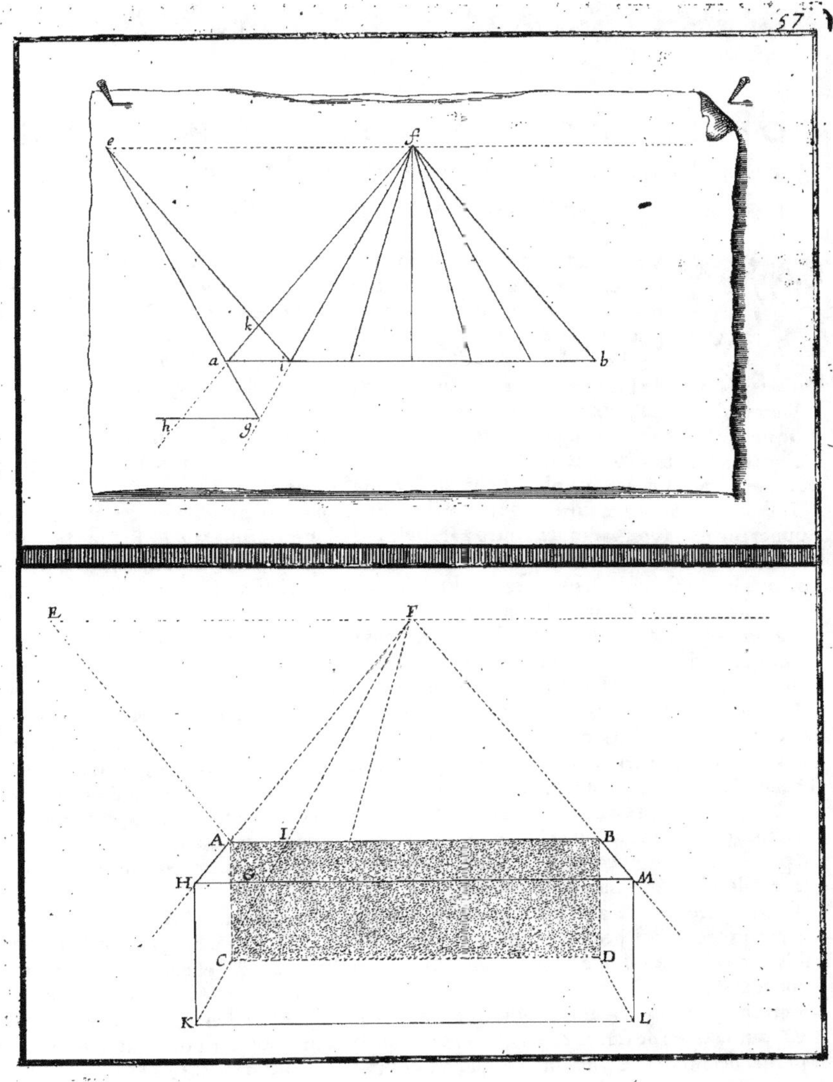
57
e
f
k
a
i
b
h
g
E
F
A
I
B
H
G
M
C
D
K
L

PRATIQVE VIII.

POVR TROVVER LES HAVTEVRS racourcies, sur des lignes qui doiuent paroistre esleuées sur vn plan, estant regardées d'vn lieu haut.

Vant que de passer plus outre en ces pratiques de Perspectiues, où les objets doiuent estre esleuez sur leur plan, quoy qu'ils soient veus de haut; il est necessaire de remarquer icy, que le poinct F, estant supposé pour le poinct de veuë; Et le poinct E, qui est celuy de l'esleuation de l'œil dans les racourcissemens des hauteurs des objets, en cette sorte de Perspectiue, de mesme que le poinct de distance, donne le racourcissement des plans, aux perspectiues ordinaires.

Ie me seruiray de cette figure pour prouuer cette verité, & faire connoistre la grande facilité que donne cette methode, pour trouuer telle hauteur qu'on veut sur les lignes qui paroissent esleuées du plan selon nostre proposition.

Il faut tenir pour maxime, que toutes les lignes où se posent les mesures qu'on veut trouuer sur les rayons, doiuent estre paralleles à la ligne horisontale E, F; Que le nombre de ces mesures, doit tous-jours se conter en montant vers le poinct E, & qu'en quelque lieu qu'elles soient prises, ou sur l'angle, ou en l'estanduë du plan, elles sont tous-jours égales, & de mesme hauteur.

Par exemple, soient du poinct F, tirez des rayons qui coupent des lignes, ou touchent des angles, au poinct G, si de ce poinct G, on veut auoir vne ligne qui paroisse de 20. pieds de haut; il faut mette cette mesure sur G H, en montant vers E, comme est G I, pour 20. pieds, puis du poinct E; il faut tirer vne ligne, qui passant par ce poinct I, ira couper le rayon F, G. au poinct K, donnant G K, de 20. pieds. Si on la veut de 30. pieds, il faut adjouster la moitié de G I; qui est I, L. & la ligne tirée de E, par I, coupera G K, en M, faisant G M, de 30. pieds de haut; Le mesme se fera si on la veut de 40, 50, 60, 100. & de tel nombre qu'on voudre. Or si de ces poincts de hauteur K M, &c. on tire des lignes paralleles au costé G H. elles couperont tous les rayons à la hauteur de 20. & 30. pieds; ce qui donne vne grande facilité pour pratiquer toutes les piéces qui sont esleuées du plan, & veuës de haut en bas.

Cette figure a seruy autre-fois à remettre l'imagination de quelques vns, qui voyans nos pratiques de Perspectiues qui sont pour estre veuës de haut en bas, ont creû que i'y auois changé ma methode, à raison disoient-ils, qu'E, qui est l'esleuation de l'œil est perpendiculaire sur F, au lieu qu'aux autres pratiques, il se met à costé. Pour les retirer de cette pensée, je ne fis autre chose que retourner la figure & leur dire prenez la ligne A B, pour la ligne de terre, & E F, sera pour l'horison qui porte le poinct de veuë F, & le poinct de distance E, de mesme qu'aux perspectiues ordinaires. Que s'il y a des apparences d'objets du costé C D, regardés les comme au dessus de l'horison, ceux de B D. comme s'ils estoient à costé, & vous verrez que c'est la mesme chose qu'a nos autres pratiques precedentes, il n'en fallut pas dauantage pour les satis-faire.

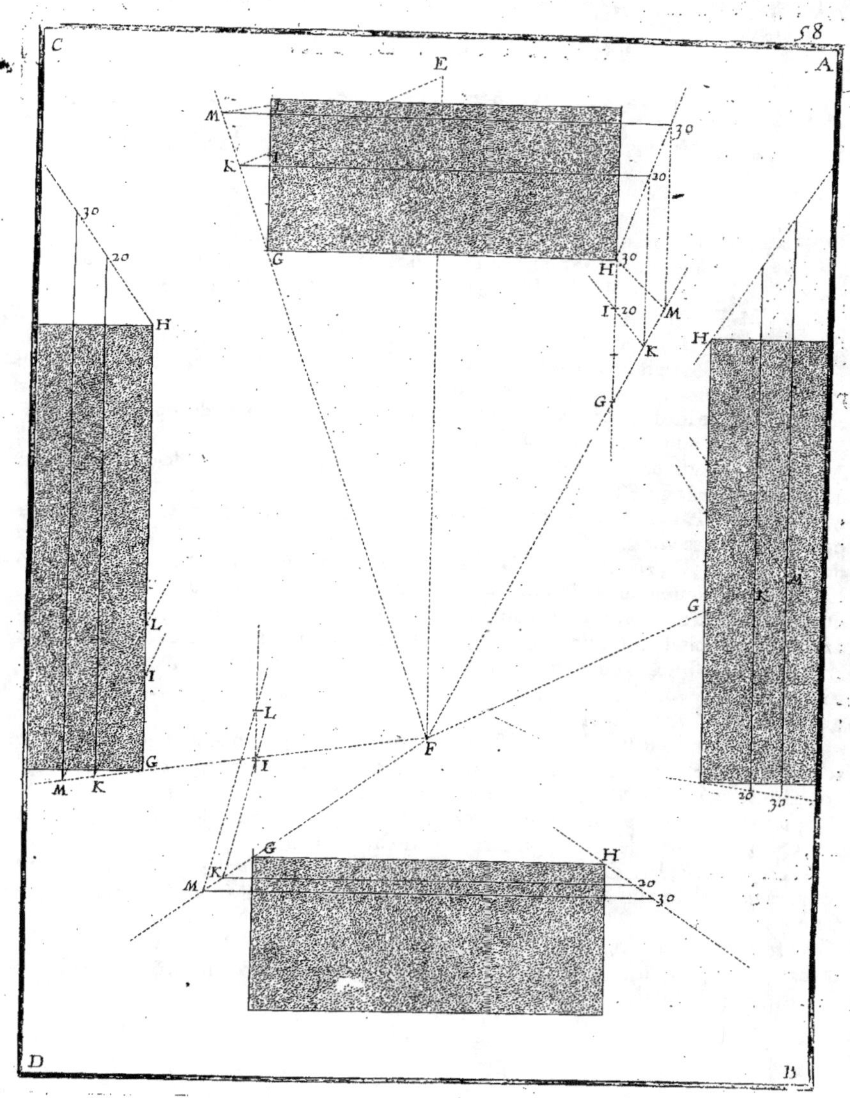
58
C
A
E
M
L
K
I
30
20
G
H
I
M
K
G
30
20
H
L
I
G
M
K
H
G
K
M
F
L
I
G
H
K
M
20
30
20
30
D
B

PRATIQVE IX.

COMME L'ON DOIT DISPOSER VN PLAN, *où l'on veut esleuer vn bastiment pour estre veu d'vn lieu haut en Perspectiue.*

SVpposé que tous ces parallelogrãmes rectãgles qui sont entre A, B, C, D, sont autant de plans de corps de logis qu'on y veut esleuer, à la hauteur de 10 pieds, & les deux pauillons qui sont au milieu des plus grands, entre A B & C D, de 30 pieds de haut.

Ie dis, qu'il faut prendre l'vn des costéz du quarré qui est de 80. pieds, & en faire vne échelle, comme elle est icy; Dessus cette échelle on doit prendre toutes les mesures qu'on doit donner au bastiment, & les porter sur l'vn des costez, comme sur le costé A C, les trois 10, 20, 30. Par aprés du poinct de veuë F (qu'il faut s'imaginer estre le centre de la terre) il faut tirer des rayons par les angles A, B, C, D. & aussi par ces poincts de la ligne A C. De plus du poinct de distance E, qui doit estre aussi esloigné de F, que l'œil est esleué dessus l'objet; il faut tirer vne ligne qui passant par l'angle A, ira coupper les rayons F, 1, & F, 1. aux poincts G H : si de ce poinct G, on tire vne grande parallele à A C, elle coupera le rayon F A, & F C, en 20. donnant A, 20, C, 20; B, 20; & D, 20. pour hauteur des bastiments de 20. pieds de haut. Pour la hauteur des pauillons, qui sont 10. pieds plus esleuez que le reste; il faut du poinct H, faire encore vne grande parallele à A, C. qui coupera les rayons F A & F C. au poinct 30, puis de ces poincts 30, 30; il faut tirer d'autres lignes paralleles aux costez A B, & C D, lesquelles coupant les rayons F, I, & F K, aux poincts M N. donneront I M & K N, de 30. pieds pour hauteur des pauillons esleuez au milieu des corps de logis qui sont sur les costez. A B & C D.

Pour trouuer le dessus de ces bastiments, ou plustost le dernier plancher où pose le toit; Par exemple, de celuy qui est sur la ligne A B. Il faut prolonger vers E, les lignes 20, paralleles à A C & B D, puis du point de veuë F, tirer des lignes par les angles O & P, qui couperont ces paralleles 20, aux poincts Q. Q. qui feront le parallelogramme 20, Q, Q, 20. pour le dessus, ou dernier plancher, du logis.

Si du poinct F, l'on tire encore deux rayons passant par les angles S. T. ils couperont les perpendiculaires sur M N, aux poinct V X; tellement que M, N, V, X. sera le dessus du pauillon.

Au feüillet suiuant, on verra comme il y faut mettre le toit, & acheuer tout le reste du bastiment; ce que je n'ay pas voulu faire icy, pour éuiter l'ambaras, & vn meslange de beaucoup de lignes.

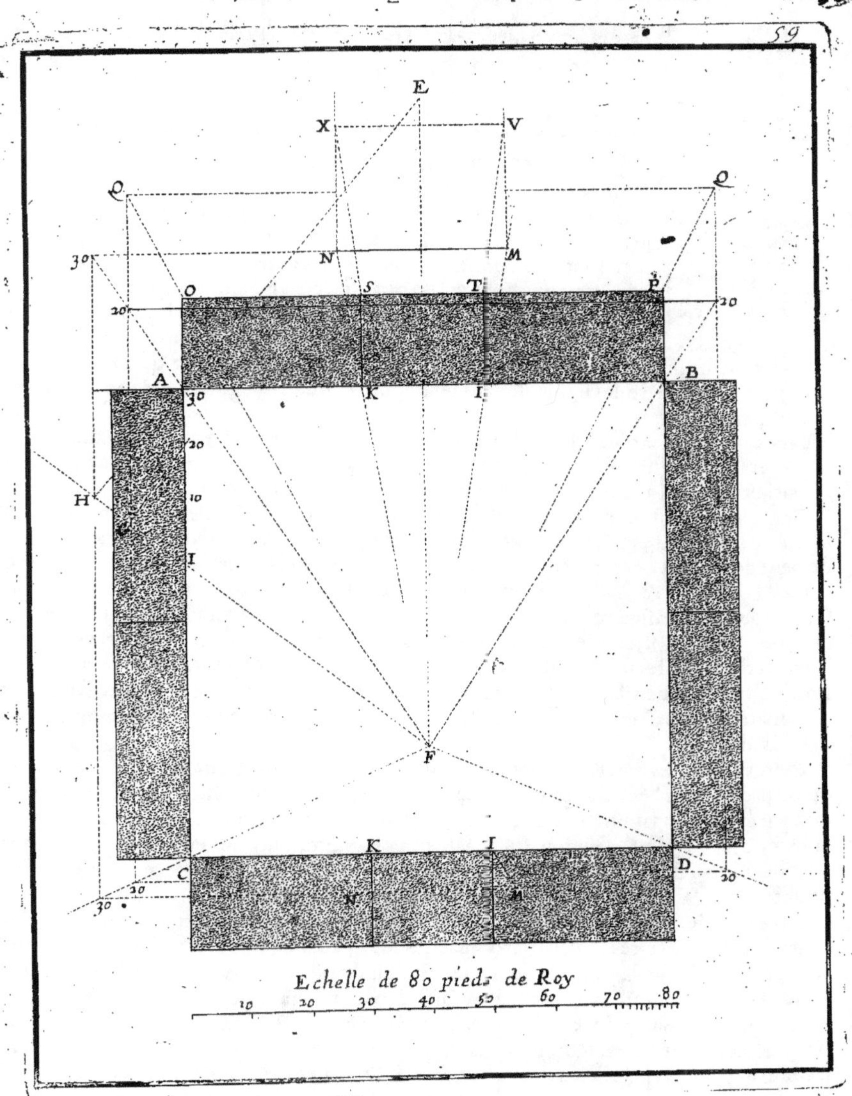
E
X
V
Q
Q
30
N
M
O
S
T
P
20
20
A
B
30
K
I
20
H
10
I
F
K
I
C
D
20
20
30
N
M
Echelle de 80 pieds de Roy
10 20 30 40 50 60 70 80

PRATIQVE X.

POVR ACHEVER D'ESLEVER LE BASTIMENT *commencé en la figure precedente.*

AYant leué les bastiments des autres plans, comme nous auons fait de celuy qui est au costé A B; Il ne reste plus qu'à y mettre le toit, & à les percer pour leur donner du jour, & des entrées, ce qui est fort aysé à faire. Car pour y mettre les toits, si c'est vn pauillon; il faut prendre la largeur du bastiment auec vn compas & la porter sur les costez pour en former vn quarré parfait, duquel il faut tirer deux diagonales, & de leur section se doit esleuer le poinçon, où ayant marqué la hauteur qu'on veut donner au toit, l'on y tire des lignes de tous les angles du quarré, lesquelles donnent la forme au pauillon.

Par exemple; la largeur du bastiment est A B, qu'il faut prendre auec vn compas, & la porter sur les lignes A C, B D, (qui luy sont perpendiculaires) qui forment vn quarré parfait, auquel ayant tiré deux diagonales, l'on aura la section G.

Par aprés, il faut mettre la regle sur le poinct de veuë F, & la faire passer par G, d'où on tirera la ligne G, H. sur laquelle on portera la hauteur qu'on veut donner au toit, qui despent de ce dont on le veut couurir, ainsi que i'ay dit en la premiere Partie, aux Pratiques LXXXII. & LXXXIII. du Traité III. feüillet 108. & 109. traitant de toits pour les perspectiues ordinaires, ce qui me là fait mettre icy indeterminement au poinct I, or si des poincts A B, on tire des lignes au poinct I, l'on aura le pauillon fermé en vn bout; il faut faire les mesmes operations pour l'autre bout, & le pauillon sera parfait. Pour celuy du milieu il faut diuiser en deux sa longueur & de l'vne & de l'autre faire deux diagonales A D, B C, & de la section G, esleuer le poinçon & faire le reste comme nous venons de dire.

Pour trouuer les fenestres & les portes de ces bastiments; il faut donner leur largeur qu'on prendra sur l'échelle puis les transporter sur la ligne du plan, comme on les void marqueés, de petits poincts en K, L. puis du poinct F, il faut esleuer des lignes par tous ces poinct de K, L, jusqu'a la ligne B, D, M, qui assigneront les largeurs. Par aprés pour leur hauteurs, il faut les porter sur la ligne N K, ou L O, ainsi que nous auons fait pour trouuer la hauteur des bastiments en la figure precedente.

Par exemple, pour trouuer l'accoudoir de la premiere fenestre, que je suppose esleué de 3. pieds de terre; ie prend trois parties sur l'échelle, que ie transporte sur la ligne K N, commençant au poinct marqué 10. puis du poinct de veuë F, se doit tirer vne ligne passant par 3. 10; & vne autre du poinct E, passant par ce poinct 3, laquelle ira couper la ligne F, 10, au poinct P; la ligne tirée par ce poinct P, & parallele à celle K N. sera pour la hauteur de l'accoudoir P, Q. De la section Q, sur les rayons F K, F L, F N, F O. se doiuent tirer des paralleles aux costez K L, L O, & O N, qui toutes donneront la hauteur de l'accoudoir. Pour les autres hauteurs des fenestres elles se prendront encore sur l'échelle & seront transportées sur la ligne K N, pour de la tirer des lignes aux poincts de veuë F, & de distance E, qui donneront les racourcissements, comme nous venons de dire.

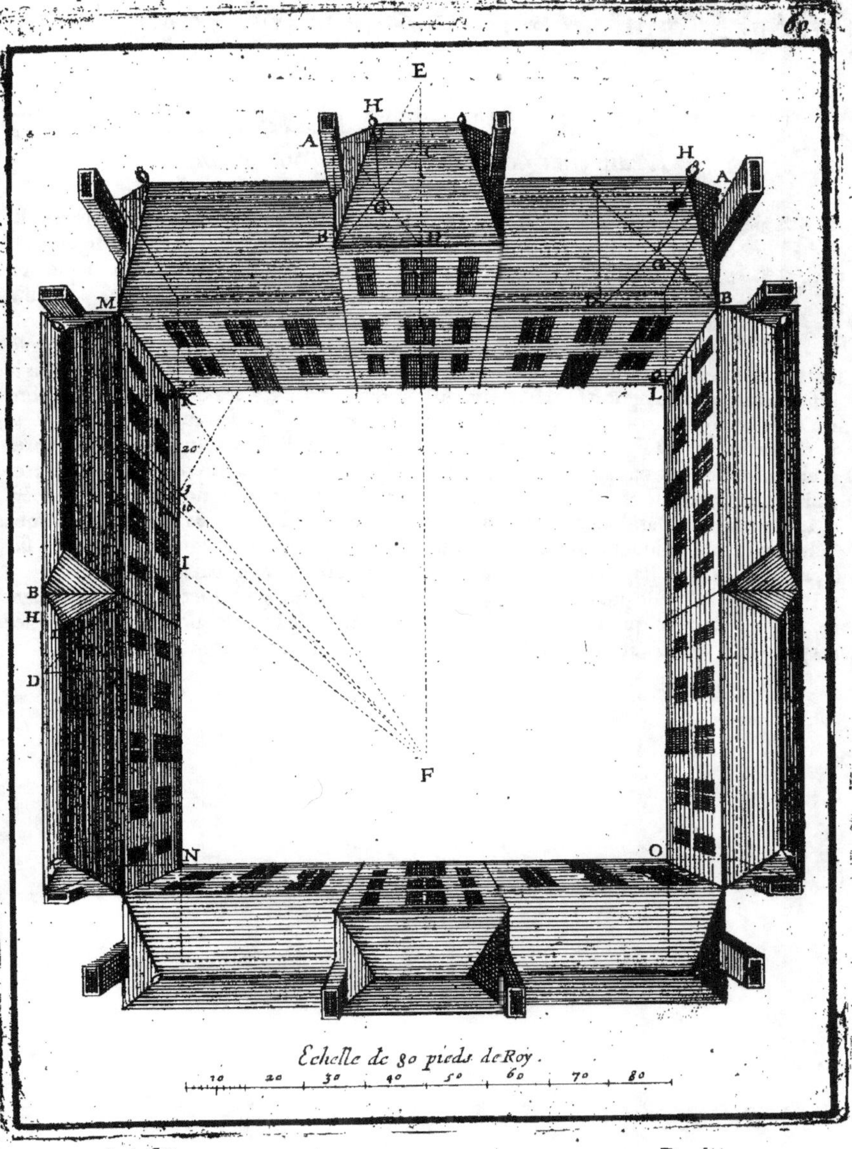

E
H
A
C
G
B
D
H
A
M
K
20
10
I
B
H
D
L
F
N
O
Echelle de 80 pieds de Roy.
10 20 30 40 50 60 70 80

PRATIQVE XI.

POVR ESLEVER SVR VN PLAN, VN LOGIS, & Iardin, qui doiuent estre veus d'vn lieu haut.

IE ne donneray aucune instruction pour esleuer ce bastiment ny ces allées d'arbres, puisque ie les ay données suffisamment aux figures & pratiques V. VI. & X. feuillet 55, 56 & 60; Mais n'ayant point encore donné de degrés, ou marches, en cette sorte de perspectiue, ie me suis creu obligé d'en dire vn mot icy puisque l'occasion s'en presente.

Supposé donc que les trois lignes *a b*, *c d*, &, *e f*, sont les plans de trois marches; Il faut du poinct de veuë F, tirer des lignes par tous ces poincts, Puis il faut marquer sur la ligne *e f*, la hauteur qu'on veut donner à ces degrez, & le nombre qu'on y en voudra, ou qu'il y en doit auoir; comme icy *f*, *g*, *h*, *i*. pour trois marches; par apres du poinct E, qui est le point de distance, ou d'esleuation de l'œil; il faut tirer trois autres lignes passant par *g*, *h*, *i*. lesquelles couperont le rayon F, *f*, en d'autres poincts 1, 2, 3. qui sont la hauteur pour trois marches. C'est pourquoy, si de ces poincts 1, 2, 3. on tire des paralleles à *b f*; ces paralleles coupant les rayons F *b*, F *d*, donneront la hauteur que doiuent auoir ces trois marches; De plus, de ces hauteurs trouuées sur *b*, *d*, *f*. il faut tirer des paralleles à, *a*, *b*, & le degré sera acheué parfaitement.

Pour ce balustre de pillastres, il n'y a autre chose à faire, qu'à mettre ces petits quarrez en tel nombre qu'on voudra autour du mur, & de leurs angles esleuer des lignes du poinct de veuë F, jusqu'à la hauteur de l'accoudoir, qui se prend à discretion.

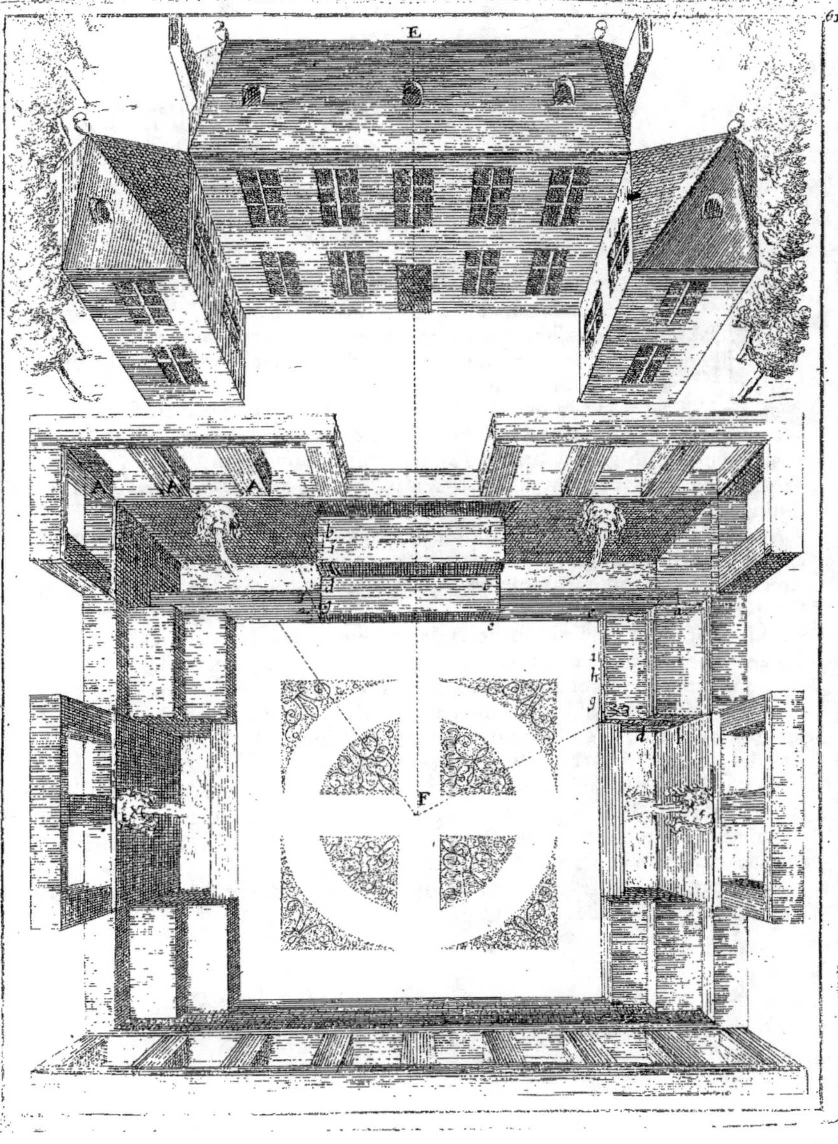
E
A
A
A
b
d
F

PRATIQVE XII.

POVR DISPOSER VN PLAN DE FORTIFICATION, où l'on veut esleuer vn rempart, vn parapet, vn chemin couuert, creuser vn fossé &c. le tout pour estre veu d'vn lieu haut, en Perspectiue.

IE n'enseigneray point icy, comme se font les plans de fortifications qui demandent vn autre traité. Mais supposé qu'on en ait vn tout fait, & que sur ce plan on veüille esleuer vn rempart, dessus ce rempart vn parapet & vn autre au chemin couuert, donner les talus & creuser le fossé comme il se void au profil.

Ie dis que tout cela n'est pas mal-aysé selon cette sorte de perspectiue, ou pour rendre encore cette pratique plus nette, & les lignes moins confuses, je n'ay pas pris les hauteurs justes selon le petit profil (comme il faut faire quand les plans & les papiers sont plus grands) mais plus hautes, affin de mieux distinguer les piéces qui ne se fussent pas bien veuës si petites.

Ayant donc vn plan tout fait comme cettuy-cy, ou vn autre, où l'on veut esleuer ce qui est de la fortification; & pris le poinct de veuë F, à discretion; il faut de ce poinct F, tirer des lignes occultes par tous les angles, comme F *a*, F *b*, F *c*, F *d*, F *e*. Par aprés, il faut porter sur la ligne *a b*, en montant vers E, la hauteur de châque piéce en particulier, & puis du poinct E (qui est la hauteur de l'œil sur l'objet,) il faut encore tirer vne ligne passant par cette hauteur, laquelle ira couper en quelque poinct la ligne F, *a*. ainsi que nous auons fait aux figures precedentes. Mais comme ces mesures eussent esté trop petites, j'ay pris sur le profil, la hauteur du parapet *n*, *o*, sans perspectiue, qui transportée sur F, *a*, donne *a*, *g*. Or ayant trouué vn poinct comme cettuy-cy *g*, il n'y a plus qu'à tirer des paralleles à châque costé. Par exemple faire *g*, *h*, parallele à, *a b*; *h i*, parallele à *b*, *c*, & ainsi des autres en tournant toute la fortification; Aprés auoir fait tout ce tour, il faut prendre la largeur du parapet, sur le profil & la porter en dedans de cette premiere enceinte, faite de poincts, comme on la void entre *c i*, & la continüer encore tout autour de la place.

On doit transporter le rempart, ainsi que le parapet, & acheuer toute la fortification, comme elle est au feüillet suiuant.

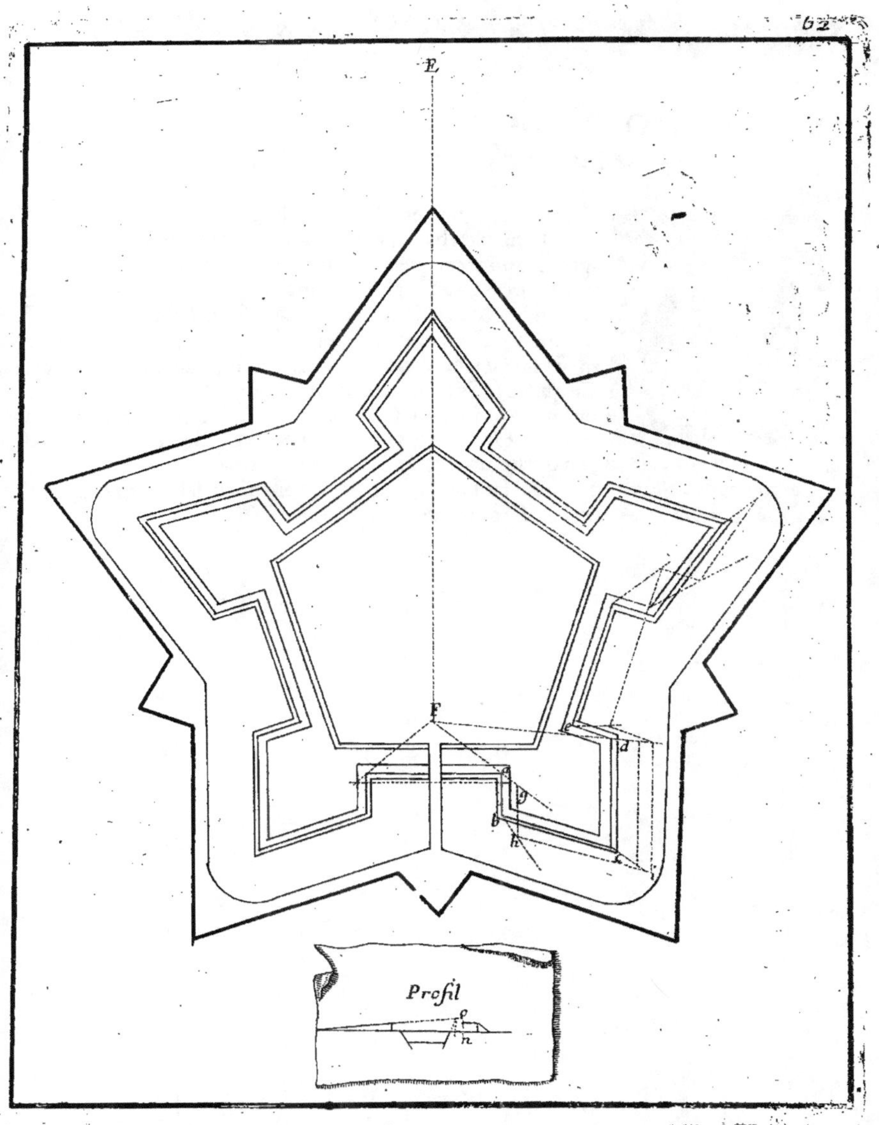

S

PRATIQVE XIII.

OV SE VOID LA FORTIFICATION ESLEVÉE sur vn plan comme le precedent.

ON connoistra par cette figure, que cette sorte de perspectiue, veuë de haut en bas, est aussi aysée que pas vne autre, & plus agreable pour ces piéces fortifiées, à raison qu'elles gardent leur figures, selon le plan Geometral; c'est à dire que si le plan est regulier & circulaire, l'esleuation faite dessus, le sera aussi, & ne laisse-t'on pas de voir leurs fortifications de dedans, & mesme celles de dehors, comme fossé, chemin couuert &c. Ce qui ne se fait pas quand elles sont selon les perspectiues ordinaires, où les bastions de deuant couurent vne partie de ceux du fond, & tous ne gardent aucune regularité; il est vray aussi qu'en celles-là, on occupe moins de place qu'en celle-cy.

Le poinct de veüe est en F, où il faut auoir l'œil autant esleué au dessus, que E, en est esloigné. Et pour lors ces piéces seront veuës dans leur perfection.

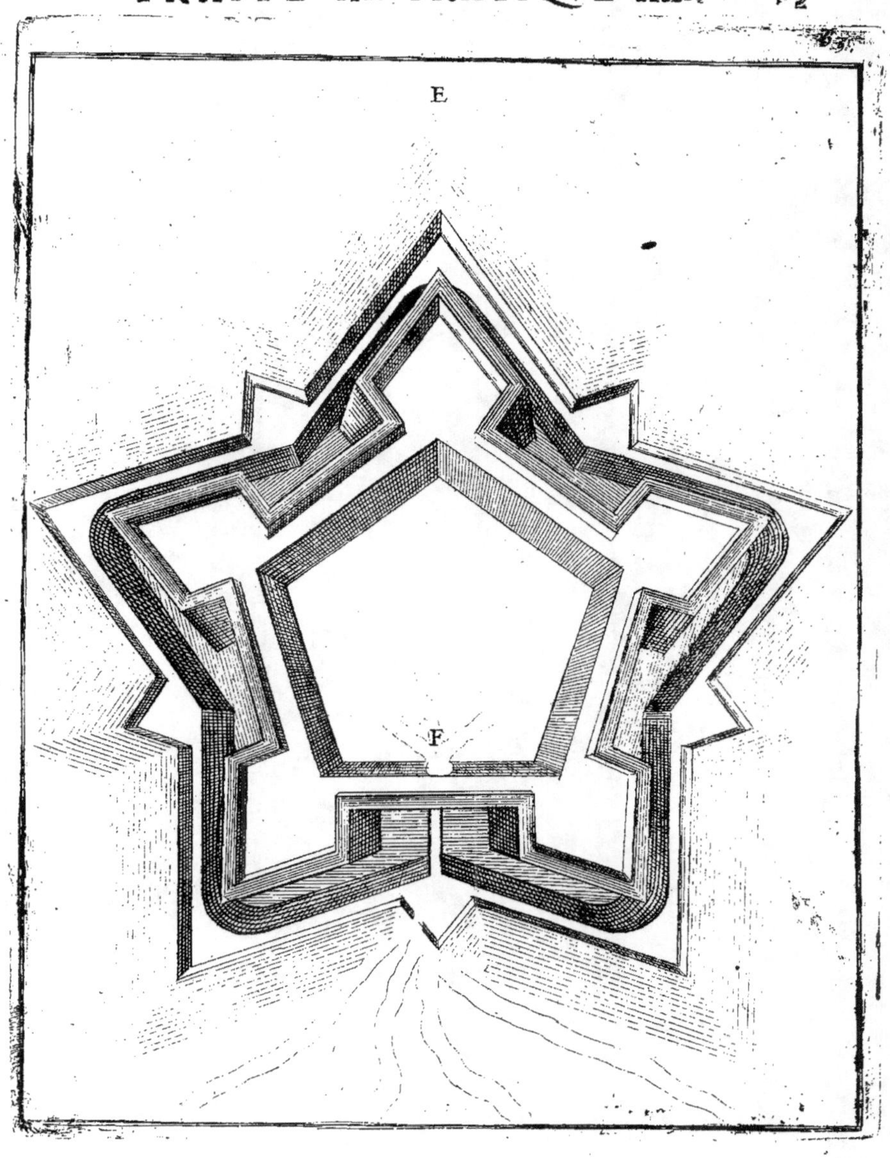
E
F

TRAITÉ III.
PRATIQVES
DES PERSPECTIVES
SVR DES PLANS INCLINÉS
ET MESME SVR DES PLANS INCLINÉS, ET DECLINÉS.

PROPRES A RAIVSTER, EN apparence, tous les defauts qui peuuent ſe rencontrer en vn Logis, en vne Chambre, en vne Salle, en vne Gallerie, en vn Iardin, en vne Allée, & autres places defectueuſes.

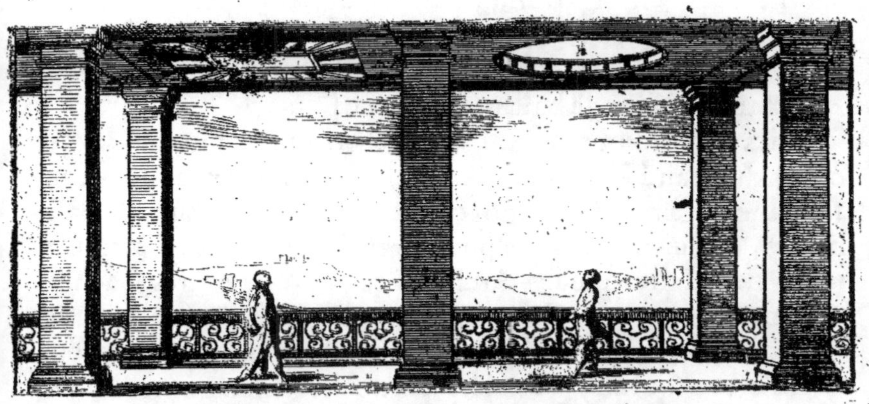

INSTRVCTION SVR LE TRAITE' III.

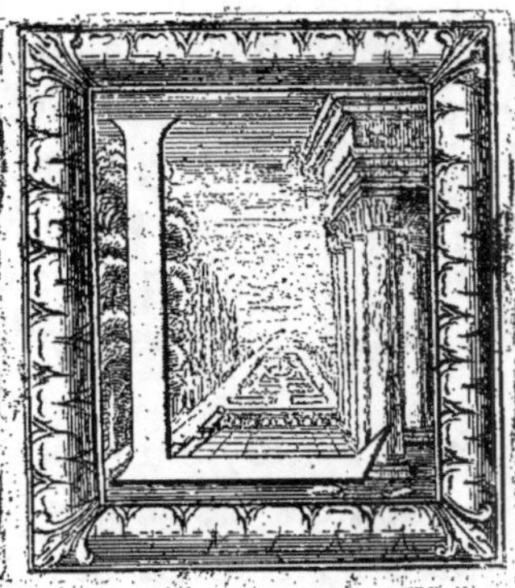

Es Pratiques que ie donne en ce Traité III. ſont pour peindre des Perſpectiues ſur des Plans inclinez en deuant, en arriere, d'vn coſté, ou de l'autre; & meſme ſur ceux qui ſont inclinez & declinez en tel inclinement & déclinement que ce puiſſe eſtre.

Or l'vtilité de ces piéces eſt à racommoder & corriger en apparence, & par le moyen de la Perſpectiue, tous les defauts qui peuuent ſe rencontrer en vn logis, en vne ſalle, en vne chambre, en vne Court, en vn Iardin, ou autres places, soit par le rencontre des murailles biayses ou par de faux angles, ou par des planchers inclinez, ou trop bas; enfin pour remedier par le pinceau à quelque manquement de bastiment que ce soit.

Elles sembleront, & sont en effect encore plus nouuelles que celles du Traité II. Car pas-vn Autheur, qui soit venu à ma connoissance, n'a traité, des moyens de rajuster ces defauts de bastiments, ce qui m'a estonné plusieurs fois, veu qu'il est extremement necessaire que les Architectes, & les Peintres sçachent comme il faut y remedier par le moyen de la Perspectiue, car il arriue souuent quantité de manquements qu'on ne peut éuiter. C'est ce qui m'y a attaché particulierement auec estude; Car outre les speculations, & demonstrations euidentes, il n'y a pas vne pratique en ce Traité, dont ie n'aye fait l'experience, soit en grand, ou petit modele de carton, pour me satis-faire moy mesme, & voir si la pratique & la speculation, s'accordent comme elles doiuent.

Le rapport tres fidele que i'y ay trouué, m'a solicité à les exposer & donner au public pour s'en seruir aux occasions, qui sont assés ordinaires: Car si vne Salle à quelques angles qui ne soient pas droits, ou quelque muraille qui soit biaise, au lieu de la retrancher par vne tanduë, ou par quelque tapisseries, pour la remettre dans son quarré. Il n'y a qu'à peindre sur la muraille, qui fait cette difformité, quelque reste de paués, & tracer vn autre angle, qui fera paroistre cette Salle quarrée, sans qu'on y remarque aucun defaut du poinct qu'on aura pris pour tracer le trait.

Ce que ie viens de dire de cette muraille biaise, se doit aussi entendre des planchers inclinez, & declinez; des coins & retours, & tous autres manquements quels qu'ils soient, & en tous lieux.

SVR LE TRAITE' III.

Sur la fin de ce Traité, i'ay mis encore vne autre nouuelle inuention pour esleuer vn bastiment dessus son plan, affin de le faire voir tout parfait, en leuant quelque petits papiers selon les estages. On y void tous les departements de châcun, depuis le plan jusques au grenier, & mesme la charpenterie; on pourroit encore y faire voir les offices souterrains & la caue, ce qui peut estre fort vtile à tous les Architectes, & Maçons, qui par ce moyen peuuent donner connoissance de leurs desseins, & satisfaire à ceux qui ne conçoiuent pas ces choses que dans le relief; ce qui oblige souuent à faire des esleuations de carton, qui sont fort penibles, & coustent beaucoup; Ce que j'ay dit de ce petit logis se peut faire d'vn plus grand auec la mesme facilité, puis qu'il n'y a point d'autres regles pour celuy-cy, que pour celuy-là.

PRATIQVE I.

OV PLVSTOST, PREMIERE CONNOISSANCE *pour rajuster, redresser, & corriger, ce qui est de defectueux, aux Bastiments, Salles, Galleries, Allées, Iardins &c. Par le moyen de la Perspectiue.*

PREMIEREMENT SVR DES MVRAILLES OBLIQVES esleuées perpendiculairement sur terre.

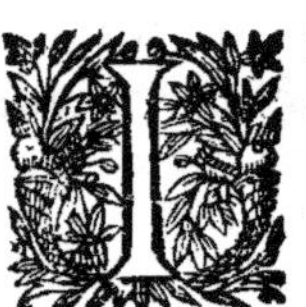

IE me suis estonné souuent, & non sans raison, de ce que de tous les authours qui jusques icy, ont traité de la Perspectiue, ie n'en ay veu pas vn qui ait donné vne seule pratique de Perspectiue, pour remettre en apparence vne Salle, vne Gallerie, vn Iardin & autres lieux, dans l'équarissement qu'ils n'auroient pas; car je trouue qu'il est extremement necessaire que les Peintres & les Architectes, sachent comme il faut (par le moyen de la perspectiue) remedier à des deffauts qu'on ne peut quelque fois éuiter au bastiments. C'est pourquoy je donne les pratiques suiuantes, où on aura les moyens de rajuster toutes ces choses en apparence, & autant qu'il se peut pour contenter l'œil.

Pour commencer; il faut sçauoir que ie nomme deffectueux, en vn Salle, Gallerie, Allées, Iardins &c. tout ce qui les met hors de l'angle droit, tant d'vn costé que de l'autre, tellement que tout ce qui est oblique, soit de ligne droites, ou courbes & composées tout cela est compris sous cette denomination.

Or, Pour remedier à ces defauts; le mieux seroit de les abbattre & remettre le tour effectiuement dans le quarré; Mais si cela ne se peut pas faire commodement soit pour vne trop grande despense, ou pour ne pouuoir acquerir la place qui manque. Ie conseille de recourir à la perspectiue, puis qu'elle peut tromper l'œil & faire cacher ces manquemants sous sa science; qui est ce que ie pretend faire par ce peu de pratiques qui suiuent.

Pour y proceder par ordre; il faut premierement connoistre quels sont ces defauts de quelle grandeur, de quelle figure &c. Ce qui se manifestera par le plan qu'on en leuera à l'ordinaire c'est à dire auec vn esquier droit, ou faux, ou vne boussole & mesme auec vn cordeau, & vn seul pied de Roy &c.

Supposé donc que A, est l'aire, le paué, ou le dedans d'vne grande Salle, qui au lieu d'auoir les angles B, C, droits, en a vn B, aigu, & celuy D. obtus. Que E, est celuy d'vne Gallerie qui a trois angles en vn de ses bouts F, au lieu d'estre quarrement, G, celuy d'vne Allée à laquelle il y a des angles H, I. qui luy ostent le quarré qu'elle deuroit auoir en ce bout-là, aussi bien qu'en K. L'autre L, est celuy d'vn Iardin, qui a trois pans, comme vn demy hexagone en vn bout M, au lieu de deux angles droits.

Par les pratiques suiuantes, je donne les moyens, par la Perspectiue, de faire que tous ces plans paroissent quarrez, estant veus d'vn poinct donné à discretion.

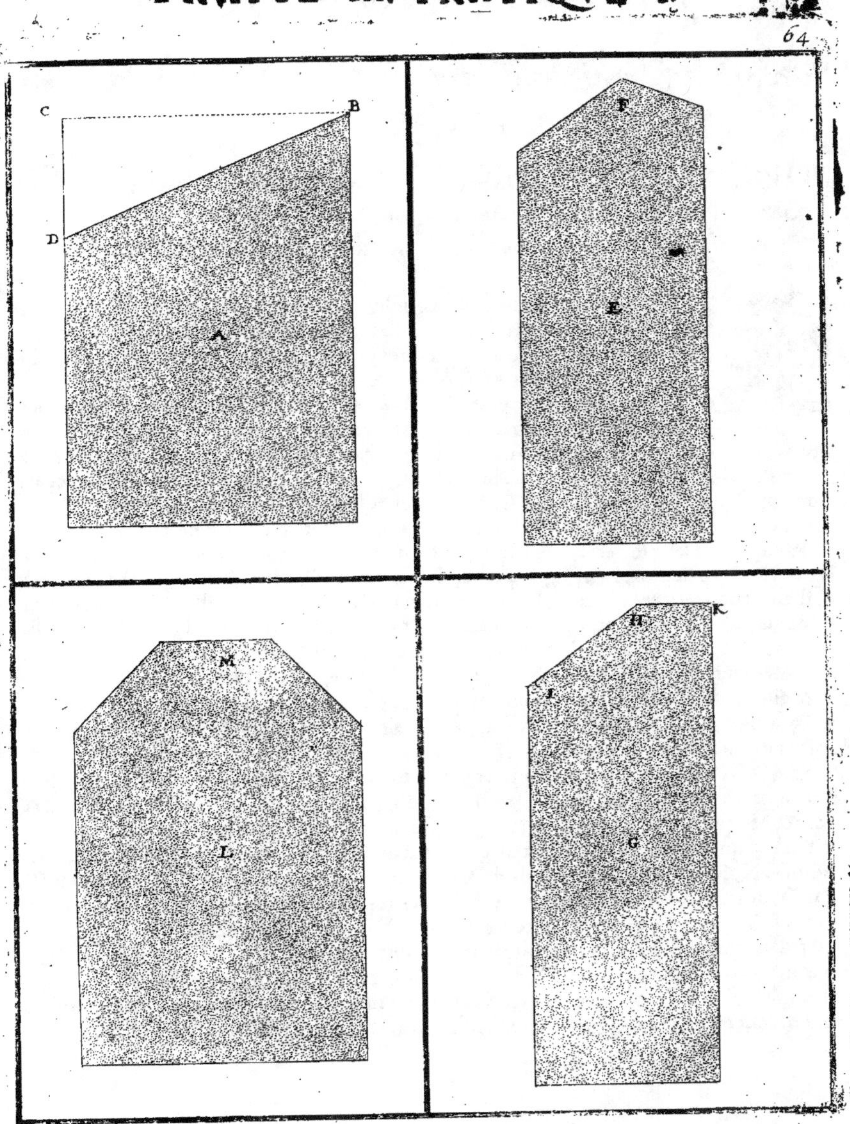
C
B
D
A
F
E
M
L
H
K
I
G

PRATIQVE II.

POVR FAIRE PAROISTRE QVARRE'E, VNE *Salle, vne Gallerie, vne Court, ou autre place, qui auroit vn angle aigu, & vn autre obtus, au lieu de deux angles droits.*

QVand on voudra remedier à quelque defaut de bastiment, par le moyen de la perspectiue; Il faut auoir le plan de ce lieu-là affin d'y voir le manquement; d'y prendre les mesures plus justes, & trouuer l'apparence du quarré qui y manque.

Par exemple, le plan *a*, *b*, *c*, *d*. est celuy de l'aire d'vne Salle, qui au lieu d'auoir les deux angles *a*, & *b*, droits, à celuy *b*, aigu, & l'autre *a* obtus; qui est vne grande difformité. Pour la corriger en apparence, & faire que de loing l'œil la juge quarrée, comme le plan *e*, *f*, *g*, *h*, Ayant fait le plan A, B, C, D égal, ou proportionné à celuy *a*, *b*, *c*, *d*. Il faut acheuer l'équarrissement de la salle, & le reste de l'aire, ou paué auec des lignes occultes, comme on void le triangle A G B.

Par aprés, il faut se determiner le lieu d'où ce defaut doit estre veu corrigé, en apparence; & de ce lieu, tirer vne ligne perpendiculaire à D C, comme est H I. De ce poinct I; il faut encore tirer la ligne I, F, perpendiculaire à A B, sur laquelle se doit porter la hauteur de l'œil, qui se prend à discretion; Par ce poinct de veuë F, il faut tirer vne ligne parallele à A B qui est l'horison; sur laquelle il faut porter de part & d'autre de F, ou seulement d'vn costé, la distance, qui est icy E F, égale à H I.

Maintenant pour sçauoir trouuer l'apparence de l'angle G; il faut porter l'interualle A G, sur la ligne A B, qui donnera A K, & du poinct qu'on y fera K, tirer vne ligne au poinct de distance E; qui coupera A F, au poinct L, qui est asseurement l'apparence de l'angle G. C'est pourquoy, il faut tirer la ligne B L, & la continüer occultement jusques à ce qu'elle coupe l'horison en quelque poinct, comme icy en M. Or c'est à ce poinct M, qu'on doit tirer toutes les lignes qui doiuent paroistre paralleles à C D. comme celles qui luy sont perpendiculaires, tirent au poinct de veuë F; tellement que si des poincts N, N, qui sont des sections de A B, on tire des lignes au poinct M, & des poincts O, O, des rayons au poinct de veuë F, toutes les sections de ces lignes, entre le triangle A L B feront l'apperence de celuy A G B. Estant tres certain que si ce triangle A L B, est tracé tout au bas d'vne muraille biaize, comme A B: & regardé de la distance H, Il paroistra tout plat, & rendra à la salle, l'angle droit A G B, en apparence. Ce qui trompe l'œil si agreablement & satisfait si bien l'imagination, que ceux mesmes qui s'y entendent tres bien, ont pris grand plaisir à voir les experiences que j'en ay faites.

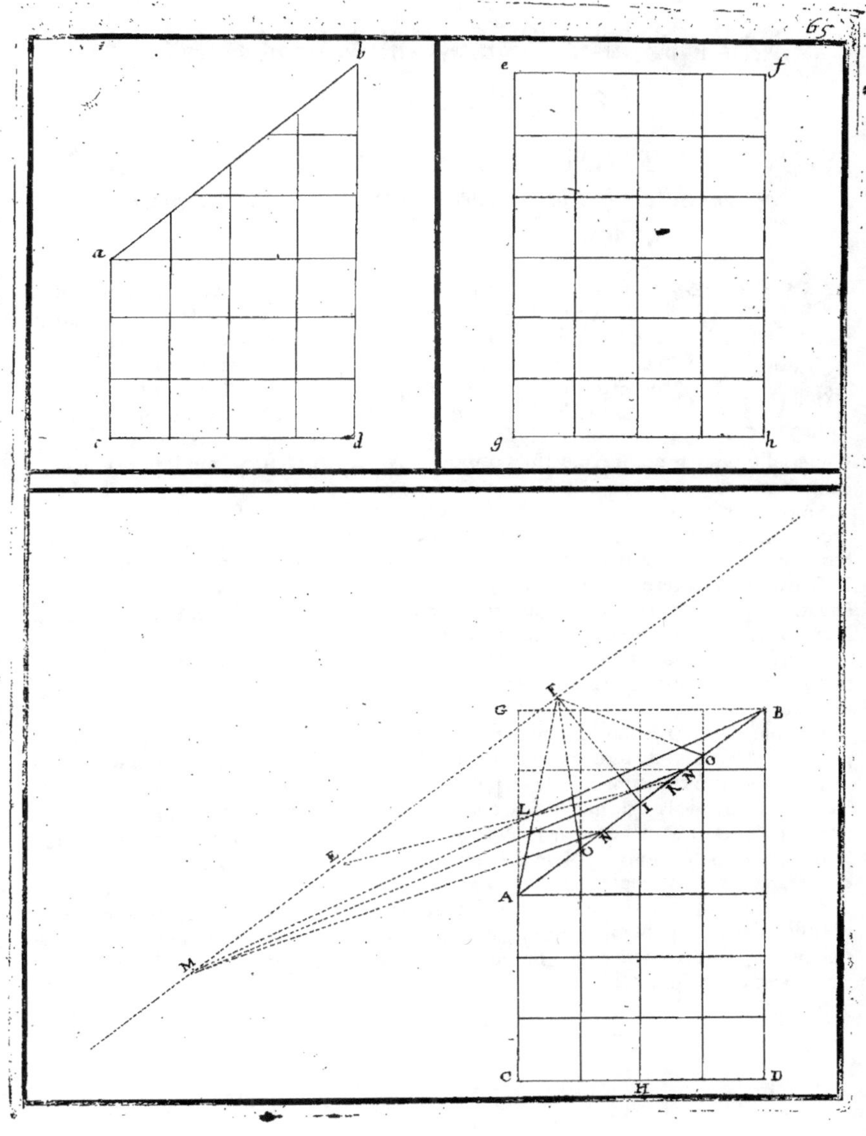

b
a
c
d
e
f
g
h
F
G
B
O
N
K
I
L
E
N
O
A
M
C
H
D

PRATIQVE III.

D'VNE METHODE PLVS AYSÉE AVSSI IVSTE & vniuerselle que la precedente, pour faire paroistre quarrée quelque place qui ne l'est pas en effect.

EN la figure precedente, j'ay voulu donner vn poinct de veuë & des poincts de distances, & trouuer l'apparence des enfoncements pour ces murailles biaizes, par la mesme methode que pour des perspectiues ordinaires, affin que ceux qui la suiuent en celle là, n'ayent point de difficulté en celle qui sont comme en la precedente.

La methode de cette figure cy, est plus simple que celle là, & par consequent plus aysée à pratiquer, & neantmoins aussi generale & vniuerselle pour toutes perspectiues obliques que la precedente. Pour le faire voir euidemment.

Soit le plan A B C D; égal au precedent, qu'on veut faire paroistre auec quatre angles droits comme celuy *e*, *f*, *g*, *h*, je dis qu'il faut prolonger le costé A B, par vne ligne infinie, & du poinct où se rencontrera l'œil H, tirer vne autre ligne infinie parallele à D C. qui coupera cette prolongée A B, au poinct P. Par aprés, du mesme poinct H, il en faut tirer encore vne autre perpendiculaire à D C, qui coupera la ligne A B, en quelque poinct, comme icy en I. De ces deux poincts P, & I; il faut esleuer deux perpendiculaires à B A, & porter sur l'vne & sur l'autre la hauteur de l'œil, comme I F, puis par ce poinct F, tirer vne ligne parallele à A B qui sera l'horison, coupant la ligne esleuée de P, au poinct M.

Or toutes les lignes qui doiuent paroistre paralleles à B D, doiuent estre tirées au poinct F, & toutes les autres paralleles à D C, au poinct M; C'est pourquoy, ayant du poinct A, tiré vn rayon A F, & du point B, vne ligne au poinct M, leur section L, sera l'apparence de l'angle qui est marqué, *e*, au plan de dessus. Les sections O, O, se tireront donc au poinct de veuë F, & se marqueront de lignes fermes entre les lignes A L; Les autres sections N, N. se tireront au poinct M, & marqueront autant de petits quarreaux entre la triangle A L B. qu'il en faudroit pour rendre la salle quarrée.

Ce que nous venons de faire pour redresser l'aire d'vne salle en apparence, se peut faire aussi facilement pour rajuster vne gallerie, vn jardin, vne court, & toute autre place que ce soit, pour irreguliere qu'elle puisse estre, & toutes, par la mesme pratique, ainsi qu'on verra aux suiuantes.

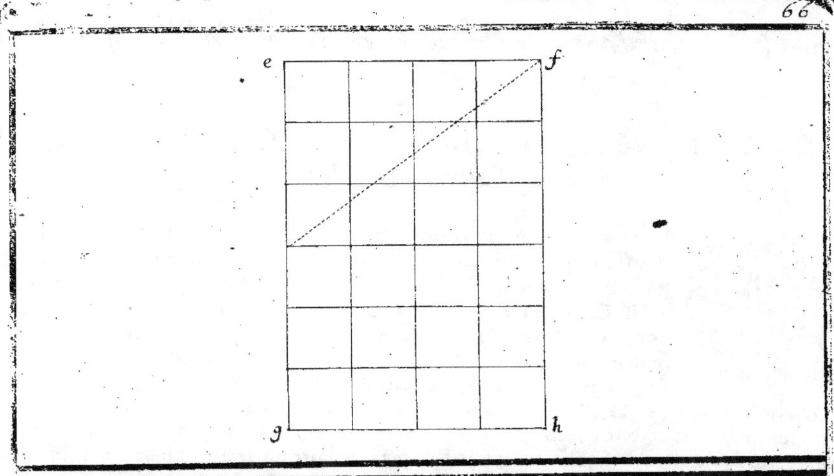

e
f
g
h
E 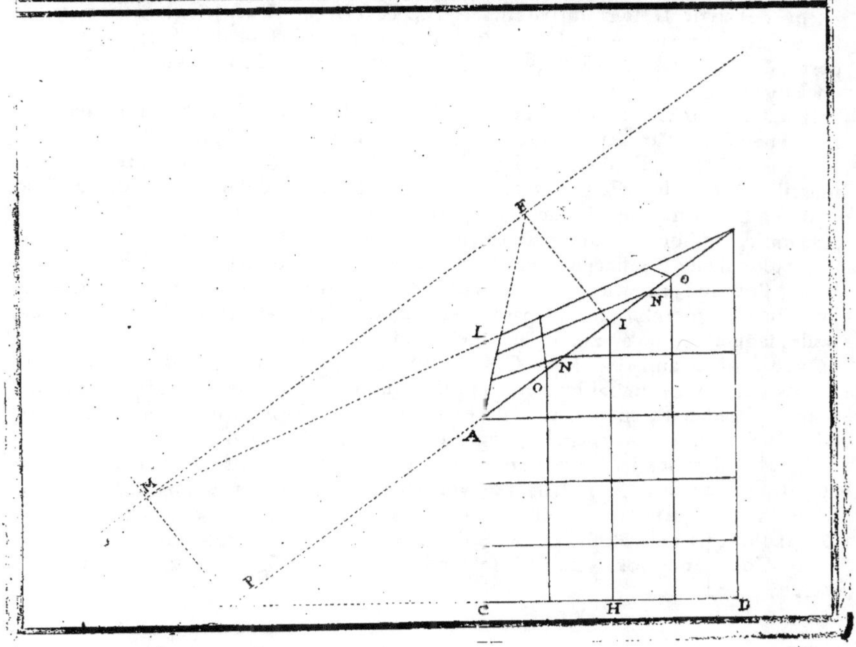
L
I
N
O
N
O
A
M
P
C
H
D

PRATIQVE IV.

POVR TRACER TELLE PERSPECTIVE QV'ON voudra, sur vne muraille biaize.

IE suppose icy, que nous auons trouué le triangle A L B, selon l'vne des deux pratiques precedentes ; & dis de plus, que tout ce qui doit paroistre perpendiculaire sur terre, doit estre icy perpendiculaire sur A, B. Car supposé que quatre murailles basties & esleuées sur vn plan comme A, B, N, O. se puissent renuerser toutes plattes sur terre sans se dementir ; celle de N O, Seroit comme de N, Q, R, O ; Celle de A O, comme O, S, T, A, Celle de B N, comme N, V, X, B. & celle de A B. comme A, B, C, D. d'où l'on connoistra que les lignes B D. & A C, (qui representent les angles de cette muraille) sont perpendiculaires à A B. Or puisque nous supposons cette muraille A, B, C, D, deuoir estre perpendiculaire sur terre ; Il faut que la ligne esleuée de l'angle L, soit aussi parallele à A C, & B D. car elle represente aussi vn angle ; De mesme si entre B L, qui est l'apparence de la muraille du fond de la salle, on veut vne porte, & des fenestres ; il faut qu'elles soient toutes perpendiculaires sur A B, comme on les y void.

Il faut sçauoir encore, que tout ce qui doit paroistre parallele à l'horison, doit estre tiré au poinct M. Par exemple du poinct D, qui est la hauteur de la muraille ; il faut tirer la ligne D M, qui coupant la ligne L, en G, donnera L G, pour la hauteur de cette muraille, & cette ligne L G, estant veuë du poinct & de la distance donnée, paroistra égale à B D ; De mesme, le dessus de la porte, les trauers des fenestres, bref tout ce qui est parallele à l'horison, se doit tirer au poinct accidental M.

De plus, il faut se souuenir de ce que nous auons dit, que toutes les lignes perpendiculaires à l'horison ; tirent au poinct de veuë F. C'est pourquoy, si de ce poinct de veuë F, l'on tire vne ligne infinie passant par G. cette ligne G C. representera le dessus de la muraille, laquelle en apparence sera parallele à A L.

Or aprés qu'on aura tracé sur A, C, B, D, toutes ces apparēces de murailles, de paué &c. Il restera de la vraye muraille vn triāgle D G C. auquel il faudra peindre l'apparence d'vn reste de plancher si c'est vn lieu où il y en ait vn effectif selon la pratique suiuante. fol. 68 si c'est vn Iardin on y peindra des dessus d'arbres, ou de l'air &c.

Apres auoir tout tracé sur cette muraille A, B, C, D, elle doit estre leuée auec les autres en telle sorte que D & X, ne fassent qu'vne ligne ; C T, vne autre ; R S, vne autre ; & Q V, vne autre ; Il est tres certain que toutes ces murailles estant leuée si on met l'œil en Z, l'angle L, paroistra droit, L, G, égale à D B, & la Salle quarrée ; qui est ce que l'on desire. Tout ce que nous venons de faire pour cette petite figure, se trouuera de mesme aux grandes.

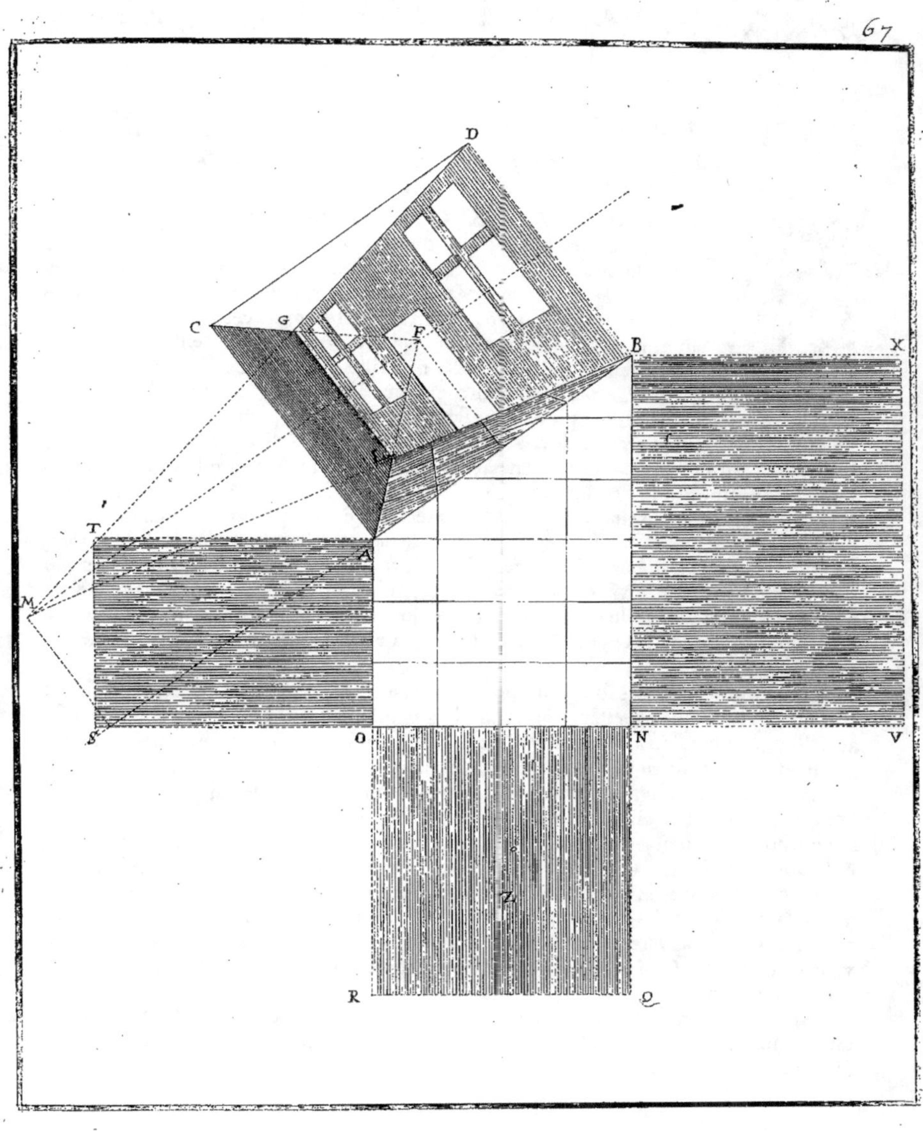
D
C
G
F
B
X
L
T
A
M
S
O
N
V
Z
R
Q

PRATIQVE V.

POVR TRACER L'APPARENCE D'VN RESTE de plancher qui manque en vne Salle, sur vne muraille biaise.

COmme le plan A, B, N, O, de la figure precedente, est celuy d'vne Salle fort difforme, par vne muraille biaize, qui luy oste son quarré. Et qu'en la mesme figure, nous auons donné la pratique pour corriger ce defaut, par le moyen de la perspectiue, qui donne sur cette muraille biaize vn reste de paué, qui en apparence rend cette Salle quarré, de mesme en cette cy, ie donne le plan *a*, *b*, *n*, *o*. pour celuy du plancher de la mesme Salle, où sur la muraille biaize A, B, C, D. il faut tracer l'apparence de ce qui manque à de plancher pour le faire voir quarré, c'est à dire, y mettre en perspectiue ce triangle *a*, *c*, *b*, fait de poincts sur le plan.

Supposé donc, qu'on a trouué le triangle A G B comme j'ay dit en la figure precedente Ie dis, encore qu'il faut diuiser A B, en parties égales & de mesme nombre que *a*, *b*, qui sont pour six solіueaux, & de toutes les sections de A B, tirer au poinct de veuë F, des petites lignes qui se termineront sur B G; des sections de B G; il faut esleuer des petites perpendiculaires à A B. pour l'espaisseur des solіueaux que le peintre donne à discretion, ou selon celle du plancher qui est effectif, c'est icy *i*, *k*, de ce poinct *k*, il faut tirer des petites lignes au poinct M, entre les solіueaux, affin de donner à tous vne mesme espaisseur. Puis du poinct de veuë F, il faut tirer des petites lignes commençant à K, & les continuër iusques à la ligne A B. Et l'on aura au triangle A, G, B, l'apparence du triangle *a c b*, qui est au plan.

Par cette pratique, les solіueaux posent sur la muraille B G. si on veut qu'ils y soient emboistez, il ne faut pas esleuer la ligne *i k*, au dessus de B G, mais la tirer ou abaisser au dessous, ainsi qu'on a veu aux pratiques des planchers en nostre premiere partie.

En fin, en cette sorte de Perspectiue, aussi bien qu'aux ordinaires; il faut porter toutes les mesures sur la ligne de terre, & les tirer au poinct de veuë iusques à couper la ligne d'enfoncement, ainsi que nous venons de faire pour ce plancher, & qu'on void encore pour les fenestres; qui ont pour largeur sur la ligne de terre D C, les poincts *o o*, & la porte *n n*; desquels poincts *n n*, & *o o*, *o o*, il faut tirer des lignes au poinct F, qui couperont la ligne d'enfoncement D L, aux poincts *r r*, *r r*, *r r*. puis de ces poincts *r r*, *r r*, *r r*; il faut esleuer des perpendiculaires à D C. Pour les trauers, ou croisillons, & les espaisseurs de ces fenestres, & de la porte; il faut tirer des petites lignes au poinct de veuë F, & au poinct M, comme aux perspectiues ordinaires, ausquelles celles-cy ont vn grand rapport.

Reste maintenant à transporter ce qui vient d'estre tracé entre A, B, C, D, sur la muraille biaize, selon la methode qui est sur la fin de la premiere partie, au Traité III. Pratique X C I I. feüillet 117.

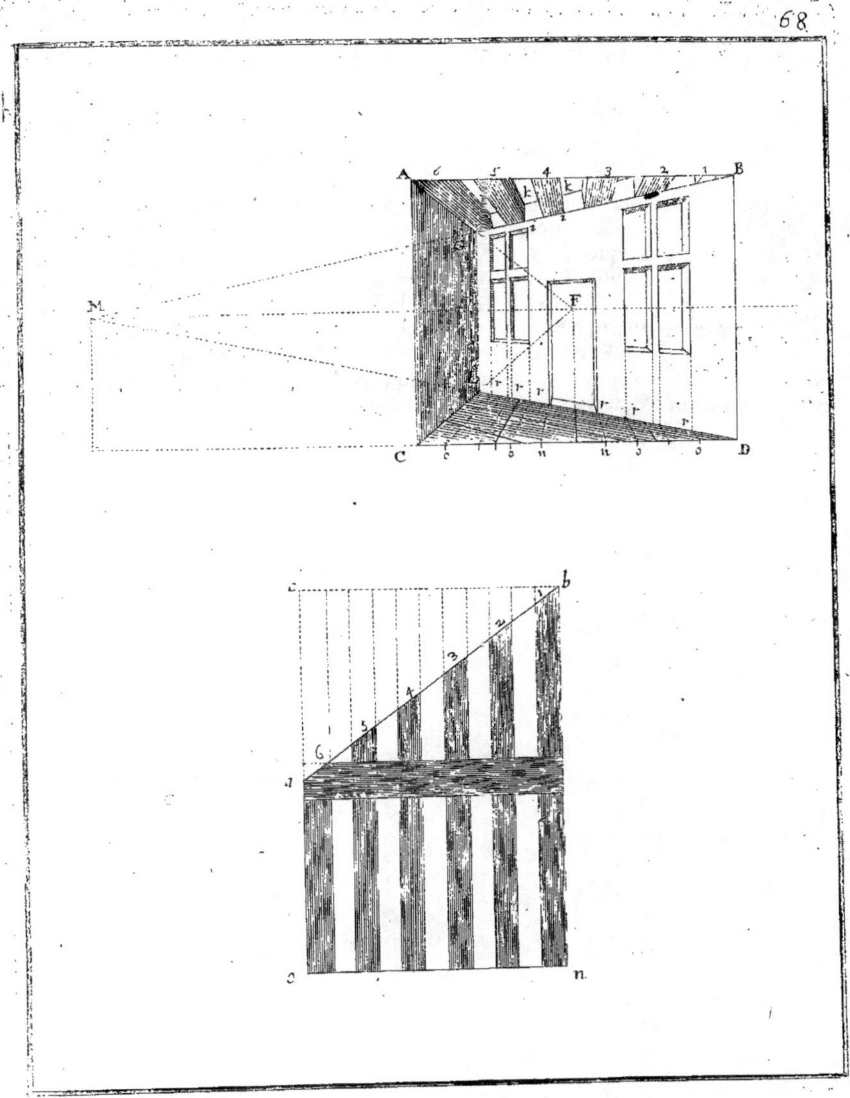
A
6
5
4
3
2
1
B
k
k
M
F
r
r
r
r
r
r
r
C
c
o
n
n
o
o
D
c
b
1
2
3
4
5
6
a
o
n

COROLAIRE OV PRATIQVE VI.

OV SE VOID LE DEFAVT D'VNE SALLE, *reparé par la Perſpectiue.*

DEs quatre ou cinq dernieres pratiques precedentes, on peut colliger qu'vne Salle qui aura vne muraille biaiſe, ou declinée, comme eſt celle marquée A, B, C, D; peut eſtre ſi bien rajuſtée par la Perſpectiue & l'adreſſe du Peintre, que ce qui ſera peint ſur cette meſme muraille (que j'ay tranſporté en G H I K. de la ſceconde figure, & égale à A B C D. de la premiere) eſtant veu d'vn poinct donné fera paroiſtre la Salle quarrée, ſans qu'on s'aperçoiue de ce defaut n'y ayant rien qui ſoit viſible, ny remarquable; ſinon qu'il s'y void vn peu plus, ou moins de jour, & vn petit trait que font les angles de cette muraille biaiſe, le reſte n'eſtant pas perceptible.

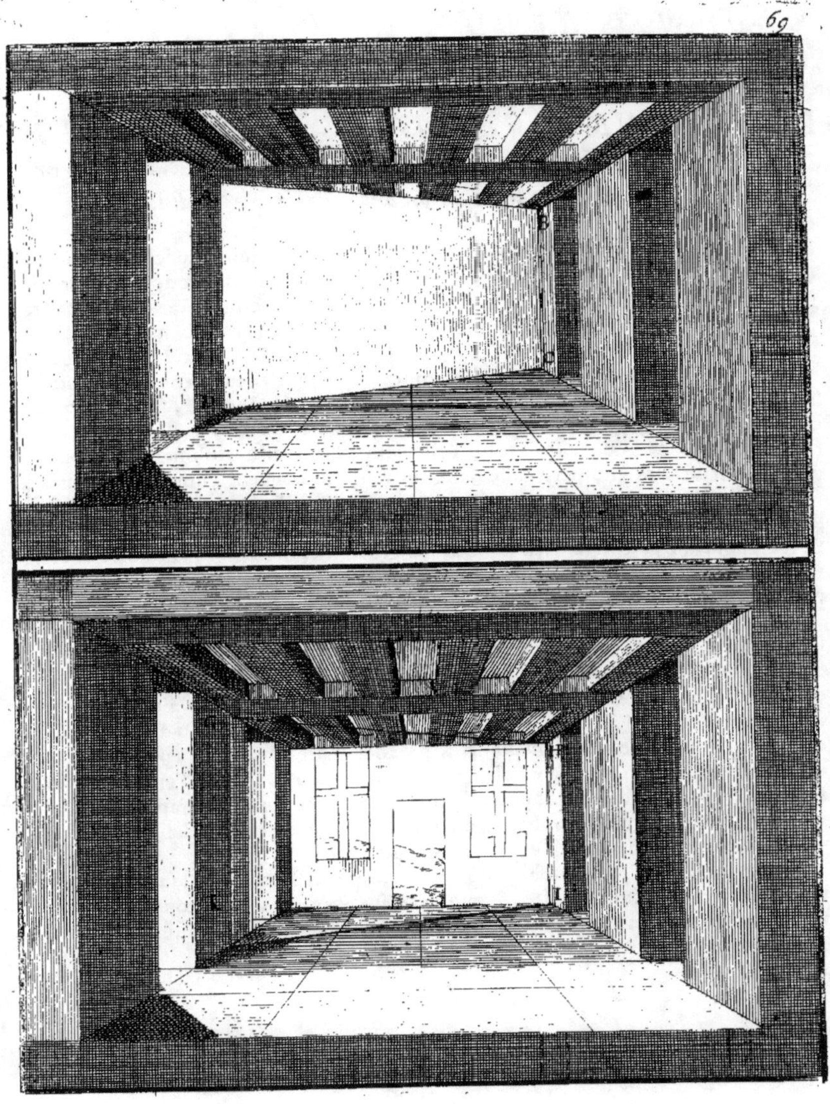

PRATIQVE VII.

POVR FAIRE PAROISTRE QVARREE, VNE Allée, vne Gallerie, vne Salle, vne Chambre, vne Court, ou autre lieu, qui n'a dans le fond qu'vn angle droit, & vn autre obtus.

LA difference de ce plan cy qui a vn angle droit, d'auec le precedent qui n'en a poinct, pourroit donner la pensée, que la pratique, pour corriger son defauts, est aussi differente; comme quelques-vns l'ont creû, neantmoins c'est toute la mesme, ainsi que je vay le montrer.

Que le plan de cette place soit A, B, C, D, E, que l'œil du regardant soit en H: Ie dis que du poinct H, il faut esleuer vne perpendiculaire sur D E, qui ira couper A B au poinct F; il faut encore du poinct F, faire vne perpendiculaire sur A B, & porter sur cette derniere la hauteur de l'œil I F. Par aprés, il faut prolonger la ligne A B, jusqu'à ce qu'elle coupe D E (aussi prolongée) au poinct P; duquel il faut faire vne perpendiculaire sur P A, qui coupera l'horison, au poinct M.

Or toutes les lignes qui seront tirées au poinct de veuë F, seront tenuës pour paralleles à E A, ou D C. & celle qui seront tirées au poinct M. seront aussi paralleles à D E. C'est pourquoy, si on tire vne ligne de l'angle A, au poinct F, & vne autre de l'angle B, au poinct M, leur section E, sera l'apparence de l'angle droit qui manque en cette place, & qui la fera paroistre quarrée estant veuë du poinct H.

De plus, en la seconde figure des poincts A & B; Il faut faire des lignes perpendiculaires sur A B, lesquelles representeront la muraille, ainsi que nous auons dit en la precedente. Puis ayant porté la hauteur qu'on veut donner à cette muraille, sur la ligne B, comme est B O, il faut tirer la ligne O M. qui coupera la perpendiculaire à A B, esleuée de L, au poinct G. Si du poinct F, on tire vne ligne passante par le poinct G; elle ira couper la ligne esleuée de A, au poinct K; & ce triangle O G K, sera pour le plancher comme celuy A L B, est pour l'aire, ou paué de ce lieu là. L'vn & l'autre (je veux dire, ce qui est pour le plancher & pour le paué) se feront comme aux pratiques precedentes; ils sont en plus grand nombre en cette premiere partie, où i'ay des-ja prié de les y voir affin de ne pas multiplier les planches, sans sujet.

Si entre L, B, G, O on veut faire des portes, des feneestres &c. Il faut que les montans soient perpendiculaires à A B. & que les dessus des portes, les accoudoirs, & croisillons des fenestres, soient tirez au poinct accidental M; ainsi qu'il a esté fait en la pratique precedente.

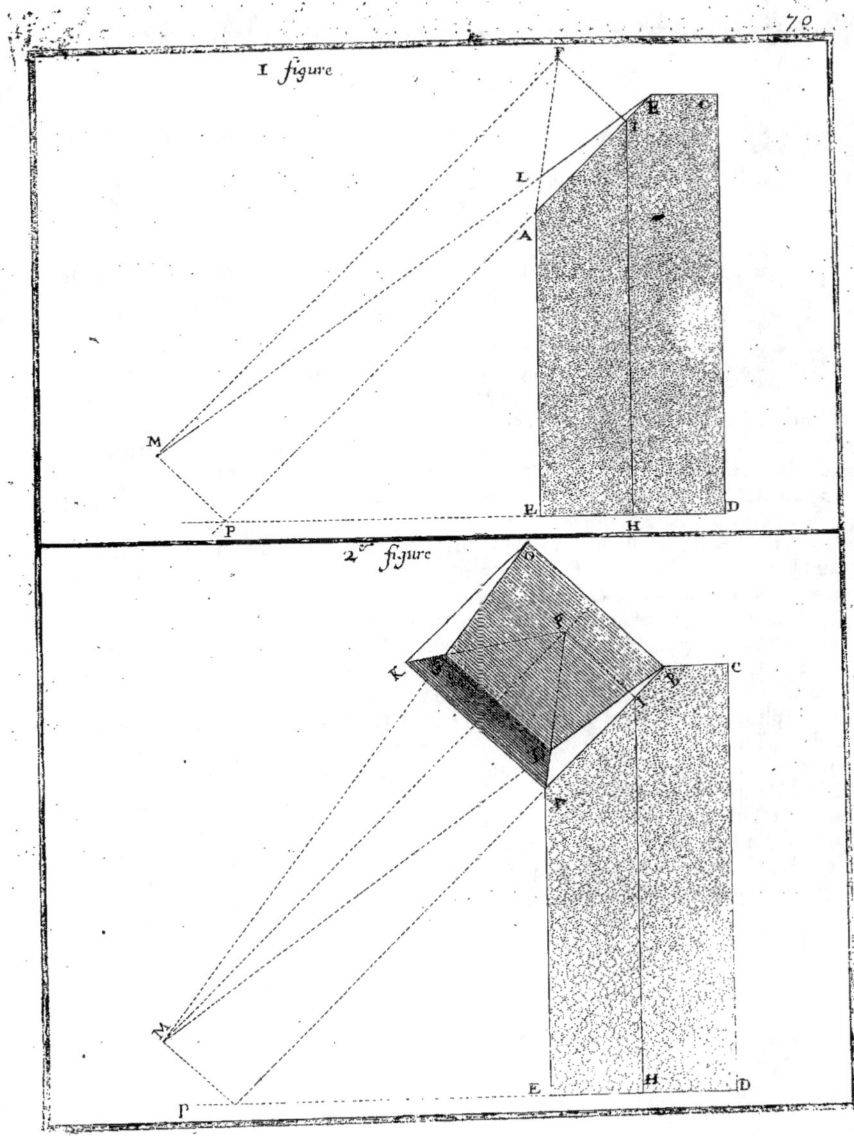
70
I figure
F
E
C
I
L
A
M
F
H
D
P
2.e figure
O
F
K
G
B
C
I
N
F
M
E
H
D
P

PRATIQVE VIII.

POVR FAIRE PAROISTRE QVARREE, VNE Gallerie, vne Chambre vne Allée, &c. qui auroit trois angles en vn de ses bouts opposé à l'œil.

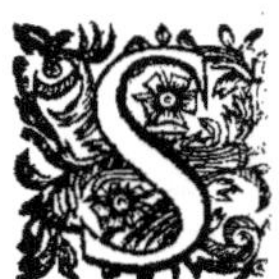

Vpposé qu'on ait vn plan comme celuy-cy A, I, B, C, D. & que le regardant soit placé en H, c'est à dire opposé directement à l'angle du milieu où se joignent les deux murailles biaizes A I, B I.

Pour trouuer sur ces murailles l'apparance du reste des pauez, ou quarreaux; qui manquent à cette gallerie, pour la rendre quarrée à l'œil du regardant; Il faut du point H, tirer vne ligne H I, perpendiculaire à C D. qui passera par l'angle I; il faut encore du mesme poinct I, faire deux perpendiculaire vne sur A I. & vne autre sur B I, & y porter la hauteur de l'œil I F. De plus il faut continüer les lignes A I, & B I, jusques à ce qu'elles coupent la ligne C D, aussi prolongée, au poinct P. duquel il faut esleuer vne perpendiculaire sur P A, qui coupera l'horison tirée de F, au poinct M.

Il est certain, ainsi que nous auons dit cy deuant, que toutes les lignes qui seront tirées au point de veuë F; doiuent representer des peralleles à C B, ou D A; & les autres tirées au poinct accidental M. sont aussi tenuës pour des paralleles à C D, c'est pourquoy, la ligne tirée de l'angle A, au poinct de veuë F; & l'autre tirée du poinct I, au poinct M. se coupant en E donnent l'angle A E I; pour l'apparence d'vn angle droit; & celuy de l'autre costé B E I, pour vn autre angle droit, tellement que le regardant estant en H; la ligne L, I, E, luy paroistra toute droite.

De plus, en la seconde figure; des poincts A I, B I; Il faut faire des lignes perpendiculaires sur A P & B P, qui representent les murailles, ainsi que j'ay dit aux deux precedentes. Puis ayant porté la hauteur qu'on veut leur donner sur la ligne I F, comme sont I, O; Il faut tirer la ligne O M, qui coupera la perpendiculaire esleuée de E, au poinct G; Puis du poinct F, il faut tirer vne ligne passante par G, qui ira couper la ligne esleuée de l'angle A, au point K; Et ces triangles O G K, seront pour le plancher, comme ceux A E I, sont pour l'aire, ou paué de cette gallerie. Ce que j'en ay fait, & dit aux deux dernieres pratiques precedentes, se peut appliquer à cette cy.

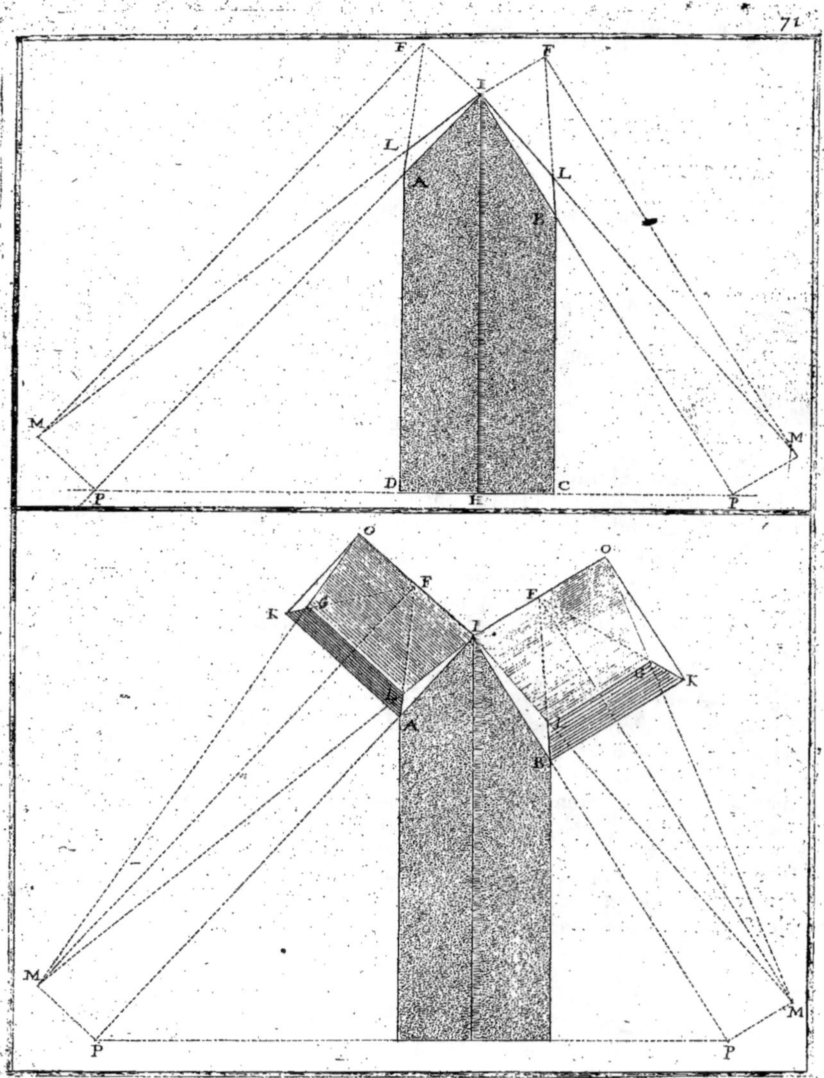

X

PRATIQVE IX.

POVR FAIRE PAROISTRE QVARREE QVELQVE place que ce soit, comme vn Iardin, vne Court, vne Salle, Gallerie &c, qui aura vn demy hexagone, ou trois pans de muraille, en vn bout opposé à l'œil.

SI on donne vne place, comme le plan A, B, C, D, N, Q. où l'on veüille faire paroistre au regardant H, le fond A B C D, en angles droits, & comme s'il estoit égal à l'autre bout N Q. Ie dis que si on se souuient de nos principes, pour ces murailles biaises; cette forme de plan n'est pas plus mal aysée que les precedents, où nous auons dit, que du lieu où la pante de la muraille coupe le rayon de l'œil à telle hauteur qu'on voudra.

Cela supposé, ie dis que du poinct I, où le plan de la muraille A B, continué par vne ligne occulte; coupe le rayon de l'œil H I; Il faut faire vne perpendiculaire sur A B, où on porte la hauteur de l'œil I F: Par aprés, il faut encore continüer la ligne A B. iusqu'à ce qu'elle coupe la ligne N Q, aussi continüée au poinct P; duquel on esleuera vne perpendiculaire à A P. qui coupe l'horison au poinct M; les lignes qui seront tirées à ce poinct M, paroistront sur cette muraille biaise A B; comme si elles estoient paralleles à B C; & celles qui seront, tirées au poinct F, comme si elles estoient paralleles à A Q. C'est pourquoy, la section des lignes A F, & A M. donne l'angle A L B. pour apparence de l'angle droit sur la muraille A B. & celuy C L D, qui luy est égal; de sorte que le regardant estant en H, ces deux angles luy paroistront de 90 degrez, & la ligne K, B, C. L. toute droite; quoy qu'elle soit sur trois pans de murailles obliques l'vn à l'autre.

On void de plus en la seconde figure; que des angles A B. il faut faire des lignes perpendiculaires sur la mesme ligne A B, où l'on portera la hauteur du mur B O; de ce poinct O, il faut tirer vne ligne à M, qui coupera la ligne esleuée de l'angle L, & perpendiculaire à A B, au poinct G. De plus du poinct F, il faut tirer vne ligne qui passant par le poinct G, ira couper la ligne esleuée de A, au poinct K; donnant le triangle K G O, pour y peindre vn reste de plancher, comme celuy A L B. pour vn reste de paué, ainsi que j'ay fait voir en la pratique VII. feuillet 70.

Ie n'ay mis des lettres que d'vn costé A B, à raison que l'autre pante C D. luy est égale, & partant doit estre faite de mesme.

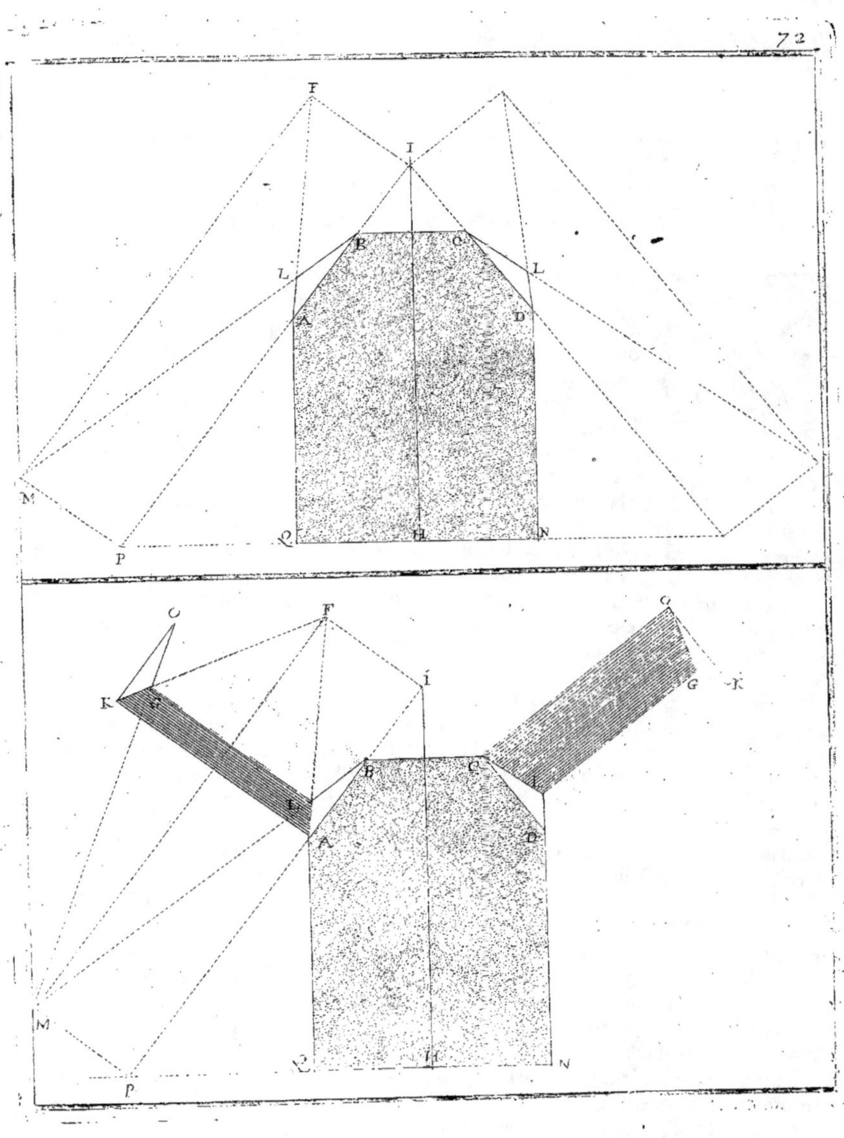
72
F
I
B
C
L
L
A
D
M
P
Q
H
N
O
F
G
K
G
K
I
B
C
L
I
A
D
M
P
Q
H
N

PRATIQVE X.

DES PLANS INCLINEZ OV L'ON VOID QVE les poincts de veuë qu'on est obligé d'y donner, se rapportent tous à l'horison ordinaire des plans perpendiculaire.

AVant que d'entrer en la pratique de ces plans inclinez, ie croy qu'il est necessaire de preuenir vne difficulté, qui pourroit arrester d'abord quelque vns, dans la peine qu'il auroient à conceuoir, qu'vn poinct plus esleué que l'horison s'y pût raporter, comme effectiuement il s'y raporte.

La figure que ie donne icy leur fera connoistre, que non seulement cela se peut, mais qu'il est necessaire qu'ils soient ainsi, affin que tous les rayons qui representent dès paralleles, se rapportent, comme ils doiuent, sur le rayon droit du regardant, *g*, *e*.

Par exemple, si le plan perpendiculaire est *a*,*b*; Le poinct où se doiuent tirer tous les rayons, sera où le rayon droit *e*, coupe *a*, *b*, qui est en *f*. Mais si ce plan estoit incliné comme, *ah*, il couperoit ce rayon droit en *h*; & tous les autres, encore plus inclinez, le couperoient en, *i*, en *k*, en *l*, & en, *m*.

Maintenant, pour tracer des rayons sur tous ces plans, qui paroissent paralleles entre eux; soit fait le plan commun, B, C, D E, Ie l'appelle commun, puisque pour peindre sur ces plans inclinez *a h*, *ai*, *ak*, *al*, & *a m*; il faut en auoir la superficie toute platte comme vn plan.

Or supposé donc que B C D E, soit ce plan que ie prend de mesme hauteur & largeur pour tous; Ie dis pour le premier *ab*, qui est perpendiculaire, que tous les rayons qui doiuent paroistre parallels entre eux, & couchez sur terre, se doiuent tirer au poinct F. comme sont B F & E F, où A F est égal à *a*, *f*, Si du second plan, *ah*; qui est le premier des inclinez; on prend *a h*, pour le porter perpendiculairement sur le plan marqué 2, l'on aura le poinct H; pour poinct de veuë, où on doit tirer les rayons comme B H, & E H. Du troisiéme *a*, *i*, on aura sur le plan marqué 3, A I, égal à *a i*, & I, sera le poinct de veuë. Du quatriesme de mesme, qui donnera A K égal à *a k*, & *k* sera le poinct de veuë. Faisant le mesme du 5. on aura A L, égal à *a*, *l*, & L. pour poinct de veuë, & encore autant du sixieme *a m*; où on aura M, pour poinct de veuë, où se doiuent tirer les rayons B M, & E. M.

Que si l'on remettoit tous ces plans comme ils sont dispoſez en la premiere figure, les rayons B F, & E F, du premier plan couuriroient tous ceux des autres, ce qui fait voir que quoy que tous ces poincts F, H, I, K, L, M. soient plus, ou moins esleuez, estant toutesfois dans leurs inclinemens, se trouuent tous en l'horison, & n'importe pas si ces plans ne passent pas l'horison, comme en la premiere figure, ou qu'ils le passét comme en la deuxiéme car c'est tousjours le mesme effet, puisque le poinct se prend, où le rayon droit, coupe l'inclinement, ou le plan incliné.

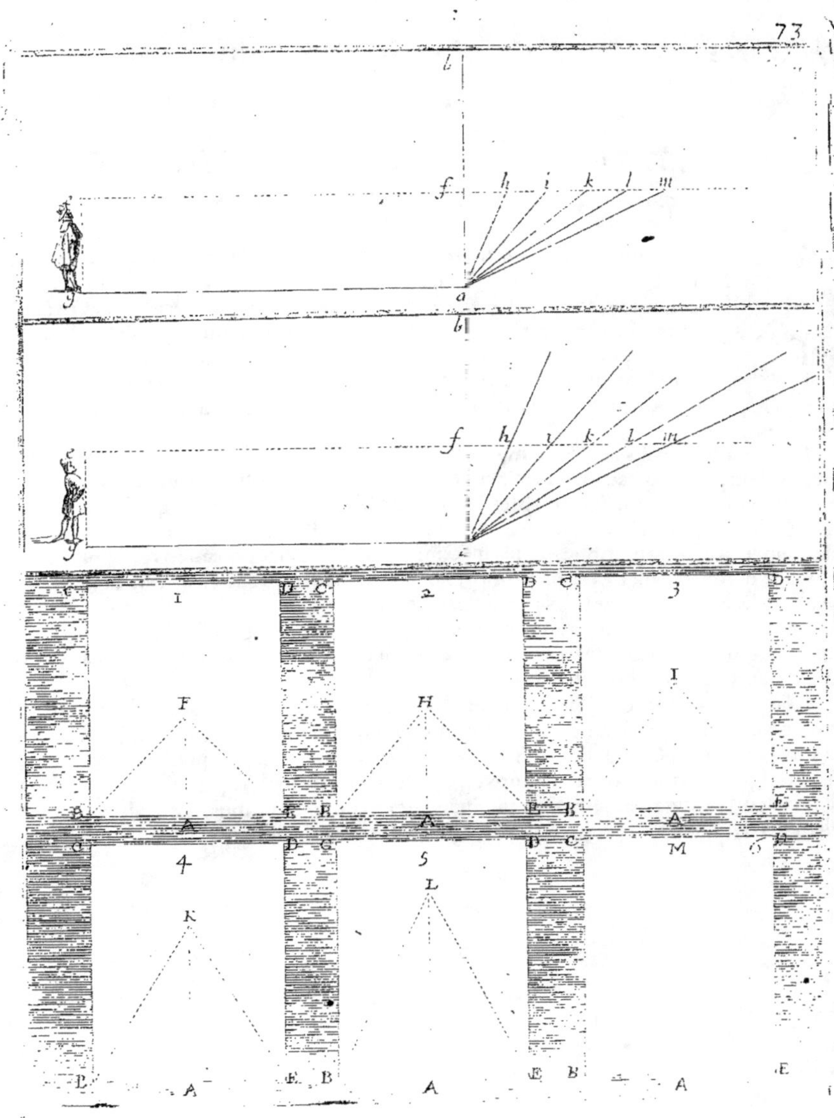

73
b
f h i k l m
g
a
b
f h i k l m
e
g
c
C I D C 2 D C 3 D
F
H
I
B A E B A E B A E
C 4 D C 5 D C M 6 D
K
L
B A E B A E B A E

PRATIQVE XI.

OV INSTRVCTION POVR CONNOISTRE *Ce que c'est, vne muraille inclinée deuers l'horison.*

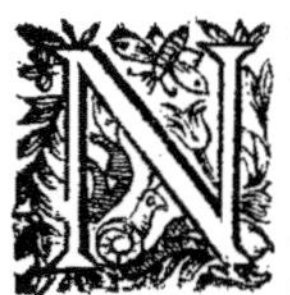

Ous auons dit en nostre seconde partie, parmy les definitions des piéces inclinées ; que ce nom d'inclinement deuers l'horison, n'appartient qu'à celles qui sont penchées, ou esleuées par vn bout de ce costé-là. On doit entendre le mesme des murailles ; ou autres eminances qui s'esleuēt aussi deuers l'horison, du plan où l'on veut trauailler. Car à prendre l'horison simplement, ce mot seroit trop general, puisqu'il comprend tout l'hemisphere, c'est pourquoy ie le restreint au plan du tableau, ou champ de l'ouurage, où l'on veut trauailler.

Par exemple, ie dis que cette muraille A, B, C, D. est inclinée deuers l'horison E F, qui est celuy du tableau, vis à vis des yeux du regardant G. Or, comme ces defectuositez sont extremement desagreables, & qu'elles blessent l'œil de ceux qui entrent dans vne Salle vne Gallerie, vne Court, ou autres lieux où elles se rencōtrent: Ie me suis auisé de donner quelques pratiques de perspectiue pour y remedier, du moins en apparence ; croyant qu'on sera bien ayse de tromper l'œil, qui d'abord en entrant, verra cette Salle, Gallerie &c. auec ses murailles paralleles rectangles, vniformes, & comme s'il n'y auoit aucun defaut, en quoy tous auront du plaisir ; le maistre du logis, l'aura le premier, de ce qu'on croira sa maison parfaite, & les autres n'en auront pas moins, quand ils se connoistront trompés si agreablement.

Il faut remarquer que l'inclinement de cette muraille, occupe la largeur de quatre quarreaux A H, qu'il faudroit adjouter pour rendre le fond de cette Salle, & les murailles rectangles; C'est à dire, affin qu'elle fut sans defaut ; mais supposſé qu'il y en ayt; La pratique suiuante donnera le moyen de faire en sorte qu'il ne paroisse pas, rendant à l'œil autant de quarreaux que cet inclinement en couure; vne muraille droite & mesme des portes, & des fenestres, comme s'il y en auoit effectiuement.

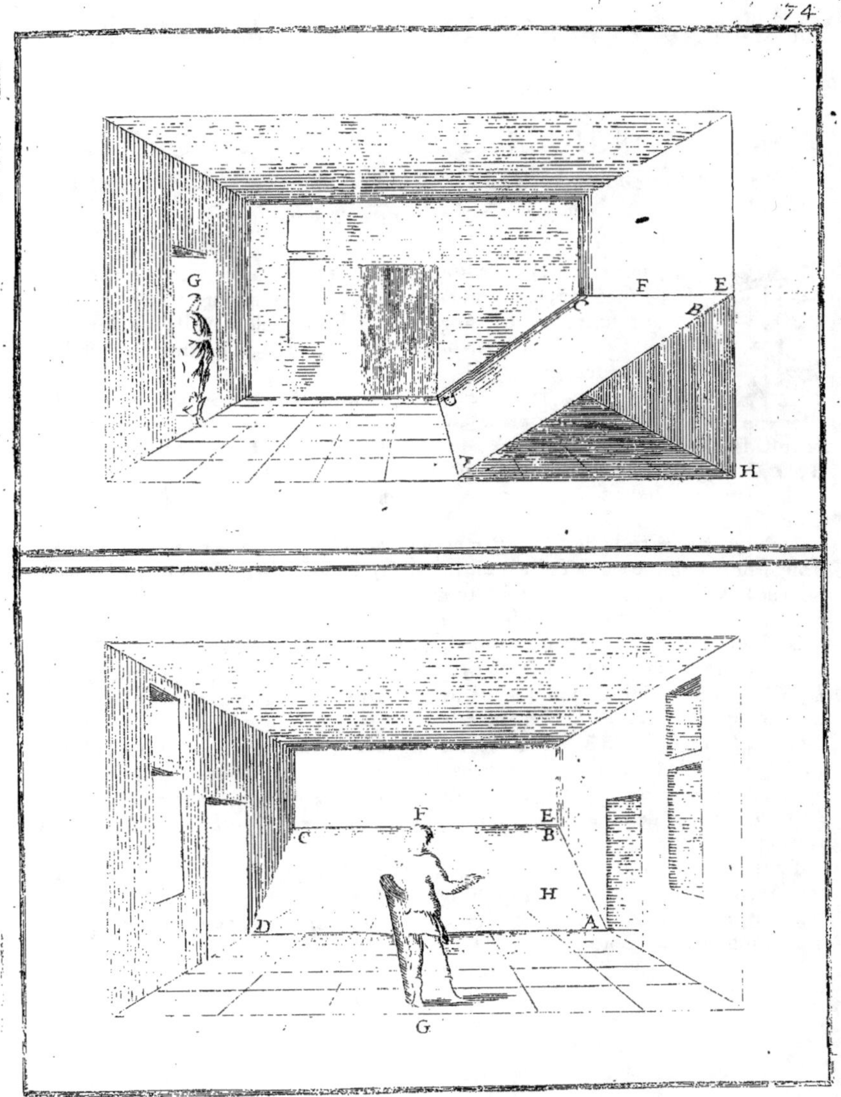
G
F
E
C
B
D
A
H
G
F
E
C
B
H
D
A
G

PRATIQVE XII.

POVR CORRIGER LE DEFAVT QVI PEVT se rencontrer en vne Salle, en vne Gallerie, Chambre &c. par vne muraille inclinée deuers l'horison.

POur venir à la Pratique, & corriger en apparence, par le moyen de la Perspectiue, les defauts de ces murailles inclinées vers l'horison: Il faut conceuoir icy que *g*, *h*, *k*. est le profil de la Salle, où il se retrouue que, *g*, *e*, est la hauteur du regardant, *e*, *b*, l'horison, & *a b*, la muraille inclinée.

Par apres, en vn lieu separé, comme icy en la deuxiéme figure, il faut tirer vne ligne A D, qui represente la largeur de la Salle, le bas de la muraille inclinée, & aussi la ligne de terre; Dessus A & D, il faut esleuer deux lignes perpendiculaires A B, D C. égal à *a b*, & puis tirer la ligne B C, au milieu de laquelle on esleuera perpendiculairement la ligne O P, égal à *a b*; & P, sera pour le poinct de veuë, où il faut tirer les deux rayons A P, D P.

De plus sur cette ligne O P, il faut porter *a*, *v*, auec toutes le diuisions qui s'y trouueront, comme est O T; Car comme *v*, represente le lieu où le rayon *e h* verroit le fond de la Salle, *h*, si le milieu *a b* estoit transparant, aussi toutes les diuisions qui sont entre, *a*, *v*, representent le nombre des quarreaux qui se retrouueroient entre *a h*.

C'est pourquoy de ces diuisions sur O, T. il faut tirer des paralleles à A D. & si des autres diuisions qui sont sur A D. on tire encore des rayons au poinct de veuë P. l'espace D, R, S, A. se trouuera remply d'autant de quarreaux, en apparence, qu'il y en auroit en effect, si la Salle estoit quarrement.

Or, les deux lignes S B, & R C, representent le rencontre des murailles qui sont les angles de la Salle, & non seulement ces deux lignes la paroistront perpendiculaires sur terre, estant veuës d'vn poinct, comme, *e*, mais toutes celles qui sont tirées des diuisions des parties égales des vnes & des autres, seront aussi veuës comme toutes droites & paralleles entr'elles.

Tellement que si on peint ce qui est entre A, B, C, D, sur vn plan qui soit incliné comme *a*, *v*, *b*. & qu'il soit regardé du poinct de distance qu'on aura pris, on ne verra le defaut de la Salle en aucune façon, mais vn paué continüé & vne muraille parfaitement droite, en apparence.

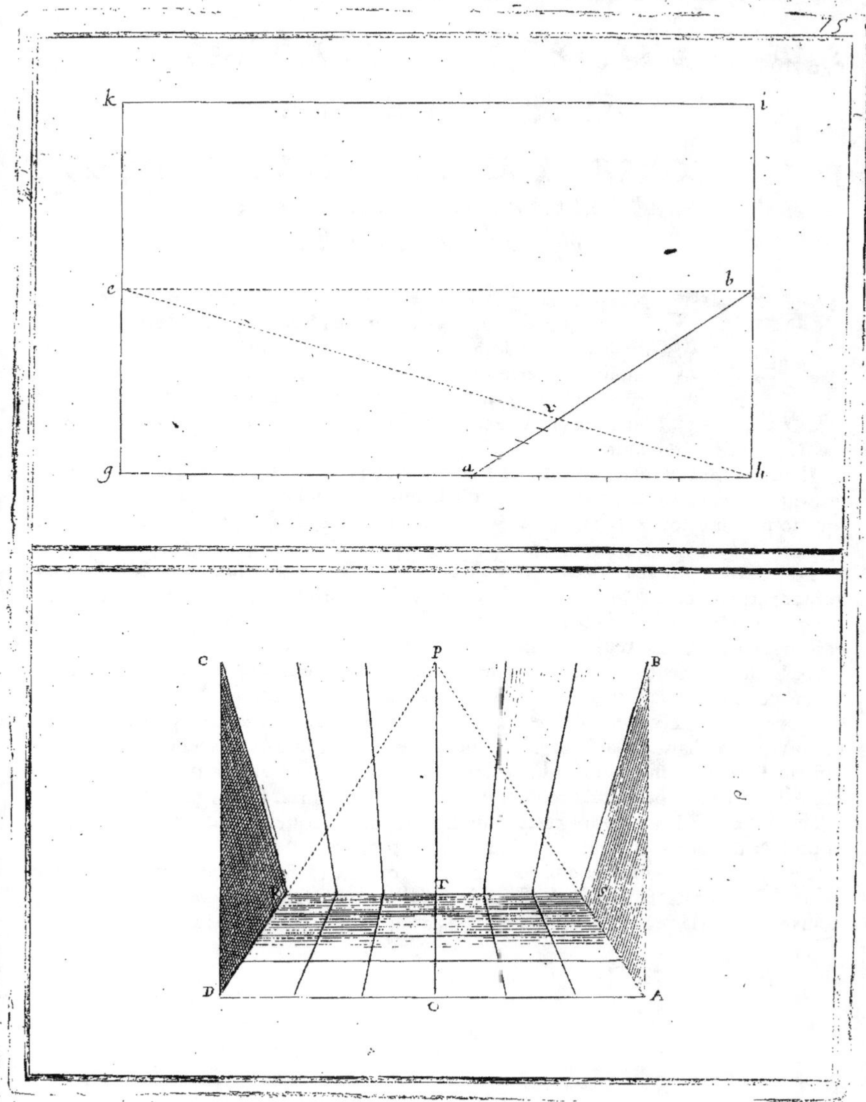

Y

PRATIQVE XIII.

POVR CORRIGER EN APPARENCE LE DEFAVT *d'vne muraille inclinée deuers l'horison; prenant depuis le bas jusqu'au haut de la Salle.*

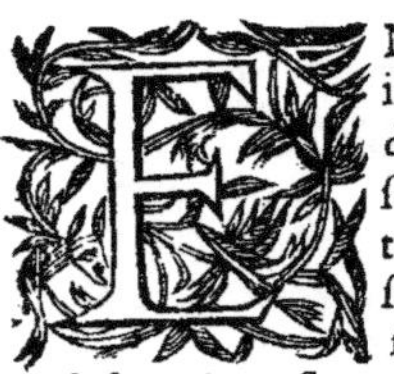

EN la pratique que nous venons de quitter, cette muraille qui est inclinée, ne passe pas la hauteur de l'horison, en celle-cy elle prend depuis le haut de la salle en bas; Or, comme il s'y en trouue assez souuent de cette sorte, on sera bien ayse d'auoir cette pratique pour tromper l'œil, qui d'vn poinct donné la trouuera perpendiculaire sur terre, & la Salle dans son quarré sans qu'il paroisse aucun defaut.

Il faut donc supposer, comme nous auons dit en l'autre; que *g, h, i, k*, est le rectangle que deuroit auoir la Salle; que *a b*, est la muraille inclinée, *g, e*, la hauteur de l'œil qui donne l'horison, *e, f*. Et *g, l*. la largeur de la salle, qui est la moitié de sa longueur *h, g*, ou *i, k*.

Pour auoir le moyen de tracer ce qu'il faut sur cette muraille inclinée, & la faire paroistre perpendiculaire; il faut en vn lieu separé tirer vne ligne droite A, D, égale à *g l*, & sur ces poincts A & D. esleuer deux perpendiculaires égales à *a b*, qui donneront le rectangle A, B, C, D. representant toute la muraille inclinée.

Or, le changement de cette pratique, d'auec celle que nous venons de quitter; est qu'en celle-la, nous auons pris tout l'inclinement de la ligne *a b*, à raison qu'elle ne va que jusqu'a l'horison. Mais en celle-cy, où la muraille inclinée prend depuis le bas jusques au haut de la Salle; il ne faut pas prendre toute la hauteur *a b*, mais seulement l'inclinement depuis la ligne de terre jusques à l'horison, comme *a, o*, & porter cette ligne *a, o*, perpendiculairement sur la ligne A D. qui est O P, égal à *a, o*; ce poinct P, fait le poinct de veuë pour cette muraille inclinée; auquel il faut tirer des rayons de toutes les diuisions qui sont sur la ligne A D, comme A P, D P.

Puis porter *a, v*, auec ses diuisions sur A D, qui est O T, d'où ayant fait vne parallele à A D. on aura R S, pour le fond de la Salle; tout le reste se fera comme nous venons de dire en la pratique XII. feüillet 75, pour éuiter vne repetition.

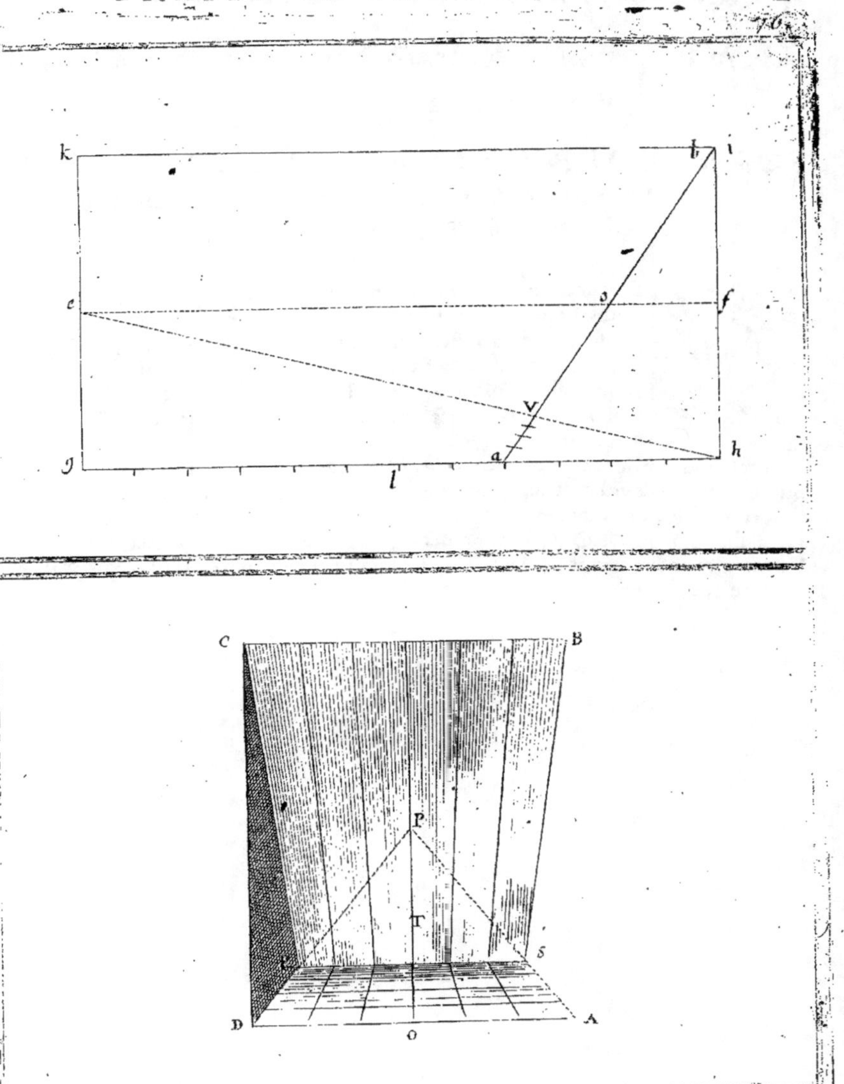
k
b
i
e
o
f
V
g
a
h
l
C
B
P
T
D
O
A

PRATIQVE XIV.

POVR CORRIGER EN APPARENCE LE *defaut d'vne muraille inclinée deuers l'horison, mais plus basse que l'horison.*

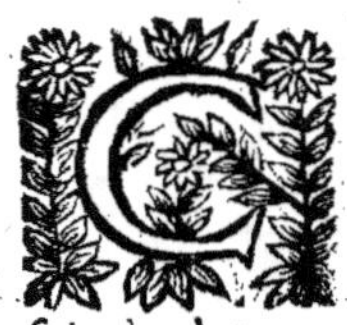

Ette pratique estant la mesme que les deux dernieres, C'est assez de voir la figure, pour connoistre comme elle se fait. Toutesfois il y a vne chose qui peut arrester; qui est que la muraille inclinée *a*, *b*, ne se pousse pas assés haut dans la Salle pour estre coupée de l'horison *ef*, neantmoins selon nostre maxime elle s'y doit couper; car *a*, *b*, ne donneroit pas le vray poinct, pour seruir de poinct de veuë: Que doit-on faire à cela?

Ie respond que de cet inclinement *a*, *b*, & de tous les autres qui peuuent estre encore plus bas entre *b* & *h*; il faut continüer vne ligne occulte jusqu'à ce qu'elle coupe l'horison, comme icy au poinct *m*; puis porter cet interualle, ou ligne *a*, *m*. perpendicelairement sur A D. qui est O P; & ce poinct P, est celuy qui sert de poinct de veuë; où il faut tirer tous les rayons, & faire le reste comme il a esté dit en la pratique XII. precedente feüillet 75.

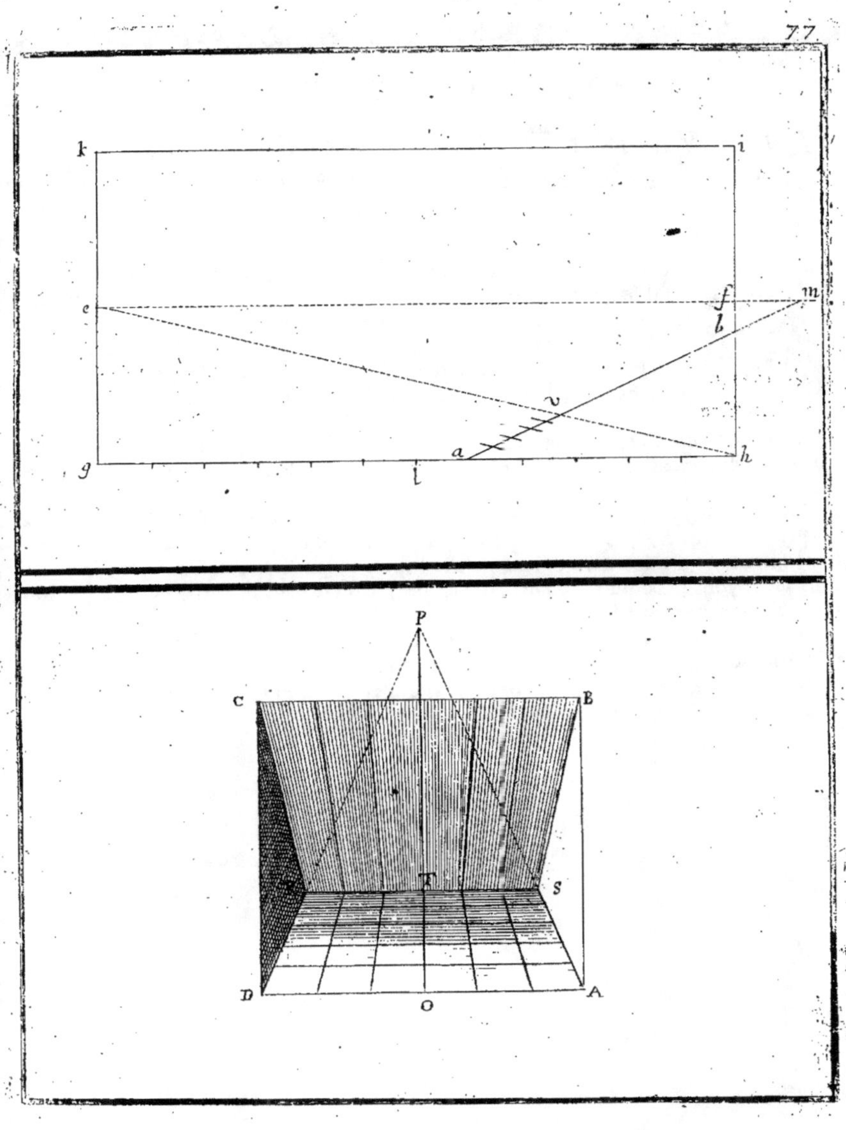
77
k
i
e
f
m
b
v
a
g
h
l
P
C
B
T
S
D
O
A

PRATIQVE XV.

PRATIQVE POVR CORRIGER EN APPARENCE la difformité d'vne Salle, Chambre, Gallerie &c. par vne muraille inclinée en deuant.

SVpposé, que *g, h, i, k*, soit le profil d'vn Salle, Chambre, Gallerie &c. où il se retreue vne muraille inclinée comme *a b*, Ie dis premierement, que cét inclinement n'est plus deuers l'horison, puisque selon le definition, l'inclinement se prend du costé où la chose inclinée fait vn angle aigu sur son plan, Or la ligne *a, b*, fait l'angle aigu *b, a, g* du costé du regardant *g, e*; donc la ligne *a, b*, est inclinée en deuant, par la definition de nostre seconde partie. feüillet 7.

L'on fait seruir à ces inclinements cy, les mesmes regles & les mesmes pratiques qu'aux inclinements deuers l'horison, que nous venons de donner aux figures precedentes.

Par exemple, ayant fait A D, égal à *g, l*, moitié de la Salle, & sur A D. esleué deux perpendiculaires A B, D C. égales à *a b*; il faut tirer la ligne B, C. & porter au milieu la ligne O, P. égale à *b, f*, ce poinct P, sert pour celuy de veuë, où se tirent tous les rayons; De plus, il faut encore porter sur O, P. la petite ligne *b*, *v*, qui est O T, & par ce poinct T, tirer vne parallele à A B, qui coupera B. P, & C P, aux poincts R S. qui sera l'apparence de l'enfoncement de la Salle, iusques où on continüera les soliueaux, en mesme nombre que ceux de la Salle.

Tout le reste s'acheuera, selon que nous auons dit aux pratiques precedentes de ce Traité.

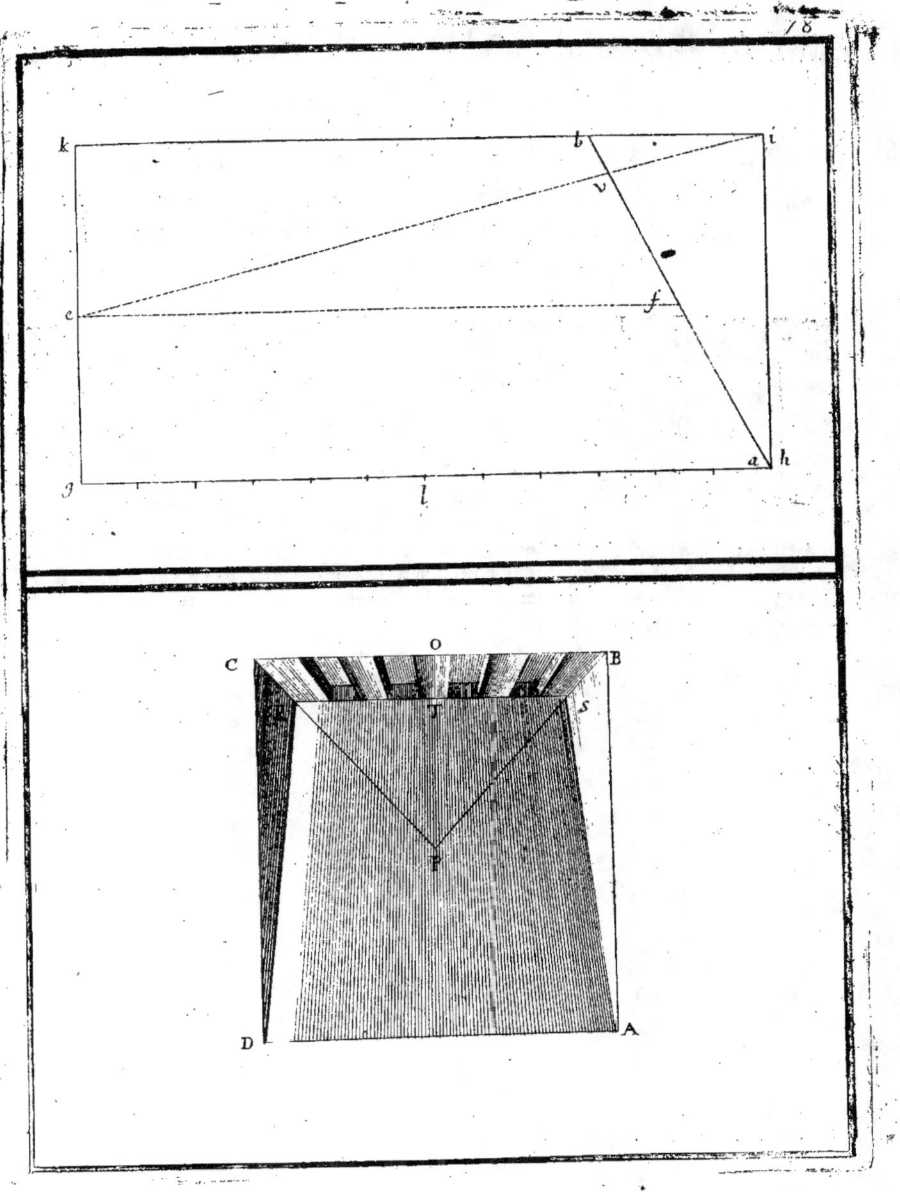
k
b
i
v
e
f
a
h
g
l
O
C
B
T
S
P
D
A

PRATIQVE XVI.

POVR CORRIGER EN APPARENCE LA *difformité qui se retrouueroit en vne Salle, ou autre lieu, qui auroit en vn de ses bouts, vne muraille inclinée en deuant, & vne autre inclinée deuers l'horison.*

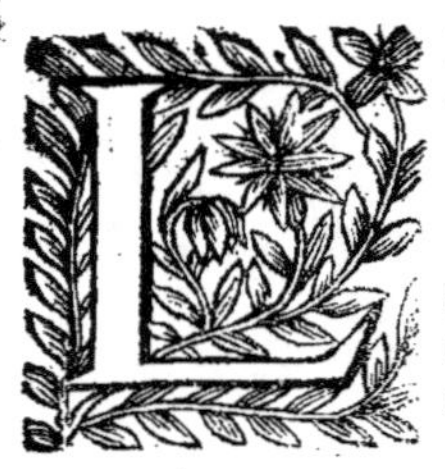

Es pratiques que nous auons données pour corriger les defauts, que ces deux sortes d'inclinements, donnent dans les bastiments; ayant esté repetées tant de fois, sont oudoiuent estre grauées fort profondement dans la memoire; c'est pourquoy il suffit maintenant d'en voir la figure; où ce demy hexagone, qui est au fond de cette Salle, peut estre si parfaitement corrigé, que la regardant du poinct donné pour la distance, elle paroistra toute rectangle & comme s'il n'y auoit aucun manquement.

Toutes ces lignes obliques qui sont tirées des lignes R S, à B C. ou A D, paroissent perpendiculaires, & se ioignent si parfaitement auec celles du fond qu'elles ne font qu'vne seule ligne continuée; tellement que sur ce vuide R S, A D, ou B C, R S. on peut peindre des portes, des fenestres, des pillastres, colomnes, & tout ce qu'on iugera y deuoir paroistre plus agreable.

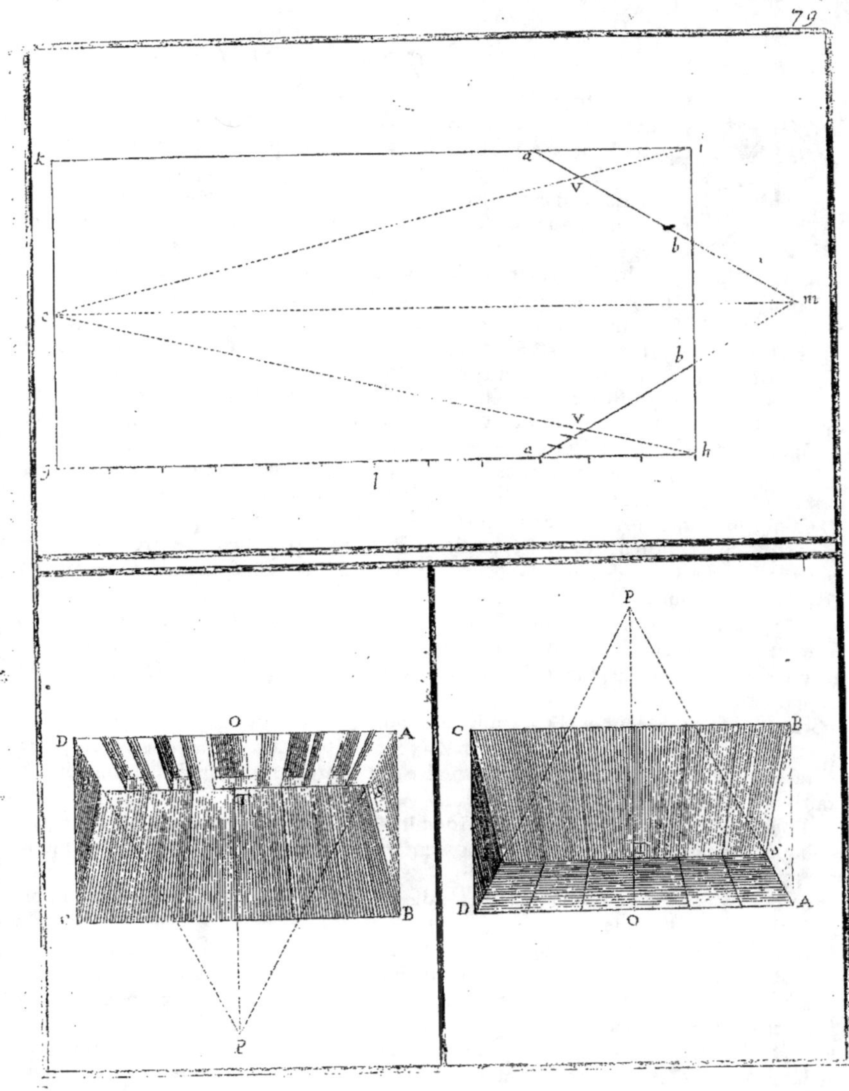
k
a
i
V
b
c
m
b
V
a
h
g
l
P
O
D
A
C
B
S
P
C
B
S
D
A
O

PRATIQVE XVII.

POVR PEINDRE TOVT CE QV'ON VOVDRA DESSVS LES plans de ces murailles inclinées.

IVsques icy ie n'ay rien fait paroistre que des lignes obliques entre les espaces R S, & A D, ou R S, & B C, qui representent le fond de la Salle, de la Gallerie, de la Chambre &c. Et cela tout à dessein affin de n'y point mettre d'embaras, & estre plus clair dans nos pratiques. Mais maintenant que l'on sçait comme le trait se doit donner à toutes ces piéces de quelques inclinements qu'elles soient; il est à propos de dire comme on doit y peindre des fenestres, des portes, des colomnes, arbres &c.

Premierement, il faut auoir deux poincts, absolûment necessaires; l'vn le poinct de veuë qui est des-ja trouué en P. où se tirent tous les rayons visuels; L'autre est le poinct Q, où se vont couper les lignes B S, & C R. & ce poinct Q pourroit s'appeller le centre de la terre, où se tirent toutes les lignes qui y doiuent paroistre perpendiculaires.

Par aprés, sur le profil *g*, *h*, *i*, *k*; il faut former les hauteurs des portes & des fenestres, qui sont supposées des-ja faites dans la Salle, affin que ce premier traict serue à donner les mesures de celles qu'on doit peindre sur cét inclinement.

Par exemple, ayant continüé le bas de la fenestre, *n*, l'on coupe l'inclinement A B, au poinct O, cette distance ou interualle *a o*, se doit prendre auec vn compas, & porter sur D C. qui donnera D O. puis de ce poinct O, il faut tirer vne ligne au poinct P, qui coupera C R, en E; duquel se fera E F, parallele à R S. De P. Il faut encore tirer vne petite ligne passant par F, qui donnera G. & cette ligne O E F G. sera l'accoudoir de toutes les fenestres qui peuuent estre representées sur ces murailles B, C, R, S. pour le fond; Et C R D, & A S B, pour les coins. Les largeurs des montans, & de ces fenestres *p*, *q r*. se doiuent porter sur B C, comme on les void marquées V V V; & de ces poincts V, V, V, il faut tirer des lignes au poinct Q. Iusqu'à la ligne E F: si quelqu'vn de ces montans coupe l'inclinement *a*, *b*, comme fait Q, en *x*, il faut prendre cet interualle *a x*, & le porter sur D C, qui donnera D X, puis de ce poinct X; Il faut tirer vne petite ligne au poinct Q, jusqu'à ce quelle coupe O E en Z. & si de ce poinct Z, on fait encore vne petite parallele à R S. on aura le coin de la fenestre qui separe le montant de l'accoudoir, & fait voir l'espaisseur de l'vn & de l'autre.

Pour les espaisseurs des fenestres du fond B, C, R, S. C'est à dire, le trait qui fait le coing des fenestres comme *y*, *z*, ils se doiuent tirer au poinct P; les espaisseurs des montans au poinct Q, & celles des accoudoirs & des croisons, quand il y en aura, par paralleles à R S: icy il n'y en peut auoir, à raison que l'inclinement ne passe pas l'horison *e*, *f*, qui est au dessous de ceux du profil.

Ainsi, par le moyen de ces deux poincts P, & Q. l'on peut representer au fond de ces Salles Galleries &c. B C R S, tout ce qu'õ voudra sur ces plans inclinez, quelques qu'ils puissent estre; obseruent exactement, que tout ce qui doit paroistre perpendiculaire sur terre doit estre tiré au poinct Q. & toutes les visuelles au poinct P. Pour celles qui sont paralleles à l'horison & à la ligne de terre, comme les accoudoirs des fenestres, les dessus des portes & croisillons &c. tout cela se doit tirer tous-jours parallelement. Pour les costez; on obseuera aussi ce que j'ay dit cy dessus; & pour les pauez & planchers ce qui est aux pratiques precedentes.

Si la muraille eut esté inclinée depuis le haut de la Salle en bas, j'y eusse fait voir de fenestres entieres, puisque cela n'est pas plus difficile que d'y en faire vn bout (mais nostre papier ne me la pas permis) le reste se doit acheuer sur la muraille droite, par lignes perpendiculaires sur B C; lesquelles estant joinctes auec celles de dessus le plan A, B, C, D. qui sont obliques, paroistront parfaitemẽt droites estant veües du poinct, *e*.

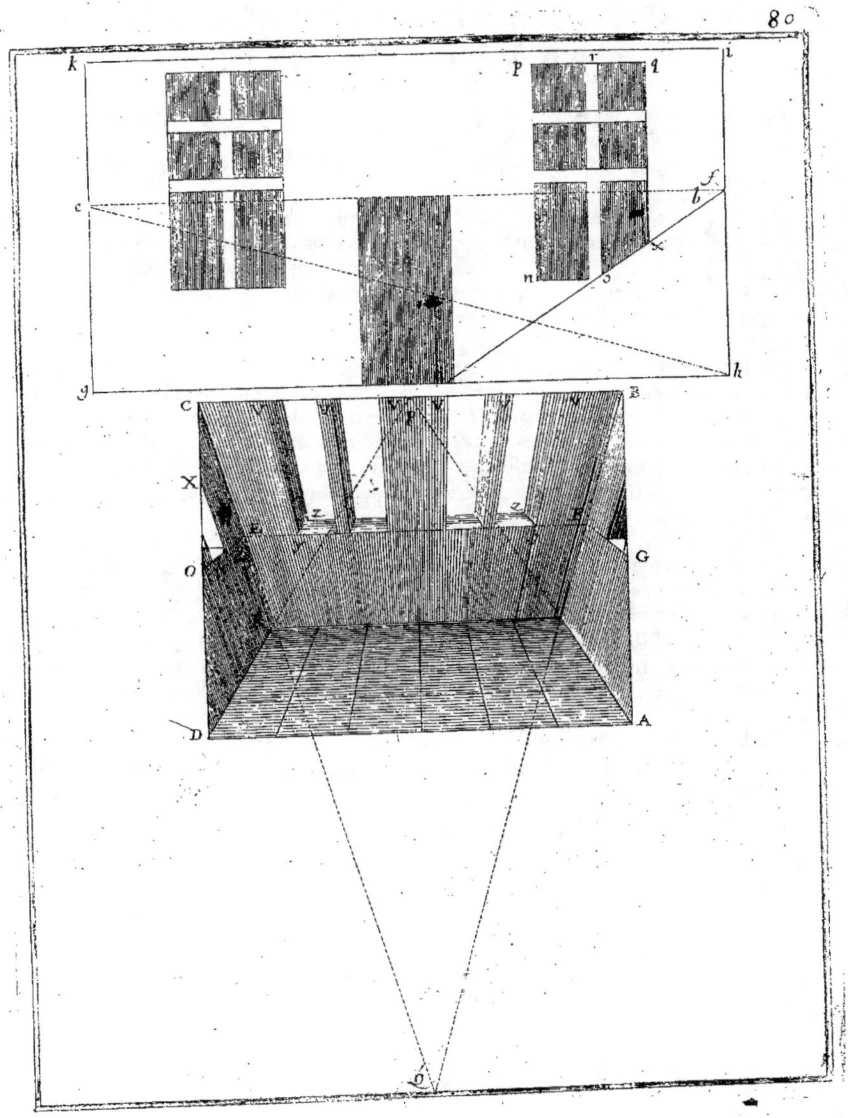
80
k
r
p
q
i
c
f
b
x
n
o
h
g
C
B
X
E
E
O
G
D
A
Q

PRATIQVE XVIII.

POVR TROVVER L'ANGLE D'VNE MVRAILLE *inclinée & déclinée, qui est ce que ie nomme coin & recoin.*

Vis que j'ay promis de donner toutes les pratiques qui me semblent estre necessaires en cette matiere; Ie n'ay pas voulu obmettre celle cy, qui d'abord semble deuoir estre pratiquée comme les precedentes des murailles inclinées: mais il y a grande diffeērce, à raison qu'en celles-là; il n'y a qu'vn inclinement deuers l'horison, ou en deuant; & en celle cy il y en a deux qui font vn changement bien notable dans la pratique.

Auant que d'y passer; Il faut remarquer que le déclinement est *a*, *b*, en la premiere figure, & que les inclinements sont *ac* & *bc*, que ie suppose faire le solide d'vne muraille au coin d'vne Salle, ou autre lieu qui en est rendu tout difforme & desagreable, or pour remedier à ce defaut; il faut auoir connoissance de ce triangle *a*, *c*, *b*, non pas du solide, comme pourroient penser quelques vns, mais seulement des trois lignes *ab*, *bc*, & *ac*. qui jointes ensemble donnent, auec l'apparence du solide, la superficie *a*, *b*, *c*. ou on doit peindre.

Mais à raison que ces mesures ne se peuuent pas prendre facilement sur la figure perspectiue, I'en ay fait vne geometrique, où l'aire de la Salle est A B D E F & F G C, & D H C, sont comme les murailles renuersées, où sont tracées les lignes A C & B C. qui sont les inclinements du triangle depuis la terre jusqu'à l'horison ordinaire; & A B, est son déclinement. De sorte que si ces murailles D H C, & F G C, estoient releuées ces deux C, C, ne feroient qu'vn poinct, & ces lignes A, B, C, qu'vn triangle, où l'on doit faire paroistre le reste du paué de cette Salle, comme si elle estoit rectangle ainsi que D, E, F, I.

Il est certain, pour la pratique à tracer, que gardant le poinct de veuë, & celuy de distance, ainsi que ie diray en la suiuante, ce defaut sera corrigé en apparence, & la Salle trouuera ce rectangle, *i*, qui luy manque dans le triangle *a b c*. comme il se void en la figure de dessus.

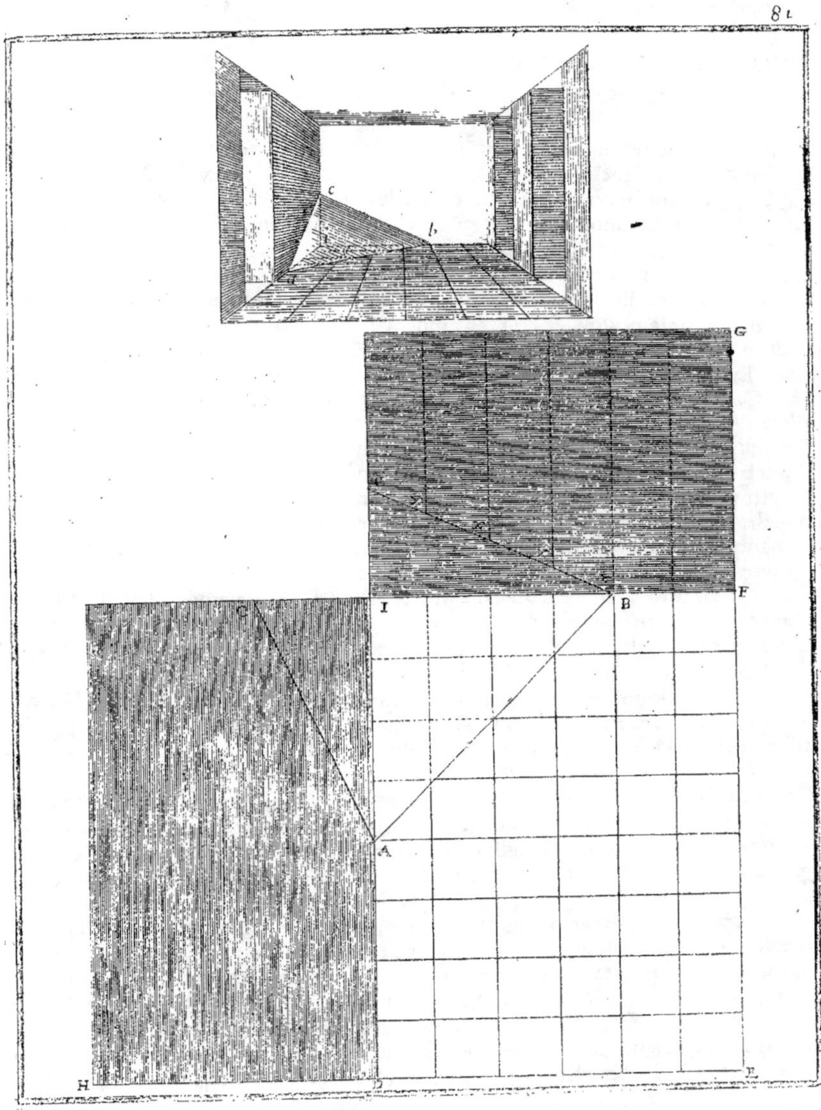
c
b
a
G
I
B
F
C
A
H
D
E

PRATIQVE XIX.

POVR CORRIGER EN APPARENCE LES DEFAVTS QVI peuuent se rencontrer en des Salles & autres lieux par des recoins, ou murailles inclinées & declinées.

AYant transporté icy l'aire ou paué de la figure precedente A B D E F, où A B, est la ligne declinée & A C, de la figure de dessous égal à B C, costez inclinez, qui montre que la superficie de ce triangle est Isocelle.

Ie suis comme asseuré qu'on entendra facilement cette pratique, particulierement si l'on à bien conceu la precedente de la muraille declinée, Pratique XII. feuillet 75. & ce que j'ay dit des Plans inclinez feuillet 73.

Ie dis donc pour celle cy; qu'il faut prolonger le costé, ou la ligne declinée A B, jusqu'a ce qu'elle coupe la prolongée E D, au poinct G; du quel on fera la ligne G N, perpendiculaire à A B, De plus supposant le regardant en K; le rayon droit coupe la ligne A B, au poinct L; d'où il faut encore faire vne perpendiculaire occulte sur A B, qui est L M, égale à A C. Et par ce poinct M, se doit tirer vne ligne infinie de part & d'autre, qui sera parallele à A B, & coupera celle esleuée de G, au poinct N; qui est le poinct accidental, où il faut tirer toutes les lignes qui doiuent paroistre paralleles à E D & F B.

Pour trouuer l'autre poinct, aussi accidental, où il faut tirer toutes celles qui doiuent paroistre paralleles à A D & E F, Ie dis, qu'il faut au parauant par lignes occultes continuer les deux lignes D A & F B, qui se coupant en O, donneront le rectangle A O B, qui manque en cette Salle; maintenant pour auoir l'apparence de cet angle O; il faut transporter cet interualle A O, sur la ligne A B, qui est comme la ligne de terre qui donnera A Q. De plus il faut encore faire M P, égal à K L, & ce poinct P, sera le poinct de distance où ayant tiré vne ligne Q P, & vne autre B N, leur section I, sera asseurement l'apparence de l'angle, O: D'où s'ensuit que si on tire vne ligne du poinct A, passant par celuy I. cette ligne estant prolongée elle ira couper l'horison M N, au poinct R; qui est celuy de veuë où se doiuēt tirer toutes les apparēces des paralleles aux costez A D & E F.

Ce que nous auons fait jusques icy, n'a esté que pour trouuer ces deux poincts, N & R, aussi est ce le plus difficile de tout. C'est pourquoy quand on les à trouuez le reste est fort aysé

Car ayant fait le triangle *a*, *b*, *c*, la base duquel est icy diuisée en quatre parties égales, comme la ligne A B; & ses costez aussi égaux à A C; l'on a cette superficie, ou champ de l'ouurage, *a*, *b*, *c* où on doit trauailler. Pour commencer, il faut continüer *a*, *b*, & faire *a g*. égal à A G. & sur *g*. esleuer vne perpend. *g*, *n*. égale à G N, & par ce poinct *n*, tirer vne ligne *n r*, parallele à *a b*. & égale à N R.

Par aprés, il faut tirer deux lignes *a*, *r* & *b n*, lesquelles se coupans en *i*, donnent le triangle *a*, *i*, *b*; où se doiuent tirer les quareaux qui manquent à le Salle, ce qui se fera comme on les void; si des diuisions qui sont entre *a*, *b*; on tire des lignes à ces poincts *n* & *r*: le triangle *b*, *i*, *c*. paroistra en angle droit & ayant porté sur *c b*, les mesures de la ligne B C, de la figure precedente, qui sont *x x x*, les lignes accultes, *u x*. qui y seront tirées, paroistront perpendiculaires au fond de la Salle; ce qui donne le moyen d'y faire paroistre des portes & des fenestres, & l'autre triangle *a*, *i*, *c*, paroistra aussi en angle droit, & comme le costé de la Salle D A, continué en O du plan.

Tellement, que si ce triangle est bien peint conformement en ce qui est en la Salle, c'est adire que le paué peint, ait du raport auec le vray, ou si ce sont planches, ou parquetage, le faire de mesme; si les murailles sont blanches, faire blanc ce qui est entre *a i c*, ou si elles sont tapissées, y contrefaire la tapisserie, & ainsi du reste, si ce qui est difforme à la salle, est peint de la sorte; il sera difficile de le reconnoistre estant veu du poinct K.

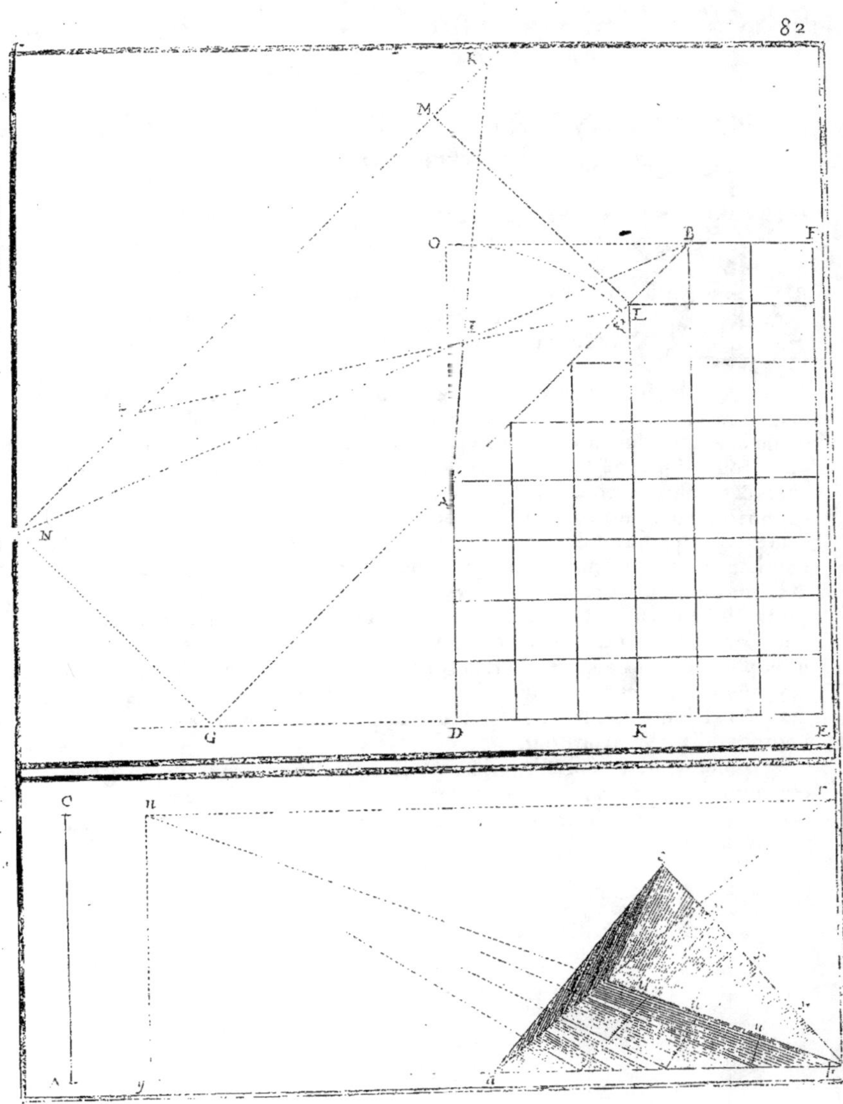
K
M
O
B
F
L
Q
I
A
N
G
D
K
E
C
n
A
g
a

PRATIQVE XX.

POVR PEINDRE SVR VNE MVRAILLE *déclinée, & plus inclinée d'vn costé que de l'autre.*

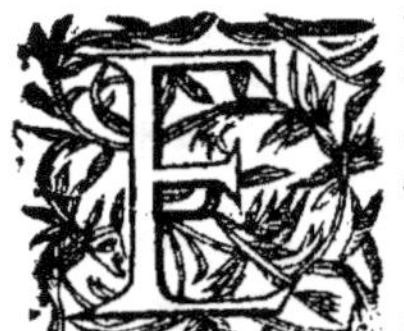

EN la pratique precedente, cette muraille inclinée & déclinée, qui y fait voir vne Salle, ou autre lieu imparfait, est tellement disposée que cette defectuosité donne vn triangle Isocelle, c'est à dire, qui a deux costez égaux & par consequent vn inclinement égal.

Mais en celle cy, le triangle qu'y donne cette muraille inclinée, & déclinée est Scalene, c'est à dire qu'il a les costez inégaux & par suite que les esleuations, ou inclinements sont diuers.

Par exemple, le costé du triangle B C, est bien plus long, & par consequent son inclinement est bien plus bas que celuy A C, qui estant plus court donne son esleuation, ou inclinement plus droit, ainsi qu'on le void, tant en la figure perspectiue qu'en la figure geometrique, où les murailles D, H, C, & F, G, C, sont supposées estre destachées & touchées à terre, affin d'y faire voir le trait de cet inclinement de muraille, que j'ay mis icy bien plus haut que l'horison; O P, pour montrer que les pratiques precedentes (où je prend l'inclinement de puis le bout qui pose à terre, jusqu'à ce qu'il coupe l'horison ordinaire) sont vniuerselles, & qu'il suffit de prendre cette hauteur A O, & B O, où l'horison est coupée par cette muraille inclinée pour trouuer les horisons supposez. Ils semblent plus esleuéz que l'ordinaire, quoy qu'en effet ils ne le soient pas, à raison que ces inclinemens, plus ou moins couchez, donnent des poincts sur le rayon droit plus ou moins auancez, ausquels poincts il faut tirer des rayons qui representent des paralleles entres eux, ainsi qu'il a esté dit, au feuillet 73. Puis quand on recouche ces piéces selon leur inclinement, tous ces poincts se trouuent en mesme ligne que l'horison, & sur le rayon droit.

Or comme en cette muraille inclinée & déclinée, il y a vn costé plus long que l'autre, cét horison & ce poinct de veuë changent, quoy que par apres ces piéces estant placées en leur lieu, il ne s'y en trouue qu'vn, ce qui se verra en la pratique & figure suiuante.

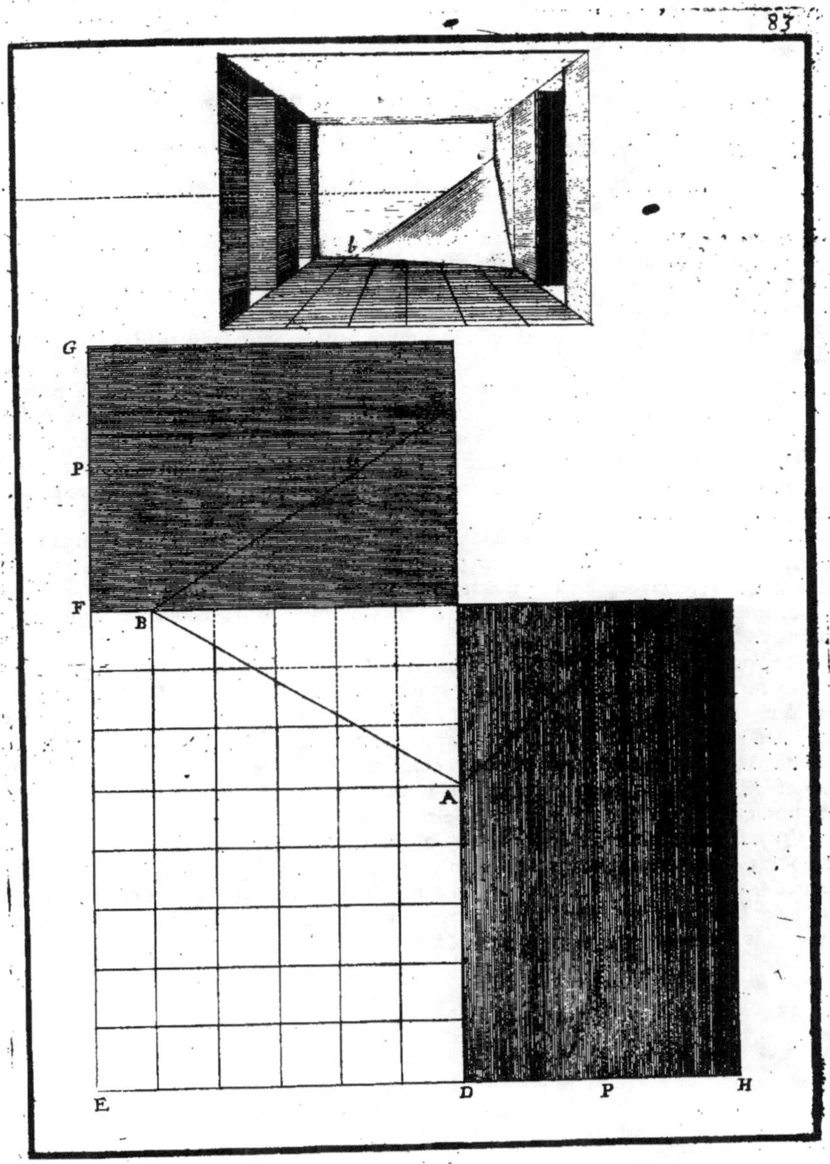
83
b
G
P
F
B
A
E
D
P
H

PRATIQVE XXI.

POVR CORRIGER EN APPARENCE LE defaut ou difformité d'vne Salle, ou autre lieu, où il y a vne muraille déclinée, & plus inclinée d'vn costé que de l'autre.

SVppoſé ce que nous auons dit, en la pratique XIX. & XX. que nous venons de quitter, il ſuffiroit de regarder cette figure pour ſçauoir comme elle ſe doit tracer: neantmoins comme il y a vn peu de changement, on ſera bien ayſe d'apprendre comme on s'y doit conduire.

L'aire, ou paué, eſtant comme au precedent, feüillet 82. Ie dis que où le coſté, ou ligne declinée A B. prolongée coupe la ligne D E, auſſi prolongée, au poinct G, on eſleue vne perpendiculaire ſur A B, qui eſt G N; puis d'vn poinct où le rayon K, coupe la ligne A B, en L; il faut faire vne autre perpendiculaire à A B, ſur laquelle il faut potter la plus petite ligne A O. égale au plus petit coſté du triangle, qui ſera L M. Et de ce poinct M, ſe doit tirer vne parallele à A G, qui coupera G N, en N, qui eſt le poinct accidental, où il faut tirer toutes les lignes, qui doiuent paroiſtre paralleles à D E, ou F B.

Pour auoir l'autre poinct accidental, qui doit ſeruir de poinct de veuë; Il faut porter B O (égale au plus grand coſté; ou plus bas inclinement du triangle) ſur L M, qui donnera L S; & par ce poinct S; il faut tirer vne parallele à M N, ou A B. Par aprés, il faut continüer les coſtez D A, & FB. par lignes occultes, qui ſe coupant au poinct F, donnent l'angle droit A, F, B. qui manque à cette Salle pour eſtre rectangle.

Or, pour auoir l'apparence de cét angle F; il faut prendre la diſtance K L. & la porter ſur M N, qui donnera M P, puis ayant tranſporté A F, ſur A B, comme ligne de terre, on aura le poinct Q, d'où ſe doit tirer vne ligne Q P, & vne autre de B, à N, & la ſection de ces deux lignes I, ſera l'apparence de l'angle F; C'eſt pourquoy ſi du poinct A, on tire vne ligne par I, eſtant continüée elle ira couper, celle tirée de S, au poinct R, qui eſt aſſeurement ce poinct de veuë accidental, où ſe doiuent rencontrer toutes les lignes qui apparoiſſent paralleles à A D, & K L.

Quand on a trouué ces deux poincts N, & R, le reſte eſt fort facile, car des ſections 2, 3, 4, 5. qui ſont ſur A B, il n'y a qu'à tirer des lignes au poinct R. & des autres *oo*, au poinct N. & le triangle A I B, ſe trouuera formé des quarreaux, qui doiuent faire paroiſtre cette Salle quarrée, eſtant veu du poinct K; le reſte ſe fera comme nous auons dit en la pratique precedente.

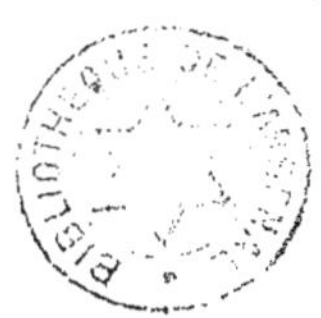

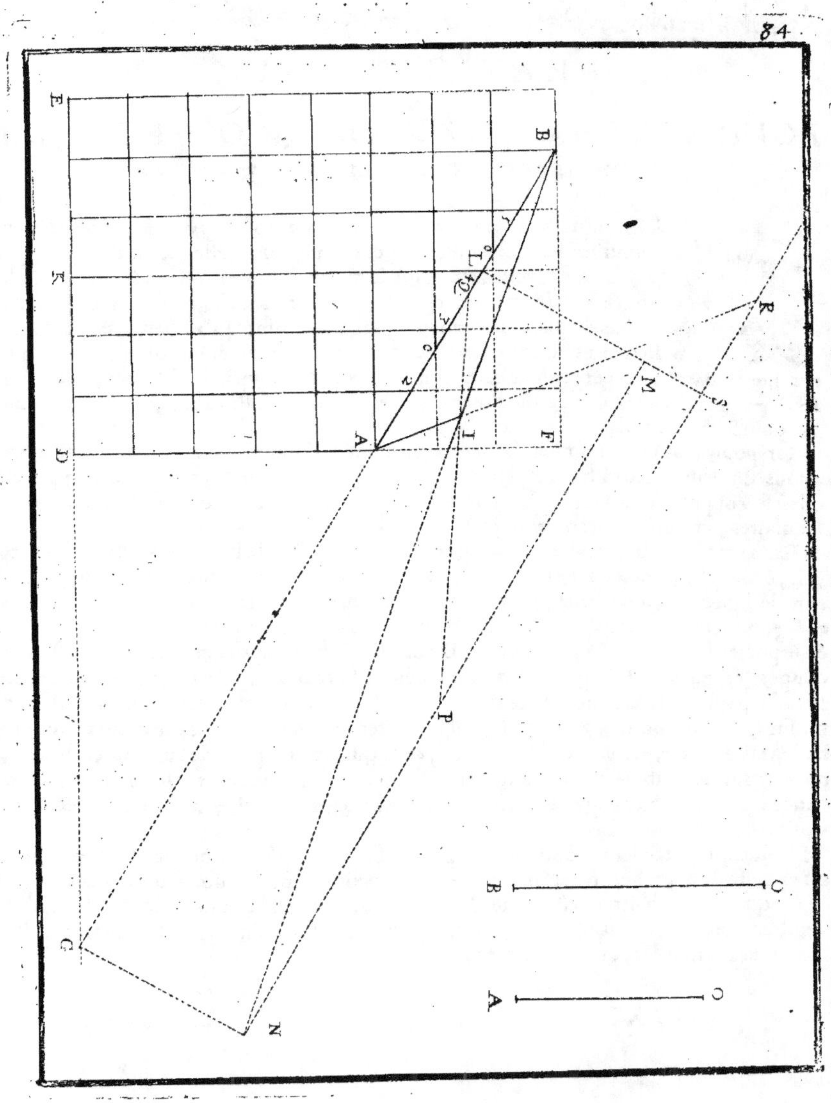

PRATIQVE XXII.

POVR PEINDRE TOVT CE QV'ON DESIRERA faire voir sur ces murailles inclinées & déclinée.

LA Pratique XII. feüillet 75. de ce Traité où je parle de peindre sur les murailles inclinées, doit donner grand jour à celle cy, où l'on void que le poinct de veuë, est *r*: où se tirent les rayons visüels; & *n*, est le poinct accidental, où se tirent toutes les paralleles à la ligne de terre ou bas du plan. Tellement qu'il n'y a plus qu'a esleuer des perpendiculaires sur terre; mais comme nous auons des-ja dit que quoy que ces lignes paroissent perpendiculaires, estant veuës du poinct de distance; elles ne le sont pas en effet à raison de l'inclinement des plans ou elles sont, qui leur donne vn poinct accidental.

Or pour trouuer ce poinct; il faut continüer à l'infiny la ligne *c*, *i*, (que nous auons dit deuoir paroistre perpendiculaire) & vne de celles *u x*, ou toutes; Et où elles se couperont au poinct P, ce sera de là, que doiuent partir toutes les perpendiculaires, comme du centre de la terre.

Par apres, il faut prendre sur la ligne A D, la section de l'accoudoir de la fenestre A E, & la porter de *a*, à *e*; De, *e*, il faut tirer vne ligne au poinct *r*, laquelle couperont la ligne *c*, *i*, au poinct, *f*; si de *n*, on en tire vne autre passant par *f*; on aura *e*, *f*, *g*, pour l'accoudoir des fenestres. De plus, il faut encore prendre l'interualle A F, & le porter sur *a*, *c*, qui donnera *a*, *h*; De ce poinct *h*, il faut tirer vne ligne *h* P. qui coupera, *e f*, au poinct, *z*. pour coin de la fenestre, duquel il faut tirer au poinct *n*, & l'on aura l'espaisseur. Il faut encore prendre sur A C, le montant de la fenestre A G, & le porter sur *a*, *c*, qui donnera *a*, *o*, & de *o*, il faut tirer deux petites lignes au poinct P, qui ne passent pas celle *e*, *z*. Si l'on fait au costé *b*, *c*, ce que nous venons de faire au costé *a*, *c*, on aura sur ce triangle *a b c*. tout ce qui se doit voir sur cette muraille inclinée, & declinée; que ie montre au net, en *k l m*. où les lignes occultes & les cheracteres, ne donnent point d'embaras.

La pratique precedente, donne le moyen d'y faire le paué, & mesme des soliueaux, ou vn reste de plancher, si cét inclinement, & declinement se faisoit par en haut.

Ce qui est à souhaitter, est que les Peintres imitent bien le coloris des piéces qu'ils veüillent feindre & continüer en apparence, comme des poutres, des soliueaux, des pauez, des murailles, ou tapisserie &c.

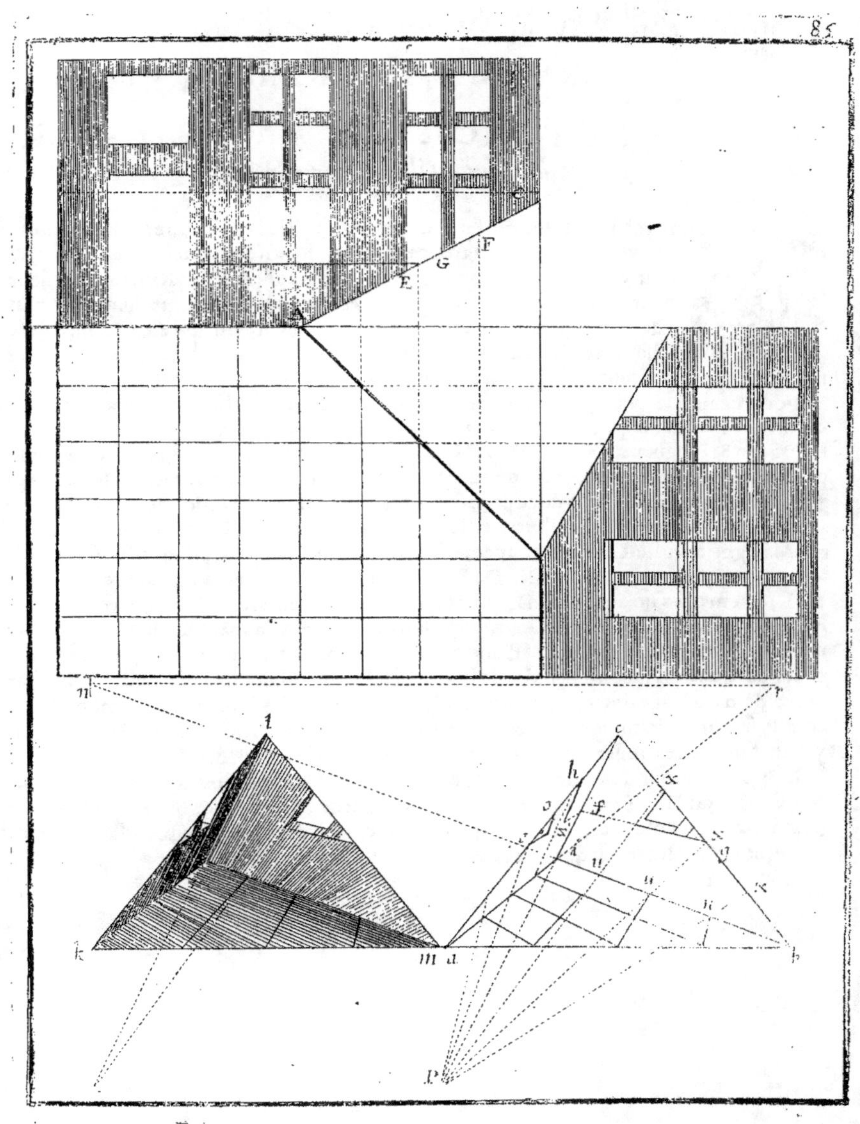
A
E
G
F
m
r
l
c
h
x
f
k
m
a
b
P

PRATIQVE XXIII.

POVR FAIRE PAROISTRE VN PLANCHER plus haut qu'il n'eſt en effet.

LA meſme regle, qui fait que les Perſpectiues ordinaires trompent noſtre veuë, dans les apparences des objets qui ſemblent bien eſloignez, & ſont en effet tout proche de nous ; fera conceuoir ayſement, qu'elle ſe peut auſſi tromper, en l'apparence d'vn plancher ; qui ſemblera plus eſleué qu'il n'eſt en effect, aux yeux du regardant qui eſt au milieu de la Chambre. Ce qui aydera beaucoup à contenter l'œil, & à remettre toutes choſes, du moins en apparence, dans l'ordre de bonne Architecture.

Pour venir à la pratique, ſuppoſons qu'on trouue trop bas le plancher *a*, *b*, *c*, *d*. & qu'on le veüille faire paroiſtre auſſi haut que celuy *e*, *f*, *g*, *h* : Ie dis qu'il faut prendre ſa largeur & longueur, comme eſt A B C D, & tirer vne ligne occulte où on voudra prendre le poinct de veuë, comme icy par le milieu F, point de veuë, puiſque le regardant ſe trouue au deſſous de ce poinct dans la ſalle. Et le poinct de diſtance en E.

Par aprés ; il faut prendre l'interualle *a*, *e*, & le porter ſur C D, qui donne C G. Puis tirer la ligne occulte G E, qui coupera C F en, I, duquel poinct I ; il faut faire vne parallele à C A, qui coupera A F, en K. De K, faire vne autre parallele à A B, qui coupera B F, en L, & encore vne autre à B D, qui coupera D F, en M ; il n'y faut plus que tirer la ligne I M, & on aura le parallelogramme I, K, L, M. pour l'apparence du plancher eſleué. Et le reſte qui eſt de part & d'autre paroiſtra comme des murailles qui s'eſleuent, c'eſt pourquoy, il faut les peindre de blanc, ſi elles ſont blanches en la Salle, ou apparence de natte, ſi elles ſont nattées ; ou de tapiſſerie ſi elles ſont tapiſſées, enfin de tout ce qui ſera neceſſaire pour les rendre pareilles aux murailles effectiue, & meſme on y peut feindre des jours, comme on y en void aux coſtez A B, & B D.

Le plancher que i'ay tracé entre I, K, L, M. ſe fait comme nous auons dit en la pratique XX, du III. Traité de noſtre premiere partie, feüillet 56. & 57. Si on y veut peindre autre choſe, comme pourroient eſtre des percées, ou double plat-fond ; les pratiques precedentes en donnent aſſez, & la methode de les tracer.

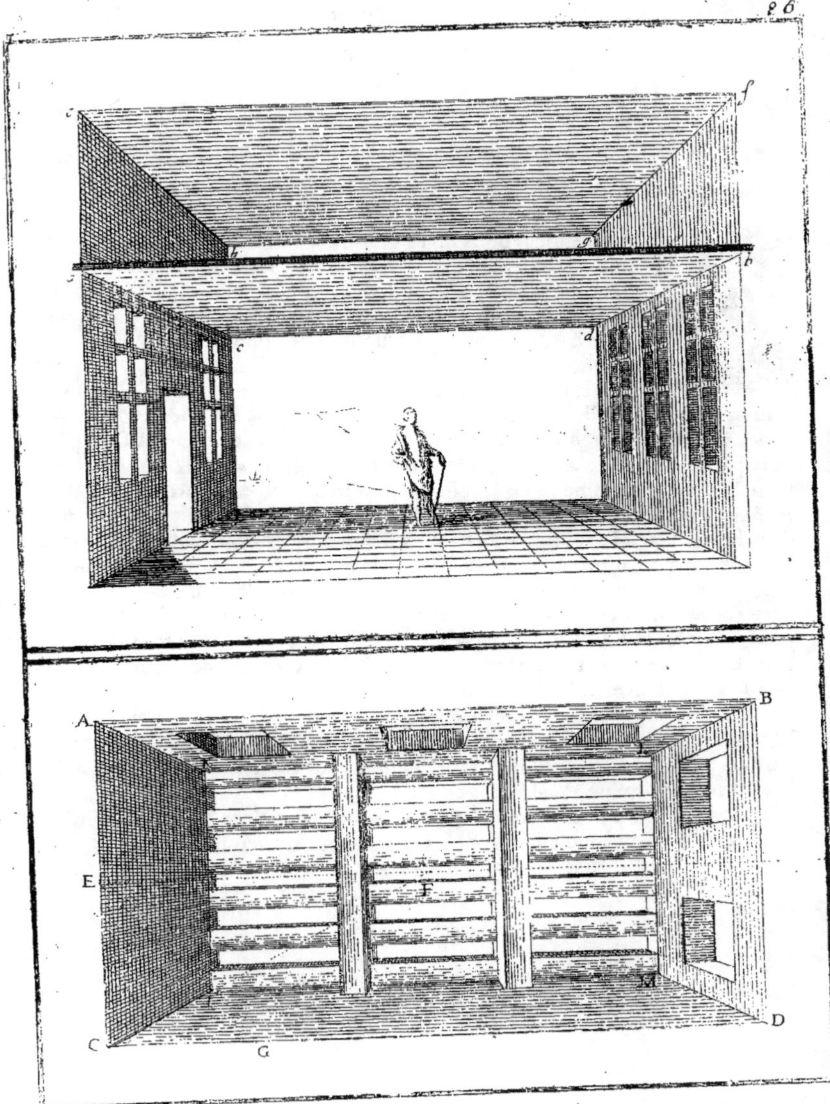
e
f
h
g
a
b
c
d
A
B
E
F
M
C
G
D

PRATIQVE XXIV.

POVR FAIRE QV'VN PLANCHER, QVI EST plus bas d'vn costé que de l'autre, paroisse droit, & rectangle, de tous costez, comme les ordinaires.

CE que nous auons dit és Pratiques XII. & XIV. feüillets 75. & 77. est suffisant pour comprendre celle-cy à la seule veuë de la figure, où on void que *abcd*, est comme le profil de la Salle; *e f*, l'horison, &, *a g*, l'inclinement du plancher que l'on veut corriger par la perspectiue & le faire paroistre droit estant veu du poinct, *e*.

Pour ne point faire vne grande redite, ny aussi renuoyer absolument aux pratiques que nous venons de cotter, qui ne sont pas en tout conformes à celle-cy : Ie diray briefuement, qu'il faut porter la largeur de la Salle, comme est icy A B, en quelque lieu separé; & sa longueur A D, égale à *a*, *g*. Puis par le milieu de A B, tirer vne ligne E F, égale à, *a*, *f*, & le poinct F, sera le poinct de veuë, comme celuy E, poinct de distance. C'est pourquoy, si des poincts A, & B, on tire au poinct de veuë F; & des poincts C, D, au poinct de distance E, leurs sections G, H, donneront l'enfoncement du plancher, faisant I, E. égale à, *i*, *a*.

Si on veut quantité de poutres à ce plancher, il n'y a qu'à en marquer le nombre sur la ligne *a b*, du profil, & de ces poutres, ou de leur plan, tirer des lignes occultes au poinct, *e*, qui couperont la ligne *a*, *i*, en certains poincts *oo*, *oo*, qu'il faut transporter sur la lignes E I, pour des poincts qu'ils y donneront tirer des paralleles à A B. Les soliueaux se tirerons au poinct F, & les espaisseurs des vns & des autres, au poinct de distance E.

La figure fait voir le reste d'elle mesme, estant aysé à remaquer qu'ayant tiré la ligne G H, on y a les apparences des angles de la muraille & du plancher; Ces espaces D G, H C, D G A, & C H B, sont apparences de muraille, où on peut acheuer les fenestres & ce qu'on voudra.

Quand ce qui est tracé entre A G H B, sera mis en couleur & veu du poinct donné, *e*, on s'y trompera aysement dans l'apparence du tout qui semblera effectif.

87

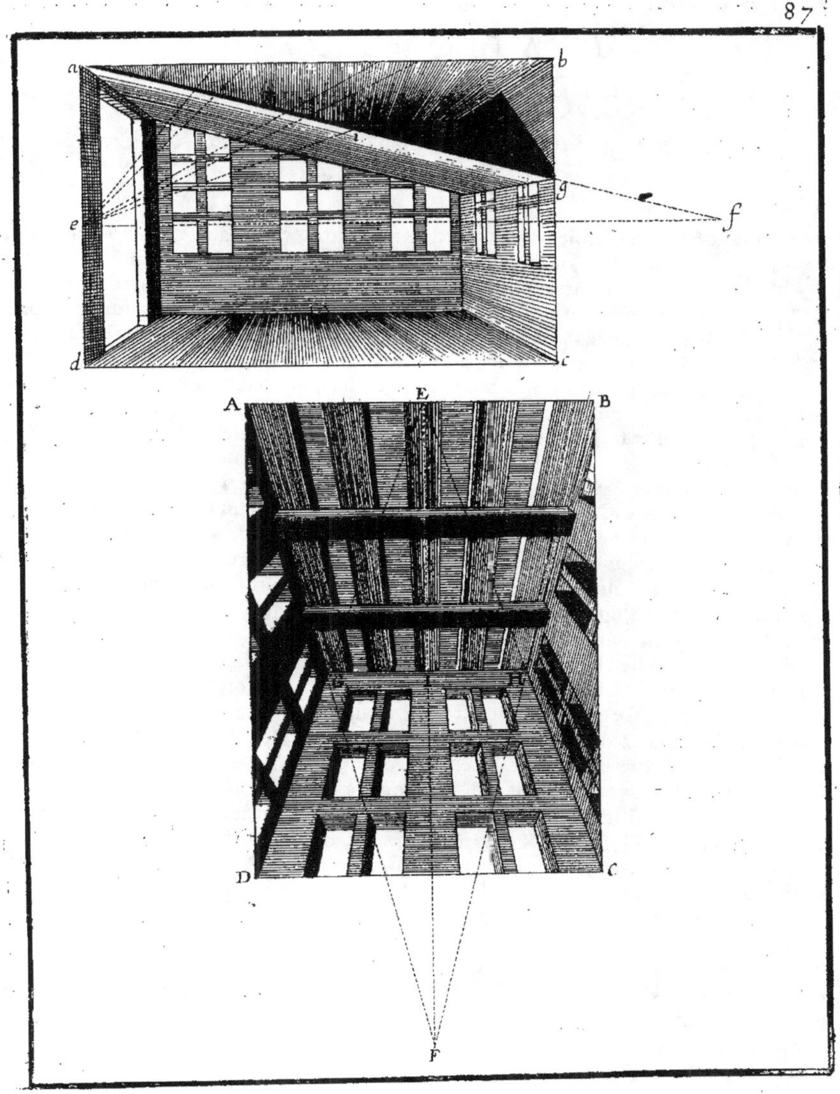

PRATIQVE XXV.

POVR FAIRE QV'VN LAMBRIS, OV VOVTE de plusieurs pans paroisse tout vny, comme vn plat-fond droit, ou simple plancher.

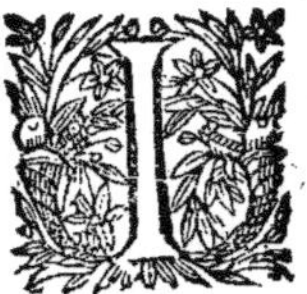

IL ne seroit pas besoin d'autre figure, pour faire ce que ie propose, que celle que j'ay donnée en la Pratique IX. de ce Traité feüillet 72. où ie montre le moyen de faire vne ligne droite sur deux pans obliques à celuy du milieu ; Mais comme ceux la sont posez sur terre perpendiculairement, & que ceux cy sont parallels à la terre ; Il semble, qu'il y ait, ou doiue auoir, du changement pour la Pratique ; Ie veux faire voir que non ; hormis l'horison qui se met plus haut en celles cy, où on le prend ordinairement au milieu des voutes, ou plat-fonds, quand ils ne sont pas bien grands, & en celles la, jamais plus haut que l'horison naturel, C'est à dire de cinq pieds de terre.

Pour ayder l'imagination en celle cy, soit donnée la voute *a*, *b*, *c*, *d*, où l'on veut que les pans *a b*; *g o*. & *c d*, *h i* ; paroissent aux yeux du regardant O, qui est au milieu, comme s'ils estoient vne ligne droite *k*, *l*, ou, *m n*, ainsi qu'vn plat-fond.

Ie dis que pour trouuer ce trait bien facilement ; Il faut continüer vn des pans de cette voute comme celuy *a*, *b*. qui coupera le rayon du milieu au poinct *f*, De plus il faut tirer vne autre ligne depuis l'œil du regardant, jusques à l'angle droit supposé *k*, qui coupera *a*, *f* au poinct *v*.

Par aprés, en vn lieu separé, il faut porter la largeur du Plan AB, égale à ; *a b* & sa longueur AD. Puis il faut tirer vne ligne infinie qui luy soit perpendiculaire & la couper au poinct E. De plus, il faut faire E, F. égale à, *a f*. Et F, sera l'vn des poincts de veues, où il faut tirer des lignes occultes des angles AD. Il faut encore porter sur E F la distance *f*, *v*. qui donnera F X, & Par ce poinct X, il faut tirer vne parallele à A D. qui coupera les rayons A F, & D F aux poincts Y Y.

Or des angles B C, & par ces poincts Y Y. il faut tirer des lignes qui couperont celle E F, au poinct G, faisant X G, égale à *e v* : G, est le poinct de veuë où se doiuent tirer toutes les poutres, ou soliueaux qui sont entre BY, Y C, & leur espaisseur se tirera au poinct F. Dans ces triangles A Y B. D YC, & cet espace A Y, Y D, on peut mettre des fenestres, ou y esleuer des Pilastres & autres ornements, comme en la figure precedente.

Quand on aura fait vn de ces pans, l'autre se fera par les mesmes regles, & faudra contrefaire en l'vn, ce qui est en l'autre. Estans acheuez tout deux, & veus du poinct de distance donné ; l'on aura toute la satisfaction qu'on en peu desirer selon nostre proposition.

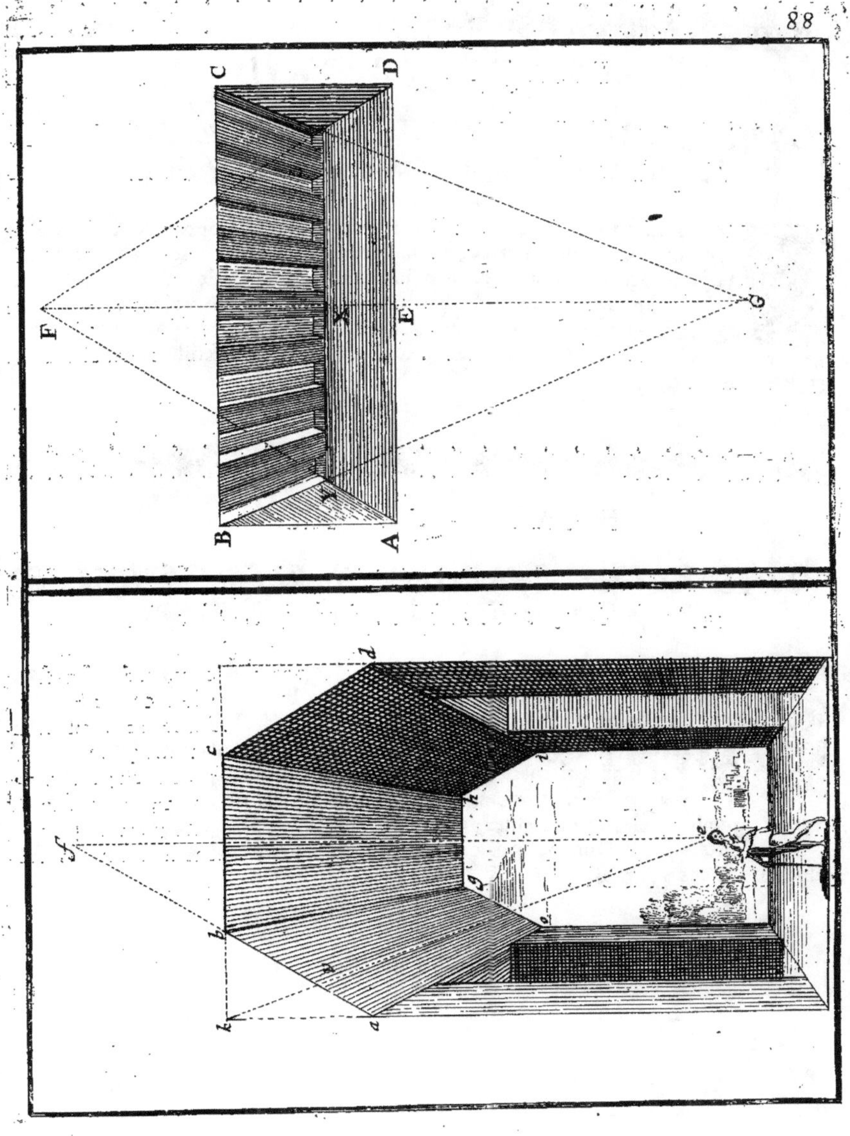
B
C
D
A
F
X
E
G
Y
k
a
b
f
c
d
g
h
e

PRATIQUE XXVI.

POVR FAIRE PAROISTRE DES PORTES EN *Perspectiue, où il seroit besoin de réeles & effectiues.*

QVand on voudra donner l'apparence de quelque porte, quelle qu'elle soit, ronde, ou quarrée, & en quel lieu on voudra : le trait & la pratique se trouuera en la premiere Partie au Traité III. de la seconde Edition.

Par exemple, pour les portes quarrées, comme celles A ; B. Il ne faut que voir la Pratique. XVIII, feuillet 54. Si elles sont rondes, comme celles C, D. les Pratiques XXV. feüillet 61. XXIX. feüllet 64. XXX, & XXXI. feüillet 65.

PRATIQUE XXVII.

POVR FAIRE PARROISTRE DES FENESTRES *en Perspectiue, au lieu où il en faudroit d'effectiues.*

SI au lieu des portes, & mesme auec des portes, l'on veux des fenestres; le trait se trouuera aussi en la premiere Partie de la seconde Edition, Pratiques XIX. feüillet 55. & Pratique LXXXI. feüllet 107. qui suffiront pour toutes les sortes qui se font, & se peuuent faire.

Il faut seulement prendre garde, que celles qui ne sont qu'en apparence & pour tromper l'œil; soient de mesme forme, espaisseur, & hauteur, que les réeles & effectiues; Ce qui se doit aussi obseruer pour les portes, & toutes autres piéces qui ne sont qu'en apparence, & doiuent neantmoins correspondre à des veritables.

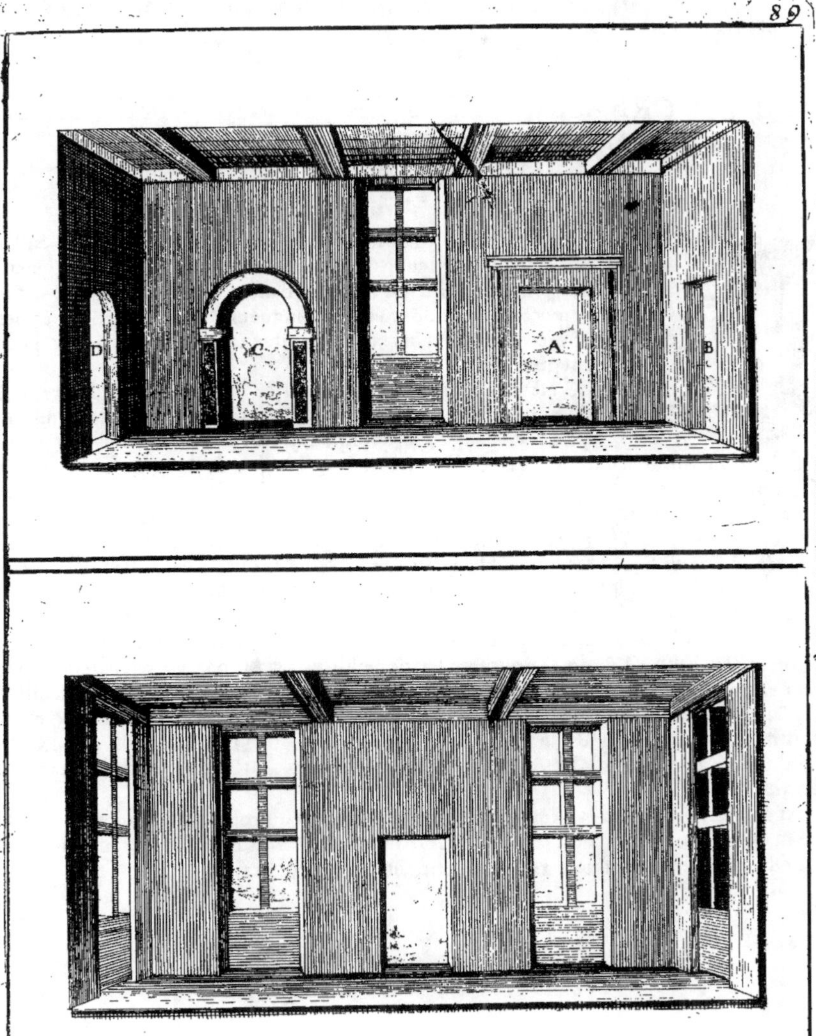
D
C
A
B

PRATIQVE XXVIII.

POVR CREVSER ET AGRANDIR VNE SALLE vne Chambre, vne Gallerie, ou autre lieu, en apparence; qui ne le seroit pas assez en effet.

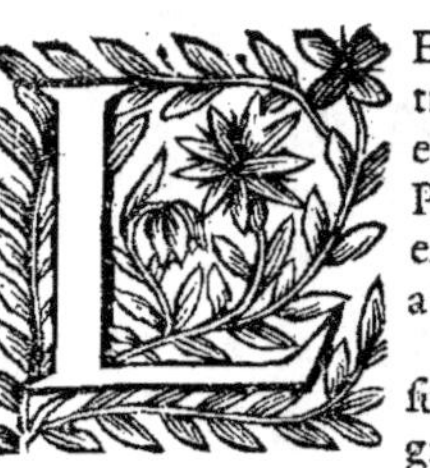

Es personnes de qualité ne voyent pas volontiers leurs Salles trop courtes, ny leurs Galleries n'auoir pas assez de longueur; en vn mot elles n'ayment pas d'estre logées à l'estroit. Or la Perspectiue sçait donner des longueurs, des hauteurs, & des enfoncements, sans qu'ils doiuent coûter beaucoup pour achepter des places.

C'est ce que ie veux montrer icy, par vne seule figure, qui suffira pour trouuer tant à approfonder vne Gallerie qu'a agrandir vne Salle, & quelqu'autre lieu.

Soit donc pour exemple, vne Salle, seulement longue de *b*, *a*; qu'on voudroit faire paroistre grande comme, *a c* (supposons que *a*, *b*, est de 30. pieds, & que *a*, *c*, l'est de 40.) ie dis qu'il faut transporter en quelque autre lieu, la largeur & hauteur de cette muraille *d*, *b*, *g*, *e*, comme icy en D, B, G, E, où ayant pris l'horison & le poinct de veuë F; il faut faire F H, égale à *a*. *b*. & de la distance H, trouuer vn enfoncement de dix pieds, comme j'ay dit en la premiere Partie Auis II. feüillet 17. lequel estant tracé il faut dans le fond, feindre vne cheminée, selon la pratique XLVII. du Traité III. de la premiere Partie feüillet 78. & de costé & d'autre des fenestres, selon la Pratique XIX. de la premiere Partie feüillet 55. Au bas vn paué selon qu'il sera en la salle, les Pratiques du Traité II. de la premiere partie depuis le feüillet 32. Iusqu'a 36. en donnent de toutes les sortes. Le Dessus ou plancher doit estre continüé comme celuy de la Salle, qui sera comme les Pratiques XX. & XXI. feüillets 56. & 57. ou XXII. & XXIII. feüillets 58. & 59. du Traité III. de la premiere Partie second Edition.

Si au lieu de fenestres, on veut des pillastres, des colomnes, ou arcades, la Table de la premiere Partie dira les Pratiques où cela se trouuera. Ce qui donne vne grande facilité, pour auoir tel enfoncement qu'on voudra.

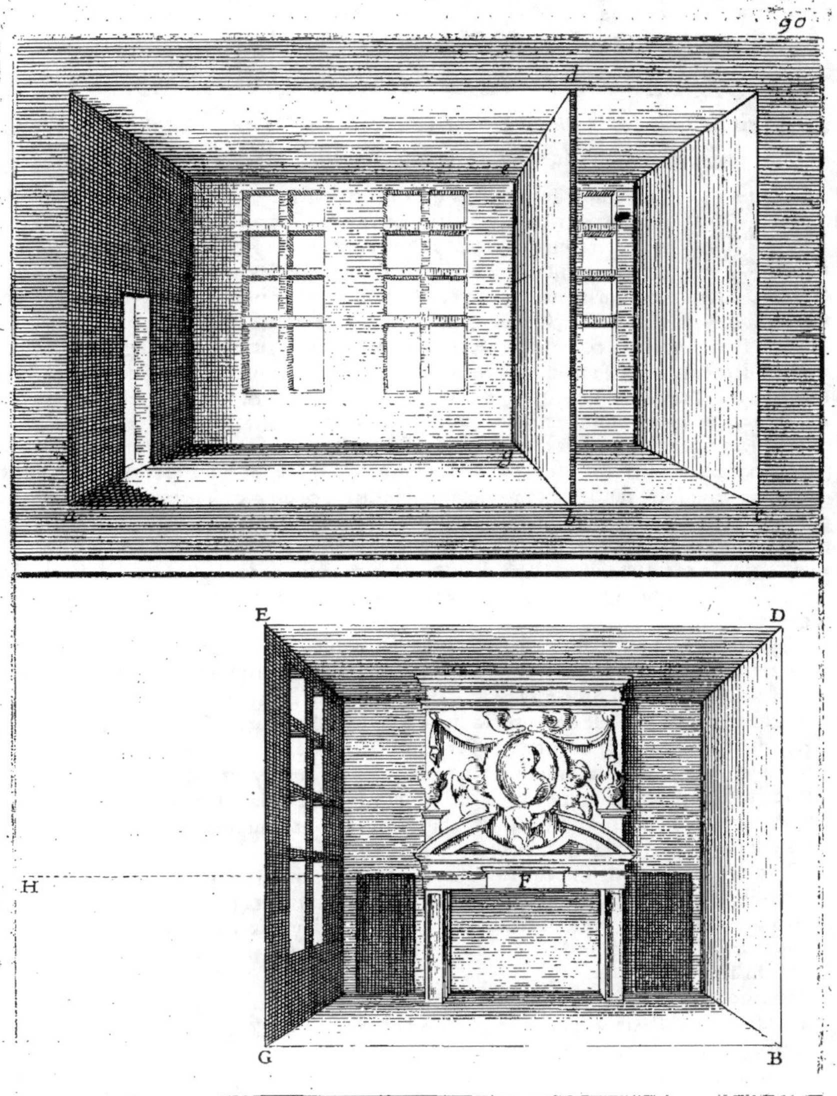
d
e
g
a
b
c
E
D
H
F
G
B

PRATIQVE XXIX.

POVR ESLEVER VNE MAISON EN PERSPECTIVE

Mais de telle sorte qu'on y verra tous les étages qu'elle aura, & les departements de châcun d'eux, les vns apres les autres.

APres auoir montré les defaut des bastimens, & donné les moyens de les corriger en apparence. I'en ay mis icy vn entier, où la Perspectiue fait voir son dehors & son dedans, auec tous les étages qu'il a, & les departements de châcun, les vns apres les autres.

Pour mettre cecy en Pratique, & donner le moyen d'en faire de plus beaux, suiuant cette methode. Ie dis premierement qu'il faut auoir le plan Geometral de ce bastiment, comme on le void au bas de la figure.

Secondement, qu'il faut le mettre en Perspectiue, comme on a veu ceux de la Premiere Partie Traité II. Pratiques XXV. XXVI. XXVII. & XXVIII. feüillets 37. 38. 39. & 40. ou bien comme en la seconde Partie Traité II. Pratique VI. feuillet 29.

Troisiemement. Ce plan estant mis en Perspectiue, il faut coller aupres, vn petit papier, en telle sorte qu'il soit couuert, comme il est icy, & qu'il se puisse descouurir quand on voudra, & faut que ce papier soit si juste sur ce plan, qu'on voye les sections du premier trait; desquelles on esleuera des perpendiculaires à la hauteur du premier étage; à cette hauteur & sur ce papier collé, on tracera facilement le plan tout de mesme que le premier; des angles dequel on fera tomber des lignes perpendiculaires à B C, ou D E, qui donneront les separations, & feront distinguer aysement tous les logements.

Quatriémement, Il faut encore coller vn papier sur ce second plan, & sur ce papier continüer toutes les perpendiculaires esleuées du premier, à telle hauteur qu'on veut l'étage, comme B D F; C E G; & H I K. Et ayant marqué cette hauteur, comme E G, D F, se doit tirer la ligne F G. & de F, au poinct de veuë qui donnera F K, ces lignes couperont toutes les perpendiculaires. or de ces sections; il faut former encore vn plan de la mesme sorte que le premier, où ayant changé ce qu'on aura voulu, n'estant pas ordinaire que le second estage soit comme le premier, on fera tomber des perpendiculaires de tous les angles, qui feront voir les separations des chambres, des cabinets, de la montée &c.

Cinquiémement, dessus ce troisiéme plan, il faut mettre vn papier, comme nous auons fait aux autres, sur lequel on peut esleuer vn autre étage, & vn quatriesme plan & dessus celuy là vn autre cinquiesme; mais icy i'ay fait voir l'aire du grenier, les tuyaux des cheminées qui y passent, & la charpenterie, du moins suffisament pour juger du reste.

Sixiémement, Dessus ces greniers, on collera encore vn morceau de papier, comme aux autres. Pour y faire le toit selon la Pratique LXXXII, du Traité III. de la Premiere Partie feüillet 108. seconde edition.

Puis entre toutes ces Perpendiculaires esleuées du plan, il faut faire des portes, & des fenestres, selon la Pratique LXXXI. du Traité III. de la premiere Partie feüillet 107 Ce qui donnera la perfection à ce bastiment, & la satisfaction au maistre, à qui l'Architecte peut montrer jusques au moindre coin de sa maison; & mesme les caues, car dessous ce premier plan, qu'on peut leuer, on verra les premieres, & dessous celles la, les autres.

Pour vne Eglise, on peut faire le Portail sur vn papier qui se leue, & dessous faire voir tout le corps de l'Eglise en Perspectiue, esleuée de son plan.

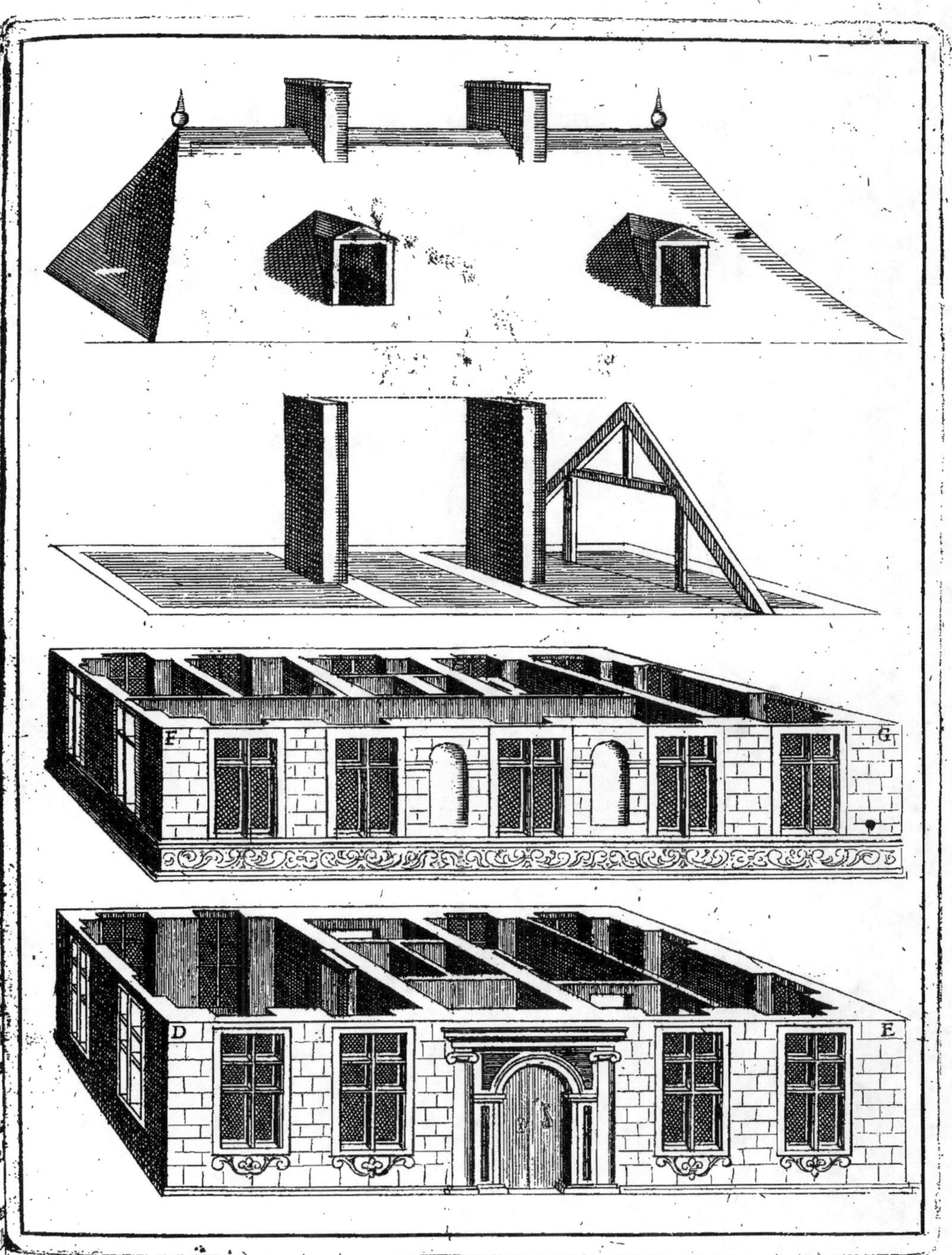
F
G
D
E

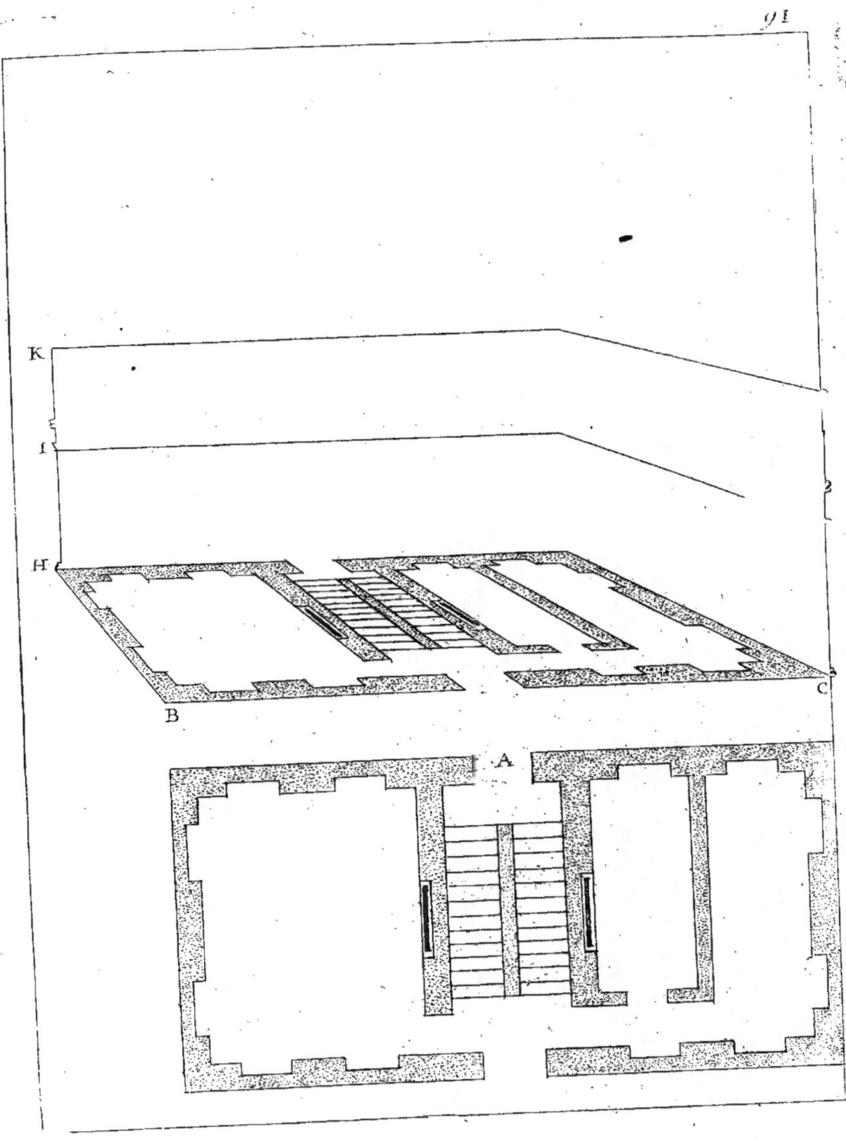
91
K
I
H
B
C
A

TRAITÉ IV.

DES
PIECES DESTACHEES
QVI NE SONT AVTRES
QVE PERSPECTIVES
ORDINAIRES.

Mais coupées, diuisees & separées,
Mouuantes, tournantes, & coulantes.

QVI PEVVENT SERVIR

Aux Autels, & Oratoires des Eglises:
Aux Iardins, & Maisons de Plaisance,
Aux Alcôues, Theâtres, & Ballets.

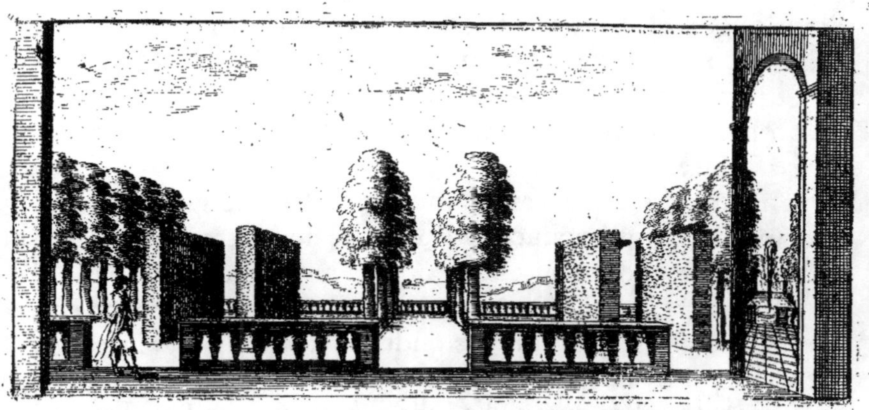

INSTRVCTION SVR LE TRAITE' IV.

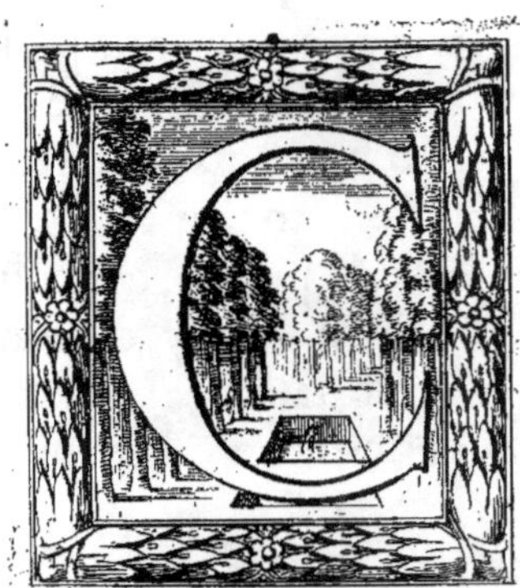

E Traité IV. est vn composé de plusieurs piéces qui n'ont pû trouuer rang parmy les precedentes, & l'vn des plus vtiles de tout l'œuure, où on verra que le nom que ie luy donne de piéces destachées ne luy conuient que pour la diuersité des pratiques independantes les vnes des autres. Car autrement ce seroit plustost le Traité des piéces attachantes l'esprit, pour la varieté & quantité de beaux sujets qui peuuent s'approprier aux Eglises, aux Oratoires, aux Iardins & Maisons de plaisir, aux Alcoues, aux Theatres, & aux Ballets, & pour abbreger en vn mot, à tout ce qu'on veut; n'y ayant rien de beau qu'on puisse desirer en matiere de Perspectiue qui ne se trouue en ce Traité.

Ie n'entend pas parler seulement des Perspectiues ordinaires & communes, qui peuuent estre tirées des autres Traitez precedents. Mais des plus rares dans leurs compositions, soit qu'elles soient destachées & separées les vnes des autres, ou coupées & ouuertes en quelques endroits pour faire voir les dernieres au trauers de celles qui sont mises & posées au deuant, & mesme de celles qui se changent en vn moment par les coullemans des chassis, ou par le mouuement des triangles.

Ce que ie propose icy se trouuera par les pratiques, & se verra en la suitte de ce liure, ou plustost de ce Traité, que ie commence par les simples piéces destachées qui sont des Perpectiues ordinaires, en deux chassis separés, le premier estant, ou d'Architecture, ou de Paysages, ou de Bois, ou de Rochers; mais tellement disposés quant à leur perspectiue, qu'on peut les couper en certains endroits qui donneront assez de jour pour voir la seconde piéces, qui sera, ou vne continüation de bastiments, ou de Iardinages, ou de Bois, ou de Rochers. & de tels objets que l'on voudra, pourueu qu'ils puissent contenter l'œil, en quoy on reussit, tous-jours en ceste sorte de piéces, car pour peu de jour qu'il y ait, entre l'vn & l'autre chassy où sont peintes les perspectiues, l'œil y est trompé si agreablement que ceux mesme qui les ont faites, ou veuës faire, prennent plaisir d'estre charmez si plaisamment.

Ce que ie dis des jours, se doit entendre des piéces qui sont en vn Iardin, au bout d'vne Allée, d'vne Gallerie, sur vn Theatre, aux Balletz aux Alcoues &c. Car des autres qui doiuent estre veuës sur les Autels, aux Oratoires, & encore aux Theatres, & Ballets, qui se representent de nuict, il faut que le tout soit esclairé, & qu'il n'y ait poinct d'autre jour que de flambeaux, de lampes, ou de chandelles; en telle sorte que s'il y a plusieurs chassis en ces Perspectiues, la moindre lumiere doit estre au premier chassis: l'autre d'aprés plus forte, & au dernier, le plus grand jour, à raison qu'il donne vn meilleur effect & vn enfoncement plus creux.

Aprés ces Perspectiues vniuerselles de deux ou trois piéces coupées, qui peuuent seruir en tous les lieux que ie viens de dire; on en trouue qui sont propres particulierement aux Autels, aux Oratoires, & aux autres lieux de deuotion, lesquelles quoy qu'elles deussent estre tres belles au jour: Ie conseillerois de les faire aux flambeaux, qui donnent plus de majesté, & demandent plus de respect.

En suite de celles-là suiuent d'autres, qui outre qu'elles sont destachées, elles sont encore changeantes, soit par le mouuement des Triangles, qui peuuent en vn moment donner trois faces differentes à ces Perspectiues, soit par le coullement de deux chassis, qui estans vnis l'vn à l'autre font voir vne belle Perspectiue, de Bastiments, de Iardin, de Bois de Rochers &c. Mais si on tire ces chassis de part & d'autres, ils se separent par le milieu, & se glissant dans des coulis qui sont dessus & dessous, font voir vne autre piéce de Perspectiue cachée derriere toute autre que la premiere.

De ces piéces destachées, & de celles qui sont mouuantes, on peut en faire de composées, où vne piéce sera tous-jours stable & arrestée, & les autres mouuantes deux ou trois fois; Par exemple, si pour premier chassis arresté, on fait la Perſpectiue d'vne grande arcade qui paroiſſe de relief, & eſpaiſſe de quatre ou cinq pieds en apparence & qu'au trauers de cette arcade, l'on voye vne Perſpectiue de beaux baſtiments, peints ſur trois ou quatre triangles: Ces deux Perſpectiues deſtachées l'vne de l'autre, d'autant d'eſpace qu'on voudra, feront paroiſtre vn Palais, ou quelque logis magnifique. Mais ſi on prend le temps qu'il faut à couler vn rideau derriere ce premier chaſſis, pendant lequel on tournera les triangles, on ne verra plus ces baſtiments au trauers de l'arcade, mais vn payſage à perte de veuë, ou vn beau jardin de plaiſir auec des fontaines ou jets d'eaux, des allées, des palliſſades des bois &c.

L'on trouuera auſſi pour faire de ces Perſpectiues mouuantes, aux lieu où il n'y auroit pas aſſez de place pour les triangles, par le moyen des chaſſis qui ſe mouueront dans les couliſ atttachez deſſus & deſſous; Par cette inuention on peut faire paroiſtre deux ou trois Perſpectiues en moins d'eſpace que d'vn pied de Roy en tirant ces chaſſis de part & d'autre, pour faire voir les piéces qui ſont derriere, ainſi que nous auons dit. Et ſi l'on veut que les Perſpectiues des coſtez ſe changent comme celles des fonds, on pourra ſe ſeruir de triangles, ſelon la largeur & la place qu'on aura ſur le Theatre.

L'on peut encore faire changer de Scene par des ſimples chaſſis, au milieu deſquels il y aura vn eſſieu, ou ſeulement deux pointes de fer qui poſeront ſur des piuots, pour peu qu'on remuë ces chaſſis ainſi montrez, ils donneront tantoſt vne face & puis vne autre; or ſi ſur l'vne des faces l'on peint vne Perſpectiue de baſtiments qui occupe trois ou quatre chaſſis, & que de l'autre face, ſur les meſmes chaſſis, on peingne vne Perſpectiue de Iardin, de Bois, ou de Rochers; il eſt certain que ſi tous ces chaſſis ſont auec des piuots au milieu, comme nous venons de de dire qu'en vn momẽt on peut changer vne Scene, tãtost d'vne chose, tantost d'vne autre. Si le Theatre estoit petit, comme il se rencontre souuent en des salles mediocres, on pourroit mettre double rang de ces chassis pour changer la scene trois ou quatre fois, le rang de derriere estant, comme nous venons de dire, auec celuy de deuant qui ne peut estre que de deux chassis & doit comprẽdre toute la scene; or ceux-cy n'auront pas les piuots au milieu comme les autres, mais tout au bout, qui est contre la muraille, ainsi qu'on void aux grandes portes cocheres. Sur ces deux derniers chassis ioints ensemble, on peut peindre vne fort belle scene, & lors qu'on les ouurira ils iront se joindre contre les murailles, comme les deux costez d'vne grande porte, pour faire paroistre les chassis qu'ils couuroient, où l'on verra la seconde scene; & puis tournans ceux-cy, vne troisiesme paroistra.

Enfin, tout ce qui se peut faire de beau, en matiere de Perspectiue, est contenu dans ce Traité; que ie conclus par des Pratiques nouuelles qui n'ont point encore esté veués. Pour peindre des Perspectiues sur les murailles paralleles aux rayons de l'œil, c'est à dire, à droit ou à gauche de nous, où les cinq ou six que i'en donne feront connoistre suffisamment les regles qu'on y doit garder.

Par cette inuention on peut élargir vne Gallerie, & la faire paroistre au double de ce qu'elle est, ou y feindre vne Chambre, vn Alcoue, vn Cabinet, vne Oratoire, & mesme des meubles separés, des tables, des chaires, des lits, des planches ou des tablettes & armoires, en vn mot de tout ce dont on peut s'auiser, auec la mesme facilité, que ceux qui sont sur la fin du Traité III. de la premiere partie, des Perspectiues ordinaires.

DES PIECES DESTACHEES.

CE titre des piéces destachées est équiuoque, en ce qui est des figures & des Pratiques suiuantes, qui sont de deux sortes ; C'est pourquoy il me semble estre necessaire d'en donner la distinction auant que de passer plus outre.

La premiere sorte, comprend certaines piéces de Perspectiues ordinaires, qui sont destachées, & separées, les vnes des autres ; comme A, & B, sont destachées l'vne de l'autre ; laissant vn grand espace entre deux pour en faire voir vn autre qui est vn peu plus esloignée : Ces piéces estant veuës d'vne distance raisonnable, comme en E ; trompent l'œil si agreablement, que plusieurs iurent que ce ne sont pas des apparences, mais des objets effectifs, & réels, tant il est vray qu'elles prennent de force, du destachement, & du jour qui passe parmy.

Ces piéces comme A B, & C, se peuuent peindre sur vne muraille, sur des planches, ou sur des chassis de toile, semblables à des grands tableaux.

Ces mesmes piéces, se peuuent aussi couper, en vn, ou diuers lieux pour y prendre des jours ; au trauers desquels on verra les plus reculées, comme on void icy que la piéce O, est coupée par le milieu, en forme de porte & mesme entre les Pillastres, Colomnes, &c. affin que le regardant G, voye la piéce du fond H. L'on peut encore couper cette seconde, & en faire voir vne troisiéme au trauers ; ainsi que i'en ay fait plusieurs fois ; où les mesmes personnes qui m'y auoient veu trauailler, y ont esté surprises, & trompées auec plaisir.

L'autre sorte de piéces destachées ; est de celles qui se font sur la toille, ou du bois, qu'on coupe en profile tout autour ; & mesme elles se peignent si l'on veut contre la muraille, comme seroit, par exemple, vne Table, vne Chaire, vn Oratoire, vn Tableau vne Fenestre, vne Porte, & choses semblables.

Celles qui sont coupées se peuuent aussi bien mettre en vn coin de Salle, au bout, ou au milieu d'vne Chambre, & Gallerie, que peindre contre vne muraille ; ainsi qu'on void en la figure, les piéces I, K, L, & M.

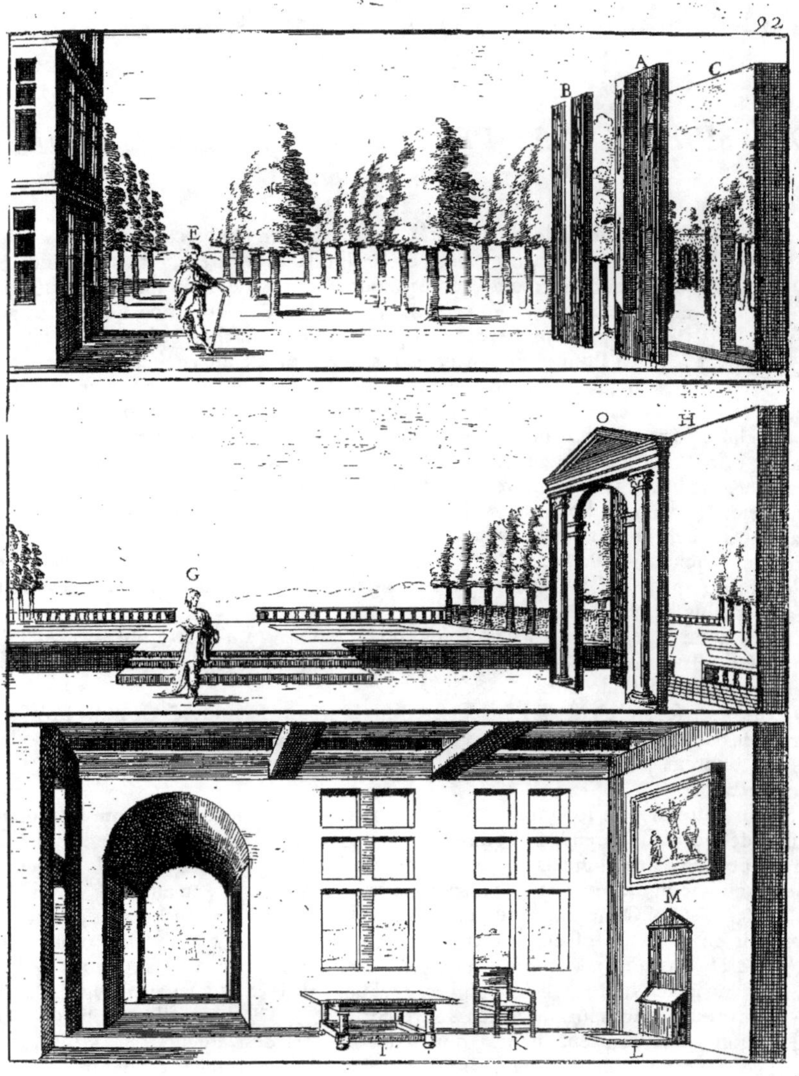
92
B
A
C
E
O
H
G
M
I
K
L

PRATIQVE I.

DES PIECES DE PERSPECTIVES DESTACHEES, & de leur diſpoſition.

IE viens de dire que la premiere ſorte de piéces deſtachées comprend certaines piéces de Perſpectiues ſeparées, dont la ſeconde eſt veuë au trauers de la premiere. Cela pouuoit ſuffire à pluſieurs; Mais comme ie trauaille pour tous, j'ay voulu en donner les pratiques ſeparées & appropriées à ces d'eſtachements.

Pour commencer, je dis que ſi on donne vne place longue comme A B, pour vne Scene de Theatre, ou l'on veut vn enfoncement de deux piéces, affin que les Acteures puiſſent paſſer entre deux. Il faut auant toute choſe former vn exquis, ou petit deſſein, de ce que l'on y veut pour accommoder cette Scene au ſujet de l'action. Ie veux dire que ſi l'action requiert des maiſons, & jardins; il faut faire que la Perſpectiue en repreſente, comme en la premiere. Que s'il eſt beſoin d'vn Palais faire vn, ou deux, ou trois portiques au trauers deſquels ſe verra vn logis magnifique, comme en la ſeconde. Et ſi on veut des Bois, des Rochers, des Payſages &c. il faut que la Perſpectiue de la ſcene les repreſente. C'eſt ce qui m'en a fait mettre cy aprés quelques vnes, affin de donner ideé pour d'autres plus belles.

Ie dis donc, que ſi la longueur A B, eſt donnée pour vn Theatre où on veut faire vne Perſpectiue comme la premiere; Il faut prendre ſur cette longueur A B le plan des deux chaſſis de deuant A C, & B D.

L'autre, ou ſecond chaſſis E F, doit eſtre plus long que le vuide C D. affin qu'eſtant reculé de trois pieds pour le paſſage des Acteurs, les ſpectateurs qui ſeront à coſte; ne deſcouurent poinct de vuide, ou le defaut & bout du chaſſis où eſt peinte la Perſpectiue.

Si, ſur cette meſme longueur, on veut faire vne perſpectiue comme la ſeconde, qui eſt deſſous; il faut prendre les ouuertures du plan du premier, ou des premiers chaſſis, car on peut en faire pluſieurs quand la longueur eſt trop grande; mais ils doiuent ſe mettre en vne ligne droite & n'en faire de tous, comme s'ils n'y en auoit qu'vn, comme G H, I K, L M & N O, ne ſont que pour vn chaſſis où il y a trois portiques; au trauers deſquels on verra la perſpectiue peinte ſur P, V, qui pourroit auſſi eſtre toute d'vne piéce & eſloignée de trois pieds. Mais pour faciliter les entrées des Acteurs, qui ne pourroient paſſer que par P & V, on en peut faire trois chaſſis ſeparez l'vn de l'autre en ligne droite, & pour lors les Acteurs auroient Q R, & S T, pour aller ſur le Theatre, ſans qu'on puiſſe voir leur ſorties, qui ſont couuertes des largeurs I K, & L M.

Si cette Scene doit eſtre veuë aux flambeaux; il faut attacher ces flambeaux contre les chaſſis G H, I K, L M, & N O; affin qu'ils donnent la clarté ſur P. V, ſans qu'ils ſoient veus des ſpectateurs.

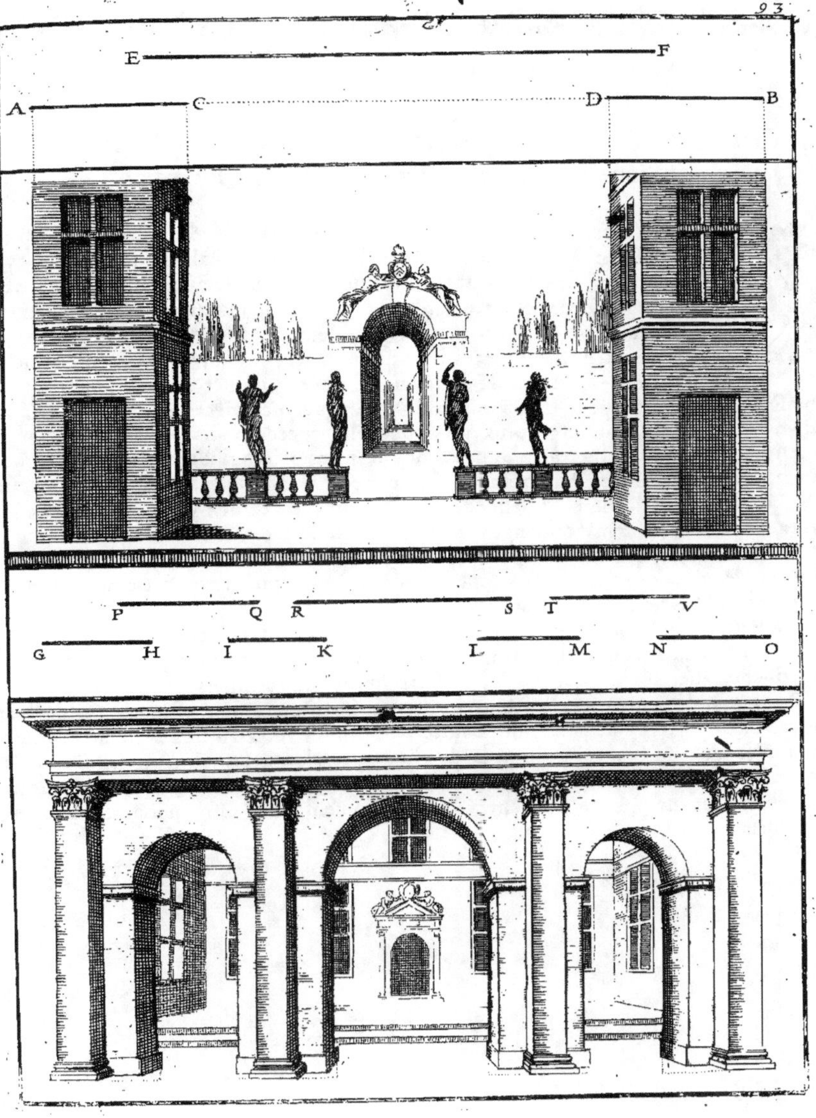
E
F
A
C
D
B
P
Q
R
S
T
V
G
H
I
K
L
M
N
O

PRATIQVE II.

POVR FAIRE VNE PERSPECTIVE DE Bastiments, en deux piéces destachées, & percées.

CE que nous venons de dire en la pratique & figure precedente, est vn fondement, sur lequel se doiuent establir, tant celles cy, que toutes les autres qui suiuent. Pour lesquelles je dois auertir que l'ordre qui s'y garde, est tout le mesme qu'aux Perspectiues ordinaires : Car encore qu'il y ait deux, trois, & mesme quatre piéces separée & enfoncées les vnes plus que les autres; l'on doit garder à toutes, le mesme horison, le mesme poinct de veuë, & encore la mesme distance: supposé qu'on ne voulût esloigner ces piéces que d'vn pied, ou d'vn pied & demy. Toutefois ceux qui y voudront proceder dans la justesse, & exactement, pourront adjouter à la distance des derniers piéces, l'interualle & l'esloignement de l'vn à l'autre. Par exemple, si la piéce B, est à vingt pieds de distance; celle A, qui doit estre derriere & destachée de B, d'vn pied & demy, ou de trois pieds; aura vingt & vn & demy ou vingt & trois pieds de distance, & ainsi des autres.

Ie ne donneray point icy les pratiques pour esleuer, & mettre, en Perspectiues toutes ces piéces ; puis qu'elles sont amplement en la premiere Partie de ce Liure; où ie prie le Lecteur de les voir.

I'auertiray seulement, que la premiere des piéces, qui est icy B, doit estre tousjours la mieux acheuée, la plus majestueuse (si c'est Architecture) la plus parfaite & touchée auec force pour chasser & faire fuire ce qui est apres.

Par exemple, cette porte est de grosse Architecture, bien acheuée & touchée assez rudement, affin de faire fuire l'autre piéce qui se verra au trauers, quand on aura coupé ce qui est blanc. Ce que ie dis de la premiere, se doit à proportion de la seconde, si elle deuoit estre percée; estant vne maxime generale, qu'à mesure que les piéces fuyent, & s'esloignent, d'autant doiuent elles estre adoucies & moins acheuées.

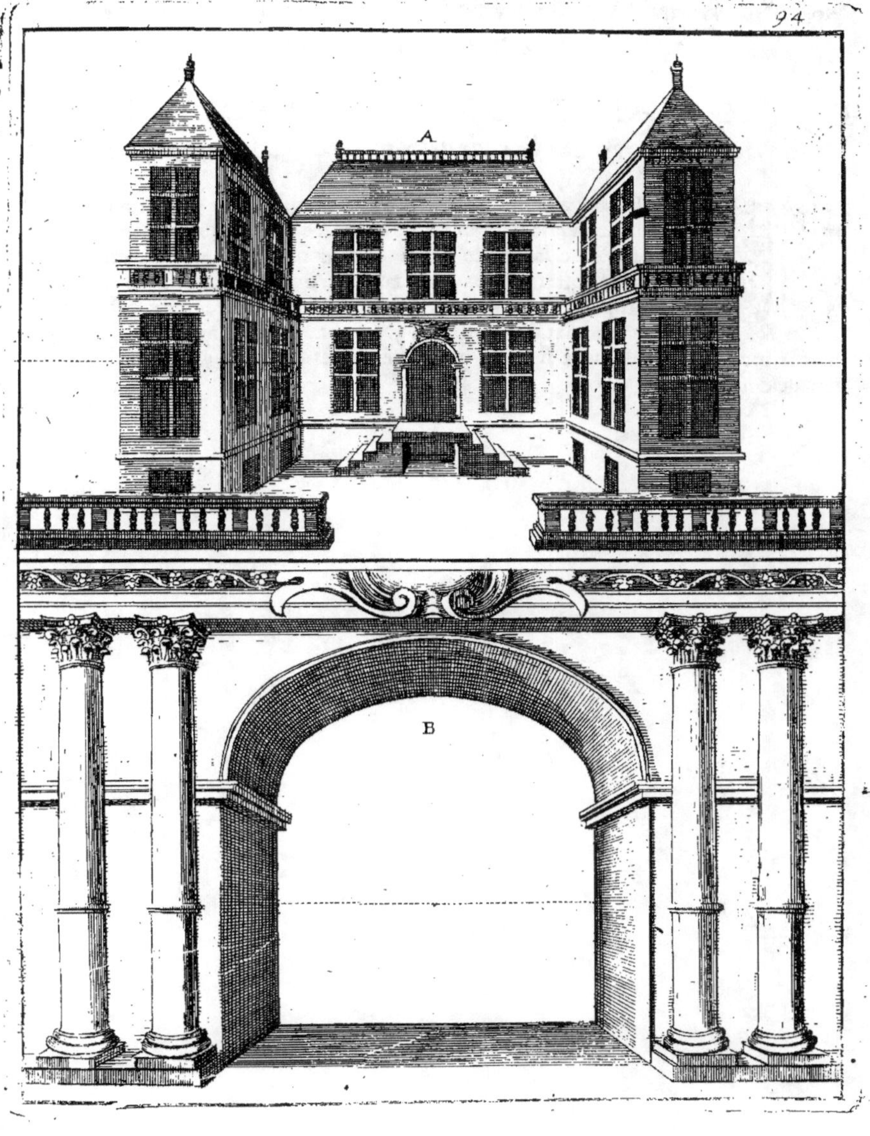
A
B

PRATIQVE III.

POVR FAIRE DES PERSPECTIVES DE de Baſtiments, & Iardins, de deux piéces deſtachées, & perceés.

IL ſuffit de voir la figure, & d'auertir que celle qui eſt au deſſus B, repreſente vn jardin, qui doit eſtre veu au trauers de celle qui eſt deſſous A, de la quelle il faut couper tout ce qui eſt blanc, le reſte eſtant pour faire corps, & chaſſer ce qui ſe verra derriere.

L'on peut donner plus de hauteur à cette premiere piéces, ſoit en acheuant la trabeation, ou y adjoutant vn amortiſſement, & profiler le tout; principalement ſi cette premiere piéces eſt dans vne Allée, ou autre lieu deſcouuert.

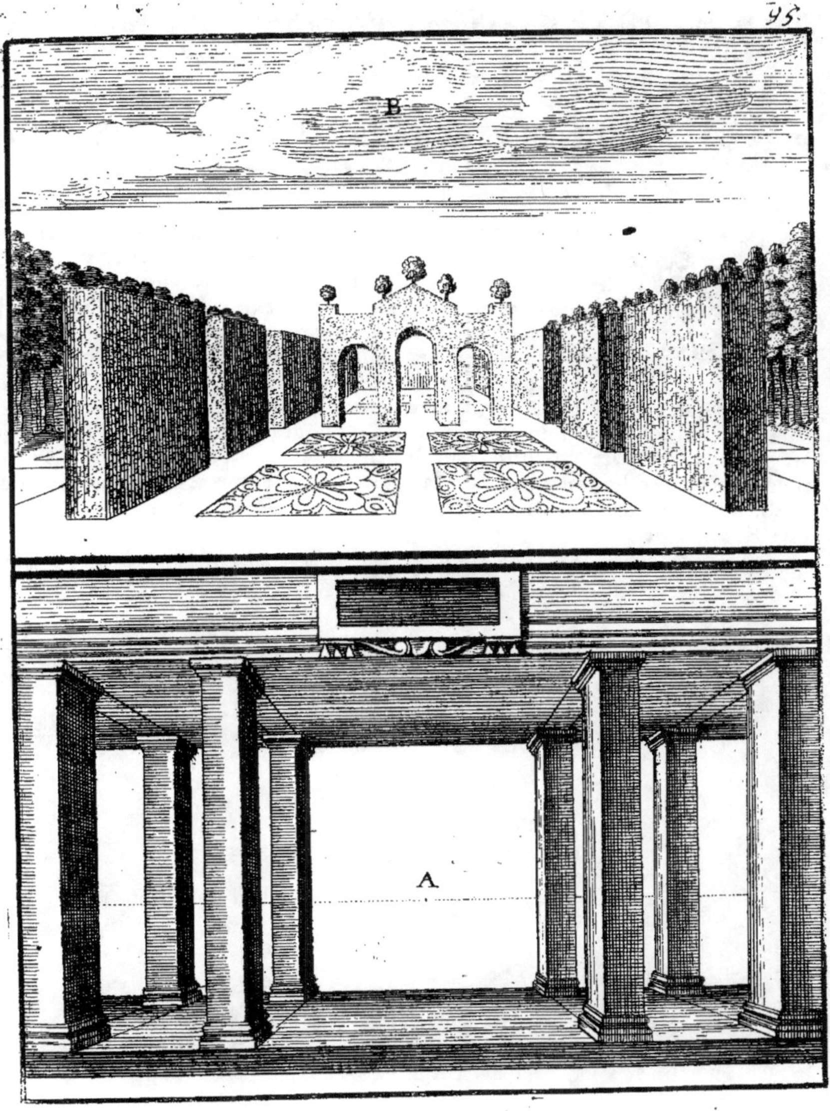
B
A

PRATIQVE IV.

POVR FAIRE VNE PERSPECTIVE DE BOIS, & Paysages, en deux piéces destachées, & percées.

E que nous venons de dire pour les piéces de Bastiments, & Iardins se peut dire des Bois & des Paysages, puis qu'on peut y garder les regles de Perspectiue, aux vnes comme aux autres, si on veut; Quoy qu'elles ne soient pas necessaires en celles-cy, veu que les arbres ne laissent pas d'estre agreables encore qu'ils ne soient pas plantez en ligne droite, ainsi qu'on void la premiere figure, où ils ny sont pas, & l'autre de dessous où ils y sont, lesquelles pourtant peuuent seruir, l'vne & l'autre, à faire ce que nous proposons, estant de mesme hauteur d'horison: Car si on coupe le vuide de la premiere figure, n'y laissant que les gros arbres de part & d'autre; celle de dessous pourra estre veuë derriere. Au contraire si on vuide celle de dessous, sans laisser autre chose que ces premiers arbres qui semblent commencer vne allée; celle de dessus pourra se mettre derriere, & y estre veuë auec plaisir.

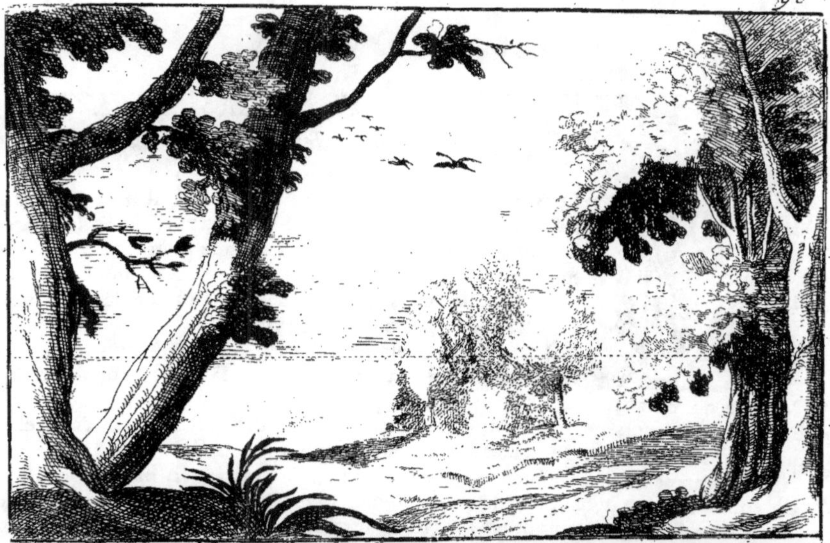

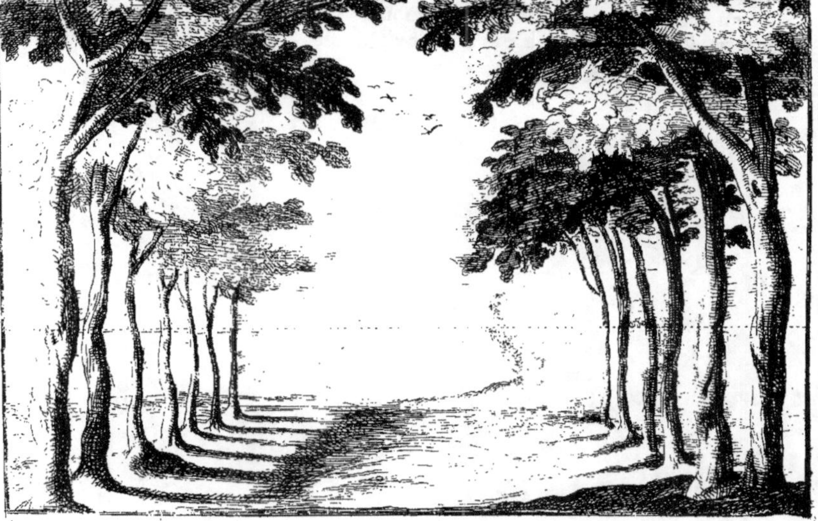

PRATIQVE V.

POVR FAIRE VNE AVTRE PERSPECTIVE DE *Bois, & Paysages, de deux piéces destachées, & coupées.*

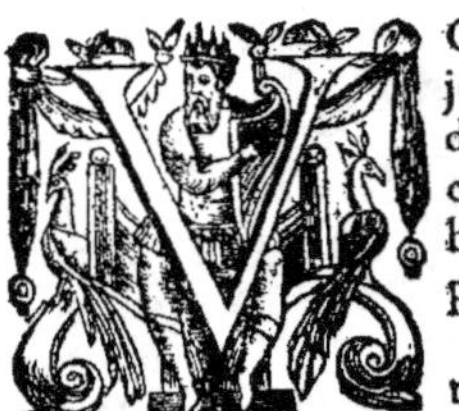

Oicy encore vne autre piéce de Bois où il n'y a aucune sujection à garder les regles de Perspectiue, sinon la hauteur de l'horison: tout le reste n'en demande point, & vn peintre, qui n'auroit jamais oüy parler de Perspectiue, feroit aussi bien de celles cy pourueu qu'il fut bon Paysager, que le plus exellent peintre de l'Europe.

La figure de dessous, où sont ces gros arbres qui l'aissent trois ouuerture toutes blanches, fait assez connoistre que c'est elle qui doit estre la premiere, de laquelle ayant coupé tout ce qui est vuide, on verra au trauers de ces trois ouuertures, celle de dessus; qui n'est autre chose qu'vn simple paysage, que châcun peut faire selon son plaisir.

Ces piéces peuuent fort bien seruir en vne comedie, ou en vn ballet, les disposant comme nous auons dit en la premiere partique de ce Traité feüillet 93. Quoy qu'aux vnes & aux autres, nous n'ayons mis que trois arcades, ou trois ouuertures, on y en peut mettre bien d'auantage, mais la petitesse des planches, m'oblige à n'en faire que ces trois, qui suffisent pour donner jour aux bons esprits qui sçauront bien doubler, & tripler ce nombre, s'il est besoin.

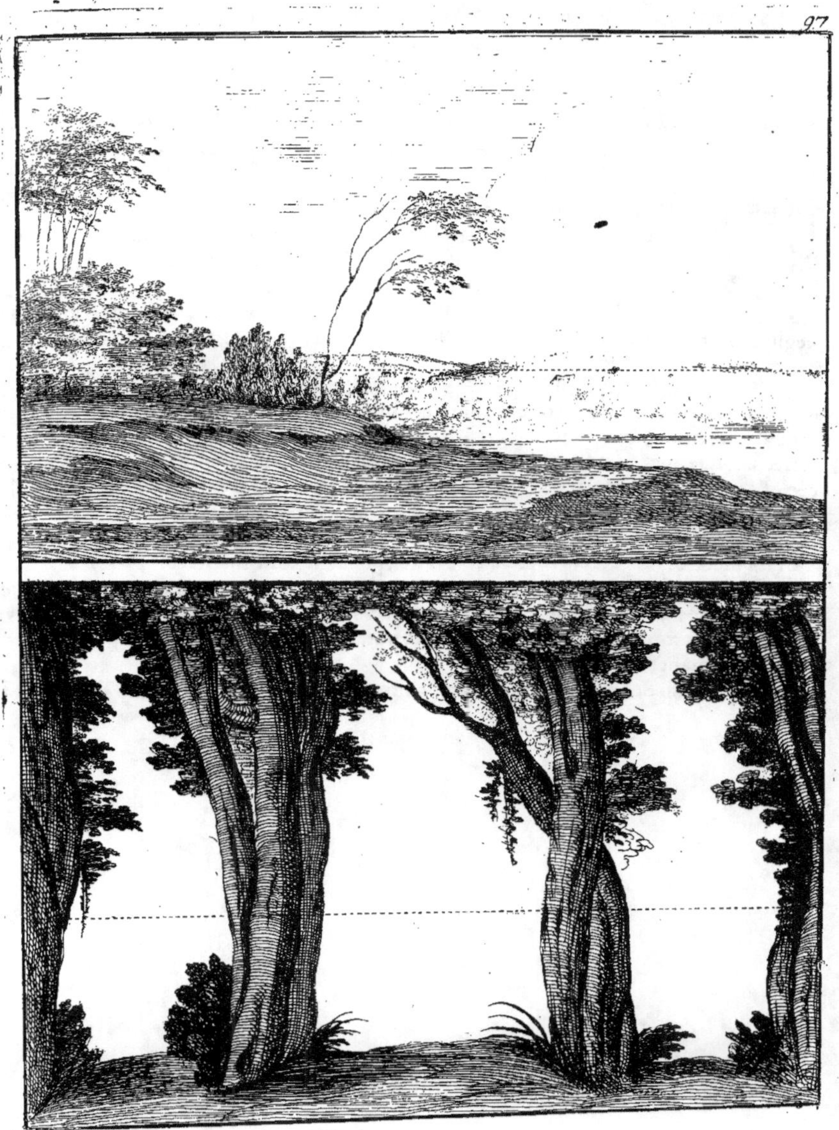

PRATIQVE VI.

POVR FAIRE VNE PERSPECTIVE DE ROCHRES & Paysages, de deux pièces separées, & coupées.

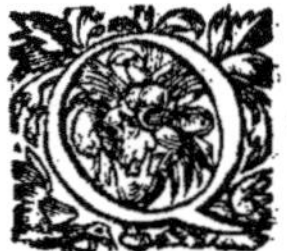

Vandd à ce qui est de Rochers & des Cauernes; quoy qu'il semble n'y estre pas besoin des regles de Perspectiue, elles y sont pourtant necessaires, car sans elles, on ne peut pas donner les épaisseurs, ny sçauoir de quel costé les prendre, puis que cela ne se trouue que par les poincts de veuë & de distance; C'est pourquoy il est bon de s'en seruir; car qui les negligeroit trauailleroit à l'aueugle, & sans raison. Toutes ces regles se trouuent dans nostre premiere Partie.

La piéce de dessus, qui est vn paysage, doit estre regardée au trauers de celle de dessous, de laquelle on doit couper tout ce qui est blanc dans ces ouuertures, qui se font à discretion, tant pour leur grandeur que pour leur forme; On pourroit faire que cette seconde piéce seroit encore de Rochers percés à iour, comme elle est commencée, & au troisiéme enfoncement faire vn autre paysage. Ces trois piéces veuës les vnes au trauers des autres feroient vn enfoncement à perte de veuë, & extremément esloigné.

Cette piéce & les precedentes de ce Traité, peuuent aussi bien seruir, pour des Oratoires, où on met le Sainct Sacrement le grand Vendredy; en y adjoutant quelque piéce de deuotion, qu'au bout d'vne Allée & d'vne Gallerie, qu'en vn Alcoue, & sur vn Theatre. Et feront pour le moins, vn aussi bon effet aux flambeaux, disposés comme j'ay dit cy deuant, que dans vn plein jour.

La disposition des chassis pourra estre comme en la Pratique I. de ce Traité feüillet 93.

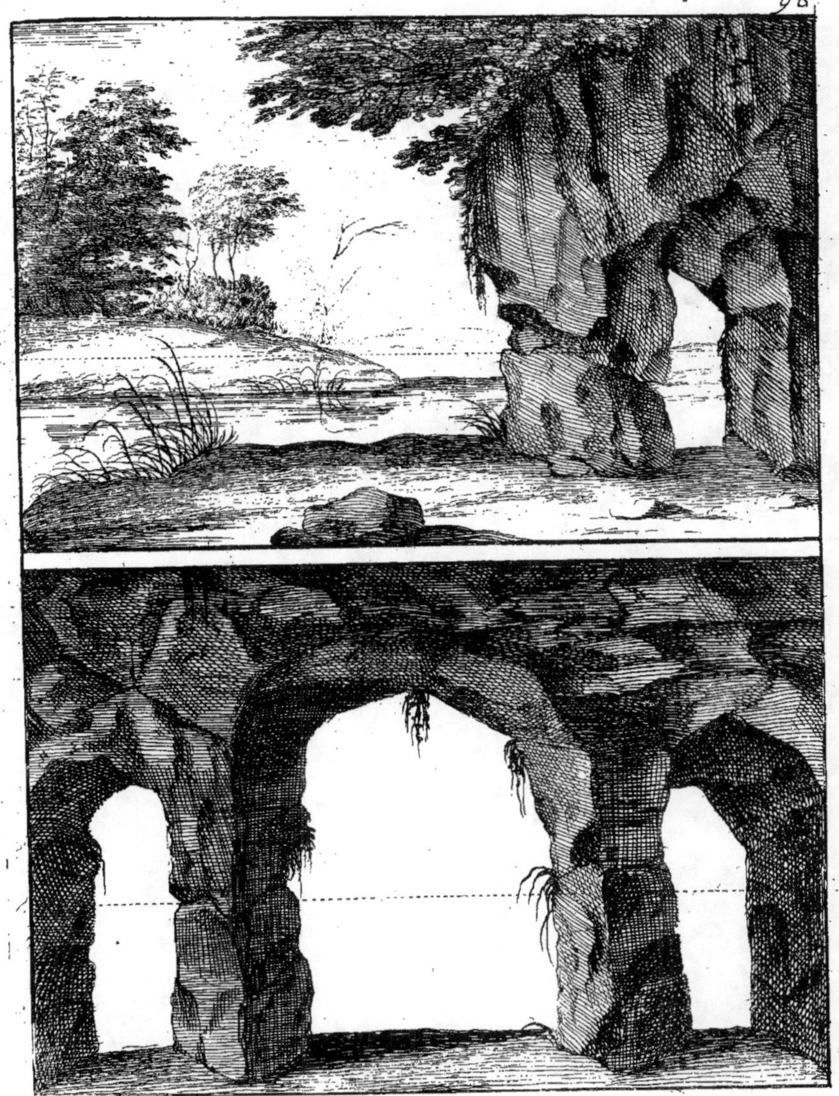

PRATIQVE VII.

POVR FAIRE LA PERSPECTIVE D'VNE SALLE, de deux piéces destachées & coupées.

SI dans vne Salle, on veut faire paroistre vne autres Salle, soit pour vn Alcôue, ou Theatre; on peut se seruir de cette figure, où l'on prendra la piéce **A**, pour le premier chassis; duquel on coupera tout ce qui est blanc, comme le vuide, puis on fera voir au trauers de ce vuide la seconde piéce marquée B.

Les pratiques pour faire l'vne & l'autre de ces piéces, se trouuent en la premiere Partie de ce Liure seconde Editions au Traité III. feüillets 54, 55, 56, 57, 58, 59 & 78. où le Lecteur aura recours s'il luy plaist, pour euiter les redites.

B

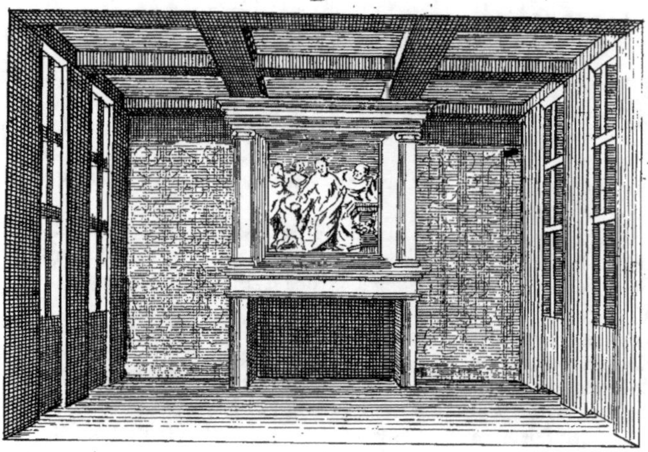

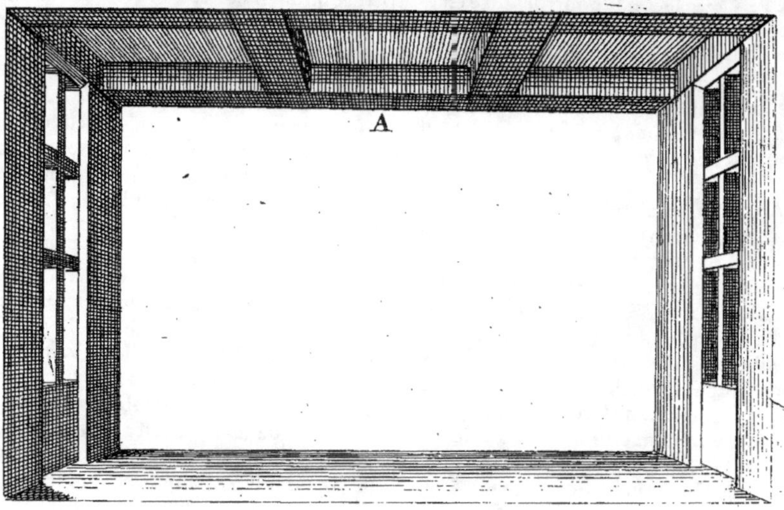

A

PRATIQVE VIII.

POVR FAIRE VNE PERSPECTIVE SVR VN Autel, en la place du Tableau.

QVand on veut faire de ces Perſpectiues ſur vn Autel, ſoit au lieu du Tableau, ou autrement; Il faut touſiours ſuppoſer qu'on y a de la place, au moins deux ou trois pieds pour donner l'enfoncement à ces piéces, c'eſt à dire vn enfoncement aux chaſſis qui doiuent eſtre ſeparez, & deſtachez les vns des autres: D'où s'enſuit qu'on ne peut pas en faire aux Autels, qui ſont auſſi bien que leur Tableau, attachez contre la muraille.

De plus; Il faut remarquer la hauteur du lieu où l'on veut mettre ces Perſpectiues, afin de prendre le point de veuë à l'horiſon naturel, qui eſt de cinq pieds de haut ordinairement; C'eſt à dire, que du plein-pied de l'Egliſe, il faut mettre cinq pieds de Roy iuſques à la ligne horiſontale, ou point de veuë.

Aprés s'eſtre determiné le poinct de veuë A, & le lieu où on veut la Perſpectiue B, C, D, E. Il faut encore chercher le poinct de diſtance: qui doit eſtre le lieu où le monde s'aſſemble le plus; & autant qu'il y aura de pieds, ou de toiſes, de ce lieu-là à l'Autel; autant faut-il eſloigner le point de diſtance du poinct de veuë A. Puis trauailler par aprés comme nous auōs fait en toutes nos Pratiques de la premiere Partie; c'eſt pourquoy ie ne m'amuſeray pas à les repeter icy. Ie diray ſeulement que la premiere piéce eſt marquée B, C, D, E, laquelle il faut ſuppoſer percée, & qu'au trauers de celle-là, on void la ſeconde F. Cette ſeconde pourroit eſtre encore percée pour en faire paroiſtre vne troiſieſme, & par celle-là, encore vne autre ſi on veut, car on peut en mettre pluſieurs: Mais ie ne conſeille pas d'en mettre plus de quatre, car aprés ce nombre le reſte eſt ſuperflus.

Quoy qu'on puiſſe ſe ſeruir de toutes les ſortes de Perſpectiues. Ie ne conſeillerois pas pourtant de les y mettre indifferemment; mais de choiſir quelque choſe qui ait rapport à la feſte qu'on celebre, ou au Myſtere, ou au ſujet de l'action qu'on veut repreſenter, par exemple, pour la nuict de Noël; on peut feindre vne eſtable au premier chaſſis, & au ſecond quelques ruines de baſtiments, & payſages, où ſeront les Paſteurs, & l'Angle qui les auertit, dans vn enfoncement ſe verra la ville de Bethléem: ſi ce n'eſt qu'on faſſe vn troiſieſme chaſſis, où on pourroit mettre ce payſage. Pour la Semaine Sainte, on peut faire voir vn Caluaire, c'eſt à dire vne montagne profilée ſur deux ou trois planches deſtachées & ſeparées l'vne de l'autre & ſur la derniere vn Crucifix auec Noſtre-Dame, S. Iean, la Magdelaine & quelques ſoldats, on ne pourra pas y faire voir des villes ny autre payſages, ſi l'horizon eſt plus bas que le tableau. Pour le jour de Paſques on peut mettre au premier chaſſis vne grotte, dans laquelle ſe verra le Sepulchre gardé par des ſoldats épouuantez de voir N. S. au deſſus, & cette grotte eſtant percée, on verra au ſecond chaſſis, la ville de Hyeruſalem dans vn enfoncement, & les Maries en chemin pour venir au Sepulchre. Et ainſi de châque feſte particuliere, ou actions & ſujets de comedie.

Le deſſein de la figure que ie mets icy, a eſté fait pour le S. Sacrement, poſé ſur vn petit Autel, & couuert d'vn plat-fond ſoutenu de quatre pilaſtres ſur leur piedeſtaux. Au trauers de ce premier chaſſis on void le ſecond, qui eſt vn chœur d'Egliſe. Enfin il eſt libre à châcun d'y faire ce qu'il croira le mieux.

Aux Perſpectiues, où doiuent paroiſtre, des payſages, & pauez, il faut prendre le poinct de veuë dans œuure; c'eſt à dire dans le tableau, & non pas au deſſous comme icy, qui eſt pourtant le plus naturel, & ne ſe doit mettre plus haut que cinq pieds autant que l'on peut.

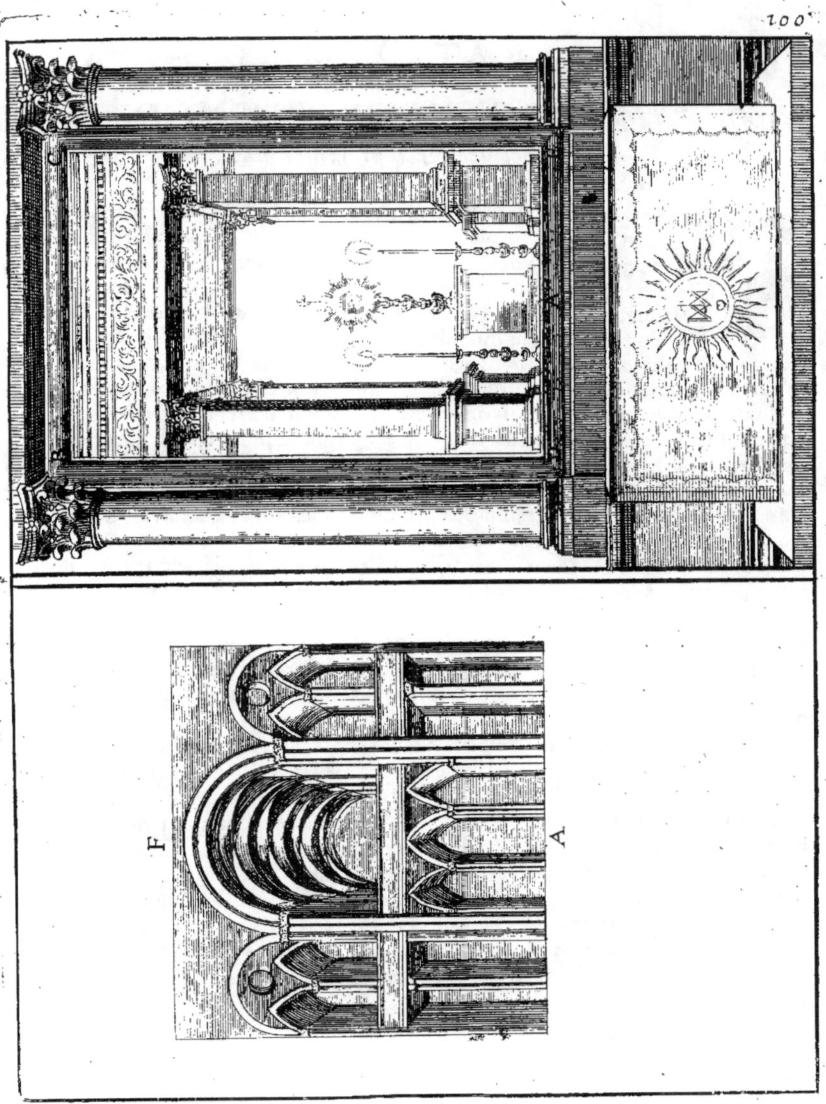
100
F
A

PRATIQVE IX.

POVR FAIRE VN ENFONCEMENT DE NVEES, en Perſpectiue, & repreſenter vne gloire.

SI au lieu de la Perſpectiue, que nous venons de faire voir dans le vuide d'vn Tableau, on veut y repreſenter vne gloire, par vn enfoncement de nuée, meſlées d'Anges & de Cherubins, qui paroiſtra à l'infini: Il faut ſur le premier chaſſis, comme A, faire les nuées plus rudes & les Anges mieux acheuez. Au ſecond B, où on doit garder la forme de l'ouuerture du premier mais moindre; Il faut commencer à peindre les nuées & les Anges vn peu plus doux, & moins acheuez; Au troiſieſme C, encore moindres; & au quatrieſme D. quaſi imperceptibles. Et ne faut pas que le dernier des chaſſis, ſoit percé, puis qu'il doit terminer, mais on peut le faire tranſparant, comme de verre, ou de papier huillé & peint, puis par derriere mettre vn grand jour, c'eſt à dire beaucoup de lampes, ou d'autres luminaires, afin que ſa clarté ſurmonte toutes les autres qui ſont deuant entre châque chaſſis. Ces chaſſis peuuent eſtre faits de bois, ou de carton, & meſme de papier, & doiuent eſtre diſpoſez, comme on les void en A, B, C, D. donnant au moins vn pied de diſtance entre l'vn, & l'autre.

Tous ces chaſſis eſtant dans l'ordre que ie viens de dire, & placez dans le cadre du Tableau, ou en quelque lieu que ce ſoit; le tout ne paroiſtra que comme vn ſeul champ tout plat & vny, ainſi qu'vn tableau ſi on le regarde de front, comme la premiere figure, mais ſi l'on vient à varier d'vn coſté ou d'autre, on verra bien que c'eſt quelque choſe de plus, car on diſtinguera des nuées qui ſembleront aller les vnes ſur les autres, les vnes s'ouurir, les autres ſe fermer, & croiroit-on qu'il y auroit quelque mouuement, quoy qu'en effet il n'y en eut point.

Si c'eſt pour mettre le S. Sacrement: il faut le poſer entre le premier & le ſecond chaſſis, c'eſt à dire entre A, & B. Ie dis ſi c'eſt pour y mettre le S. Sacrement: car on peut ſe ſeruir de ces nuées en des Theatres, & des Ballets, où on veut repreſenter le Paradis, meſme on peut y faire monter, & deſcendre des perſonnes, mettant vne marche au dedans de l'ouuerture du premier chaſſis; vne autre deux fois auſſi haute à celle du ſecond, vne encore plus haute au troiſieſme, & ainſi des autres s'il y en auoit d'auantage.

Par la meſme inuention, on peut repreſenter l'Enfer, ſi au lieu des nuées on peint des feux, & au lieu des Anges, des diables, dragons, ſerpants, & autres figures épouuantables, qui peuuent eſtre deſtachées & miſes ſur quelques piéces mouuantes, afin de les faire paſſer d'vn coſté d'autre, & par ce moyen rendre la choſe plus terrible, & pleine d'horreur.

101

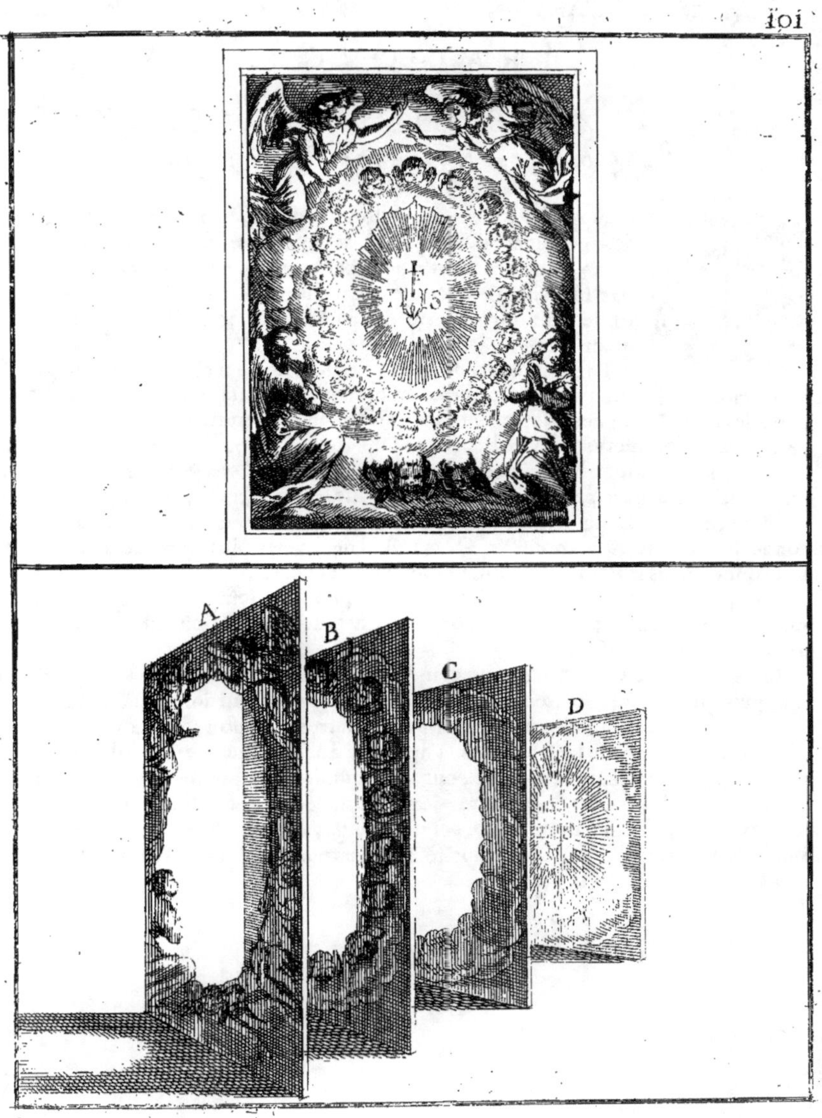

PRATIQVE X.

POVR FAIRE DES PERSPECTIVES changeantes, par le moyen des Triangles mobiles.

IE suppose parler à des personnes qui sçauent que ces triangles sont des machines, dont la baze & le dessus sont deux triangles équilatаires, attachez à vn essieu, tournant sur des piuots en haut & en bas. sur châque face de ces triangles, on attache du bois, de la toille, du carton, ou du papier, sur lesquels on peint tout ce qu'on veut.

Par le moyen de ces Triangles, on peut changer & faire paroistre en vn moment; toute autre chose que ce qu'on voyoit auparauant. Car supposé que sur l'vne des faces A B, (des quatre triangles qui sont en la premiere figure) l'on ait peint ou ataché vne tapisserie de haute lice; Que sur l'autre A C, on ait peint vne Perspectiue de maisons, comme en la seconde figure. Et sur l'autre B C, vn Paysage, comme en la troisiéme figure. Si en vn mesme temps on pousse les poinctes C, vers A, cette premiere figure, ou face de tapisserie ne se verra plus; mais seulement la Perspectiue de la seconde. Et si on tourne les poinctes C, vers B. il ne se verra plus ny la premiere figure ny la seconde: mais seulement la troisiéme, où est le paysage.

Sans cette inuention de triangles, on seroit plus long-temps à changer vne Scene: mais aussi faut-il bien plus de place pour eux (à raison qu'ils doiuent se tourner) que pour des simples chassis.

Ie ne dis rien de la methode pour peindre ces Perspectiues, & Paysages que j'ay mis icy, puis qu'elle est la mesme que des autres ordinaires qui sont dedans la premiere Partie, prenant garde seulement de ne point mettre l'horison trop haut.

Ie ne dis rien aussi de la façon des Theatres, que quelques-vns veullent plats, & d'autres plus esleuez sur le derriere, qui à mon aduis est la bonne façon; Pour moy ie voudrois tous-jours donner la pante selon la Perspectiue, tant au Theatre, qu'à la toille qui le couure, où ordinairement on peint vn air gay & beau, si ce n'est que l'on y fasse quelque ouuerture, où en son temps se montre quelque Diuinité, ou autres apparitions.

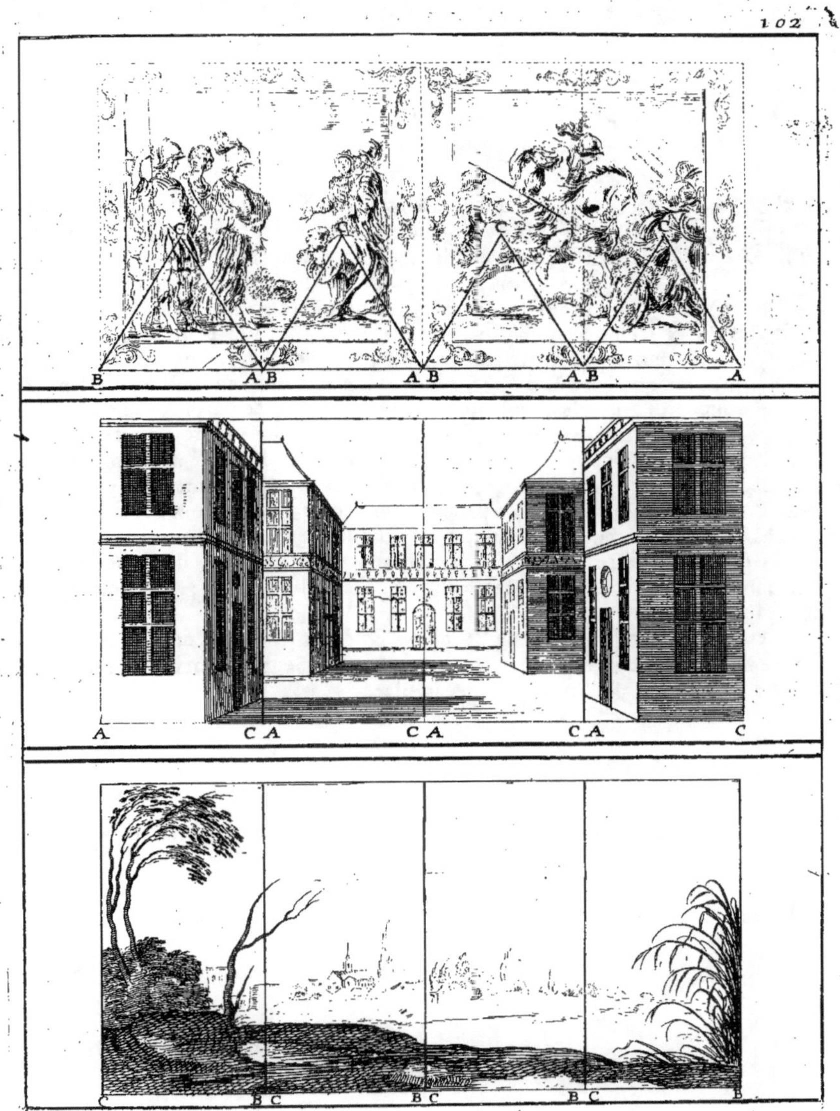
B
A B
A B
A B
A
A
C A
C A
C A
C
C
B C
B C
B C
B

PRATIQVE XI.

POVR FAIRE DES PERSPECTIVES destachées, & changeantes, par le moyen des Triangles.

POur tromper l'œil plus agreablement, l'on peut encore destacher ces piéces, & faire que les premieres demeurant fermes, n'estant que sur vn chassis, les secondes, qui seront sur des Triangles, changeront deux, & troisfois, auec grand plaisir & satis-fation des regardans.

Par exemple ; ayant pour premiere piéce l'arcade AB, CD, qui n'est qu'vn chassis, comme on void en son plan, *ab*, *cd*. & à trois pieds plus loin ceux de quatre triangles, *efg*, *efg*, *efg*, *efg*. comme les precedents. Ie dis, qu'apres que le costé *ef*, *ef*, *ef*, *ef*, aura fait voir vn bastiment; Il n'y aura qu'a mouuoir ces triangles, ainsi que ie viens de dire, & paroistra le costé *eg*, *eg*, *eg*, *eg*, qui donnera vn jardin ; le faisant tourner encore vne fois on pourroit faire voir vn paysage ; Tout cela estant veu au trauers, et destaché de cette arcade immobile, aura bien plus de force, que s'ils estoient seuls, comme en la precedente.

Si c'est pour vn Theatre, les passages des Acteurs seront aux deux bouts, entre les chassis & les triangles, comme on les void sur le plan, au haut de la figure.

On peut aussi faire le contraire de ce que dessus. Ie veux dire que la scene du fond, ou seconde piéce, peut estre de simples chassis immobiles ; & le deuant *ab*, *cd*, sur des triangles changeants.

Et encore peut on faire, que les piéces de deuant, & du fond, soient l'vne & l'autre sur des triangles qui changeront alternatiuement, ou en mesme temps, selon le sujet, la volonté de l'Ingenieur, & la place.

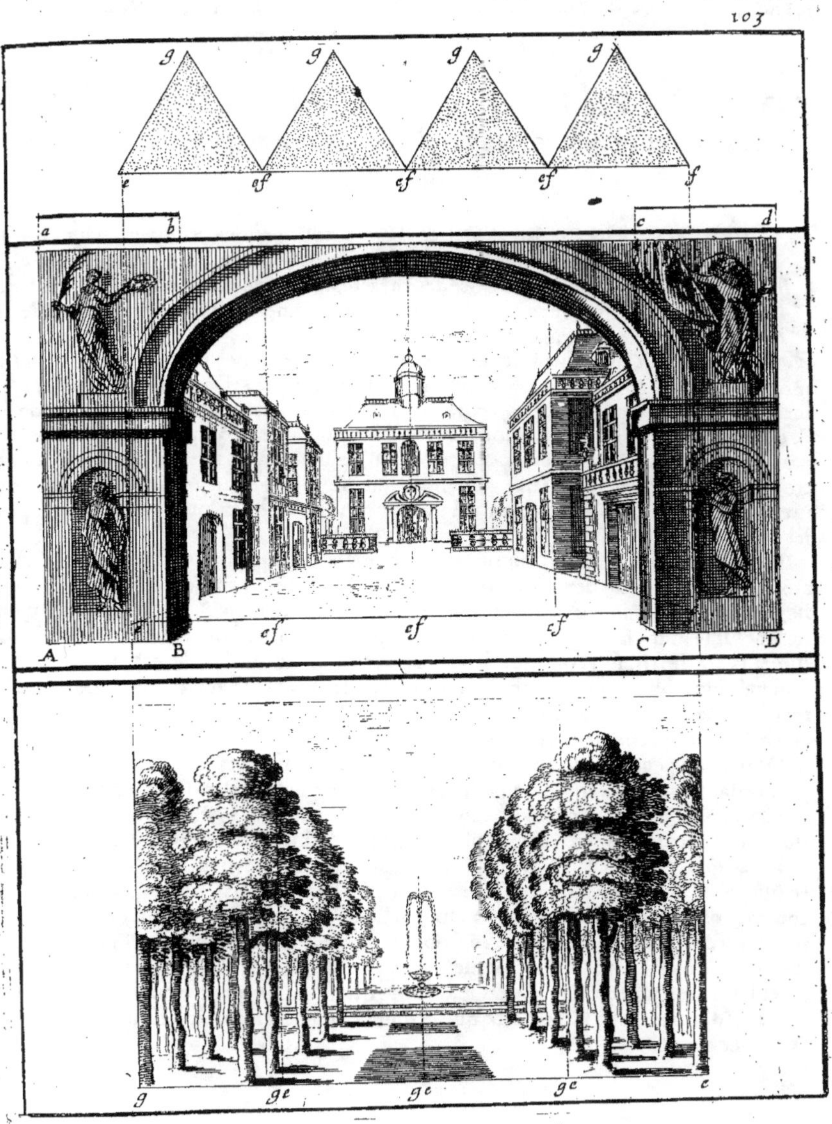
103
g
g
g
g
e
ef
ef
ef
f
a
b
c
d
ef
ef
ef
A
B
C
D
g
ge
ge
ge
e

PRATIQVE XII.

POVR FAIRE DES PERSPECTIVES changeantes, & mouuantes, par des machines tournantes, & des chaßis coulans.

LEs deux Pratiques, X, & XI, que nous venons de doner, pour faire des Perſpectiues changeantes, mouuantes, & deſtachées; ſuppoſent vn eſpace plus que l'ordinaire des theatres, pour y mouuoir ayſement les triangles qui ſont au fond; & par ce mouuement, donner vne Scene differente de la premiere.

Que ſi la place ne permet pas d'y mettre des triangles, & que neantmoins l'on deſire & l'on a beſoin que la Scene ſoit changée; il faut pour le fond, ſe ſeruir de deux chaſſis qui ſe couleront entre deux tringles, attachées aux planchers, deſſus & deſſous, leſquels chaſſis ſe joindront juſtement au milieu; & quand on voudra faire paroiſtre vne autre Scene, qui ſera derriere, il n'y aura qu'à les tirer, vn à droit, & l'autre à gauche; ſi on veut en faire voir vne troiſieſme; il faut que le ſecond chaſſis s'ouure comme le premier. Voila ce qui eſt pour le fond, marquez ſur le plan *a*, *b*, *c*, *d*. pour les coulis.

Pour les corps de deuant, que ie fais d'vn angle obtus, pour donner plus de creux aux Perſpectiues; l'on peut faire deux petites machines en forme de Rhombe, comme ils ſont ordinairement aux Theatres, & qu'on les void au plan A, B, C, D, qui ſe mouueront ſur le piuot E: ils peuuent faire voir deux faces differentes. Par exemple de Baſtiments, & de jardins, comme il ſe void en la figure. Si au lieu de ces machines, on met vn piuot, au milieu d'vn chaſſis, où d'vn coſté ſera peint vne Perſpectiue de baſtimens, & de l'autre, vne de iardins & payſages. Ces chaſſis pourront ſeruir deux fois, & changer de Scene en vn moment.

De plus on peut mettre ces piuots aux bouts des chaſſis vers la muraille, qu'ils joindront eſtant ouuerts pour faire voir les autres piéces portées par des bras en forme de potance, qui couurent & deſcouurent vn Theatre en moins de rien. Toutes ces inuentions ne ſont pas à negliger, puis qu'elles peuuent ſeruir ſelon les lieux & les temps.

De ce que ie dis de ces Theatres, on peut prendre d'autres penſées, & faire en grand ce que ie ne peux pas en petit. Par exemple, au lieu de deux, ou trois chaſſis qui ſe coulent, on peut y en mettre cinq ou ſix, au lieu d'vne arcade, trois, ou quatre, & ainſi des autres choſes qui peuuent ſe multiplier. Quand on ſe ſeruira de Theatres ſuperieurs, c'eſt à dire d'vn ſecond, & meſme troiſieſme eſtage; Il faut ſe ſouuenir de diſpoſer l'Architecture de la Perſpectiue, en ſorte que l'eſcalier, pour monter de l'vn à l'autre ſerue d'ornement à la Scene, & que le tout ſoit bien terminé de baluſtres, ou autres couronnements.

104

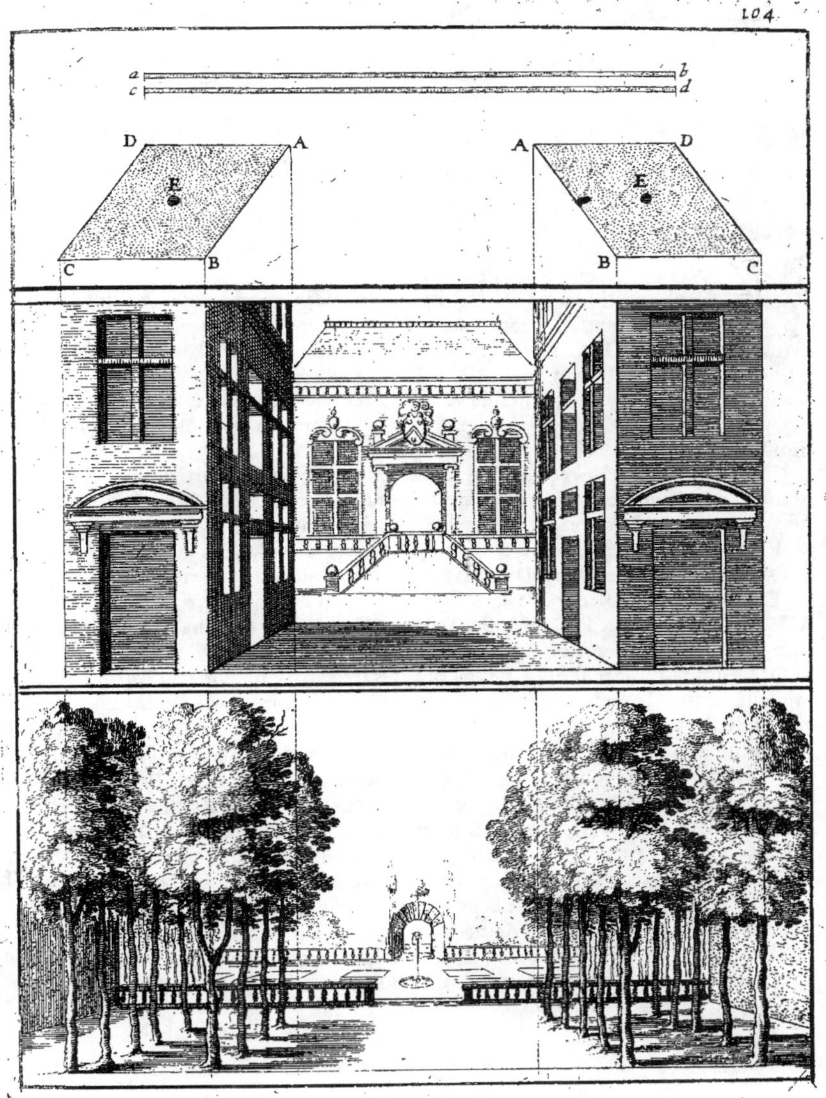

PRATIQVE XIII.

POVR PEINDRE DES PERSPECTIVES, sur des murailles, paralleles aux rayons de l'œil.

AVant que de passer plus outre dans cette Pratique, qui d'abord semble nouuelle, n'ayant point encore parlé de cette sorte de murailles paralleles au rayons de l'œil.

Il faut sçauoir, que par ce nom, i'entends, les murailles, ou costez d'vne salle, paralleles entr'elles, comme sont au plã de la figure AB, & CD. Car si on faisoit vne Perspectiue, au fond de cette salle BD où, on voulut continüer les murailles AB, & CD; il faudroit que des poincts B, & D, on tirât des lignes, ou rayons, au poinct de veuë, qui representeroient ces murailles produites à l'infiny: voila la raison qui m'a porté à leur donner ce nom qui les fera mieux connoistre.

Toutes les Perspectiues, pour ces murailles, n'ont rien de particulier, & se doiuent trauailler en tout, comme aux Perspectiues ordinaires. C'est à dire, qu'il faut prendre le poinct de veuë à la hauteur naturelle, & vis à vis du regardant.

Par exemple, le regardant estant en E, dans le plan A,B,C,D. il faut de ce point E, tirer vne ligne EF, perpendiculaire à AB, qui est comme la ligne de terre.

Or, il faut transporter cette ligne de terre AB, en quelqu'autre part, comme est icy GH. Puis des poincts F, G, H, esleuer des perpẽdiculaires à la hauteur de la muraille, qui est IK, & tirer l'horison LM, à cinq pieds de haut; l'vne & l'autre estant paralleles à OH. Pour le poinct de distance, ou plustost le second point de veuë, (car il peut estre appellé ainsi,) il faut tousjours le prendre au bout de la muraille, comme icy en M.

Ces deux poincts L, M, estant teouuez, il n'y a plus de difficulté au reste, qui se pratique de mesme qu'aux Perspectiues ordinaires, où la veuë est de front. Par exemple, voulant trouuer en cette muraille G,H,I,K. L'aparence d'vne porte en Perspectiue, il faut en marquer la hauteur & largeur, d'vn simple trait, puis pour trouuer son espaisseur: il faut tirer deux rayons OL, & PL, & mettre la mesure de cette espaisseur apres O, comme est OQ; de Q, il faut encore tirer vne ligne à M, qui coupera le rayõ OL, au poinct R, duquel s'esleuera la perpendiculaire R, S. Si du point S, on tire vne parallele à l'horison, elle donnera le dessous de la porte, comme RS, est l'espaisseur du jambage.

Ie croy qu'on comprendra aysement cecy, & qu'il n'est pas besoin d'en dire dauantage, le reste estant assez clair par la figure, & par toutes les pratiques precedentes, particulierement de la premiere Partie.

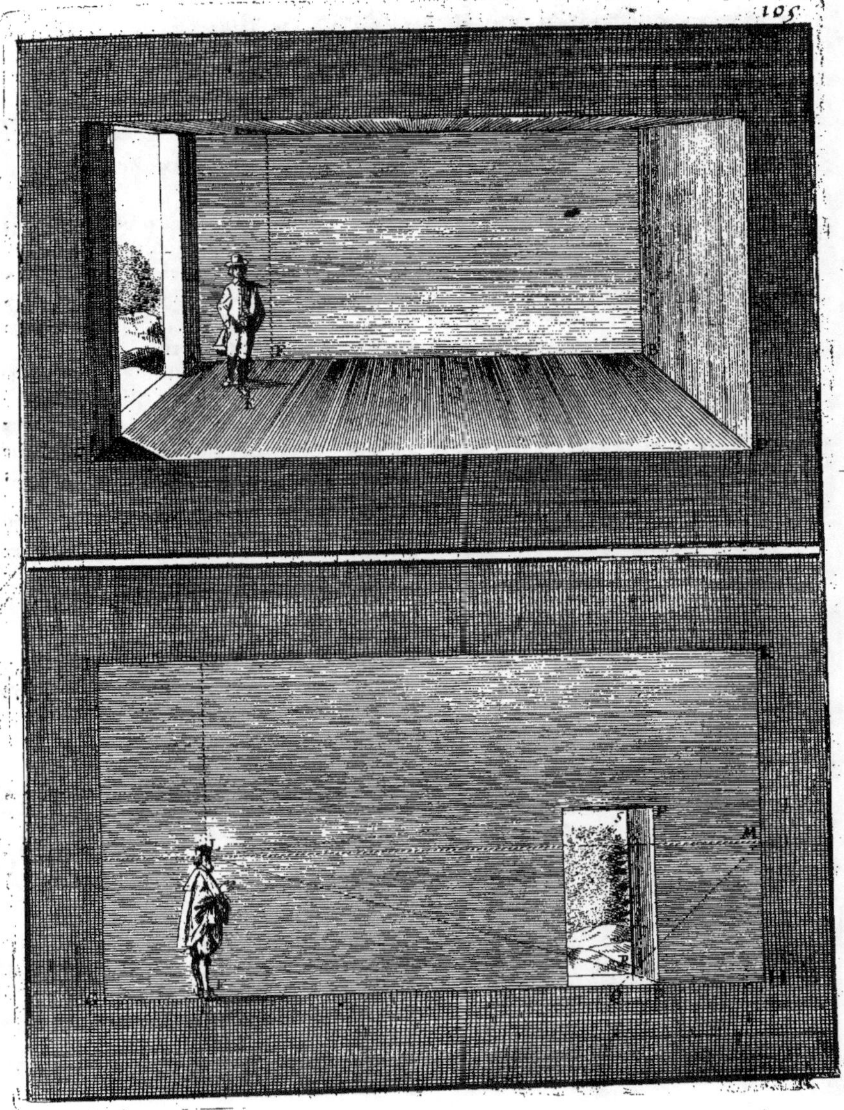

PRATIQVE XIV.

POVR PEINRRE TELS ENFONCEMENS qu'on voudra, sur des murailles paralleles aux rayons de l'œil.

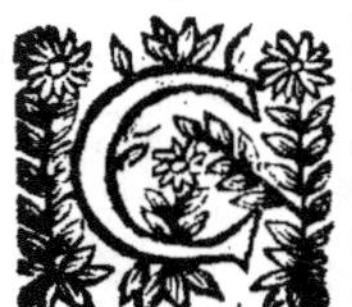

Ette pratique est de la mesme methode que la precedente, mai vn peu plus ample à raison qu'il y a icy vn double enfoncemen qui n'est pas en celle-là. Quoy que veritablement il y ait plus en trauail, il n'y a pas pourtant plus de difficulté. Car il ne faut que tirer des lignes aux poincts de veuës L, & M, & leurs sections donneront les enfoncements comme à l'ordinaire.

Par exemple, pour peindre vn double enfoncement sur la muraille A, B, C, D. les poincts de veuë estant L, M; Il faut mettre la largeur de cet enfoncement sur la ligne de terre CD, comme est D, E puis tirer la ligne DL, & EM. Puis de leur section F, esleuer la perpendiculaire FG; Cét espace B, D, F, G, sera l'apparence du premier enfoncement, où on peut feindre des Fenestres, des Portes, des Pillastres des Colmnes &c

Si des poincts F, G, on tire des lignes paralleles à CD, on aura vn rectangle F, G, H, I comme vne seconde muraille où l'on peut faire vne autre enfoncement tout different du premier, selon la volonté & discretion du peintre ainsi que j'ay fait celuy de la porte qui s'y void par la mesme regle du premier enfoncement qui est vniuerselle & generalle pour toutes ces Perspectiues.

PRATIQVE XV.

POVR PEINDRE DES PLANCHES, DES Tablettes, des Armoires, & choses semblables en Perspectiue sur ces murailles.

IL n'est pas necessaire de rien dire dauantage pour faire entendre cette figure, puis qu'elle fait connoistre à l'œil comme elle se doit pratiquer; il suffit que l'on sçache que les poincts de veuës sont N, & O, tout le reste se fait comme on peut voir au pratiques precedentes & tres amplement en la premiere Partie de nostre Perspectiue Pratique.

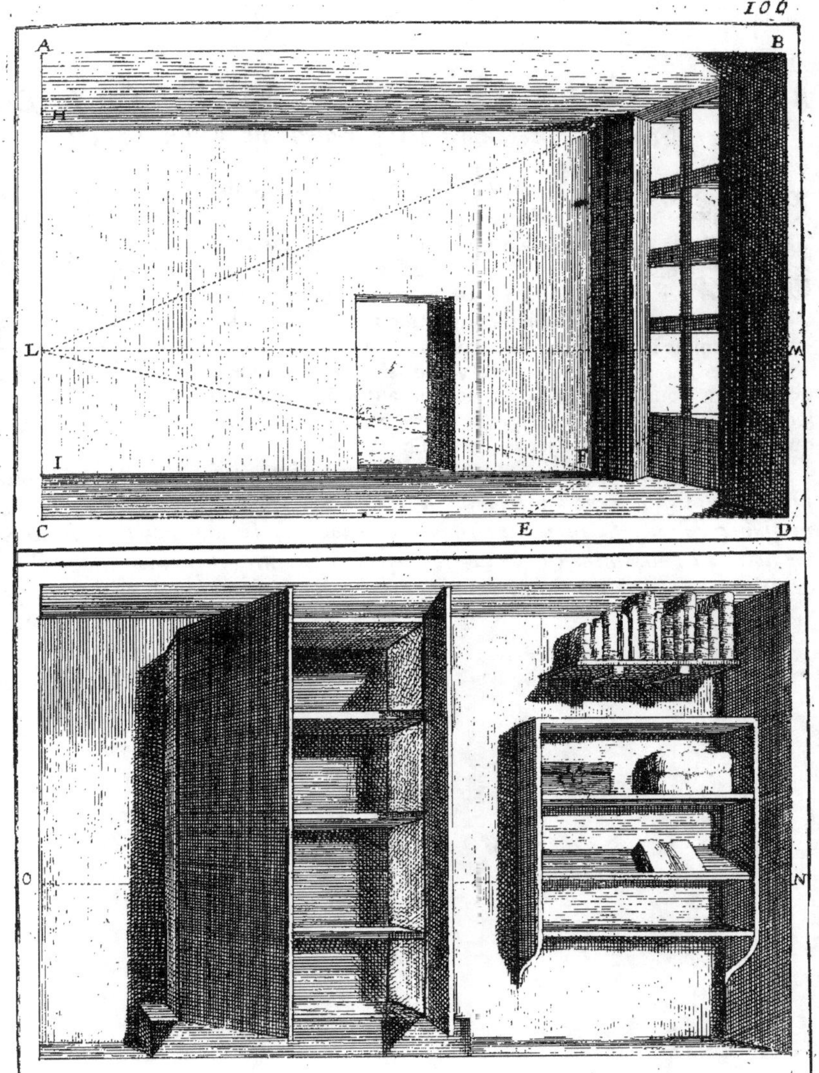
A
B
H
L
M
I
F
C
E
D
O
N

PRATIQVE XVI.

POVR PEINDRE DES MEVBLES EN Perſpectiue, ſur des murailles, paralleles aux rayons de l'œil.

POur faire paroiſtre des meubles ſur ces murailles. Il faut premierement y chercher vn enfoncement en Perſpectiue comme celuy **D, B, F G** de la figure precedente ou quelqu'autre plus, ou moins creux, ſelon la diſcretion du Peintre ; & dans cet enfoncement, on pourra faire tout ce qu'on jugera y eſtre le mieux ainſi qu'on void icy des meubles.

Les pratiques pour faire en Perſpectiue tous les meubles d'vn logis, ſe trouuent en la premiere Partie de ce Liure au Traité III. depuis la Pratique **LXXI.** feüillet 97. iuſques au feüillet 106. parmy leſquels on aura moyen de choiſir ceux qu'on deſire ; tant pour les peindre ſur des murailles & de la toille, que ſur du bois, du fer blanc, ou du carton, pour y eſtre profilez & en faire des piéces deſtachées, ainſi que nous auons dit au feüillet 92. de ce Traité.

Voicy où ie veux finir les Traitez de la Perſpectiue, puis qu'il me ſemble auoir ſatis-fait ſuffiſamment à ma promeſſe, de donner ce qui eſt neceſſaire à la connoiſſance de cette Science. Si quelqu'vn en deſire dauantage, qu'il en donne vn memoire à l'Imprimeur & on luy ſatis-fera aux autres impreſſions, auec l'ayde de Dieu, auquel ſoit honneur & gloire à jamais.

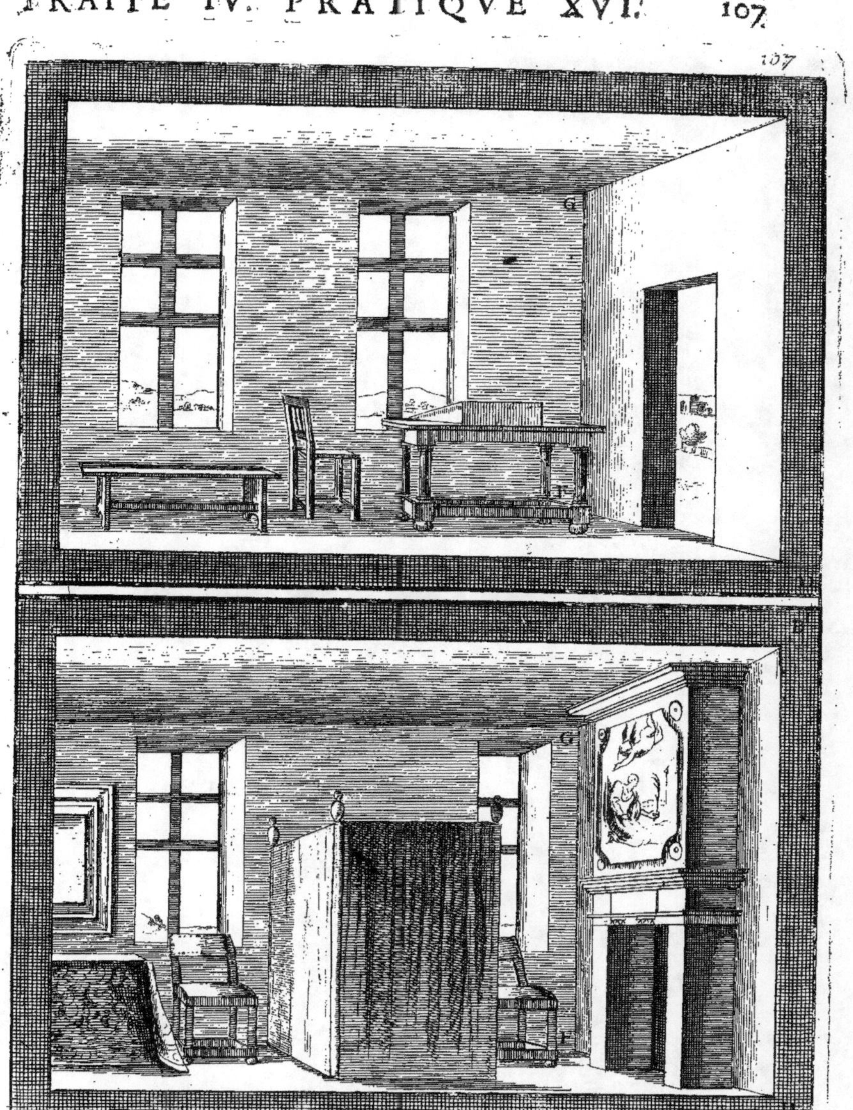
G
F
G
F

TRAITE V.

DE

L'OPTIQVE,

OV LES EFFETS ADMIRABLES

DV RAYON DROIT

SVR LES PLANS

VNIS, PYRAMIDAVX, CONIQVES,

ET IRREGVLIERS.

TANT CONVEXES, QVE CONCAVES.

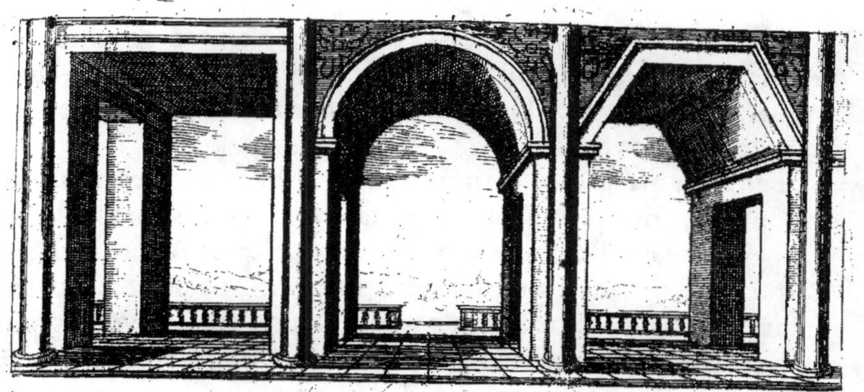

INSTRVCTION SVR LE TRAITÉ V.

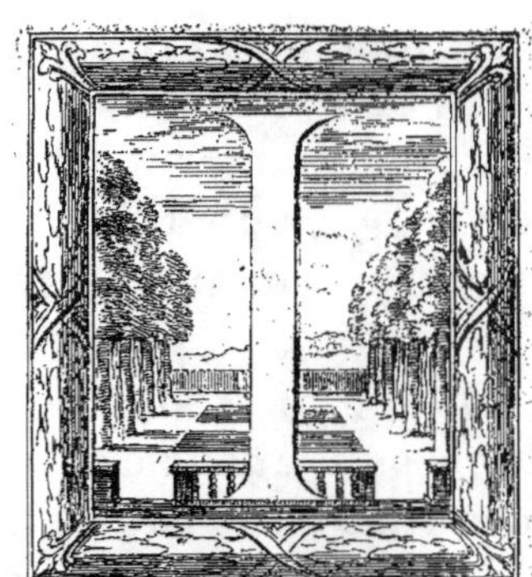

L y a dix ans que j'auois dessein de mettre au jour ces traitez des rayons droits, reflechys, & brisés, pour diuertir les curieux & seruir de recreation à leur esprit; Mais vn autre à qui Dieu auoit donné la mesme pensée s'en est acquité plus diligemment que moy, & a fait voir au public vne partie de ce que ie m'estois proposé de luy donner. Cela m'auoit fait resoudre de n'en rien produire, & j'eusse gardé ma resolution, si mes amis ne m'eussent contraint de la quiter.

A la veuë de mes figures l'on croira d'abord qu'elles ont des-ja parû: mais si on prend la peine de les considerer on connoistra qu'il n'y a rien de commun entre celles-cy & celles qui ont des-ja esté veuës.

I'en ay traité le plus clairement & methodiquement que i'ay pû, affin qu'on les puisse pratiquer sans peine, & auec plaisir. I'espere que ces Pratiques trouueront quelques Approbateurs, & que ceux mesmes qui ont desia traité dignement, & sçauamment, de ces piéces, ne seront pas marrys, qu'on fasse voir au public, qu'vne mesme chose se peut pratiquer diuersement. Ie n'ay aucun dessein de rien diminüer de l'honneur qu'ils meritent, ny de l'estime de leurs ouurages; mais seulement ie veux donner le moyen de choisir, au gré de châcun, puisque nos sentiments sont aussi diuers que nos gouts.

En ce Traité V. Ie parle seulement du rayon droit tout simple, sans estre coupé comme aux Pratiques precedentes des Perspectiues ordinaires; ny reflechy comme aux miroirs; ny brisé par l'inegalité des milieux; Or les operations de ce rayon droit sont admirables sur des plans vnis, comme sont des planches attachées, ou portatiues, des murailles, & mesmes sur des planchers & pauez de Salles, où l'on verra vn meslange de couleurs sans distinction de figures, mais estant regardées d'vn lieu determiné, on y connoistra le visage, où le portrait de quelqu'vn, ou vne autre figure, ou paysage; estant aussi aysée la pratique de l'vn que de l'autre.

En suitte de ces planches, ou murailles droites, on trouuera la methode pour peindre sur des corps Pyramidaux, tant quarrez que ronds, & mesme sur des irreguliers, soit qu'ils soient veus, par la conuexité, qui est le dessus, ou par la concauité qui est le dedans, l'vn estant le mesme que l'autre dans la pratique: Mais deuant ces Pyramides j'ay donné vn auis pour ne s'y point tromper, & se garder de suiure vne methode qu'ont donnée deux nouueaux Auteurs, qui se sont abusés en cet endroit, ayant fait sur ces planches le trait pour y trouuer le partage de ces piéces, qui doit se rapporter à celuy du Prototype, comme s'y elles deuoient estre regardées, l'œil estant esleué dessus, & non pas [illegible]te, comme elles sont veuës ordinairement, & qu'ils donnent à connoistre que tel est leur intention. Ce n'est pas qu'on ne puisse les regarder, l'œil estant hors de la pointe, mais cela change si peu l'objet, que ie n'ay pas creû en deuoir donner la pratique, sur l'asseurance tres-certaine que j'ay qu'on ne s'en seruiroit point, & qu'elle seroit inutile. Ie n'ay pas eû la mesme pensée de celle qui est pour construire vn Cône, de telle hauteur, & de telle diametre qu'on voudra, l'ayant jugée tres necessaire, à fin de donner liberté de faire des figures dessus tous, & dedans tous, & non pas seulement sur vn, fait d'vn quart de cercle comme il semble que les autres nous veullent obliger.

Sur la fin de ce Traité, je donne encore la methode de peindre tels objets qu'on voudra sur vn corps raboteux, irregulier & composé de Cônes, Pyramides, Triangles, & piéces semblables; ou vne figure, vn portrait, ou quelque paysage, paroistra comme s'il estoit peint sur vn plan vny, pour veu qu'il soit regardé par vne petite ouuerture, ou poinct determiné, & pris à discretion pour tracer cette figure.

Outre toutes les pratiques pour peindre des figures sur ces corps tant conuexes que concaues, reguliers & irreguliers, on trouuera en suitte de châcun, comme ils doiuent estre regardez, pour estre veus dans leur perfection, ce n'est pas qu'on ne puisse les voir d'autre facon, mais quoy qu'elles semblent satis-faire l'œil, ce ne sera jamais si bien, comme de ce trou de la lunette; l'experience fera connoistre que ie dis vray.

Il faut que ie recommande dés cette premiere instruction encore plus particulierement que ie n'ay fait, de tellement disposer toutes les piéces, dont nous allons traiter, qu'elles ayent le plus grand jour qu'on pourra leur donner quand on voudra les faires voir parfaitement, dautant que si les objets ne sont pas bien esclairez, ils n'enuoyeront à l'œil que des rayons confus, & vne image imparfaite & grossiere de ce qui seroit net & agreable, s'ils estoient bien posez; car l'œil qui est fidele se plaist à receuoir toutes les choses visibles, principalement quand elles sont bien esclairées & colorées, aussi sont-ce proprement ses objets que la lumiere & la couleur, ainsi que sont les piéces dont nous allons parler, où l'vn & l'autre se doiuent rencontrer. C'est pourquoy quand on voudra mettre de ces piéces d'Optique en quelque lieu que ce soit, il faut sur tout prendre garde qu'il y ait assez de iour, & que tous les costez soient esclairez, principalement si ce sont des Pyramides de plusieures faces, car si elles ne sont toutes dans le iour l'on n'aura point de satis-faction, à raison qu'il ne s'en verra qu'vn quartier, ou peut-estre deux, d'vne image, ou portrait; & cela à cause qu'il n'y a qu'vne ou deux faces qui soient esclairées; de cecy on doit iuger si ceux qui mettent ces piéces de plusieures faces, ou rondes, esleuées au dessus de la teste, ou attachées aux planchers des Salles & des Chambres peuuent voir ces piéces, comme elles paroistroient dans vne campagne, ou en vn lieu où le iour donne de toute parts, si ce n'est que les Salles, ou les Chambres fussent percées, ou eussent des fenestres de tous costez, car pour lors on auroit dans vne Salle, ou vne Chambre l'effet qu'on desire, & peut desirer.

Tout ce que ie viens de dire n'est pas seulemẽt pour les images & figures qui se tracent & peignent sur des Pyramides de plusieures faces, où sur des Cônes, qui sõt des Pyramides rõdes, mais

aussi

aussi pour celles qu'on fait & peint dedans les vnes & les autres de ces piéces, lesquelles doiuent estre exposées au grand jour comme pourroit estre vis à vis d'vne porte, ou d'vne fenestre, & non pas en haut au plancher d'vne Salle, ny veuë la pointe en bas, si ce n'est en vn lieu où le jour donne à plomb; car à moins de cela, il est impossible que ces piéces donnent l'effet qu'on en doit esperer. Ce sera le mesme des figures tracées & peintes sur des plans ou corps irreguliers, car le moindre ombre qui s'y trouuera cachera, rompera l'ordre de la figure, & changera la couleur de l'objet.

Donc, il faut conclure que toutes les piéces d'Optique ne ne seront jamais bien veuës qu'elles ne soient bien esclairée, ce qui me fait supplier tous ceux qui s'y vondrons diuertir, d'y auoir l'œil, & que le choix de la place, où ils voudrons les mettre, precede tousiours celuy du corps & de la figure qu'on y doit voir, qui peuuent pourtant estre par tout (comme on verra en la Pratique XIII. de ce Traité feüillet 122. où elles sont de tous sens) pourueu que le lieu soit bien percé, c'est à dire qu'il y ait beaucoup d'Arcades, de Portes ou de fenestres, &c. d'où on peut auoir grand jour.

PRATIQVE I. D'OPTIQVE.

POVR PEINDRE SVR VNE PLANCHE, VNE IMAGE QVI paroiſtra difforme eſtant veuë de front, & fort belle, eſtant regardée d'vn poinct donné.

PVisque le bon ordre demande que ie commence par ces piéces cy, comme les plus ayſée; Ie dis que pour auoir plus de facilité à les tracer l'on fait choix de quelque portrait, ou image, pour Prototype, que l'on diuiſe en certains nombres, de parties égales, ou petits quarrez affin de marquer ſur la planche vn nombre pareil d'eſpaces, pour peindre en châcun, ce qui eſt au quarré du Prototype, qui luy raporte. Ie ſuppoſe que ie parle à des perſonnes qui ſçauent ce que c'eſt de retirer vne image, ou tableau, par le moyen de l'eſchiquier, que d'autres nomment petit pied.

Retirer, n'eſt autre choſe que raporter ce qui eſt en vn quarré du Prototype, à vn des eſpaces de la planche, auec proportion requiſe.

La premiere diſpoſition eſt donc qu'il faut diuiſer les coſtez de l'image choiſie, en quatre, en huict, ou tel nombre qu'on voudra, & de toutes ces parties égales, tirer des lignes paralleles aux coſtez, qui formeront vn quarré comme A, B, C, D. qui en contiendra pluſieurs petits, égaux entre eux.

La ſeconde, eſt qu'il faut tirer vne ligne au milieu du long de la planche ſur laquelle on veut peindre l'image, comme eſt la ligne E F. Par le poinct F, il faut tirer vne autre ligne qui luy ſoit perpendiculaire, ſur laquelle on portera, de part & d'autre du poinct F, la moitié des parties qui ſont au coſté de la figure, comme icy deux de châque coſté, qui ſont G, I, F, K, H. De tous ces poincts il faut tirer des lignes droites au poinct E, qui eſt l'eſloignement de l'œil.

De plus ſur le poinct E, il faut prendre à diſcretion, la hauteur de l'œil L, auquel poinct L, il faut tirer la ligne diagonale G L, & aux ſections qu'elle fera, des lignes tirées au poinct E, ſoient tirées des lignes paralleles à G H; qui ſe trouueront en meſme nombre qu'en la figure Prototype, & donneront autant d'eſpaces qu'il y a de quarrez; & ainſi la planche ſera preparée pour y peindre l'image.

Maintenant, il faut tranſporter ce qui eſt contenu, & enfermé dans les quarrez du Prototype, aux eſpaces qui leur correſpondent ſur la planche, ſelon la proportion requiſe; c'eſt à dire que ce qui eſt au milieu d'vn quarré, ſe doit porter au milieu de l'eſpace qui luy correſpond ſur la planche.

Or pour trouuer le milieu d'vn eſpace; Il ne faut pas le partager en deux également, mais il y faut tirer deux diagonales, & où elles ſe couperont ce ſera le milieu. Par exemple 16. eſt au milieu du dernier quarré du Prototype; Pour trouuer le milieu de l'eſpace qui luy correſpond, ſur la planche, il faut tirer deux diagonales G R, & I Q, & leur ſection O, ſera le milieu perſpectif de cet eſpace.

L'on peut encore partager en deux châcune de ces parties; Car ayant fait par le poinct O, vne paralelle à G H. il ne faut que tirer de nouueau deux diagonales, & ainſi cet eſpace ſera diuiſé en quatre.

L'image eſtant tracée, elle vous paroiſtra extremement difforme, ſi vous la regardez de front, comme eſt la figure M. Mais ſi au poinct E, vous attachez vne petite planche, perpendiculaire à la grande, & qu'a cette planchette à la hauteur E L, on faſſe vn trou, qui ſoit petit du coſté de l'œil, & bien éuaſé du coſté de la figure, l'image regardée par ce trou (qui eſt le poinct donné) vous paroiſtra tres-belle, & ſemblable à ſon Prototype N.

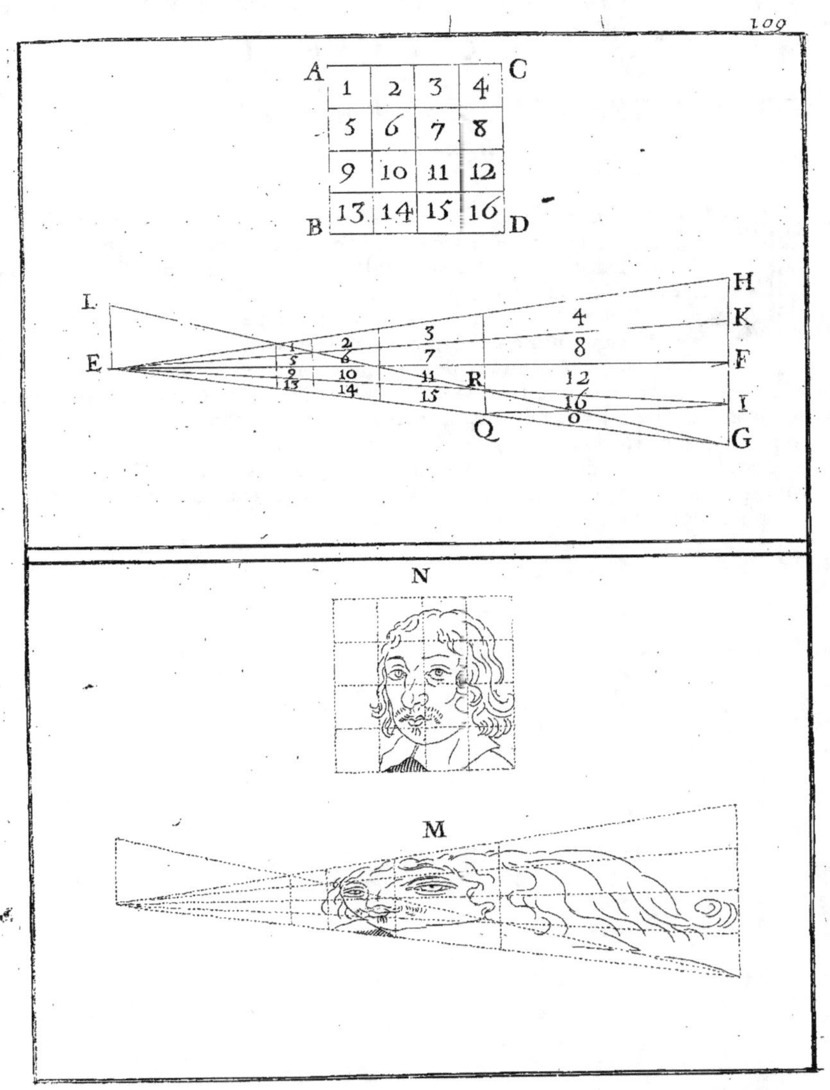
109
A
C
1
2
3
4
5
6
7
8
9
10
11
12
13
14
15
16
B
D
H
L
K
E
F
R
I
Q
G
N
M

PRATIQVE II.

POVR FAIRE VOIR D'VN AVTRE ASPECT LA figure precedente.

NOus auons dit ſuffiſamment au feüillet precedent, comme il faut partager le deſſein qu'on a choiſi; & comme on doit tracer ſur la planche, les eſpaces qui en repreſentent les quarrez ſur leſquels ſe rapporte tout ce qui eſt du Prototype.

Reſte à faire voir icy, que ce Prototype peut ſeruir à faire regarder la figure qui y eſt, de pluſieurs aſpects.

Premierement de coſté, comme nous venons de faire, & qui eſt l'aſpect le plus ordinaire. Secondement de haut en bas, comme eſt la figure A. où le portrait eſt veu par le deſſus de la teſte. Troiſiémement de bas en haut, comme l'autre figure B. où le portrait eſt veu, comme par le deſſous du menton.

Ces changements de ſituation feront voir ces figures, les vnes bien plus difformes que les autres; & l'aiſſeront à la diſcretion de châcun de faire tel choix qu'il luy plaira de ces piéces.

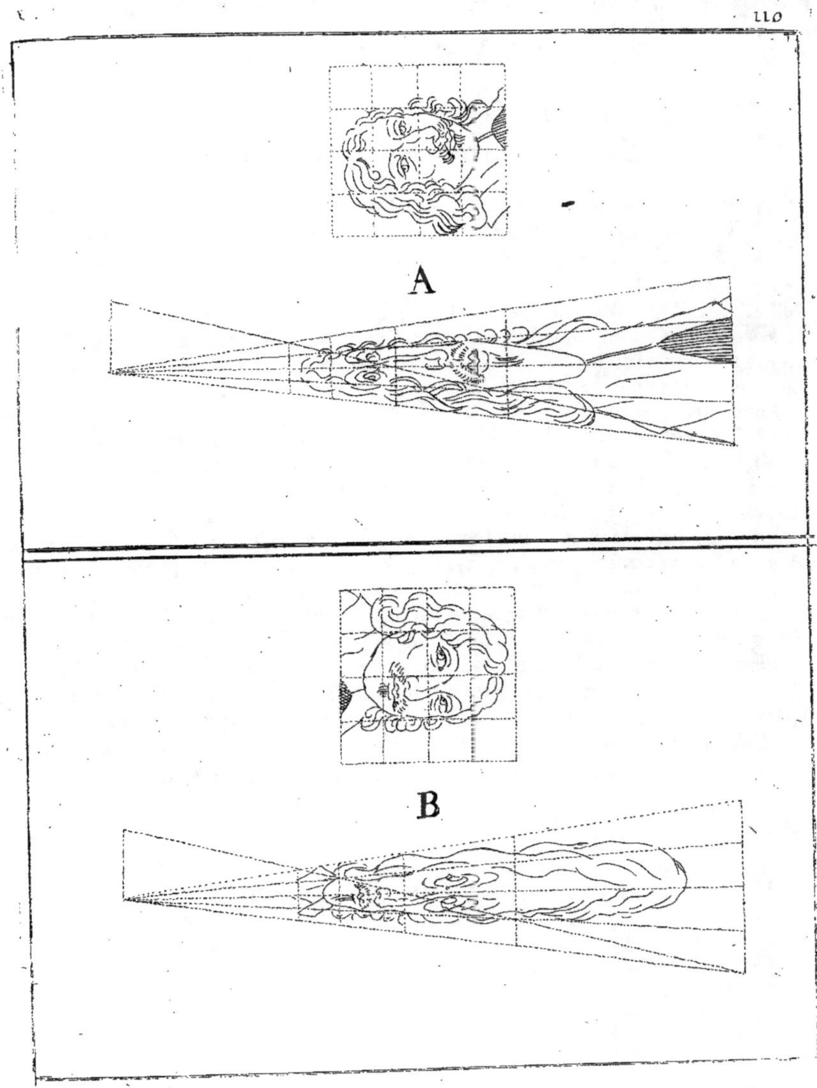
A
B

PRATIQVE III.

AVTRE METHODE POVR LE MESME effet que la precedente, mais moins en vsage.

EN cette methode, il faut tirer vne ligne au dessus du Prototype ABCF, ou continüer la ligne CF, aussi longue qu'est la planche où on veut peindre, comme est la ligne EF. Du poinct E. il faut esleuer la ligne EL, de la hauteur de l'œil.

Puis de ce point L, il faut tirer des lignes par toutes les diuisions d'vn costé du Prototype A, 2, 3, 4. Et les sections M,N,O,P, que ces lignes feront sur la ligne EF, seruiront à trouuer les lignes perpendiculaires qui representeront sur la planche celles du Prototype, marquées A, 5, 6, 7, B.

Pour rendre la figure moins confuse, soit en quelque autre lieu, tirée la ligne, *ef*, égale à EF, & portées dessus, les sections qu'on y a trouuées qui sont *m, n, o, p*, égales à M, N,O,P. Sur la derniere *f*. Il faut faire vne perpendiculaire, sur laquelle on portera le nombre des diuisions du prototype, qu'on partagera également de part & d'autre de *f*, comme sont 1, 2, *f*, 3, 4 : De tous ces poincts, il faut tirer des rayons au poinct *e*, qui est comme le poinct de veuë. Puis de toutes les sections *m, n, o, p*. il faut faire des perpendiculaires à, *ef*; qui coupans ces rayons, donnent la planche preparée pour y peindre ce qui est au Prototype, comme nous auons dit cy-deuant.

Quoy que cette methode semble estre autre que la precedente; i'ay voulu faire voir icy qu'elle luy est entierement conforme, ainsi qu'on le peut voir, ayant à ce dessein obserué, en l'vn & en l'autre, la mesme longueur de planche, la mesme distance & hauteur de l'œil, & les charactteres autant que i'ay pû; ce qui a donné, les mesmes espaces, qui sont pour peindre sur la planche, ce qui est aux quarrez du Prototype.

Cela donne liberté de se seruir de quelle methode on voudra, puis qu'elles se rapportent les vnes aux autres, & qu'elles ont vn mesme effet.

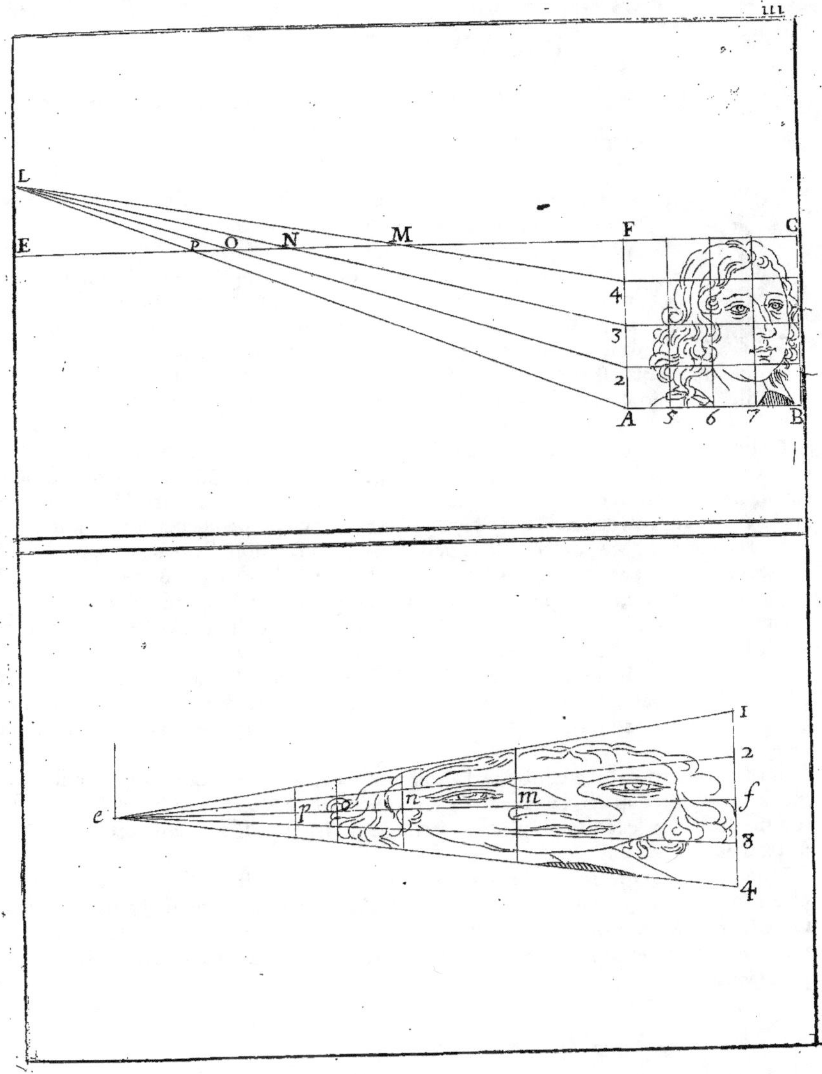
L
E
P
O
N
M
F
C
4
3
2
A
5
6
7
B
I
2
f
8
4
e
p
n
m

PRATIQVE IV.

COMME L'ON DOIT REGARDER CES *pièces, pour estre veuës dans leur perfection.*

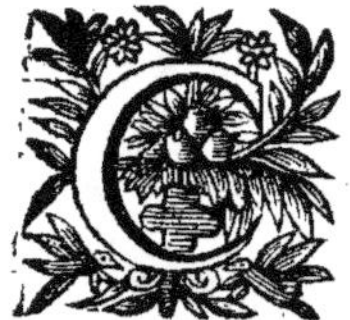

Es piéces que nous auons dit, & qu'on void difformes estant regardées de front, sont renduës belles & cõformes au Prototype, si on les void par le petit trou qui est en la planche attachée perpendiculairement au bout de celle où l'on a peint la figure ; cette planche, pourroit estre veuë toute droite sur son costé, je veux dire parallele à vne muraille, comme on attache les tableaux, neantmoins ie croy qu'elle se void mieux estant vn peu inclinée comme celle A.

L'autre piéce qui est pour estre veuë de bas en haut doit estre mise parallelement à la muraille, & mesme on peut l'y attacher si on veut, pourueu qu'il y ait assez de place, pour estre regardée, commme en B.

Celle qui est à l'opposite, est vne piéce pour estre veuë de haut en bas, comme d'vne fenestre, d'vne gallerie. &c. Sa situatiõ peut estre comme celle B. Et toutes deux se pourroient aussi peindre contre la muraille ; mais d'vne sorte, ou de l'autre il faut tousjours auoir égard au trou de l'œil, qui est en la planchette C. perpendiculaire à la muraille.

En la seconde figure, on void deux personnes sur pied, dont l'vne regarde en bas, & l'autre en haut, les desseins de ces figures difformes à l'œil de l'vn, & belles à l'œil de l'autre ; ie veux dire, que la personne D. verra à la perfection la figure qu'on auroit peinte, ou fait de marqueterie, au paué, ou bas la salle ; & que du mesme lieu la figure qui est dessus sa teste, luy paroistra extrement confuse & difforme.

Le contraire arriuera, à celuy qui est en E. Car celle de dessus sa teste, qui est peinte, ou attachée au plancher, luy paroistra tres acheuée, & entierement conforme au Prototype. Mais il ne connoistra rien que confusion, à celle du paué, à raison qu'il la void à rebours.

En cette situation, il est difficile d'auoir vne planche percée pour diriger l'œil, & regler la veuë, mais au lieu ; il faut auoir vn poinct arresté, comme en D, & E, où il faut se tenir droit afin de les voir le plus exactement qu'il est possible, sans cette subjection de trou visuel.

Quand on voudra faire des ces piéces, atachées ou peintes sur les planchers, ou platsfonds ; il faut prendre pour la hauteur de l'œil, la distance qu'il y a du plancher à l'œil du regardant. Pour celle qui est sur le paué ; il faut prendre la hauteur d'vn homme, pour la hauteur de l'œil ; Puis faire tout le reste, comme nous auons dit aux Pratiques precedentes.

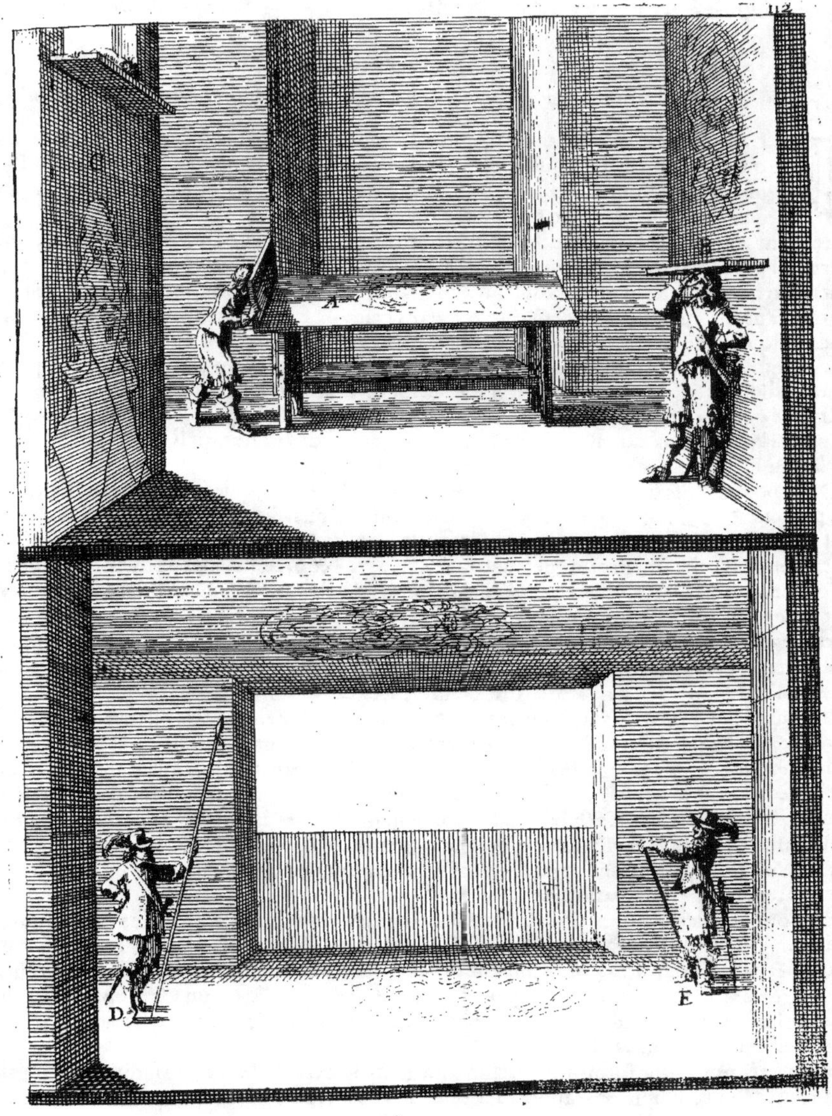
A
D
E

AVIS.

POVR NE SE POINT TROMPER QVAND ON VEVT FAIRE VNE *image sur vne Pyramide ou sur vn Cône, qu'on ne pourra cõnoistre que d'vn poinct dõné.*

IL m'a semblé necessaire de donner cét auis, & faire voir à l'œil, que la methode qu'on a donnée il y a quelques années. Pour peindre sur des Cônes, & sur des Pyramides, tant conuexes que concaues, ou interieures, & exterieures; n'est pas juste, quoy qu'elle soit prisée & estimée de quelques-vns.

Ils disent, qu'ayant choisy vne image à discretion, si on veut la faire voir sur vne Pyramide quarrée, il faut l'enfermer d'vn quarré, comme 1, 2, 3, 4, & dans ce quarré faire plusieurs autres petits quarrés plus interieurs, parallels au plus grand; Que si c'est pour vn Cône, au lieu d'vn quarré il faut enfermer l'image d'vn cercle, & dans celuy-là faire plusieurs autres petits cercles concentriques, tout cela est vray.

Ils disent de plus, quil faut prendre la hauteur de la Pyramide, ou du Cône A B. & du poinct B, tirer la ligne B C, perpendiculaire à A B, que sur cette derniere, se prend l'esloignement de l'œil C, & que de ce poinct C, comme centre, se fait vn arc D E B, & qu'on tire la ligne C A. qui coupe l'arc en E; cét arc B E, est diuisé en autant de parties égales, qu'il y a de quarrés, ou de cercles, au Prototype; c'est à dire quatre en nostre exemple.

Or du poinct C, ils tirent des lignes par les diuisions de cét arc, qui vont couper la ligne A B, aux poincts F, G, H. qui sont (disent-ils) les poincts d'où il faut tirer des paralleles à la base AI, I S, S T, TR. Si c'est pour vne Pyramide, ou des arcs cõcentriques cõme A R. pour vn Cone qui representẽt celles du Prototype, marquée 4, 5, 6, 7. 8 & 9. ce qui n'est pas vray-semblable.

L'œil ne doit pas estre esleué perpendiculairement à A B, pour voir ces piéces cy, comme pour celles que nous venons de quitter, car de l'esloignement de l'œil, ne se doit faire qu'vne ligne droite auec la pointe de la Pyramide & le milieu de sa base, comme de M N; Q M, est l'œil. N, la pointe de la Pyramide & Q le milieu de sa base. Iugez de la, si la methode qui met l'œil C. perpendiculaire à A B, est la vraye?

De plus, il faut remarquer au Prototype, que les quarrés sont en égales distances, les vns des autres, & que les paralleles à 1, 2, tirées par les sections des diagonales, feront des parties égales sur le diametre O; & sur le costé 1, 3, comme on les void au Prototype. C'est pourquoy il faut que les sections de la ligne K N, soient prises, comme en la methode suiuante, affin que les rayons qui partiront du poinct de l'œil M, donnent des parties égales sur la base K L; autrement l'image peinte sur la Pyramide, ou Cone, sera deffectueuse, & ne paroistra pas platte; comme au Prototype, estant regardée par vn trou: ce qui doit pourtant estre pour estre bien & pour rendre la chose parfaite.

Or si l'on garde les diuisions de la ligne AB, cela ne se trouuera pas; Ce qui se peut connoistre ainsi; soit la ligne A B, transportée en *a b*, &, *c*, *d*, faite égale au costé du Prototype 1, 3. si l'on joinct de lignes droites *b*, *c*, *d*. on aura vn des quatre costez de la Pyramide; soit aussi diuisé *b c*, aux poincts *f*, *g*, *h*. parties égales à F, G, H. si du poinct *k*, qui est le poinct de l'œil, l'on tire des lignes par ces diuisions *f*, *g*, *h*. vous trouuerez qu'elles donneront sur la baze *c*, *d*, toutes les parties inégales.

Les quarrés qui seront formés des mesures inégales de cette base *d c*, ne seront pas en égales distances & n'auront point de raport auec ceux du Prototype, ainsi qu'on peut voir conferant le quarré de bas *m*, *n*, *o*, *p*. auec celuy de haut 1, 2, 3, 4.

Ce n'est pas qu'on ne puisse poser l'œil en autre lieu que directement à la pointe de la Pyramide, car il peut estre en telle situation qu'on veut, & mesme en angle droit. Mais ce qu'ils ont escrit, & le reste de leur figures, fait assez connoistre leurs intentions, & qu'ils n'entendoient parler que de celles qui sont veuës directement par la pointe.

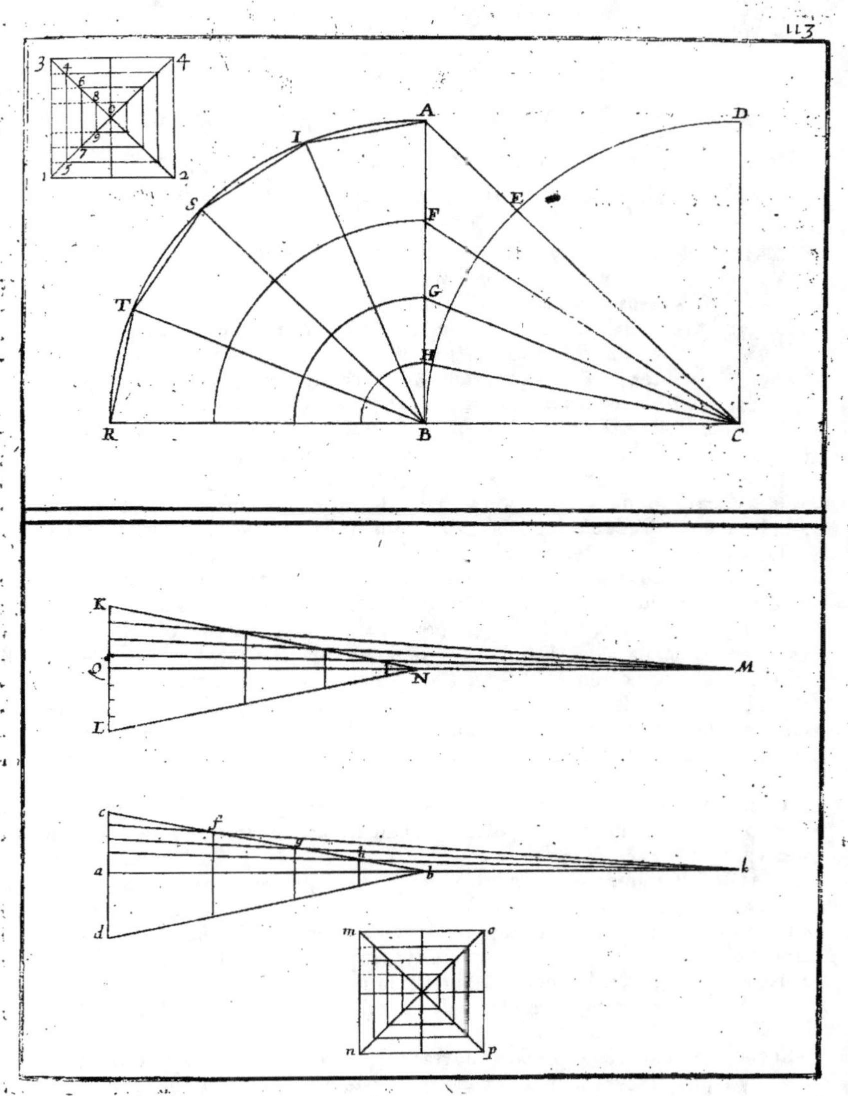
3
4
1
2
A
D
I
E
S
F
G
T
H
R
B
C
K
Q
N
M
L
c
f
g
h
a
b
k
d
m
o
n
p

PRATIQVE V.

POVR PEINDRE VNE IMAGE SVR VNE Pyramide, laquelle estant veuë par vn poinct donné, paroistra comme si elle estoit peinte sur vn plan vni, & semblable à son Prototype.

AYant choisy l'image qu'on veut peindre sur cette Pyramide; Il faut l'enfermer d'vn quarré, comme nous auons dit, & diuiser ce quarré par deux diagonales AC, BD, & par deux diametres ST, VX. Châque diagonale se diuisera en quatre, en huict, en douze, ou en seize parties, & plus si l'on veut, pour inscrire par ces parties égales, de petits quarrez paralleles au grand ABCD. comme on void au Prototype.

Châque costé de ce quarré, qui est comme vn triangle AOD; represente vn costé de la Pyramide, dont AD, est la base. Ayant pris cette longueur AD, ou vne autre à discretion, pour base de la Pyramide EF. Il faut de son milieu tirer à l'infiny la ligne GH; sur laquelle on marquera GI, qui est la hauteur de la Pyramide; si l'on joinct de lignes droites ces trois poincts EFI. L'on aura vne des faces, ou plustost la section de la Pyramide, comme si elle estoit coupée par le milieu. Et faut que la base EF, soit tousjours égale au diametre de la Pyramide, soit qu'elle soit quarrée Pentagone, Octogone, &c.

Cela fait; il faut diuiser toute la base en autant de parties égales, qu'il y en a sur vne des diagonales, du Prototype, ou bien seulement la moitié, comme EG, en quatre parties égales, puis que cela suffit. Du point de l'œil H; il faut tirer des lignes droites à ces parties égales de la base E, K, L, M, G. & prendre garde où ces lignes couperont la ligne IE. à sçauoir aux poincts N, P, R. Car, par ces poincts, se doiuent tirer des paralleles à EF, qui representent les trauersantes du Prototype, & assignent les justes diuisions, ou espaces que doit auoir châque costé de la Pyramide, ausquels se doiuent raporter ceux du Prototype, comme on void aux chyfres, qui sont en l'vn, comme en l'autre.

Il faut de plus, transporter ces mesures sur les autres costez, & la Pyramide sera en estat pour y peindre l'image proposée, gardant les proportions requises, comme aux piéces precedentes.

Si on fait la Pyramide de quelque matiere pliable, comme carton, fer blanc, &c. on peut tracer toutes ses faces sur vne seule piéce, puis les plier par aprés; Par exemple pour celle-cy à quatre faces, il faut prendre la distance I, E. & de cét interualle faire vne grande portion de cercle, sur laquelle il faut porter quatre fois, la base EF, comme le marquent *a, b, c, d, e.* desquelles il faut tirer au centre, *f*, & l'on aura les quatre costez; sur lesquels on transportera les mesures & diuisions de la face IEF. & la Pyramide sera disposée pour y peindre la figure.

Si elle est solide; il sera fort facile de tracer les autres faces, en ayant vne partagée, car il n'y a qu'à tirer vne ligne au milieu de châque face du bas en haut, & tirer toutes les autres, paralleles à la base.

L'on peut faire ces Pyramides à discretion, je veux dire plus hautes, & plus estroites, comme la precedente, ou plus large, ou moins haute que celle-cy; sans pourtant rien changer de la pratique & methode.

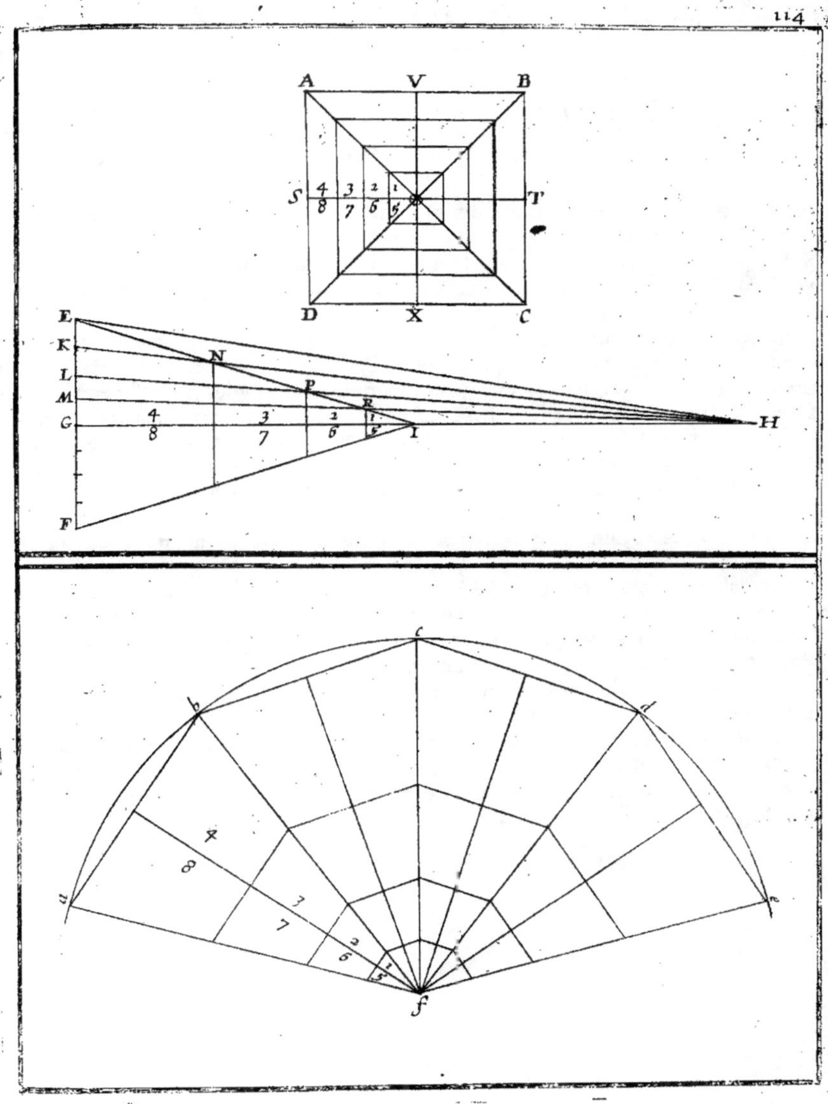

114
A
V
B
S
4
3
2
1
8
7
6
5
T
D
X
C
E
K
N
L
P
M
R
G
4
3
2
1
8
7
6
5
I
H
F
c
b
d
4
8
3
7
2
6
1
5
a
e
f

PRATIQVE VI.

POVR DIVISER LES IMAGES PROTOTYPES & ayder à les peindre sur des Pyramides, à plusieurs faces.

PAr la pratique du feüillet precedent, on peut peindre vne image sur vne Pyramide, à trois faces auec autant de facilité que sur vne à quatre.

Or comme en celle de quatre faces, nous auons diuisé l'image Prototype par vn quarré ABCD. par deux diametres ST, VX. & par d'autres quarrez plus interieurs comme on le void en la figure 2.

Aussi faut-il que pour peindre sur vne pyramide à trois faces, l'image Prototype, elle soit enfermée d'vn triangle équilateral, E, F, G, figure I, du centre duquel H, il faut tirer des lignes droites aux angles; qui donneront trois triangles, representant les trois faces de la Pyramide; les lignes HE, HF, HG. se diuisent en autant de parties égales que l'on veut; icy elles ne le sont qu'en quatre, & ces diuisions se doiuent joindre de lignes droites, qui forment des triangles plus interieurs, parallels au grand EFG. Du centre H, il faut encore tirer des lignes qui coupent, perpendiculairement & par le milieu, les costez EF, FG & GE; & cette image sera preparée pour estre peinte sur vne Pyramide à trois faces, ainsi que nous auons dit au feüillet precedent, pour celle de quatre faces.

Le mesme se doit faire pour vne à cinq, à 6, à 7, à 8, & à tant de faces qu'on voudra, pourueu qu'on obserue ce que nous auons dit, c'est à dire que le Prototype soit enfermé d'vn Pentagone, pour vne de cinq faces; d'vn Hexagone, pour vne de 6 faces, &c; on les doit encore diuiser en d'autres petits Pentagones, & Hexagones plus interieurs, ainsi qu'on les void marquez aux figures 3. & 4. I'ay dit suffisamment comme cela se doit faire.

Le triangle IKL. à sa base IL, égale à chaque costé de ces figures, triangle, quarré, pentagone & hexagone, aussi l'ay-ie fait pour representer vne face des Pyramides dont ces figures pourroient seruir de plan, comme de Prototype, tant pour des Pyramides conuexes que pour des concaues.

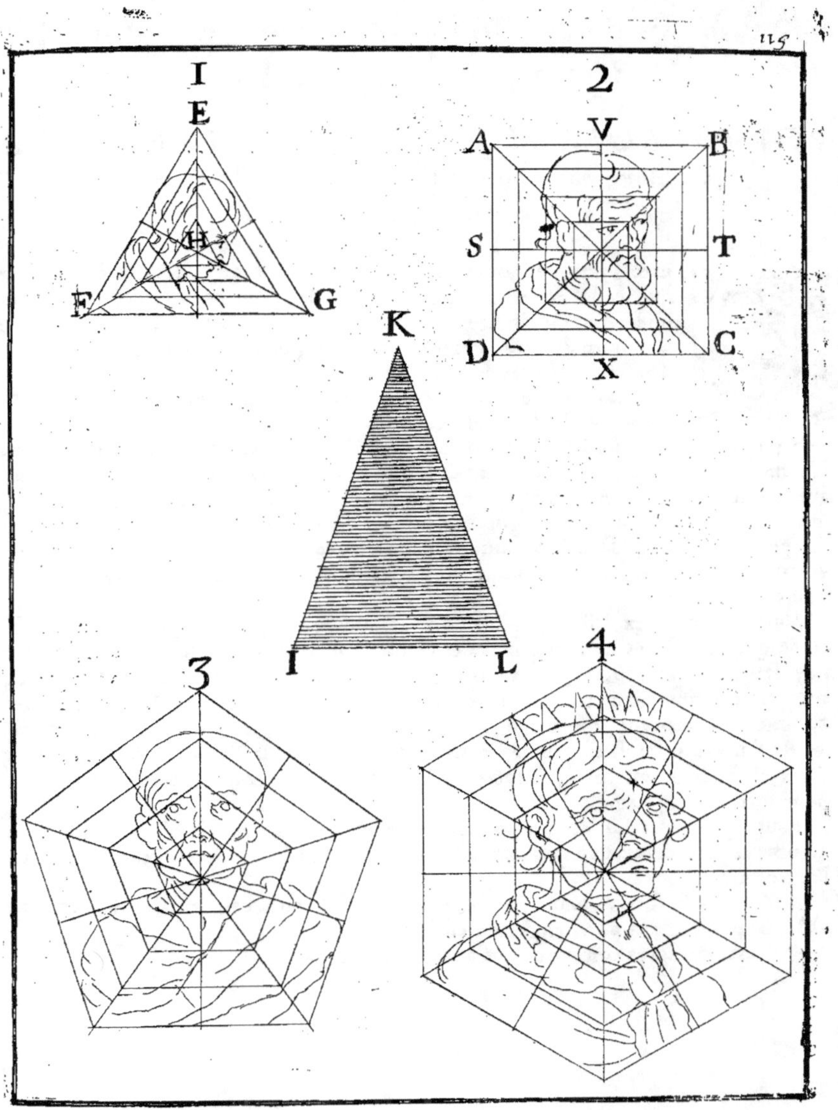
115
I
E
H
F
G
2
V
A
B
S
T
D
C
X
K
I
L
3
4

PRATIQVE VII.

POVR PEINDRE DANS VNE PYRAMIDE creuse, vne image qui paroistra fort belle, estant veuë d'vn poinct donné.

CEtte Pratique pour peindre dans vne Pyramide, est quasi la mesme que celle dont nous venons de parler pour peindre dessus la Pyramide; Tout le changement qui s'y fait, est qu'au lieu que la pointe de la Pyramide I. se presente deuant le poinct de l'œil H, en celle là; il y faut presenter la base E F, pour celle-cy.

Par exemple, supposé le Prototype A B C D. égal au precedent, & le poinct de l'œil H, en mesme distance; Il faut au poinct G, faire vne perpendiculaire sur I H, qui sera la base E F. qu'il faut diuiser en huict, ou seulement sa moitié E G, en quatre (autant que la demye diagonale A O, a de parties) aux poincts E, K, L, M, G. & du poinct de l'œil H, se doiuent tirer des lignes droites, jusqu'à ce qu'elles coupent la ligne E I, aux poincts N, P, R, par lesquels ayant tiré des paralleles à la base E F. on aura tous les espaces, qui doiuent estre marquez en vn costé de la Pyramide, qui correspond au triangle A O D, comme les chyfres le font voir en la figure.

Vous remarquerez, s'il vous plaist; que ie suppose la Pyramide quarrée en sa base, & de quatre faces; Car si elle n'eut esté que de trois; Il eut fallu enfermer, comme j'ay des-ja dit son Prototype d'vn triangle équilateral: & du centre de ce triangle, tirer trois demy diametres pour former trois autres triangles, qu'il faut partager comme le Prototype, ou image A, B, C, D. Pour auoir les parties proportionnelles de l'image qu'il faut peindre dans la Pyramide. Si la Pyramide estoit de cinq faces; il faudroit enfermer le Prototype d'vn Pentagone, & du centre tirer aux angles pour former cinq triangles, &c.

Pour la construction de la Pyramyde, si elle est de matiere pliable; il faut la faire comme la precedente. I'ay mis à ce dessein, les mesmes characteres en l'vne, qu'en l'autre.

Aussi pour la forme, haute, ou basse, large, ou estroite; cela est à la discretion de châcun; puisque cela ne change rien en la Pratique.

On verra cy-aprés comme ces piéces se doiuent regarder.

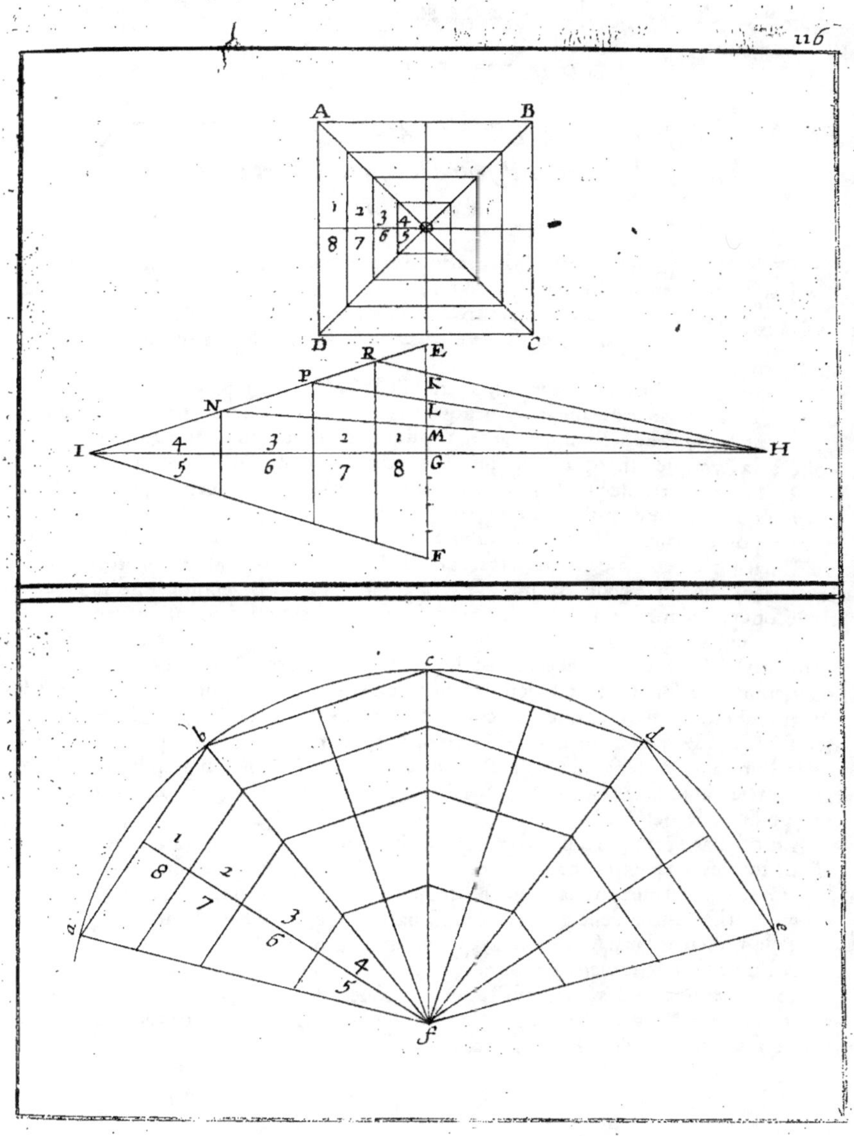
A
B
D
C
1
2
3
4
8
7
6
5
E
R
P
K
N
L
M
I
H
G
F
4
3
2
1
5
6
7
8
c
b
d
a
e
f
1
2
3
4
8
7
6
5

PRATIQVE VIII.

POVR PEINDRE DES IMAGES, OV PORTRAITS, dessus & dedans des Pyramides, qui doiuent estre veuës par vn rayon droit.

QVoy que les chyfres de la pratique precedente, pouuoient suffire pour enseigner à tracer sur ces Pyramides, toutes sortes de figures; i'ay creû neantmoins qu'il falloit encore en donner vne toute tracée, affin qu'on y voye la methode de raporter sur les espaces de la Pyramide, ce qui est aux espaces du Prototype.

A quoy on sera beaucoup aydé, si ayant fait le Prototype separé du plan, & diuisé comme celuy A. on le met deuant soy pour en copier les costez, les vns aprés les autres, sur autant de faces de la Pyramide; Ie m'explique & dis que voulant transporter sur le costé de la Pyramide marqué I, ce qui est contenu au costé du Prototype aussi marqué I; Il faut mettre deuant soy ces deux costés I, & I, separés pourtant, & en telle situation que la ligne du milieu de l'vn, soit parallele à la ligne du milieu de l'autre, & que les poincts soient aussi tournées l'vne comme l'autre; Car estant de la sorte, l'on void bien mieux comme l'on doit tracer sur la Pyramide ce qui est au Prototype, auec toute la justesse qui se peut, & sans que l'imagination trauaille, comme elle fait quand ils ne sont pas en mesme situation, mais qu'ils sont ou renuersez ou obliquement.

Comme, Par exemple, si on vouloit tracer sur les quatre costez de la Pyramide, tout ce qui est au Prototype A. & que l'vn & l'autre fussent fixes, & arrestez sur vn mesme plan, comme ils sont icy; Il est bien certain qu'on y auroit bien plus de peine que si le Prototype estoit separé & que l'on coppiast vn costé du Prototype, pour le mettre sur vne face de la Pyramide qui seroit vis à vis de luy, comme I, du Prototype vis à vis de I, de la Pyramide. Apres auoir ainsi tracé ce qui est au costé I, il faut prendre le costé 2, & le tracer sur la face marquée 2, & faire le mesme de 3, & 4, en tournant le Prototype selon le besoin.

Ainsi l'image, ou portrait, sera raporté fidellement sur ces Pyramides; lesquelles estant tracées, ou peintes, comme nous venons de dire; il faut joindre les costez pour luy donner sa forme; puis la poser en quelque lieu, où elle soit veuë de la distance qu'on a prise pour la desseigner, en telle situation, que l'œil, la pointe de la Pyramide, & le milieu de la base, ne fassent qu'vne ligne droite.

La Pratique que ie viens de donner, peut seruir, non seulement pour tracer dessus & dedans des Pyramides, mais aussi pour des Cônes, & pour les Miroirs, tant plats, que ronds, coniques & à pans; C'est pourquoy ie ne la repeteray pas en ces lieux-là; car ie supposeray qu'on l'aura apprise icy.

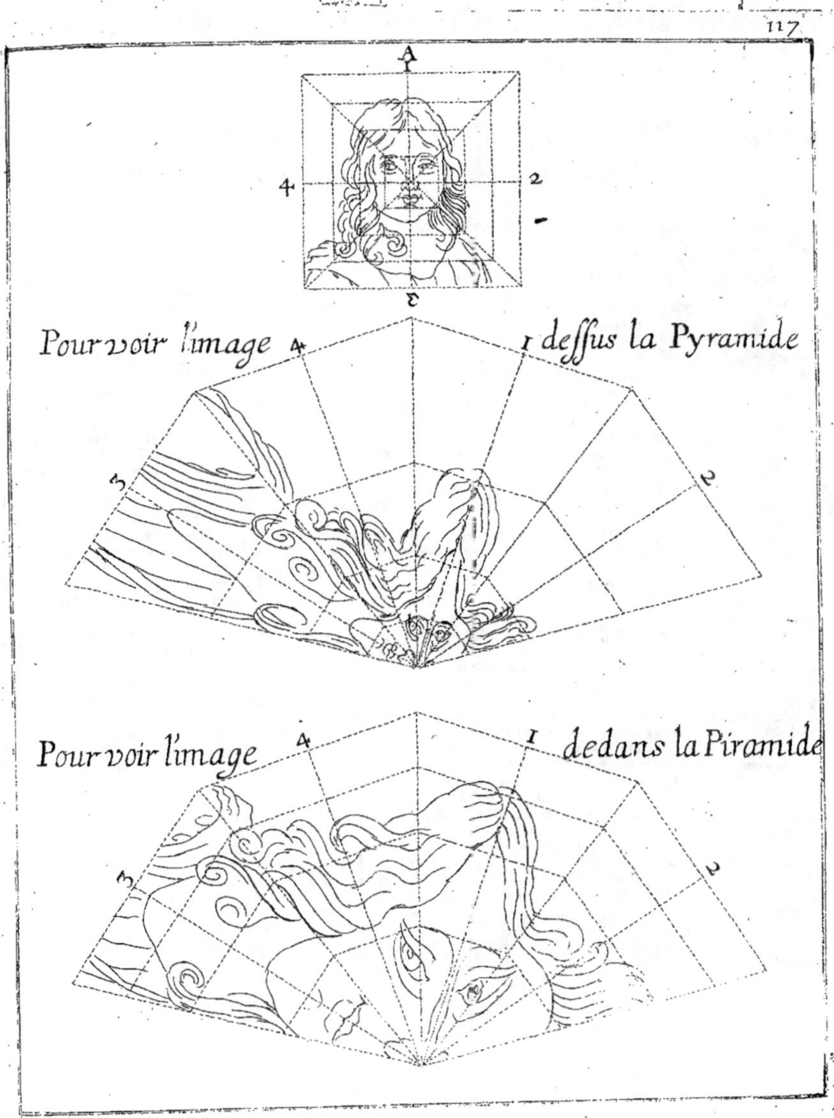
A
1
4
2
3
Pour voir l'image
4
1
dessus la Pyramide
3
2
Pour voir l'image
4
1
dedans la Piramide
3
2

PRATIQVE IX.

POVR CONSTRVIRE DES CONES, DE telle longueur, & de tel diametre, qu'on les voudra.

IL faut dire, pour ceux qui ne sçauent pas ce que c'est vn cône, que c'est vne espece de Pyramide toute ronde, comme pourroit estre vn pain de sucre; sa definition, est au commencement de la seconde partie, il sera bon de la voir.

Mais comme nous deuons parler des Cônes conuexes, & concaues; ie croy qu'on comprendra mieux ce que c'est, si ie dis que c'est vne forme de cornet de papier, où ce qu'on appelle exterieur, & conuexe du Cône; c'est comme le dessus ou dehors du cornet, & l'interieur, ou concaue du Cône; c'est le dedans du cornet.

Tout Cône est formé d'vne portion de cercle; Et cette portion de cercle, fait connoistre le diametre de la base, & l'angle de la pointe du Cône qui en est formé; Car si d'vn mesme cercle vous faictes deux portions, que vous preniez la petite A, B, C. par exemple qui est vn quart de cercle, & que vous la pliez en rond, ce sera vn Cône, fort aigu en sa pointe; si on plie encore en rond, la partie qui reste de ce cercle; on fera vn autre Cône bien plus grand en sa base & plus obtus en sa pointe.

Quand on traite des Cônes, & qu'on void vn triangle Isocelle comme DEF, ce triangle en represente la section comme s'il estoit coupé en deux parties égales, duquel la ligne DF est le diametre de sa base, & DE, & FE, sont les costez.

Pour trouuer quelle portion de cercle doit auoir vn Cône, duquel l'on n'a que cette section du milieu; Il faut diuiser le demy-diametre DG, & le costé DE, en parties égales, c'est à dire qu'il faut trouuer vne mesure commune de la semy-base & du costé (ie suppose que ces lignes soient commensurables) & des interualles de l'vn & de l'autre, faire deux cercles separez; dont l'vn seruira pour la base du Cône, & l'autre pour y prendre la portion du cercle qui doit former le Cône.

Par exemple, en la figure I; le demy diametre DG, est de deux parties égales, qu'il faut prendre auec vn compas, pour en faire le cercle H, qui represente toute la circonference de la base du Cône; il faut encore prendre tout le costé DE, qui est diuisé en huict parties égales, aux deux DG, & de cette longueur DE comme demy diametre, faire vn grand cercle ABC. Or il faut tousiours que les cercles qui sont faits des costez des Cônes, soient diuisez en leur circonference, en autant de parties égales qu'il y en a en cette ligne, ou costé, comme icy la ligne DE, est diuisée en huict, c'est pourquoy il faut diuiser le cercle ABC, en huit parties égales.

Par apres, prenez sur cette circonference, autant de parties, dont il est diuisé, qu'il y en a au demy-diametre, & cette portion de cercle sera ce qu'il faut pour former le Cône, comme icy le demy-diametre GD, à deux parties égales, & le costé DE en a huict, chacun sçait que deux, est le quart de huict, c'est pourquoy, si du cercle diuisé en huict, l'on oste deux parties, & que de ces deux parties A, C, l'on tire des lignes au centre B, on leuera vn quart de cercle, lequel estant plié en rond, formera le Cône, ayant sa base égale au cercle H. Vn à quatre, est comme deux à huict, c'est pourquoy le cercle estant diuisé en quatre, vne partie de ces quatre, est pour former le Cône.

En la figure 2. le demy diametre KL est de trois parties égales, & le costé KM, de neuf; ayant donc pris KM, pour demy diametre; le cercle qui en sera fait, doit estre diuisé en neuf parties égales, trois desquelles NO, qui font le tiers du cercle seront ce qu'il faut pour former le Cône, qui aura sa base égale au cercle P. vne à trois, est le mesme que trois à neuf: diuisant donc le cercle seulement en trois, vne partie fera le Cône.

En la figure 3. le demy-diametre QR, est de cinq parties égales, & le costé QS, est de dix. Si de ce costé QS, comme demy diametre, l'on fait vn cercle, sa circonference sera diuisée en dix parties égales, desquelles il en faut prendre cinq, qui est la moitié, TV, pour en former vn Cône, qui aura sa base égale au cercle X, au lieu de dire de cinq à dix, on peut dire d'vne à deux, & donner au Cône, la moitié du cercle.

En la figure 4. le demy diametre YZ, est de huict parties égales, & le costé Y*a*, en a douze. Ayant pris Y, *a*, pour demy-diametre. le cercle qui en sera fait, doit estre diuisé en douze parties égales, en sa circonference; huict desquelles, *b*, *c*, qui sont les deux tiers, seront prises pour en former le Cône, qui aura sa base égale au cercle, *d*. Deux à trois, est le mesme que huict à douze, c'est pourquoy le cercle estant seulement diuisé en trois parties, 2, feront le Cône.

Par cette regle, l'on aura vne grande facilité à faire vn Cône de telle portion de cercle qu'on voudra aussi bien de nombre impair; comme de 5 à 7. de 9 à 13, &c. que de nombres pairs. Tant plus cette portion de cercle sera petite, tant plus le Cône sera aygu, & au contraire, plus elle sera grande, plus le Cône sera obtus.

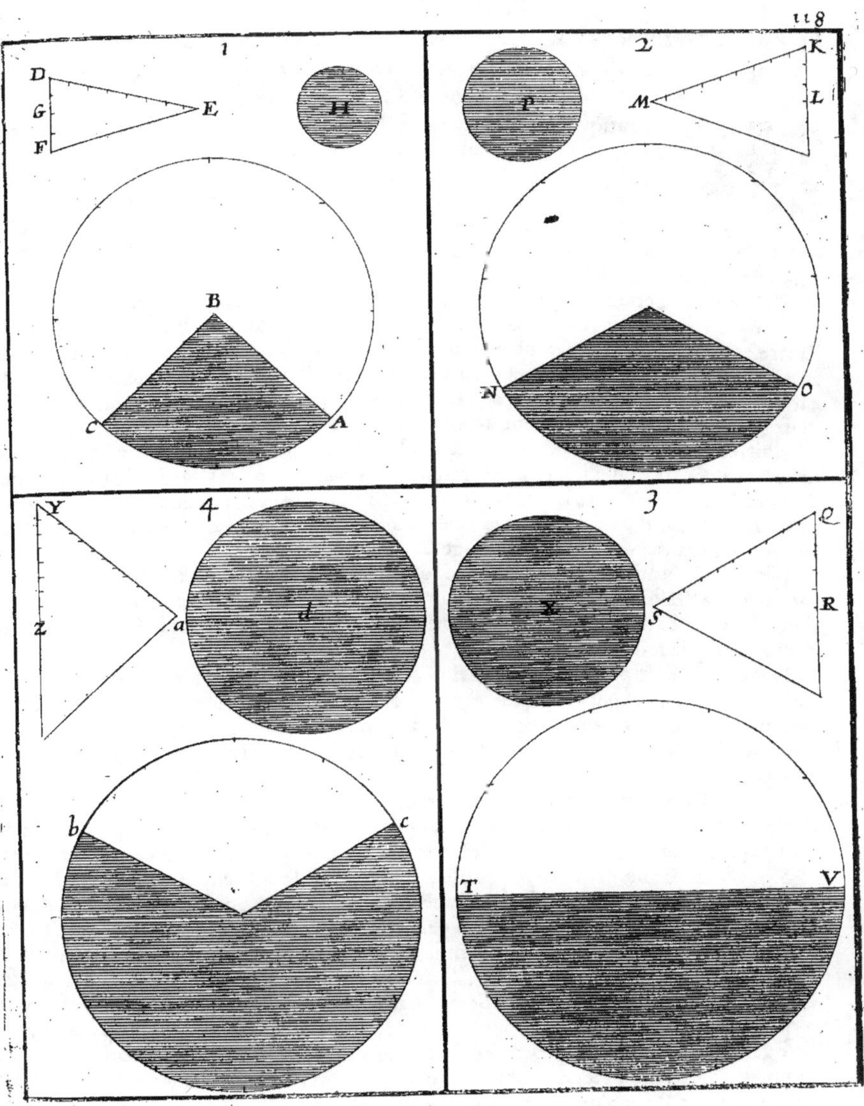
118
1
D
G
F
E
H
B
C
A
2
P
K
M
L
N
O
4
Y
Z
a
d
b
c
3
Q
X
S
R
T
V

PRATIQVE X.

POVR PEINDRE SVR VN CONE, OV PYRAMIDE RONDE VNE image, laquelle estant veuë d'vn point donné, paroistra comme sur vn plan vni, & semblable à son Prototype.

LA Pratique precedente de la Pyramide quarrée, feüillet 114. donne vn grand jour pour celle-cy à raison qu'elles sont quasi semblables, n'y ayant de changement qu'en la figure, qui est quarrée en celle-là & ronde en celle-cy. En celle-là le Prototype est diuisé & partagé par des quarrés, & pour celle-cy; il faut que ce soit par des cercles, comme on void en A B, C D, qui sont les diametres de ce cercle, qui doiuent estre diuisez en huict parties égales, par des cercles.

C'est sur ce Cercle, ainsi diuisé, qu'on doit faire l'image, ou portait: ou bien tout au contraire, on fait ces cercles sur l'image, & portrait, puisque l'vn reuient à l'autre: Car, si ce qu'on veut peindre sur le Cône, ou Pyramide ronde, est des-ja fait & desseigné il faut l'enfermer dans vn cercle, & diuiser sa circonference en 4, en 8, ou en 16, parties égales, & par ces diuisions, tirer des diametres, comme icy les deux A B, C D. qui se coupent au centre O: l'vn de ces demy diametres comme O B. doit estre diuisé en tant de parties égales qu'on voudra, comme icy en quatre & du centre O, il y faut inscrire des cercles, qui passent par ces parties égales, ce qui diuisera le cercle A B, C D. en 16, parties. Si l'on tire encore deux diametres, outre ceux A B, C D. il sera diuisé en 32, c'est à dire, que châque espace sera partie en deux: ce qui facilitera à contretirer les images.

L'image Prototype estant ainsy disposée; Il faut porter en vn lieu separé, le diametre de la base du Cône E F, & par son milieu, tirer la ligne G H, sur laquelle il faut mettre la hauteur du Cône G I. & tirer I E, I F, qui donneront la forme du Cône, comme coupé en deux.

Deplus: Il faut partager la ligne E G, en autant de parties égales qu'il y en a au demy diametre A O, & par ces parties égales E, K, L, M, G. tirer des lignes droites, au poinct de l'œil H, qui couperont la ligne I E, aux poincts N, P, R. Ces poincts N, P, R, sont pour tirer des lignes, ou arcs trauersans parallels à la base qui representeront les cercles concentriques.

Pour les lignes qui represente les diametres; si le Cône est solide, ou de carton desjà plié, il n'y a qu'à diuiser sa base, en autant de parties qu'il y en a en la circonference du Prototype, comme icy en quatre, & esleuer des lignes, depuis la base iusques à la pointe I.

Si c'est vn Cône de matiere pliable, qu'on en ait seulement la section E I F. Pour sçauoir quelle portion de cercle il doit auoir; Il faut, comme nous venons de dire, diuiser le demy diametre E G, & le costé I E, en parties égales le costé I E se trouue de 12 & E G de quatre. Du cercle fait du costé I E, comme demy diametre, & diuisé en 12 en sa circonference, il en faut prendre quatre, *k*, *l*, qui en est le tiers. Or, cet arc *k*, *l*, se doit diuiser en autant de parties, qu'il y a de demy diametres au Prototype, en celuy cy il y en a quatre A O, B O, C O, D O. ainsi l'arc *k*, *l*, doit estre diuisé en quatre, par *k*, *m*, *n*, *o*, *l* desquelles diuisions, il faut tirer des lignes droites au centre, *i*, & l'on aura toutes les lignes qui representent les diametres sur ce carton. Pour les trauersantes, elles sont aysées à trouuer; car il n'y a qu'à transporter sur, *ik*, les poincts du profil I N P R. qui donneront *i*, *p*, *q*, *r*. Si de ces interualles vous faites autant de portions de cercle du centre *i*, vous aurez les apparences des cercles concentriques du prototype, ce qui diuisera la portion de cercle *k*, *i*, *l*, en autant de parties que le Prototype A B C D.

Si aux espaces de cette portion de cercle *k*, *i*, *l*, vous raportez ce qui est aux espaces du Prototype auec proportion & selon l'ordre qu'on void les chyfres; l'image sera parfaitement representée, il n'y aura plus qu'à plier le carton comme vn Cône; & mettre l'œil à distance de H I. opposé directement à la pointe, & on la verra toute platte, comme si elle estoit peinte sur vn plan vny, & conforme au Prototype.

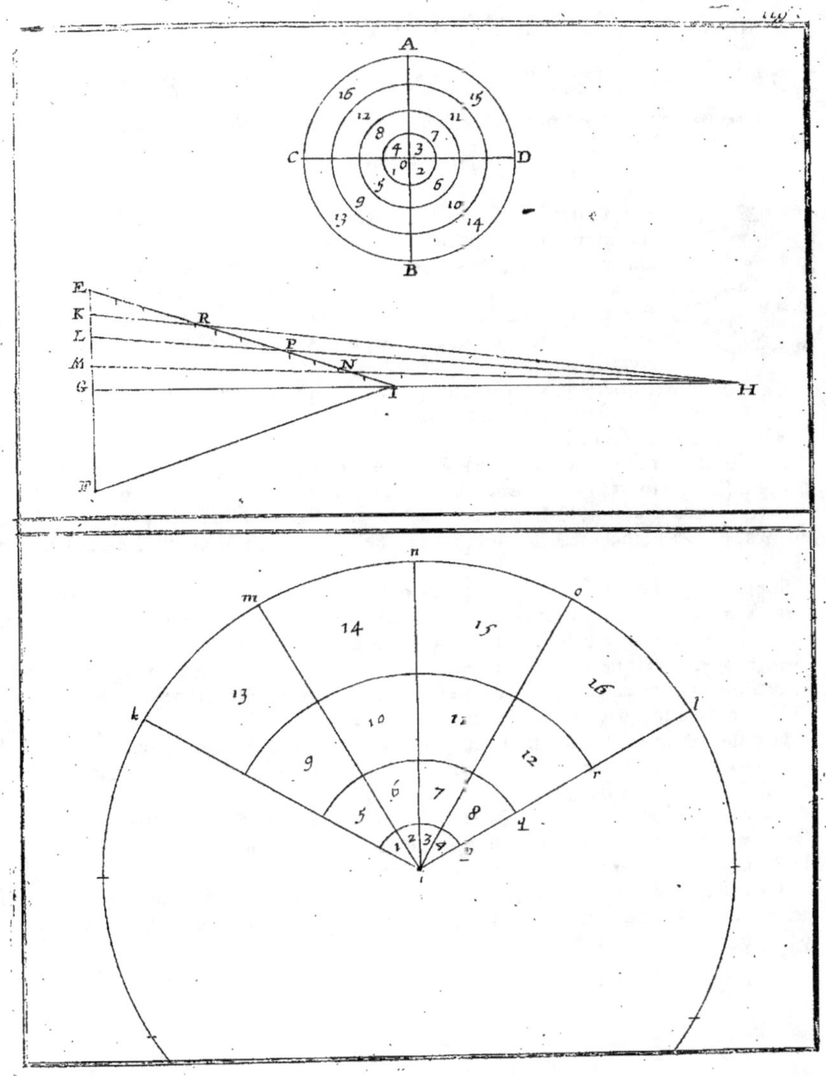
A
B
C
D
E
K
R
L
P
M
N
G
I
H
F
n
m
o
k
l
r
q

PRATIQVE XI.

POVR PEINDRE DANS VN CONE CREVX, *vne image qui ne paroistra belle, que quand elle sera veuë d'vn poinct donné.*

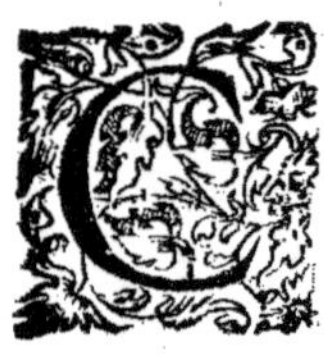

Ette pratique, est à peu pres semblable à la precedente; Car de peindre à l'exterieur, ou en l'interieur du Cône, c'est tout le mesme; hormis que pour voir l'image au conuexe; il faut que la pointe I. soit opposée à l'œil H; Et pour la voir au concaue; il y faut presenter la base E F. Ce qui fait du changement quand l'on y peind à raison qu'au conuexe, les plus grands espaces, sont vers la base, & eu ceux-cy, ils sont vers la pointe.

Par exemple; supposé le Prototype A, B, C, D égal au precedent, & le poinct de l'œil H, en mesme distance; Il faut au poinct G, faire vne perpendiculaire sur G H, qui sera le diametre du Cône E F.

De plus il faut diuiser cette ligne E F. en autant de parties qu'il y en a sur le diametre A B, ou (ce qui suffit) la moitié du diametre, sur la moitié de E F, comme icy E G, en quatre parties égales E, K, L, M, G. Puis du poinct de l'œil H; il faut tirer des lignes droites, par les poincts K, L, M, jusqu'à ce qu'elles coupent, la ligne I E, aux poincts N, P, R.

Supposé que l'on a fait la portion du cercle *k*, *i*, *l*, diuisée par quatre demy diametres, *k*, *m*, *n*, *o*, *l*, comme en la figure precedente; Il faut porter sur la ligne *i*, *l*, ou *i* *k*, toutes les mesures, ou diuisions de la ligne E I, qui donneront sur *i*, *k*, ou *i*, *l*, les poincts *p*, *q*, *r*, desquels il faut faire des portions de cercles concentriques au poinct *i*, & l'on aura tous les espaces en mesme nombre qu'au Prototype.

Il ne reste plus qu'à y peindre l'image; plier le carton, & le mettre esloigné de l'œil à la distance de G H; où estant veu par vn petit trou, l'image paroistra dans ce Cône creux, comme si c'estoit vne figure peinte sur vn plan vny, & toute semblable à son Prototype. A B, C D.

Pour faire voir des images, dans ces Cônes creux; Il faut qu'elles soient peintes sur le carton, ou autre matiere pliable, comme nous venons de dire, auparauant que le Cône soit plié, car il seroit impossible d'y peindre aprés.

Ces piéces, se peuuent regarder de plusieurs façons; comme penduës au dessus de la teste; posées à terre la pointe en bas, ou directement opposées à l'œil, comme on les peut voir au feüillet 122.

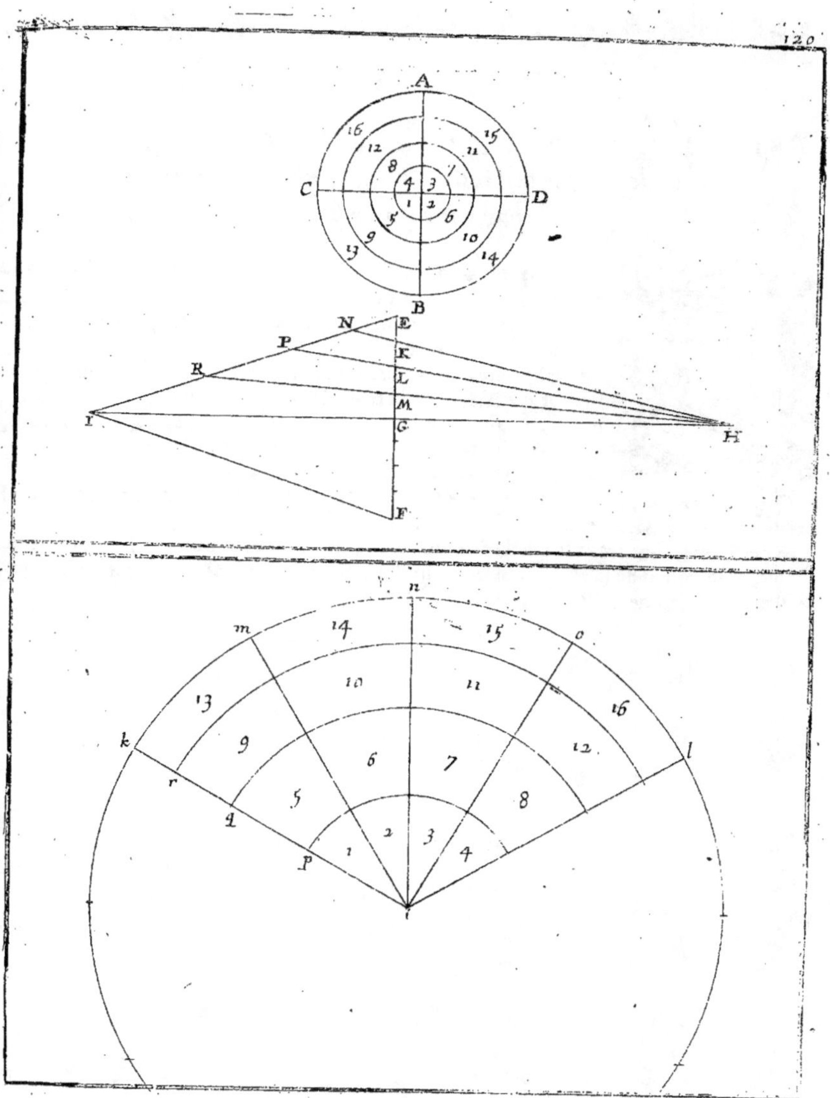
A
B
C
D
E
N
P
R
K
L
M
I
G
H
F
n
m
o
k
l
r
q
p

PRATIQVE XII.

POVR PEINDRE DES IMAGES OV portraits, dessus & dedans des Cônes, qui doiuent estre veuës par vn rayon droit.

LA Pratique que nous auons donnée pour peindre dessus, & dedans les Pyramides; doit aussi estre gardée pour peindre dessus & dedans les Cônes; estant tres-certain que l'vne ne differe de l'autre qu'en la courbure des traits.

C'est pourquoy ie diray seulement qu'ayant fait le dessein ou Prototype A, separé du plan; Il faut transporter ce qui est aux espaces, qui sont entre les lignes ou rayons 1, 2, 3, 4, 5, 6, 7, & 8, dans les espaces qui sont sur les Pyramides, entre les rayons marquez des mesmes chyfres 1, 2, 3, 4, 5, 6, 7, & 8.

Quand les Pyramides seront fermées (car ie suppose qu'elles sont de matiere pliable) ces deux rayons marquez 4, n'en feront qu'vn.

Si ces Cônes sont regardez de la distance prise; en telle sorte que l'œil, la pointe du Cône, & le milieu de sa base, ne fassent qu'vne ligne droite: l'image peinte dessus, paroistra plate comme au Prototype A.

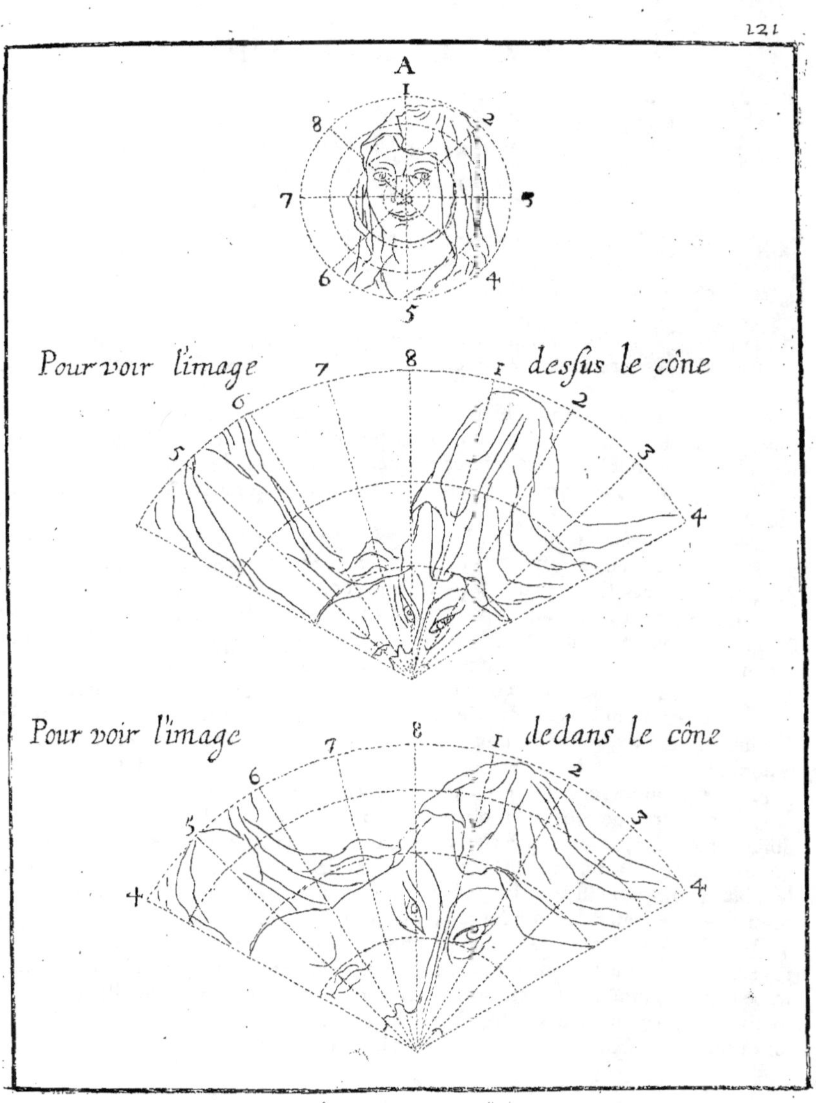
A
1
2
8
7
5
6
4
5
Pour voir l'image
desſus le cône
7
8
1
6
2
5
3
4
Pour voir l'image
dedans le cône
7
8
1
6
2
5
3
4
4

PRATIQVE XIII.

POVR VOIR DANS LA PERFECTION, LES figures que l'on oura peintes tant sur l'exterieur, qu'en l'interieur des Pyramides, & des Cônes.

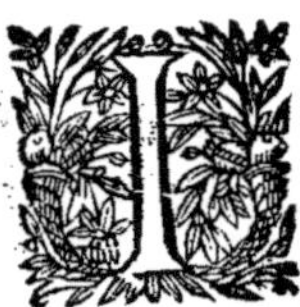

E sçay bien, que de ceux qui regardent ces piéces d'Optique, il n'y en a pas la moitié qui les voyent, comme elles doiuent estre veuës; ils y vont à discretion, les vns se mettent prés, les autres loing, d'autres haut, quelques-vns en bas, & neantmoins tous jureront qu'ils les voyent parfaitement belles; Ce qui ne peut estre pourtant, s'ils ne gardent la distance du poinct de l'œil, qu'on se sera determinée pour tracer ces piéces.

Il est tres certain, que pour bien voir les figures sur ces Pyramides, & ces Cônes que nous venons de quitter; il faut s'asujetir au poinct de l'œil, & à l'éloignement qu'on luy aura donné pour les tracer, soit sur des piéces solides, ou sur celles qui sont de matiere pliable, où l'on a moyen de peindre vne figure à l'exterieur, & vne autre en l'interieur.

C'est comme ie les suppose icy, où pour espargner les planches, & montrer en vne seule, comme ces piéces sont veuës diuersement; Premierement je dis, que la Pyramide A, & le Cône B, seront veüs à la perfection; & que les figures qui y sont peintes, paroistront comme si elles estoient peintes sur vn plan vni, estant regardées par la lunette C. qui est supposée à la distance, & directement opposée à la pointe de l'vn & de l'autre: Secondement, quand on voudra que ces piéces soient posées à terre, ou attachées, en haut; il faut estre exacte à prendre l'esloignement de l'œil, auant que de tracer & peindre les figures. Pour les voir dans leur perfection; en cette situation; il faut que l'œil soit directement vis, à vis de la pointe, & la main entre l'vn & l'autre, en telle sorte que le pouce & le premier doigt estans pliez, ne laissent qu'vn petit trou, qui seruira comme de lunette, pour les regarder, d'vn œil seulement, comme on void aux figures DE

Celles qui sont peintes en l'interieur, ou creux des Pyramides, K, & des Cônes F. se doiuent regarder par la lunette G. si on les veut voir dans leur perfection; Et cette lunette doit estre à la distance de l'œil, & en ligne droite auec leur pointe & le milieu de leur base; comme aussi pour bien voir les posées à terre H. & les esleuées I; il faut faire le mesme que pour celles qui sont marquées D, & E.

Quand on void ces piéces; il faut prendre garde que le costé qu'on voudra regarder, je veux dire le conuexe, ou le concaue, soit droitement au jour; car si le tout n'est illuminé l'on n'a point la satisfaction entiere. C'est pourquoy ie ne conseilleray jamais de mettre ces piéces qu'en des lieux où le jour donne tout à plomb. Car pour lors elles sont assez diuertissantes, mais autrement elles ne le sont pas.

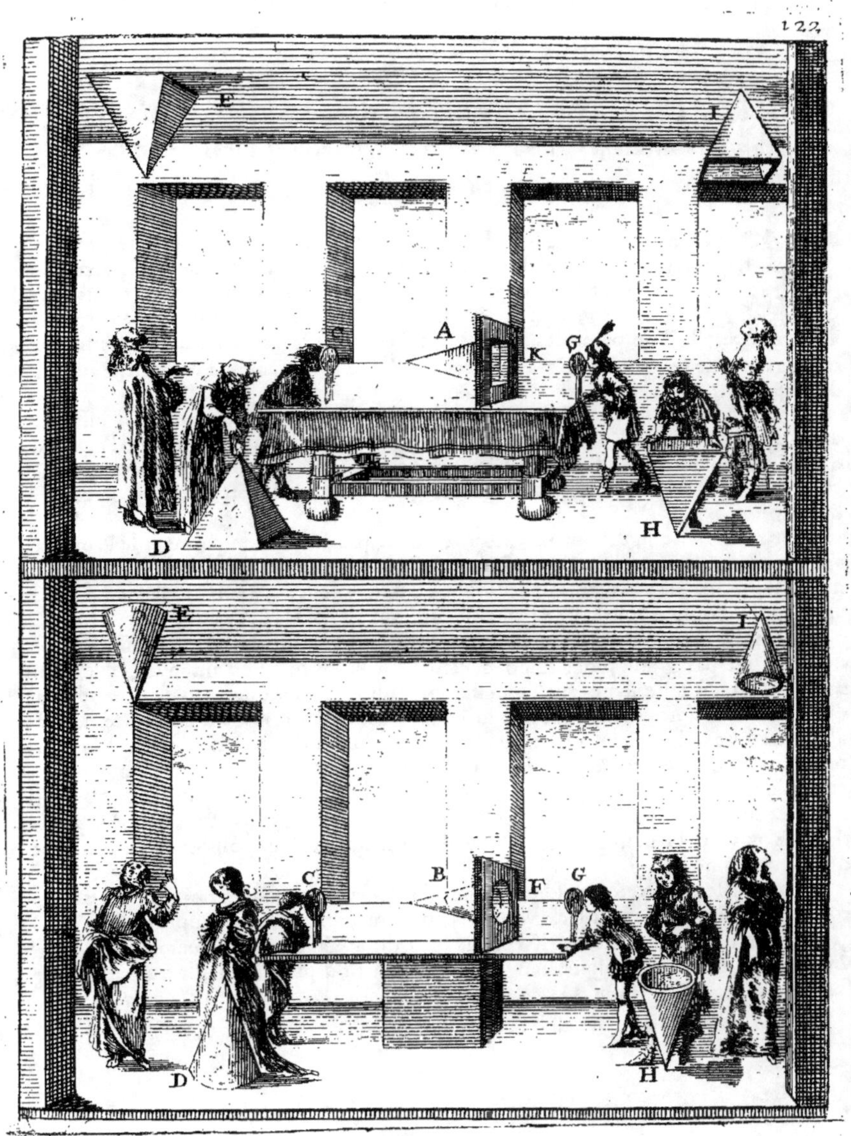
122
E
I
A
C
K
G
D
H
E
I
C
B
F
G
D
H

PRATIQVE XIV.

POVR PEINDRE VNE IMAGE SVR VN CORPS composé de Cônes, de Pyramides, & autres corps, reguliers ou irreguliers.

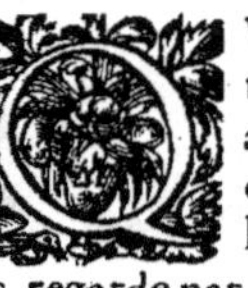

Voy que l'irregularité de cette sorte de piéce, qui est vn composé de diuers corps, selon la fantaisie de châcun ; n'ait point de regle certaine & asseurée qui luy soit propre ; elle ne laisse pas de trouuer place entre celles qui sont icy, dans l'ordre du rayon droit : à raison que comme en celles là l'on peint des images, qu'il est quasi impossible de connoistre si on les regarde par le petit trou de la lunette, qui doit estre opposée directement au milieu de la piéce.

La composition de ce corps, ou plustost de ce plan raboteux ; est à la discretion de celuy qui le forme ; Car quelques-vns mettent vn Cône au milieu, d'autres vn quarré, ou vn tetraëde ; Aux costez des vns & des autres se font des eminences ou des concauitez, en fin tout ce qu'on veut, & que l'on croit deuoir rendre la figure plus difforme.

Pour tracer vne figure sur ces piéces ; il n'est pas besoin, de partager le Prototype par quarré ny par cercles ; Il faut seulemant marquer sur vn petit carton, ou parchemin assez ferme, le premier trait de la figure qu'on y veut faire voir, & le picquer auec vne éguille, comme pour faire vn poncy, ainsi qu'on void la fleur de lys A.

Or pour auoir le trait de ce dessein sur ce corps raboteux ; Il faut estre en lieu où il n'y ait pas grand jour, & poser ce dessein B. entre vne l'ampe C, & le corps raboteux D. en telle sorte que ce dessein remplisse le lieu que vous desirez, je veux dire qu'il faut aprocher ou reculer la lampe & le dessein, jusqu'à ce que les rayons des extremitez du dessein aillent aux extremitez du plan ; cela estant ainsi ; il faut arrester fixement la lampe & le dessein, affin de tracer sur ce plan raboteux tout ce que ce que la lumiere (passant par les trous du dessein) y fera voir ; Ayant tout tracé, il faut mettre vne lunette E, en la place & à la hauteur de la lampe ; Puis regarder par le trou, & on verra la mesme chose qu'au dessein ; ce qui seroit impossible de reconnoistre d'vn autre poinct.

En la premiere figure se void la methode de tracer sur ce plan raboteux ; Et en la seconde, comme il faut regarder ce qu'on y aura tracé : si c'est quelque portrait, ou image, on y peut aussi bien mettre le coloris, comme aux autres de cy-deuant, mais auec vn peu plus de peine & de trauail, aussi en aura t'on plus de plaisir car ces piéces sont agreables, & recreatiues.

123

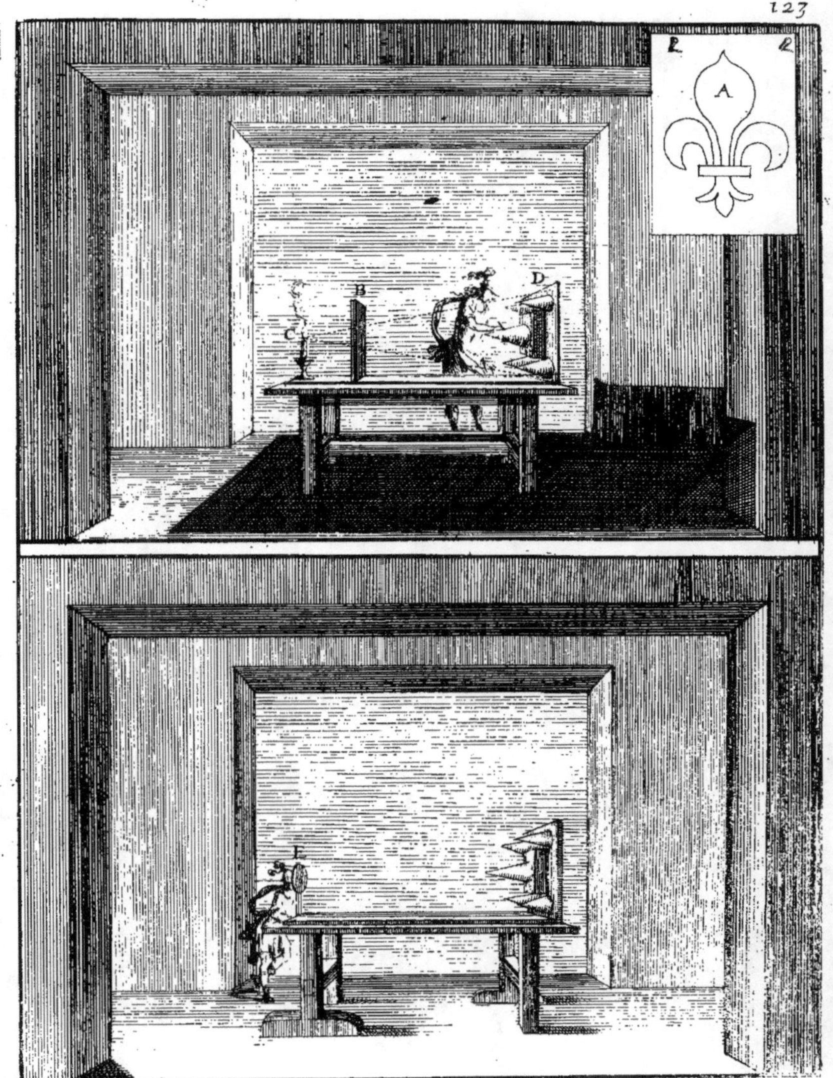

TRAITE VI.

DE LA

CATOPTRIQVE

QVI CONTIENT

LES BEAVTEZ RAVISSANTES

DV RAYON REFLECHY

SVR LES MIROIRS

PLANS, OV PLATS, RONDS, OV

CYLINDRIQVES, A PANS, OV DE PLVSIEVRES

FACES, PYRAMIDAVX, ET CONIQVES.

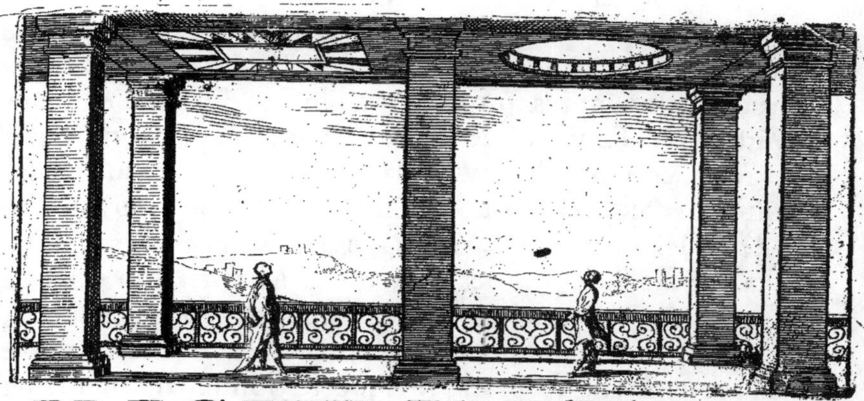

INSTRVCTION SVR LE TRAITÉ VI.

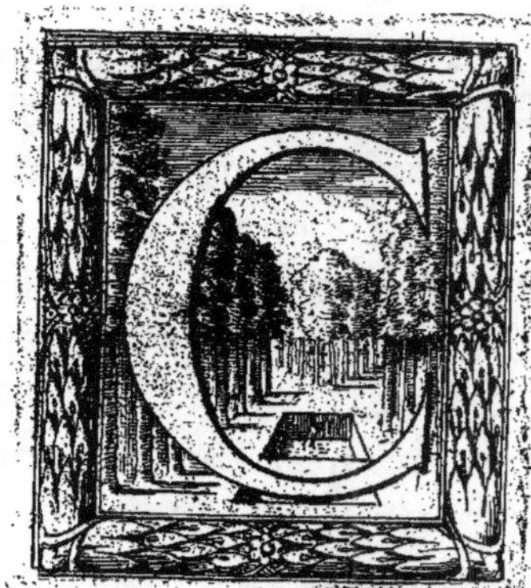

E Traité VI. qui est de la Catoptrique, ou de la reflexion des Miroirs, est bien le Traité le plus diuertissant de tous ceux qui l'ont precedé puis qu'il contient non seulement les reflexions des Miroirs plans ou plats en quelque situation qu'ils soient: mais aussi des Miroirs ronds ou Cylindriques, des Miroirs Pyramidaux, soit qu'ils soient ronds ou à pans.

Pour aller d'ordre; je fais preceder toutes ces pratiques d'vne qui est tres necessaire, où ceux qui ne sçauent pas ce que c'est de reflexions apprendront que l'angle qui porte ce nom doit se trouuer sur toutes les sortes de Miroirs dont nous venons de parler ; apres quoy il n'y a plus de difficulté en toute la suitte de ce Traité ; où les Miroirs plans, ou plats ont le premier rang, comme plus aysés dans la pratique, & qu'ils insinüent doucement la connoissance des autres; l'on y verra quantité de belles operations par les reflexions qui s'y font soit de dessus, de dessous, ou des costez des Miroirs, qui peuuent aussi estre droits, penchez, renuersez, inclinez & declinez & en tous ces sens, prendre & donner des reflexions, ce qui se verra par cinq, ou six pratiques que ie donne, ausquelles on peut raporter tout ce qui se fait de beau & d'agréable par les Miroirs plats. Premierement comme l'on y doit regarder vne figure peinte sur des cannelures, qui donnent à l'œil tout autre chose que ce qu'on voit au Miroir. Secondement, pour establir deux Miroirs en telle sorte que l'on y voye vne figure parfaite, qui n'est que d'vn tiers sur le plan. Troisiemement pour disposer plusieurs Miroirs en telle sorte, que pour cinq, ou six petites figures, on voye vne armée ; pour deux ou trois arbres, de grandes forests ; pour deux ou trois maisons, des villes entieres; en fin pour de peu faire beaucoup. Quatriesmement, on verra vne piéce qui est quasi de la mesme inuention que les precedentes; c'est vne espece de cabinet tout garny de Miroirs, où pour deux ou trois piéces qui sont en bas au dedans du coffre, qui est le costé d'vn triangle qui se tourne; on verra vn somptueux cabinet; si l'on tourne vne maniuelle, qui est à costé, vn autre costé du triangle donnera deux ou trois allées d'arbres, & vn parterre ou deux, qui feront paroistre vn jardin magnifique, auec des allées sans nombre & à perte de veuë ; si on tourne encore, l'autre costé du triangle donnera deux ou trois tables couuertes, auec des sieges pour s'y asſoir; ce qui ſera paroiſtre vne Salle de feſtin bien preparée pour traiter vne multitude de conuiez. La Cinquiéme piéce, eſt comme vne forme de chambre, ou vn coſté ſeulement eſt garny de ce qu'on voudra, car ſi on veut faire paroiſtre le tout comme vne grande & trés profonde ſalle tapiſſée & ornée; il ſuffit, comme je dis d'en mettre à vn coſté, car les trois autres eſtans garnis de Miroirs, ils ſe reſleſchiſſent les vns ſur les autres, en telle ſorte que tous ſemblent égaux, & eſtant veus par quelque trou determiné, on void le tout comme vne grande ſalle tres-bien meublée. Si au lieu de tapiſſerie on met à vn des coſtez deux ou trois armures, des canons, des mouſquets &c. on verra par ce trou vn Arſenat bien garny & fourny de tout ce qui eſt neceſſaire à la guerre. Si au lieu des armes, on met des liures, on verra vne Bibliotheque; Si au lieu de tout ce que deſſus, on met des Arbres, des Paliſſades, quelques eſpalliers & quarreaux en broderie de buis, on aura en apparence vn beau jardin qui ſemblera eſtre à perte de veuë; La ſixiéme piéce eſt quaſi la meſme que cette Cinquiéme, hormis qu'en celle là il y a trois Miroirs, & en celle-cy, il ny en à qu'vn en vn des bouts; les deux coſtez eſtant ornez d'Architectures, ou de l'vne des choſes que nous venons de dire cy deſſus, c'eſt à dire de tout ce qui vous agréera le plus, & au bout oppoſé au Miroir, il y faut mettre vne Perſpectiue, laquelle eſtant regardée dans ce Miroir, où elle ſe reflechit auec les deux coſtez; donne vn enfoncement admirable; outre toutes ces reflexions droites, il y en à de biaiſes, qui dans vn tube ou tuyau, font paroiſtre vn autre objet que celuy qui eſt au bout de ce tuyau, oppoſé à l'œil.

Le grand raport qui ſe retrouue entre les reflexions qui ſe font en l'eau, & celles qui ſe font ſur les Miroirs plans ou plats, m'a fait mettre quatre ou cinq pratiques tres vtiles & neceſſaires aux peintres, qui pourront y voir comme ſe reflechiſſent tous les objets, qui paroissent dans l'eau tous-jours renuersez, soit en vne fontaine, en vne riuiere, ou en vn estang; ce qu'ils pratiqueront aussi aysement en l'vn qu'en l'autre puisque ce sont les mesmes raisons, & les mesmes effects, en l'eau, qu'en vn Miroir couché parallelement à l'horison.

Aprés ce qui appartient aux Miroirs plans, ou plats; on aura les methodes pour trouuer les reflexions d'vne Image peinte sur vn plan, & veuë en vn Miroir rond, ou Cylindrique, ou dés le commencement on trouuera quelques auis pour y estre plus justes que n'ont estez quelques vns, qui font tous les cercles, lesquels representent les lignes paralleles à la base, concentriques, & en égales distances sur le plan, ce qui ne peut estre en aucune façon; & mesme si on vouloit estre dans vne exactitude rigoureuse, outre que châque cercle à son centre particulier il ne seroit pas vn cercle parfait, mais comme ce defaut est petit en vne petite figure, on le tolere facilement; Ie donne trois ou quatre methodes diuerses de ces reflexions à fin qu'on ayt le choix. Ces piéces sont extremement diuertissantes, en ce que d'vn meslange de couleurs qui semblent estre jettées sans ordre sur le plan, on void au Cylindre vne belle image, ou le portrait naturel de quelque personne, ceux qui ne sçauent pas le secret & l'artifice, sont rauis, ne pouuant pas comprendre comme cela se fait; leur estonnement se redouble, quand ils voyent que haussant ou baissant le Cylindre, il donne vne autre image que la precedente. Mais ce qui est encore plus merueilleux & qui a surpris ceux mesme qui s'y connoissent & sçauent les raisons, est de faire voire vne jmage sur vn Cylindre, sans qu'il paroisse aucune chose sur le plan, ny au dessus du Cylindre: l'artifice estant caché au dos d'vn balustre esleué tour autour, ou contre le dedans d'vne forme de daiz posé dessus, & soûtenu par quelques colomnes ou pillastres.

De l'inuention du Cylindre, ou Miroir rond, j'ay trouué le le moyen de faire voir vne image sur vne colomne à pans, c'est à dire de plusieures faces, ou prisme speculaire, où le secret & l'artifice est si bien caché qu'il est quasi impossible de connoistre sur le plan l'image, ou le portrait, qui se voit au Miroir; Ce qui ne se peut pas faire au Cylindre, où les lignes trauersantes sont continuées tout autour sur le plan, & non pas en cellecy, où il n'y a d'occupé que ce qu'il faut de place à la reflexion de chaque face, ou plan du Miroir, le reste du plan estant vuide pour y peindre tout ce qui pourra faire mesconnoistre d'auantage la figure qui doit estre reflechie. Ie m'asseure que cette inuention sera autant estimée des curieux, que pas vne de celles que nous donne la Catoptrique.

Or il est certain que pour bien voir ces piéces & celles des Cylindres, faut se seruir d'vn lieu determiné & arresté, duquel on esleue comme vne espece de lunette, au trou de laquelle il faut mettre l'œil, & on verra les figures sur le Cylindre dans leur perfection; autrement c'est par hazard si on y void quelque chose de bien representé; on peut se seruir de ces colomnes speculaires soit rondes, ou à pans, pour les costez d'vne porte, & du plancher de dessus pour plan, à peindre tout ce qu'on voudra faire voir en ces Miroirs; on peut aussi les attacher aux planchers qui leur seruira de plan. Ils peuuent encore estre mis de part & d'autre de ces grands Miroirs plats, & emprunter les reflexions de dessus, de dessous & des costés dont vne partie se verra sur ces colomnes, & le reste sur le Miroir plat; ou au contraire mettre vne colomne luisante au milieu de deux Miroirs plats estant aussi aysé de faire d'vne façon que de l'autre.

Ie croy que beaucoup de personnes n'auront pas encore veu non plus que la precedente, cette autre belle inuention de la Pyramide Speculaire de plusieures faces, où se ramasse vne figure diuisée en plusieurs endroits sur le plan, qui restant vuide en diuers lieux donne moyen d'y peindre des grotesques,& fantaisies, qui changent tellement cette figure originaire; qu'il est impossible de la reconnoistre qu'en regardant par le trou de la lunette. La figure que i'ay donnée de cette Pyramide, n'est que de quatre faces affin de s'insinüer doucement dans la pratique, qui fera connoistre qu'il est aussi facile de la faire de six, de sept, de huict & de dix, que de trois, & de quatre faces; n'y ayant qu'a multiplier le nombre des projections sur le plan, autant de fois qu'il y a de diuisions au Prototype, & de pans au Miroir Pyramidal qui (s'il y auoit beaucoup de pans) donneroit sur ce plan la figure d'vne molette d'esperon, si on les marquoit de lignes fermes & visibles, mais comme elles ne doiuent estre tirées qu'occultement, auec la pointe du compas, ou de crayon qu'on peut oster; cette figure de molette ne paroistra pas sur le plan, où elle sera renduë inuisible par ce que l'on adioustera dans les places vuides qui ne reflechissent pas sur la Pyramide speculaire. De l'inuention de la Colomne speculaire à pans, ou de plusieurs faces,& de cette Pyramide, on peut inferer celle du Miroir Polyoptre, où doiuent se ramasser les objets jettez & dispercés sur plusieurs pans selon les projections & reflexions de ces facettes, inclinées & declinées du plan où il est posé.

A ces Pyramides Polygones, ou de plusieurs costez, ie fais suiure le Cône qui est vne Pyramide ronde; où la partique pour trouuer les diuisions, est de mesme que des Pyramides à pans: mais celle de marquer les projections est differente, car à ces Pyramides angulaires, châque face donne sur le plan sa projection separée & en pointe, tellement qu'vne Pyramide de quatre faces donnera quatre pointes autour d'vn quarré parfait comme sa base, & le mesme des autres à six, à sept, à huict & douze costez; Il n'en est pas ainsi du Cône où toutes les lignes & les cercles sont cõcentriques entre lesquels se peint l'image

qui

qui doit paroiſtre ſur ce Miroir cônique ſelon les diuiſions qui ſont au Prototype. Mais l'vne & l'autre de ces Pyramides, conuiennent en cecy, qu'on peut y faire voir deux & trois images differentes, auſſi facilement qu'vne ; ce qui ſe verra aux pratiques que j'en ay données.

Enfin ie conclus ce Traité par les belles reflexions qui ſe font ſur le Miroir angulaire, & ſe prennent des plans qui ſont à coſté, ou deſſous ces Miroirs.

Ie ne mets rien des Miroirs ſpheriques, tant conuexe, que concaues ; à raiſon que leurs reflexions ne ſont pas fidelles au raport de l'obiet comme celles de ceux dont nous venons de parler.

PRATIQVES DE GEOMETRIE NECESSAIRES AV Traité des Miroirs.

AVant que d'entrer au traité du rayon reflechy, qui eſt ce qu'on nomme Catoptrique, il faut ſçauoir que toutes les reflexions ſe font par les Miroirs, tant Plans ou Plats que Ronds, Cylindriques, Conuexes Concaues & à Pans, ou par autre choſes qui produiſent le meſme effet comme peuuent eſtre, tous metaux bien polis, la corne, le talque, l'eau &c.

Pour commencer, & entendre ce que c'eſt reflexion ; Il faut ſçauoir. Que toutes les lignes qui font les angles égaux de part & d'autre ſur vne ſupperficie ſpeculaire ſoit platte ou courbe, ſe reflechiſſent en elles meſmes, c'eſt pourquoy on ne cherche point la reflexion de celles-là, mais bien de celle qui ſont inclinée, or l'inclinement d'vne ligne ou rayon ſur vne ſuperficie plane, ou platte, ou ronde, eſt l'angle aigu que fait la ligne inclinée C E, D E, ſur la ligne droite A E B. & I H, K H, ſur la ligne courbe L H M. cette ligne C E, qui eſt priſe pour rayon de l'objet ſur le Miroir A B, fait l'angle d'incidence A E C ; Or l'angle de reflexion eſt le rayon qui va du poinct E, ſur le Miroir A B. à l'œil du regardant. D. Car pour eſtre reflechy il faut qu'il vienne du meſme poinct où touche le rayon de l'objet ſur le Miroir, & qu'ils ſoient égaux l'vn à l'autre, comme on void B E D, égal à A E C, ſur le Miroir plat A B, & M H I, égal à L H K, ſur le Miroir courbe L M.

Quelques-vns, eſleuent vne ligne du poinct d'incidence, qui laiſſe de part & d'autre les angles égaux, & par cette ligne, qu'ils nomment plomb, ils meſurent les angles d'incidence & de reflexion. Pour moy qui ne traite icy que des lignes droites, ou parfaitement rondes, ie prend la voye la plus courte & plus ayſée, & ſuiuant celle que j'ay commencée ie dis. Que pour trouuer l'angle de reflexion, quand on a l'angle d'incidence ; Il faut mettre vne jambe du compas, au poinct où ſe forme l'angle, comme en E, & de l'autre jambe faire des arcs de part & d'autre, ou vne grande portion de cercle. Puis prendre l'ouuerture de l'angle donné, & la porter ſur l'arc de l'autre coſté, & du poinct que cette ouuerture y donnera, il faut tirer vne ligne qui formera vn angle égal à l'angle dóné.

Ie m'explique, ſoit donné l'angle A E C, ſur la ligne A B Ie dis que pour auoir l'angle B E D. qui luy ſoit égal : il faut du poinct E, comme centre, faire deux arcs, comme A C, B D. ou ſi on l'ayme mieux, vn demycercle ; Puis prendre la diſtance A C, ſur cette portion de cercle & la porter ſur B, qui donnera ſur l'arc le poinct D. ſi l'on tire vne ligne de E, par D. l'on aura l'angle B E D. égal à l'angle A E C.

CE QVI SVIT EST POVR LES MIROIRS CYLINDRIQVES,

SVr vne ligne courbe, ſoit donné l'angle d'incidence I H M ; Pour trouuer celuy de reflexion, qui luy ſoit égal : Il faut de part & d'autre du poinct H, faire deux arcs, ou grande portion de cercles puis prendre l'ouuerture de l'arc M I, & la porter de L, à K : ſi l'on tire la ligne H K. on aura l'angle de reflexion K H L. égal à I H M.

Toutes tengeantes, qui ſont lignes droites qui touchent le cercle, ou portion de cercle, comme la ligne 2. & 3. font touſiours des angles égaux ſur le meſme cercle.

Pour faire paſſer vn cercle par trois poincts donnés, pourueu qu'ils ne ſoient pas en ligne droite, cette connoiſſance pratique eſt neceſſaire pour les reflexions qui ſe font au Cylindre. Soient les trois poincts donnés N, O, P. Du point N, à telle interualle que ce ſoit, faites vn arc Q R. du poinct O. & du meſme interuale & ouuerture de compas faites en encore vn ; & par les deux ſections que cettuy-cy fera ſur l'autre Q R, tirez vne ligne infinie. Puis des poincts O. & P, faites encore deux arcs, qui ſe couperont aux poincts S, T. la ligne tirée par ces deux ſections S, T, coupera la premiere Q R au poinct V, qui ſera le centre du cercle qui doit paſſer par les trois poincts donnez N, O, P.

Si ces trois poincts ſont donnez autour d'vn cercle par le centre duquel ſoit deſia tirée vne ligne ; il ſuffira de faire ſeulement deux arcs & de tirer vne ligne par leur ſections. Par exéple en l'autre figure les trois poincts donnez ſoient X Y Z ſi des ſections O O. des arcs qu'on aura fait des poincts X Y, l'on tire la ligne O, O, elle coupera cette ligne du premier cercle au poinct A. & ſera le centre du cercle qui doit paſſer par les poincts donnez. X Y Z.

Cercles Concentriques, ce ſont des cercles qui ont vn meſme centre, comme les cercles C, D, E, ont vn meſme centre B.

Cercles Excentriques, ce ſont des cercles qui n'ont pas meſme centre, comme F, eſt le centre du grand cercle H ; G, eſt le centre du moyen K ; & I, eſt le centre du plus petit L, ce qui fait que ces trois cercles H, K, L, ſont excentriques.

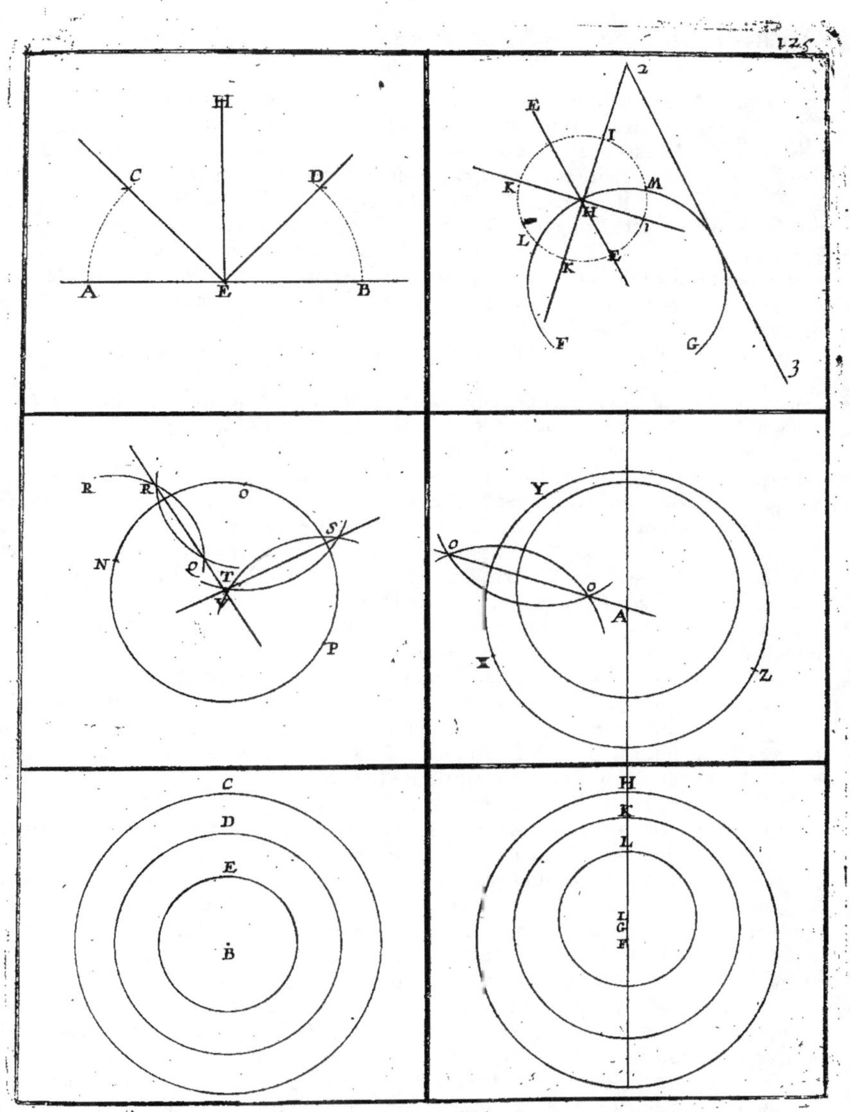
125
H
C
D
A
E
B
2
E
I
K
M
H
L
K
E
F
G
3
R
R
O
S
N
Q
T
V
P
Y
O
O
A
X
Z
C
D
E
B
H
K
L
I
G
F

PRATIQVE. I.

POVR TROVVER LES APPARENCES DES OBIETS AVX *Miroirs.*

NOus venons de dire que l'angle d'incidente que fait le rayon de l'objet sur le Miroir, est égal à l'angle de reflexion que fait le rayon du Miroir à l'œil, Il faut encore sçauoir que de l'objet est ordinairement tirée vne ligne perpẽdiculaire au Miroir, cõme est sur la cartelle la ligne CD. perpend. à AB. Or la ligne AB, estant mise pour la glace du Miroir, & le poinct D, pour l'objet; La ligne C D. sera cette perpendiculaire, qui s'appelle Cathete. E, est le poinct de l'œil, & F, le poinct de reflexion. Tout cela se void en la cartelle.

Vous deuez sçauoir de plus, que si, comme nous auons dit en la precedente, les angles D F A, & E F B, sont égaux, & que du poinct de l'œil E, l'on tire vne ligne droite par le qoinct de reflexion F; cette ligne ira couper la Cathete D, C, au poinct C, où sera l'apparence de l'objet D; & la ligne C A, sera égale à A D; d'où vous pouuez inferer; qu'autant que l'objet est au deuant du Miroir, autant paroist-il enfoncé au dela du Miroir; Et mesme quand l'objet G, donneroit la Cathete hors le Miroir, comme est GH. La ligne E F, prolongée, va couper cette Cathete, au poinct H, qui paroist aussi enfoncé derrier le Miroir, que G, est en deuant.

Pour faire mieux comprendre cecy, soit mis au deuant du Miroir, I, K, L, M, l'objet ou ligne N Q. qui a pour Cathetes N O, & Q T; Puisque, comme cy-dessus, l'apparence de l'objet est autant derriere le Miroir, que l'objet est deuant; il faut faire L O. égale à L N. & M T. égale à M Q. Puis du poinct de l'œil P. il faut tirer deux rayons P O, & P T; & les angles de N, & Q, estant faits égaux à ceux de O, & T. Ils se couperont sur le plan du miroir, aux poincts R, S. qui sont les poincts de reflexion.

Il est bon de faire icy vne remarque, pour les piéces qui suiuent; Que l'œil estant en mesme distance que l'objet, les angles d'incidence coupans les rayons P O, P T, aux poincts R, S, ne dõnent à cette ligne RS. que la moitié de la ligne NQ, & cõme N Q, est égale à la largeur du Miroir L M; il s'ensuit que R S, n'occupe que la moitié du Miroir,

Qui voudra donc que R S, qui est l'apparence de N Q, occupe toute la largeur du Miroir; il faut faire N Q, & O T, double de L M, & pour lors leur apparence R S. sera égale à L M, comme on verra aux pratiques suiuantes.

Qui desirera faire paroistre l'objet à la moitié, au quart, à la 3, 4, 5, & 6, parties, & mesme occuper tout le Miroir entierement, il peut le faire auec facilité. Pour le montrer je dis qu'ayant esleué vn Miroir, comme nous auons fait I K L M; Il faut tirer vne ligne V X, par son milieu laquelle on diuisera en tant de parties égales qu'on voudra, & vne autre Y Z, qui passe dessous & luy soit perpendiculaire; sur cette derniere l'on prendra la hauteur de l'œil Z, I. à discretion, mais en telle sorte pourtant, que le rayon (passant par le poinct qu'on voudra prendre au Miroir, sur la ligne X) aille couper la ligne, Y Z, selon la longueur qu'on veut donner au plan, où on doit peindre ce qui sera veu au Miroir.

Par exemple, si sur vne planche longue, comme V Y; on veu peindre vne image qui occupe toute la hauteur du Miroir; il faut (pour plus de facilité à trouuer les proportiõs de la figure, ou image) partager cette longueur en plusieurs, parties qui paroissent égales au Miroir; Pour faire cela; il faut faire V Z, égale à V Y, & sur Z, esleuer vne ligne qui luy soit perpendiculaire, & deux fois aussi haute que le Miroir comme est Z I, donnant I, pour hauteur de l'œil: si de ce poinct I, on tire des rayons par les diuision égales de la ligne VX, & qu'õ les cõtinuë jusqu'a la ligne V X. cette ligne sera diuisée, cõme on la desire.

C'est par ce moyen qu'on trouue le lieu que doiuent auoir les objets quand on veut leur dõner vn lieu determiné dans le Miroir; Puis quand ces diuisions sont ainsi trouuées sur vn plan, ou ligne comme V Y, on n'a qu'a les rapporter au deuant du Miroir, comme icy sur V Z, & l'œil demeurant en I, les verra dans le Miroir au mesme lieu que sont les diuisions de la ligne VX, qui est ce que l'on desire.

126

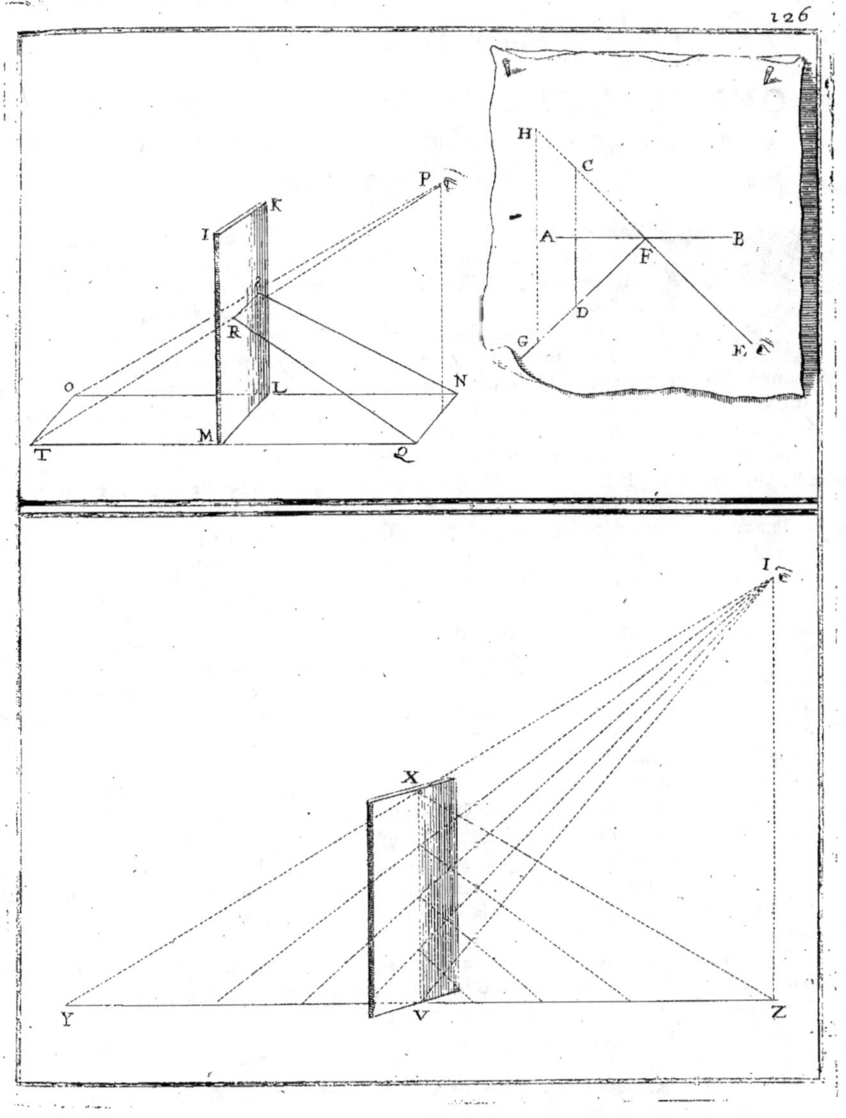

PRATIQVE II.

POVR PEINDRE SVR VN PLAN, VNE IMAGE *qui paroistra difforme, & estant veuë dans vn miroir, sera tres-belle & semblable à son Prototype.*

Yant choisy pour Prototype quelque belle image, ou portrait; il faut le diuiser en tel nombre de parties égales qu'on voudra, comme celuy-cy A B C D. l'est en quatre, tant par le bas & le haut, que par les costez; desquelles diuisions ayant tiré des lignes perpendiculaires les vnes aux autres, l'on formera vn rectangle de seize petits quarrez.

Pour faire que cette figure qu'on veut peindre, occupe entierement le Miroir E F G H; il faut en vn bout de la planche, tirer vne ligne égale au bas du Miroir GH. qui est I K, diuisé en autant de parties égales que le bas du Prototype CD. Par le milieu de cette ligne I K; il en faut tirer vne autre à l'infiny qui luy soit perpendiculaire, & sur celle-cy, prendre telle longueur qu'on voudra pour peindre l'image, comme est icy la longueur LM, & du poinct M, faire vne ligne infinie parallele à IK.

Par aprés, il faut prendre le poinct N, aussi éloigné du poinct L, que l'est M, & de ce point N; il faut tirer des rayons par toutes les diuisions de I K. qui partageront la ligne OP. en autant de parties que la ligne IK; mais deux fois aussi grandes, afin que son apparence occupe tout le Miroir, comme il a esté dit. De ce poinct N; il faut encore esleuer vne ligne perpendiculaire à NL, & deux fois aussi haute que le Miroir, qui est la hauteur de l'œil N R; Puis tirer la ligne P R, qui coupe tous les rayons aux poincts S,S,S. Si par ces sections S, l'on tire des paralleles à IK, l'on aura le trapeze IKOP. diuisé en autant d'espaces que le Prototype ABCD. Il n'y aura plus qu'à transporter ce qui est de l'vn, en l'autre, auec proportion, & l'on aura l'image toute tracée, comme on la void sur la planche Z.

Pour la voir dans sa perfection; il faut poser le Miroir sur la ligne IK, & regarder le Miroir par la lunette mise au poinct M, comme on verra en la pratique VI feüillet 131; l'image paroistra, comme elle est au Prototype, & remplira tout le Miroir.

Ie suppose icy, la glace du miroir toute nuë, & sans quadre; car s'il y en a vn, ou quelque moulure, comme il y en a ordinairement aux Miroirs, il ne faut pas mettre le Miroir justement sur la ligne IK; mais laisser entre l'vn & l'autre autant de place qu'en peut ocuper la hauteur du qaudre.

Si l'on veut que cette planche soit au dessus du Miroir, au lieu qu'elle est dessous icy il n'y a rien à changer, que la disposition de l'image; car quand la planche est dessous le Miroir; les pieds de la figure doiuent estre plus prés du Miroir, mais quand la planche est dessus; il faut que ce soit la teste qui soit plus prés de la glace, comme on peut voir en la figure suiuante.

L'on peut aussi mettre cette planche à costé du Miroir, par la mesme pratique que cy-dessus, sans y changer autre chose que cette situation de l'image, qui seroit icy comme sur ses pieds: il faut pourtant prendre garde, que ce qui est peint sur la planche à la droite de l'image, viendra à la gauche dans le Miroir; ce qui est ordinaire en toutes les piéces qui se voyent par reflexion, & refraction de rayons.

127

E
F
G
H
A
B
C
D
1 2 3 4
5 6 7 8
9 10 11 12
13 14 15 16
R
N
I
L
K
O
M
P
Pour mettre l'image
dessous le miroir.
Z
I
K

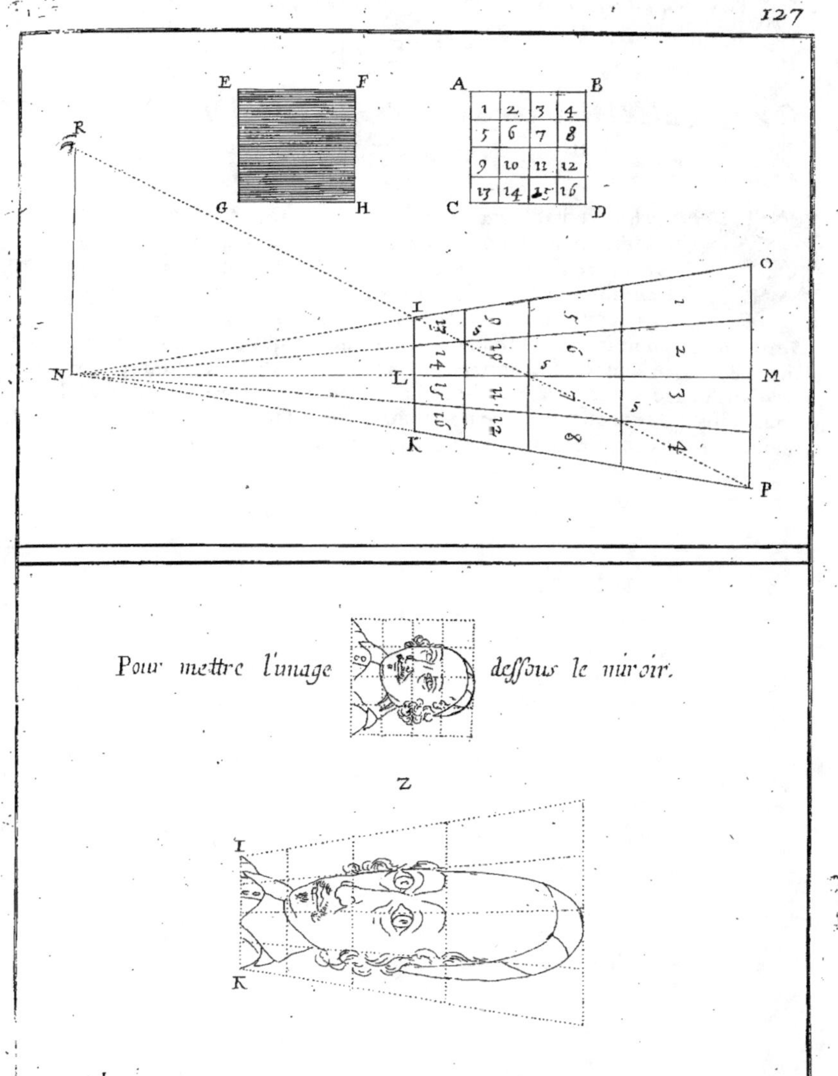

PRATIQVE III.

POVR PEINDRE LES IMAGES, OV PORTRAITS au dessus, & à costé des miroirs.

QVoy que veritablement la figure precedente, & ce que i'en ay dit, eust pû suffire pour faire entendre la pratique de peindre les images, & portraits, au dessus & à costé des miroirs, ainsi que ie l'ay tousiours creû. Neantmoins mes amis m'ont conseillé d'en donner les figures particulieres, puis qu'elles soulagent l'esprit, & l'imagination.

Ie ne donne point icy de methode, pour reduire ce qui est au Prototype A, sur la planche B; l'ayant donnée suffisamment en la pratique I, du V. Traité de ce liure feüillet 109. où l'image peinte sur la planche, est regardée par vn trou; qui est quasi la mesme que celle-cy. Ie m'asseure qu'on n'y aura aucune difficulté puis que la pratique se connoist assez en la figure, sans qu'il soit besoin d'autre instruction.

128

A

Pour mettre l'image 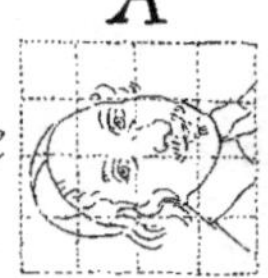 dessus le miroir

B

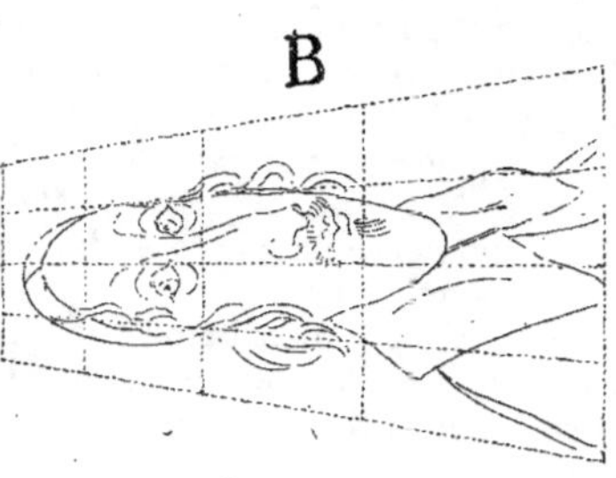

A

Pour mettre l'image 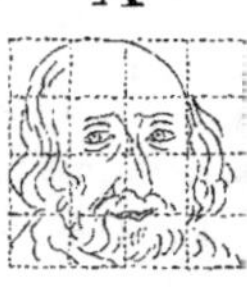 à costé du miroir

B

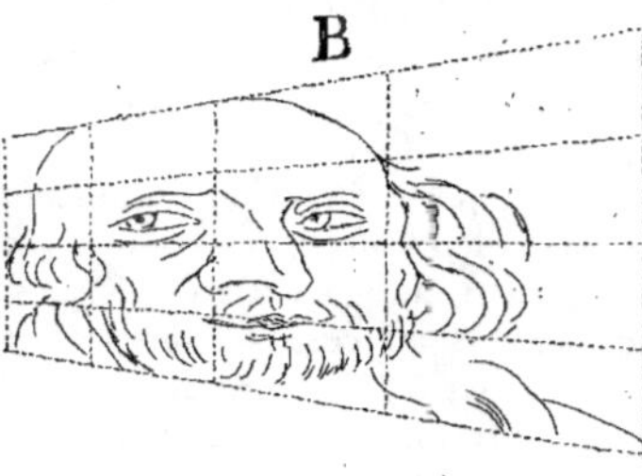

PRATIQVE IV.

POVR FACILITER L'INVENTION DV TRAIT DES IMAGES veuës au Miroir lors que ses costez, ou ceux du Prototype sont inégaux.

EN la pratique precedente, nous auons donné assez clairement la methode pour tracer sur vne planche, les images qui doiuent estre veuës par reflexion dans vn Miroir, mais nous y auons supposé le Prototype & le Miroir quarré parfaitement. Or il arriue souuent que ny l'vn, ny l'autre ne le sont pas; ce qui pourroit mettre en peine quelques vns, quoy que veritablemẽt l'on n'y deuroit pas estre si on se souuenoit, que quelque figure que ce soit, peut estre enfermée dans vn quarré.

Mais puisque l'on desire sçauoir comme l'on pratique le trait quand les costez où le nombre des parties sont inegaux. Ie le diray briefuement. Supposons donc que le Prototype A B C D. soit diuisé en quatre parties par le bas C D. & par le haut A B & que les costez A C, & B D, ont six de ces mesmes parties; & que le Miroir E F G H. est de mesme forme & figure. Ie laisse encore libre le choix de faire voir ces figures au dessus, au dessous, ou à costé des Miroirs.

Supposé que nous voulions mettre la planche, où l'image est peinte, dessus, ou dessous le Miroir; Il faut comme en la pratique precedente, faire la ligne I K, égale à la largeur du Miroir G H, & diuiser cette ligne I K; en quatre parties égales. Prendre la longueur qu'on veut donner à la planche L M; faire O P, parallele à I K, & L N, égale à L M. Puis du poinct N, il faut tirer des rayons par les diuisions de la ligne I K, & esleuer le poinct de l'œil perpendiculairement sur le poinct N tout cela estant fait; voicy où il faut prendre garde, & se souuenir qu'entre L M, il y doit auoir six diuisions, comme il y en a six au costé A C, du Prototype, & qu'il ne s'en trouueroit que quatre si l'on tiroit vne diagonale de I, à P; c'est pourquoy, pour en trouuer six; il faut prendre auec vn compas la grandeur d'vne de ces diuisions qui sont entre I K, & la porter au dessous de K, comme K, V, & encore vne autre au dessus de I, comme I T. affin que T V, soit de six parties comme A C. Puis du poinct N, il faut tirer deux rayons occultes, j'usqu'à la ligne O P. prolongée, aux poincts X, X.

Or, comme pour voir ces piéces dans leur perfection, il faut que l'œil soit au dessus de la planche, deux fois la hauteur du Miroir; aussi faut-il faire icy N R. double de A C, ou T V, & tirer la diagonale X R, qui coupera les rayons aux poincts S, S, S, S, par lesquels tirant des lignes paralleles à O P. entre les rayons O I, & P K, on aura la ligne L M, diuisée en six, & mesme nombre d'espace au trapeze I K O P. qu'il y a de quarrez au Prototype A B C D. sur lesquels éspaces on trãsportera la figure selon l'ordre des chyfres.

Que si l'on veut mettre la planche, où est peinte l'image, à costé du Miroir; il faut faire la ligne I K; de la figure de dessous égale à B C, & la diuiser en autant qui est six. Puis du poinct N, tirer des rayons par ces diuisions. Mais comme le Miroir n'a que quatre parties de large sur six de haut, & que pour bien voir la figure; il faut que l'œil soit à costé de la planche, deux fois la largeur du Miroir G H, il faut faire aussi N Y, double de G H, & du poinct Y, tirer vne ligne, non pas par I. (car elle nous donneroit pour faire 6 diuisions sur M L, où il ne nous en faut que 4) mais par T. qui nous dõnera la diagonale T Z. coupant les rayons aux poincts V, V, V. par lesquelles, il faut tirer des paralleles à O P, entre les rayons O I, & P K. ce qui diuisera en quatre la ligne M L. & le trapeze I K O P, en pareil nombre d'espaces, que de quarrez au Prototype A B C D. où se peindra la figure.

Il n'importe pas pour toutes ces piéces cy, tant precedentes que suiuantes, que les originaux, ou Prototypes, soient moindres, ou plus grands, que ce où on les veut representer; Il suffit seulemẽt que l'vn soit diuisé en pareil nõbre de parties égales, que l'autre.

129

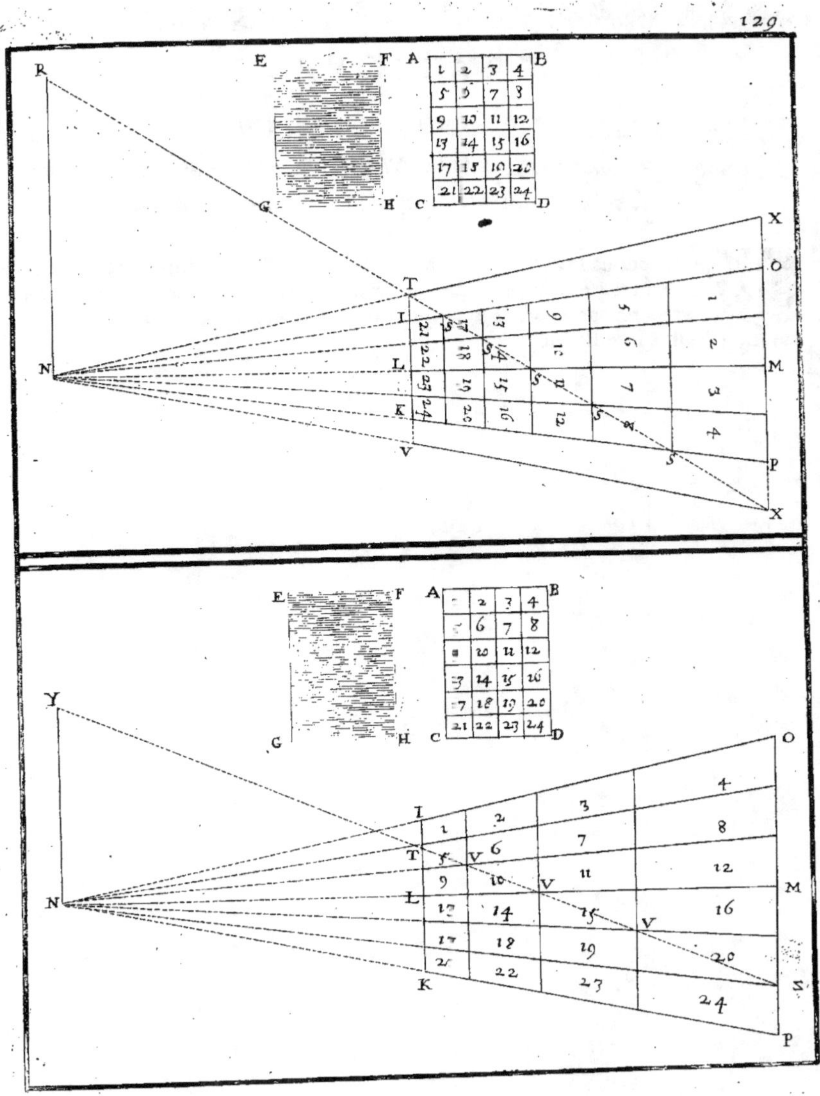

PRATIQVE V.

POVR PEINDRE SVR QVELQVE PLAN, DES Images ou Portraits, quand les Miroirs, où on doit les regarder, sont plus haut que large, ou plus large que haut.

IE me persuade aysement, que les pratiques & les figures precedentes sont suffisantes pour faire conceuoir cette-cy ; & que ce seroit perdre le temps, de repeter encore vne fois ce que nous en auons des-ja dit, outre que la figure de soy est assez intelligible.

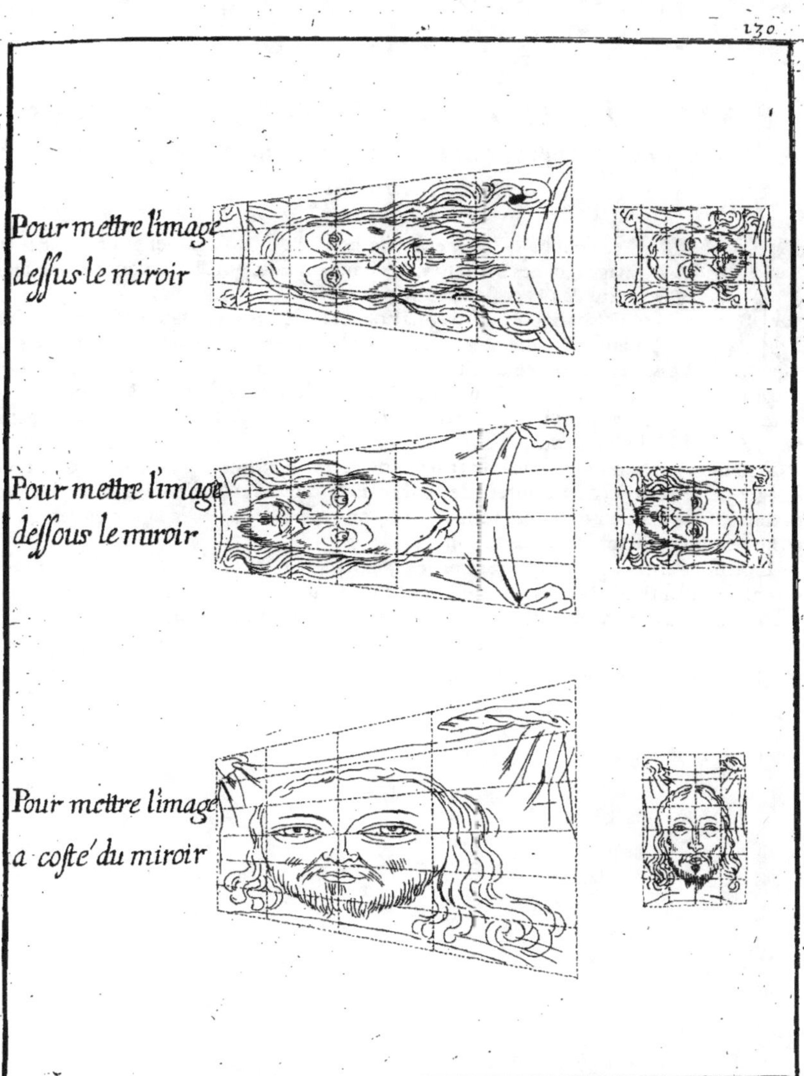
130
Pour mettre l'image dessus le miroir
Pour mettre l'image dessous le miroir
Pour mettre l'image a costé du miroir

PRATIQVE VI.

POVR FAIRE QVE DES IMAGES difformes, peintes sur vne planche, paroissent belles, par le moyen d'vn Miroir.

NOvs venons de donner la methode qu'on doit garder pour peindre ces images sur des planches, & comme il faut poser ces planches, dessous, dessus & aux costez des Miroirs.

Mais comme l'imagination est aydée par les figures, j'ay creû faire plaisir de mettre celles-cy ; où l'on verra la planche où l'image est peinte, posée dessus le miroir A. vne autre dessous le miroir B. Et deux autres, l'vne du costé droit, & l'autre du costé gauche des Miroirs C, & D. qui doiuent estre toutes regardées par vn petit trou, ou vne lunette, si on les veut voir dans la perfection & semblables au Prototype.

Il est bien vray qu'on peut les regarder sans cette sujettion, pourueu qu'on prenne l'angle de reflexion, & la hauteur de l'œil ; car à moins de cela, l'on verra la piéce imparfaite, ou le miroir ne sera pas tout occupé, ou, l'on n'aura pas la figure entiere ; enfin ce ne sera qu'vn desordre & confusion.

L'on peut encore peindre de ces images, au plancher, & sur les murailles, qui sont de costé & d'autre du Miroir, mais elles ne se verront parfaitement que d'vn seul poinct, où il faudra faire mettre ceux qui les voudront voir entieres, & belles.

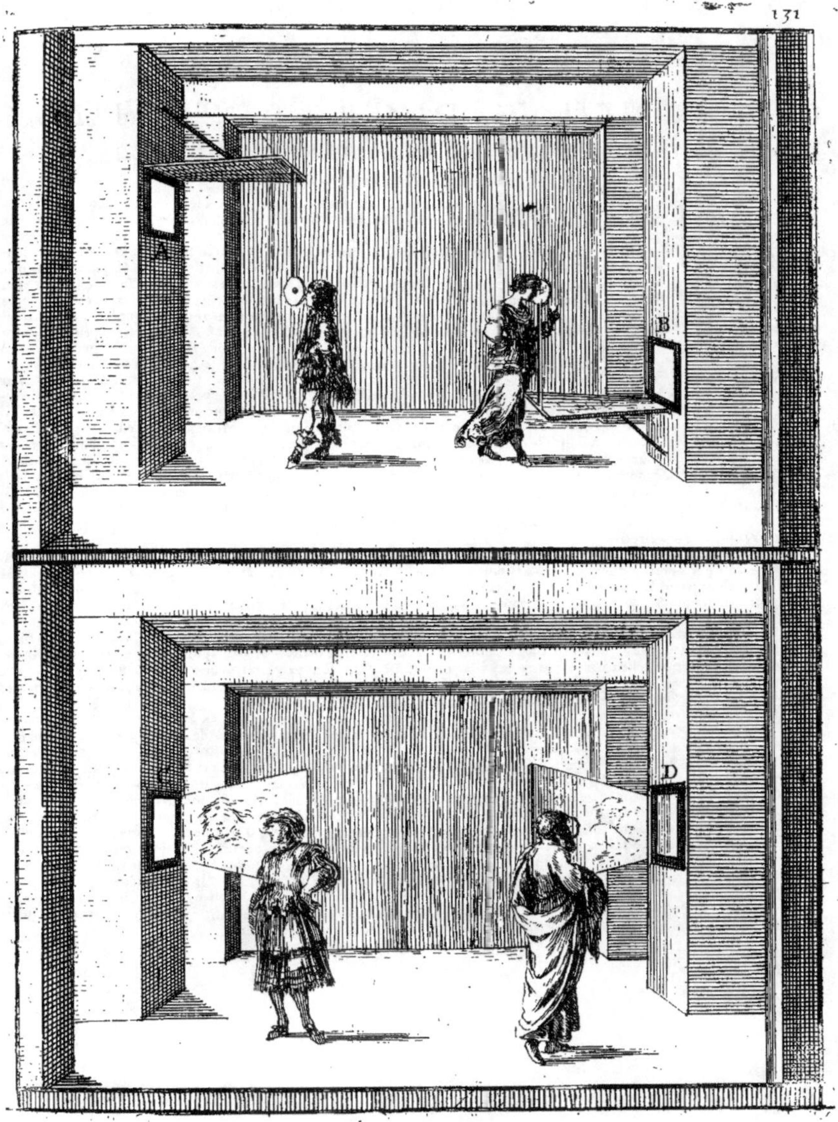
131
A
B
C
D

PRATIQVE VII.

QVI CONTIENT DIVERSES GENTILLESSES qui se font par les reflexions des Miroirs plans ou plats.

AVant que de quiter ce, qui appartient aux Miroirs plans, ou plats, il faut que ie fasse voir briefuement les piéces diuertissantes qui s'en composent; & que ie dise vn mot de chacunes afin que ceux qui s'y plairont puissent les fabriquer & composer eux mesmes.

Premierement, pour faire qu'il paroisse dans vn Miroir, tout autre chose, que ce que nous auons à nos yeux. Par exemple que nous voyons, sur vn plan, le portrait de Nostre-Seigneur & dans le Miroir; on verra escrit, HIC EST FILIVS MEVS DILECTVS, IPSVM AVDITE. Ie dis donc que pour faire cette piéce, & autres semblables; Il faut auoir des triangulaires, à tel nombre qu'on voudra: qui seront faites de bois, ou de carton, de la largeur du Miroir; lesquelles estant les vnes contre les autres, vn des angles en bas, leurs bases donneront vn plan comme ABCD, pour y peindre l'image proposée. Et ces costez peints deuront estre ceux qu'on oposera aux yeux. Sur l'autre costé il faut escrire tout ce que l'on voudra, mais en telle sorte qu'il paroisse droit dans le Miroir, à quoy il faut prendre garde de ne pas escrire à gauche sur le plan mais que les lettres soient renuersées comme on les void en la figure P. Ces deux costez estans peints; il faut poser ces triangles sur vn aix bien droit, qui se mettra au bas de la glace du Miroir, incliné en sorte que du lieu choisi pour regarder les faces des triangles, où l'image est peinte, elles paroissent vnies, comme feroit vn tableau. Pour ce faire: il faut que ce plan, ou planche, où sont les triangles, soit posé perpendiculairement au Miroir; comme EF, Miroir; est perpendiculaire à GH, qui est ce plan. Puis les mettre ensemble au lieu designé, & les incliner jusqu'à ce que le rayon de l'œil I, soit parallele aux faces KL. afin que l'œil ne voyant pas celles là, qui se reflechissent au Miroir; descouure entierement les faces LM. Qnand on ne voudra pas tant incliner le miroir il faudra faire l'angle esleué plus obtus, & ceux de la base aigus. Alors l'image se verra nette, & l'escriture dans le miroir. Si on veut que cette escriture occupe tout le Miroir; il faut obseruer ce que nous auons dit en la Pratique II. feüillet 127. & prendre pour costez des triangles les mesures qui sont sur le plan de cette figure là, qui les donnera inégaux & les derniers plus long, & plus large que les premiers; & le tout dans la justesse & perfection.

L'angle rentrant speculaire, qui par le rencontre de deux Miroirs, comme la figure marquée 2, donne vne multiplication admirable par les reflexions: c'est l'vn des plus en vsage, & facile à pratiquer, Par exemple pour d'vne partie de cercle sur vn plan, faire paroistre le cercle entier par le moyen de ces Miroirs; Il faut prendre auec vn compas, vn peu moins que la largeur des miroirs EF, & du point E, comme centre fait vn cercle sur le plan, qui sera partagé en trois, & sur les deux demy diametres, qui forment ce tiers, poser les Miroirs, comme sont EF & EG, estant certain que si on regarde dans ces Miroirs, l'œil estant directement à EH, on y verra le rond comme entier; & tout ce qui ne sera qu'vne fois sur le plan, paroistra tousiours trois fois. Et si sur ce plan, l'on fait vn costé & deux demy d'vn pentagone, comme en l'autre figure, il paroistra vn pentagone entier par les Miroirs; à raison que EI & EK. sont perpendiculaires à EF & EG, tellement que sur châque Miroir il reflechit vn bastion & demy, qui feront trois bastions pour les deux Miroirs, qui auec les deux tracez sur le plan feront la figure du pentagone entiere; & ainsi des autres.

Quand on voudra representer vn quarré n'en ayant qu'vn quart sur le plan, comme en la figure 3. Il faut mettre ces deux Miroirs en angle droit, perpendiculairs l'vn à l'autre; & tout ce qui sera au milieu de l'angle paroistra quatre fois. Tellement que s'il y a vne figure en M, il en paroistra quatre, pour vn balustre, ou vn bastion, quatre. Pour vne colomne justement dans cét angle, qui peut couurir le joinct des Miroirs, il en paroist trois. Si à ces Miroirs marquez, *a, b,* & *a, c,* on y enjoinct deux autres *b, d,* & , *e, c,* perpendiculaires à *e, d*: & qu'entre l'vn & l'autre, on fasse vne arcade & deux demy qui aillent se poser au rencontre de ces Miroirs, comme en la figure esleuée, les reflexions les feront paroistre continuées dans ces Miroirs, & doublées dans ceux du fond: Ce qui est l'vne des beautez qui se voyent par reflexions. Il y a plusieurs autres dispositions de Miroirs, qui donnent des Perspectiues par reflexions, qui se rapportent toutes à ce que ie viens de dire icy, comme sont certaines pieces ou on incline vn Miroir d'vn angle de 45. degrez sur vn plan où il y a des images mouuantes & lors qu'on les veut faire voir on fait metre l'œil au bout d'vn tuyau qui a à l'autre bout vne image toute autre que celle qui se void au Miroir ce qui donne de l'admiration à ceux qui ne sçauent pas le secret, & encore plus quand on leur fait regarder vne seconde fois & qu'ils en voyent encore vne autre que celle qu'ils ont déia veuë: n'ayant pas reconnu que celuy qui leur montre cette gentillesse a touché au plan, y auançant ou retirant vn fil ou vn petit carton qui represente vne autre image deuant le Miroir, & ainsi s'en retournent rauis de cette merueille.

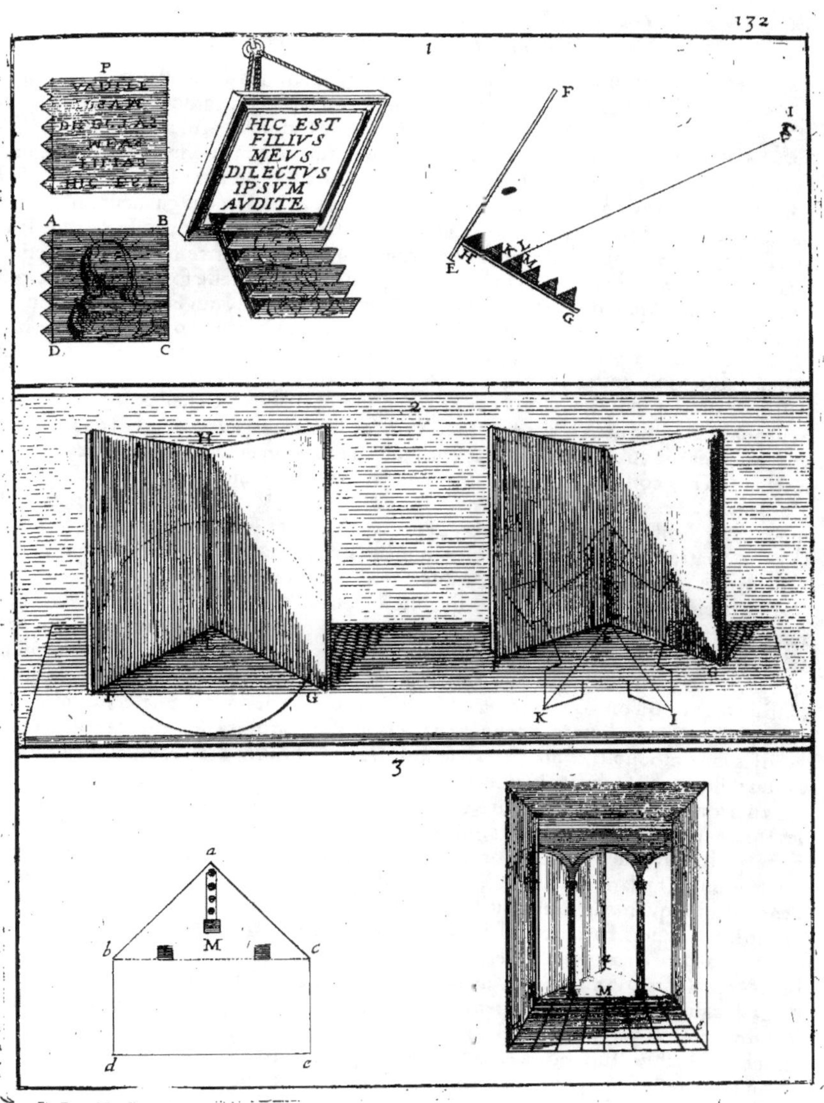
132
1
HIC EST
FILIVS
MEVS
DILECTVS
IPSVM
AVDITE
P
A
B
D
C
F
I
E
H
K
L
M
G
2
H
F
G
K
I
3
a
b
M
c
d
e
M

PRATIQVE. VIII.

OV SONT D'AVTRES PIECES RECREATIVES, QVE *produit la reflexion des Miroirs.*

Oicy encore d'autres piéces qui ne sont pas moins diuertissantes que les precedentes, en ce qu'elles multiplient les objets en plus grand nombre: La premiere marque I, est vne piéce, en forme de Cabinet, garnie de quantité de Miroirs de tous costez, oposez les vns aux autres pour donner & receuoir reflexion. La face, ou costé, de deuant de ce coffret s'abaisse, non pas tout bas, mais assez pour donner jour aux objets; qui sont plusieurs petits arbres & des chasseurs auec deux ou trois chiens qui paroistrons en grand nõbre & faire comme vne chasse Royale dans vne forest, ou bien quelques carreaux de jardin, où on peut mettre huict ou dix petites fleurs; qui par les reflexions de ces Miroirs, se multiplient en telle sorte, qu'il en paroist à perte de veuë. Apres qu'on s'est satis-fait de ce Iardin, celuy qui la monstré, peut diuertir les regardans à quelque autre chose; & prendre son temps pour tourner vne maniuelle; qui au lieu de ce jardin, donne vn autre fond, où il y a quelques jolies piéces de cabinet, quelques perles, quelque petits vases d'or, & autres petites nipes & gentillesses, de qui les reflexions font paroistre vn grand tresor en richesses, & quantité de belles choses, cõme perles sans nombre, des vases d'or des joyaux &c. à ce tresor succede vne magnifique Bibliothecque, que produit la reflexion de cinq ou six petits liurets, mis sur l'vn des costez du triangle, c'est à dire sur vne des planches qui forment ce triangle, lequel est caché dans le bas au dessous de ce cabinet, & se meut par vne maniuelle que ie fais paroistre à costé de la figure. Parmy ces petites piéces on peut encore mettre trois ou quatre petits bouts de bougie allumées, qui outre ce qu'elles donneront plus de clairté, leur multiplication sera agreable.

L'autre piéces marquée 2 est vn Polygone de huict, dix, ou douze Miroirs joincts ensemble en forme ronde; aux angles, ou rencontre de ces Miroirs; on met à l'vn vne partie de fortification, qui en fait paroistre vne entiere; à vn autre, deux ou trois maisons qui paroistront vne ville; à vn autre des petites arbres qui feront vne grande forest, & ainsi de tout ce qu'on voudra: si dans le milieu, ou vn peu à costé de cette piéces; on met quelques petits hommes rengés en bataille, il en paroistra des armées; on peut encore les faire mouuoir; & pour lors il semble qu'ils se doiuent battre, à raison que les diuerses reflexions, font paroistre les vns aller à droit & les autres à gauche &c.

La marquée 3. est de figure quarée, où il n'y a qu'vn costé de garny de ce que l'on veut, les trois autres l'estant de Miroirs, où celuy-là se reflechit; tellemẽt que si l'on peint à ce costé quelques tapisseries, & qu'on y mette quelques petits meubles; estant regardée par vn trou, on verra dans le Miroir L, qui luy est opposé, vne grande Salle bien tapissée & ornée magnifiquement. Si au lieu de tapisseries & de meubles, on met quelques petits canons, mousquets, barils, boullets, espées &c. on verra dans ce Miroir vn Arsenat bien garny. Si au lieu d'armes, en y met quelques liures, ou aura vne Bibliotheque; si des arbres & des fleurs, on aura vn jardin; & ainsi de tout ce qu'on voudra faire multiplier.

La 4. figure est vne piéce couuerte, qui prend jour de quelques ouuertures qu'on fait à l'vn des costez, qui esclaire suffisamment le dedans de la piéce, où il y aura deux costez enrichis d'Architecture, ou de ce qu'on voudra; & à l'vn des bouts M, vn seul Miroir; & au bout qui reste à l'opposite de ce Miroir, il faut mettre vne piéce de Perspectiue (que nous ne pouuons pas voir icy estant supposé en dedans) au poinct de veuë de laquelle, on fera vn trou, N, pour regarder le Miroir où se reflechissent, premierement les costez, qui se termineront auec cette Perspectiue & donneront vn enfoncement admirable.

Toutes ces piéces ne sont qu'ouuertures des beaux esprits, pour par celles-là en produire d'autres selon les belles idées qu'ils auront.

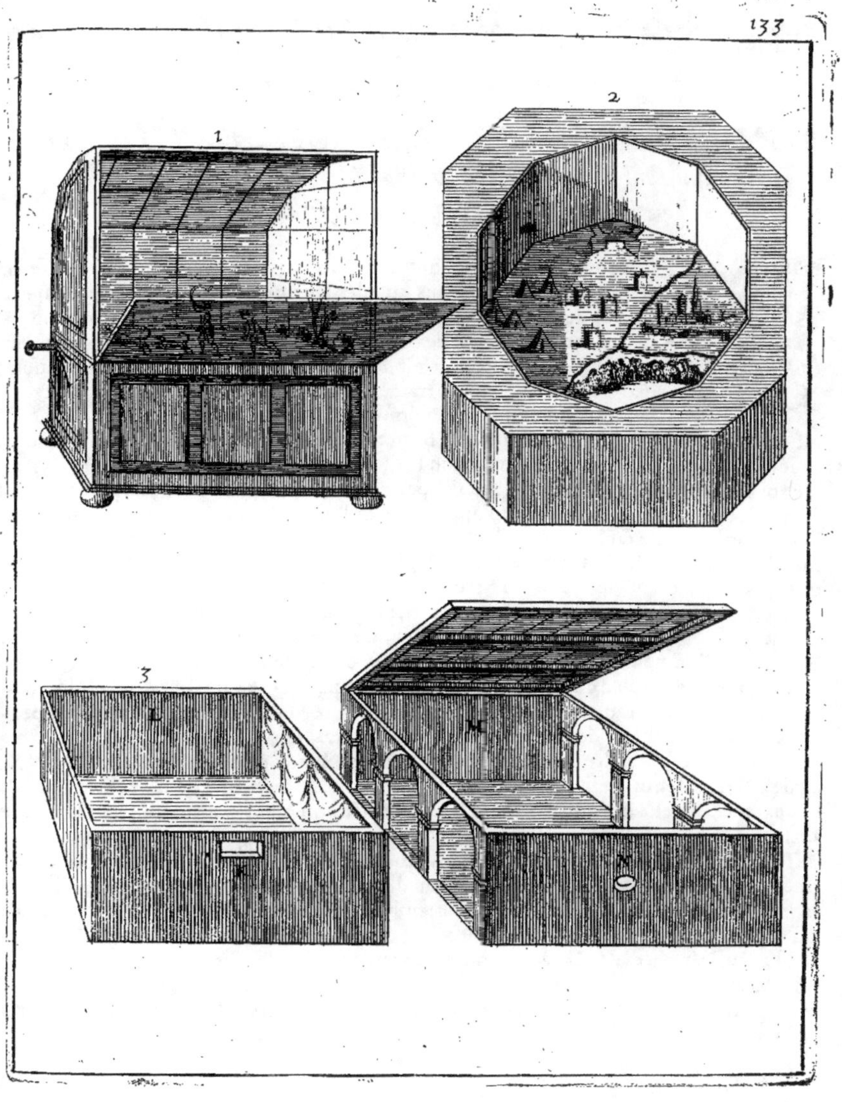
133
1
2
3
L
M
N

PRATIQVE XI.

POVR TROVVER LA REFLEXION DES objets qui ſont à fleur d'eau, & quand les Miroirs ſont parallels à l'horizon, & à la terre.

C'Eſt particulierement pour les Peintres que ie mets icy cette figure & les quatre ſuiuantes, puis qu'elles leur appartiennent comme deſpendantes de la Perſpectiue, & attachées pourtant à la Catoptrique, à raiſon que ce ſont reflexions; car comme nous auons dit; l'eau eſt vne eſpece de Miroir, c'eſt pourquoy ie ne pouuois les mettre raiſonnablement que dans le traité des Miroirs.

Nous auons dit dés le commencement de ce traité, que la Cathete, eſt vne ligne tirée de l'objet, comme A B. perpendiculaire au Miroir B D; & que le rayon de l'œil, qui fait l'angle de reflexion F, E, D, égal à celuy d'incidence A, E, B, paſſant outre le poinct de reflexion E, va couper cette Cathete prolongée, au poinct G. faiſant BG, égal à B A, c'eſt à dire que l'apparence de l'objet A, paroiſt autant enfoncée au deſſous de l'eau, ou du Miroir qu'A, eſt eſleué au deſſus; d'où s'enſuit qu'vne ligne comme H I, diuiſée en K, eſtant veuë de l'œil L, dans le Miroir HM, donnera ſon apparence en O, & P. autant au deſſous de H, que IK. eſt au deſſus.

C'eſt pourquoy ſi l'on veut auoir juſtement l'apparence d'vn arbre que nous voyons planté ſur le bord d'vn eſtang, en la ſeconde figure; Il faut faire le meſme que de la ligne H, I, K. où l'on peut ſuppoſer HK, pour le tige, & KI. pour le feüillage.

Par exemple, le pied de l'arbre eſt N, à fleur d'eau; NQ, eſt le tige, & QR, le feüillage; Pour auoir ſon apparence dans l'eau; Il faut faire tomber des lignes occultes, perpendiculaires à la ligne de terre, tant du tige, comme NS, que du feüillage T V. Puis auec vn compas, prendre la diſtance N Q, & faire N, S, de meſme longueur, & NX, égale à NR. le feüillage ſe fera entre les lignes occultes, de meſme qu'il eſt entre QR, & l'apparence ou reflexion de l'arbre, ſera auſſi exacte qu'on la peut donner. On fera le meſme pour auoir l'apparence de ce vieux tronc Y.

Pour l'arbre incliné Z, il paroiſtra dans l'eau auec la meſme pante qu'il a ſur terre, or pour trouuer facilement ſa reflexion; il faut de ſon pied *a*, tirer vne ligne parallele à la ligne de terre comme *a*, *b*, puis poſer vne jambe du compas en *a*, & eſtendre l'autre iuſqu'à *c*, & faire l'arc *c*, *d*; ſi l'on fait l'arc *d*, *b*, égal à l'arc *bc*, & *eb*, égal à *bf*, il n'y aura plus qu'à tirer *ae*, & Z*d*. & l'on aura l'apparence qu'on deſire.

Par cette methode, l'on peut auoir les apparences, ou reflexions, de tous les objets, telle qu'ils puiſſent eſtre, tant veus dans l'eau, que deſſus des Miroirs plats, & parallels à l'horizon.

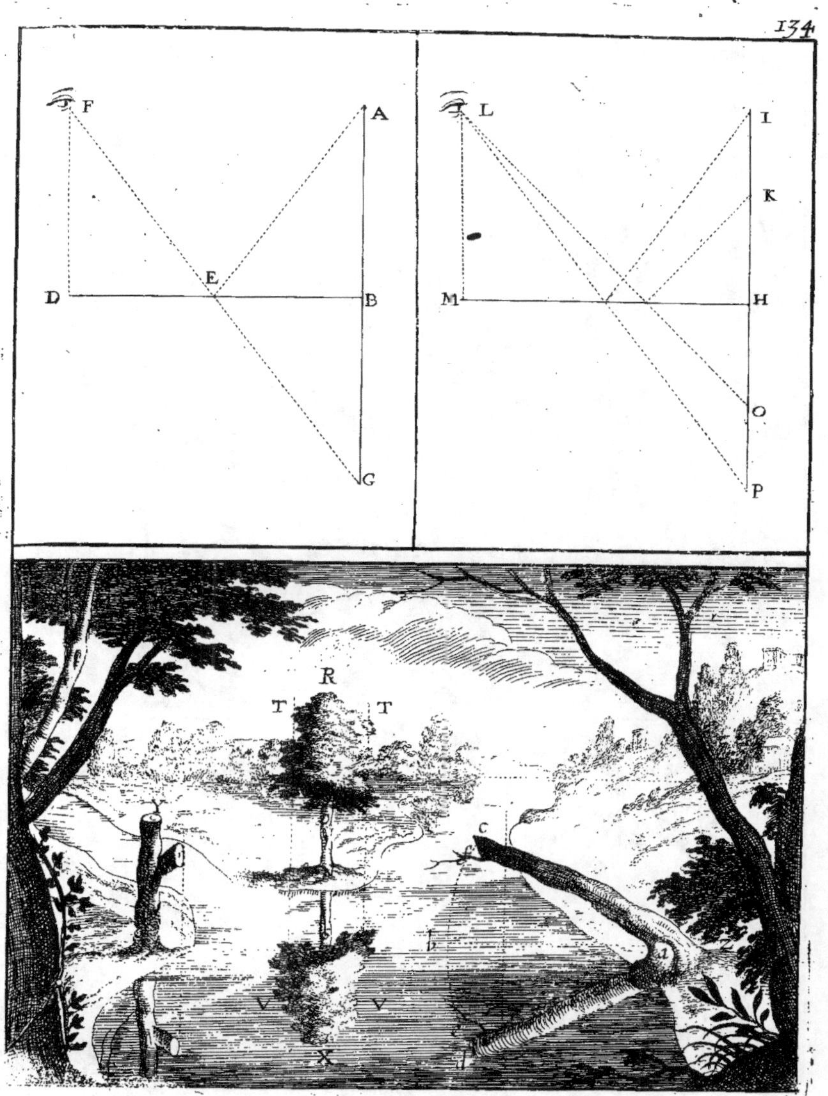
134
F
A
E
D
B
G
L
I
K
M
H
O
P
R
T
T
C
V
V
X

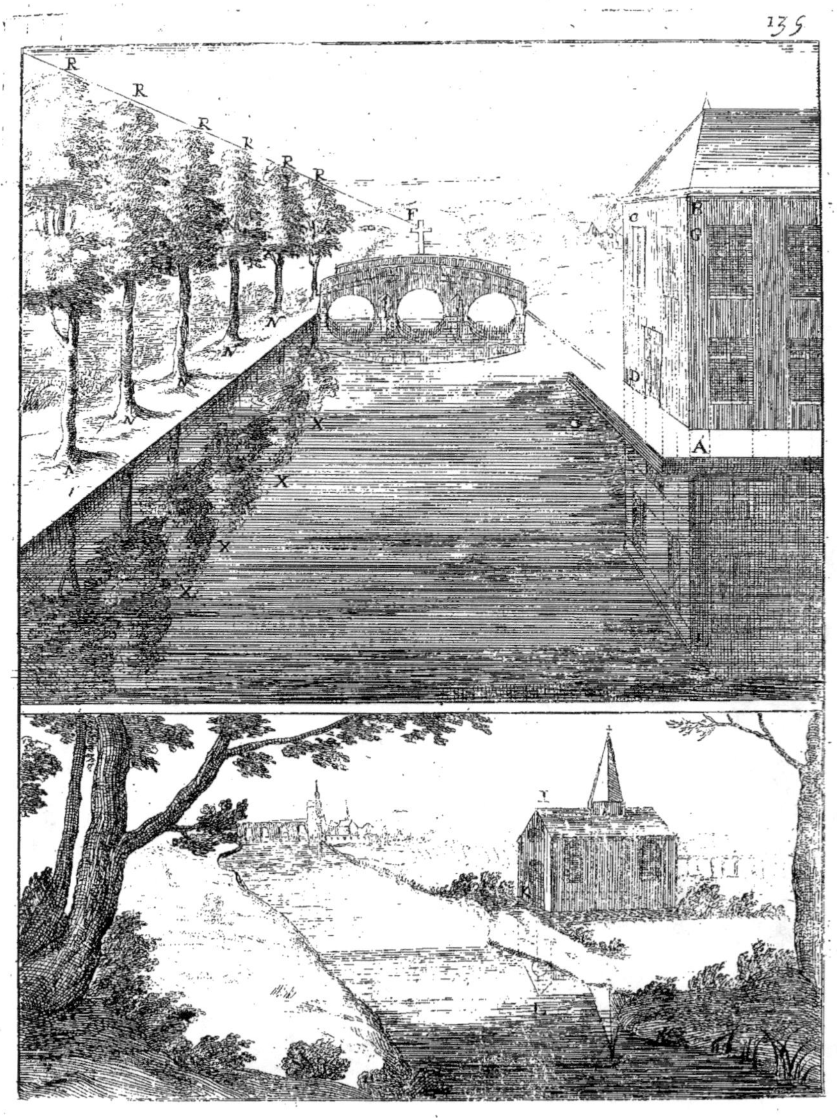
R
R
R
R
R
R
F
C
B
G
D
A
X
X
X
X
N
N
N
Y

PRATIQVE X.

SVITTE DE LA REFLEXION DES OBIETS, qui sont à fleur d'eau ou sur des Miroirs parallels à l'horison, & à la terre.

TOutes les reflexions, ou apparences des objets reflechys en l'eau, & aux Miroirs; gardent tousiours le mesme poinct de veuë que leur objet. C'est pourquoy il n'y a pas tant de peine à faire paroistre ces reflexions, ou apparences dans l'eau; supposé que les objets, soient dans l'ordre de la Perspectiue.

Par exemple, pour representer la reflexion de la maison A, qui est sur le bord, & à fleur de l'eau; il faut faire descendre de cette maison, toutes les perpendiculaires à la ligne de terre, comme sont celles AB, CD. &c. Puis ayant fait AE, égale à AB, qui est la hauteur du logis, il faut tirer vne ligne du poinct E, au poinct de veuë F. & cette ligne EF, coupant toutes les perpendiculaires descenduës de la maison, terminera sa reflexion; Pour auoir la hauteur des fenestres, il faut faire AH, égale à AG. Car si le rayon tiré de G, au poinct de veuë F, a donné les hauteurs des fenestres; en tirant la ligne HF. l'on aura aussi leur apparence, ou reflexion, sur les perpendiculaires descenduës; & faisant le mesme pour la hauteur de la porte, pour le bas des fenestres &c. L'on aura la veritable reflexion de ce logis. Sans beaucoup de peine.

De mesme pour les arbres, car si les pieds de tous N, les dessous des feüillages Q, & leurs cimes R, tirent au poinct de veuë F; il faut aussi que de tous les poincts pris sur les perpendiculaires descenduës de leurs tiges & feüillages, comme sont S X, ainsi qu'en la figure precedente, l'on tire des lignes au mesme poinct de veuë F. qui donneront à ces reflexions ou, apparences d'arbres, leur hauteurs, ou plustost leur abaissement dans l'eau.

Il faut prendre garde de ne point faire reflechir, que ce qui se peut reflechir, & aussi de donner la reflexion à ce qui en doit auoir. Pour connoistre l'vn & l'autre, il faut faire descendre vne perpendiculaire du plus haut de l'objet, duquel on doute s'il doit auoir de la reflexion; laquelle on mettra du pied en bas autant de longueur qu'il y en a du pied en haut.

Par exemple, on veut sçauoir si la chapelle I. doit auoir de la reflexion. Pour l'esprouuer; il faut du haut du pignon I. faire descendre vne ligne à plomb, & la continüer au dessous du pied K; puis faire KL, égale à KI, & on trouuera, qu'il y a vn petit bout de ce pignon qui se reflechit; Le clocher qui est plus esloigné, ne semble pas deuoir se reflechir, neantmoins. Si on en fait l'espreuue comme de la maison, c'est à dire si l'on fait TY égal à TV. on trouuera que sa grande hauteur luy en fait auoir.

Ainsi il sera bon d'y auoir l'œil, & ne laisser rien passer qui fasse connoistre le peu d'exactitude d'vn peintre qui veut passer pour bon Perspectif: Car s'il est tel, rien ne partira de ses mains, qui ne soit conforme au naturel; dont ces reflechissements ne sont pas les parties moins necessaires; quoy que plusieurs ne s'en seruent pas, peut estre faute de ne les sçauoir trouuer.

SVITTE DE LA PRATIQVE X.

N cette figure qui est la mesme que la precedente, on verra qu'ayant donné le premier trait, comme nous venons de dire; il est aysé de donner les ombres selon les jours. Les objets & le paysage qui dependent tous de la volonté & discretion de châcun.

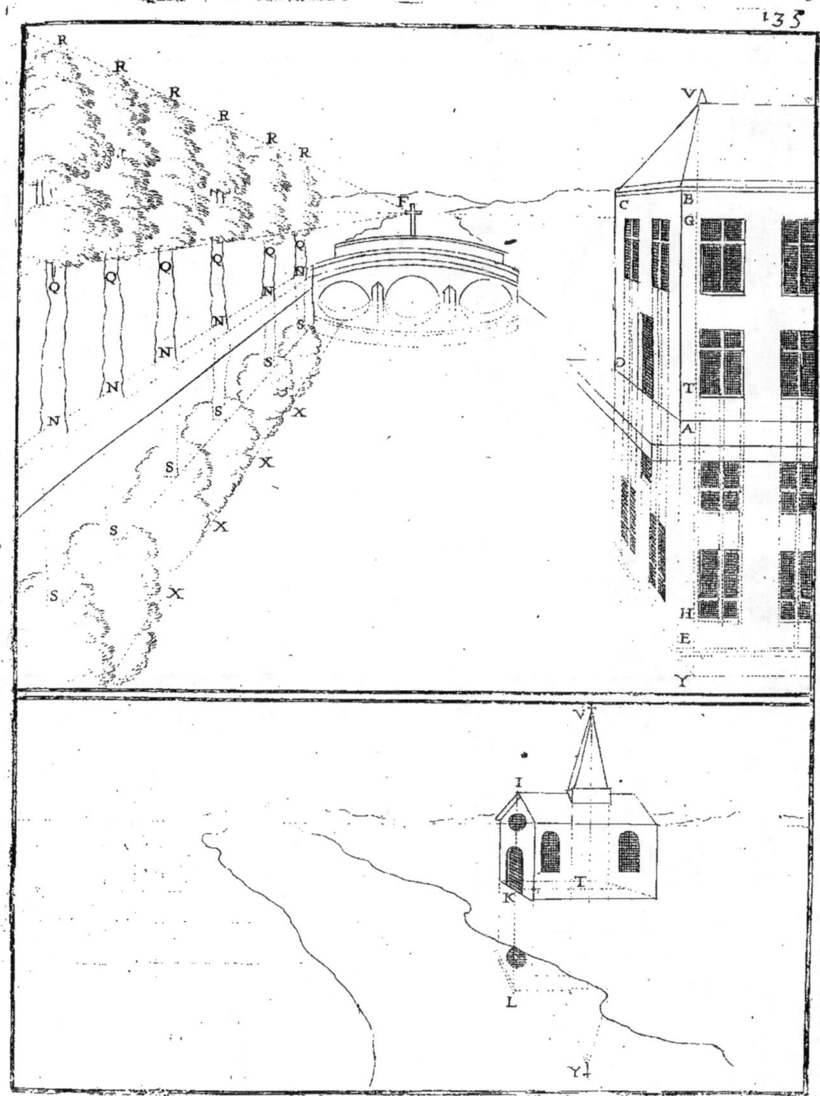
R
R
R
R
R
R
Q
Q
Q
Q
Q
Q
N
N
N
N
N
N
F
S
S
S
S
S
S
X
X
X
X
V
C
B
G
D
T
A
H
E
Y
V
I
T
K
L
Y

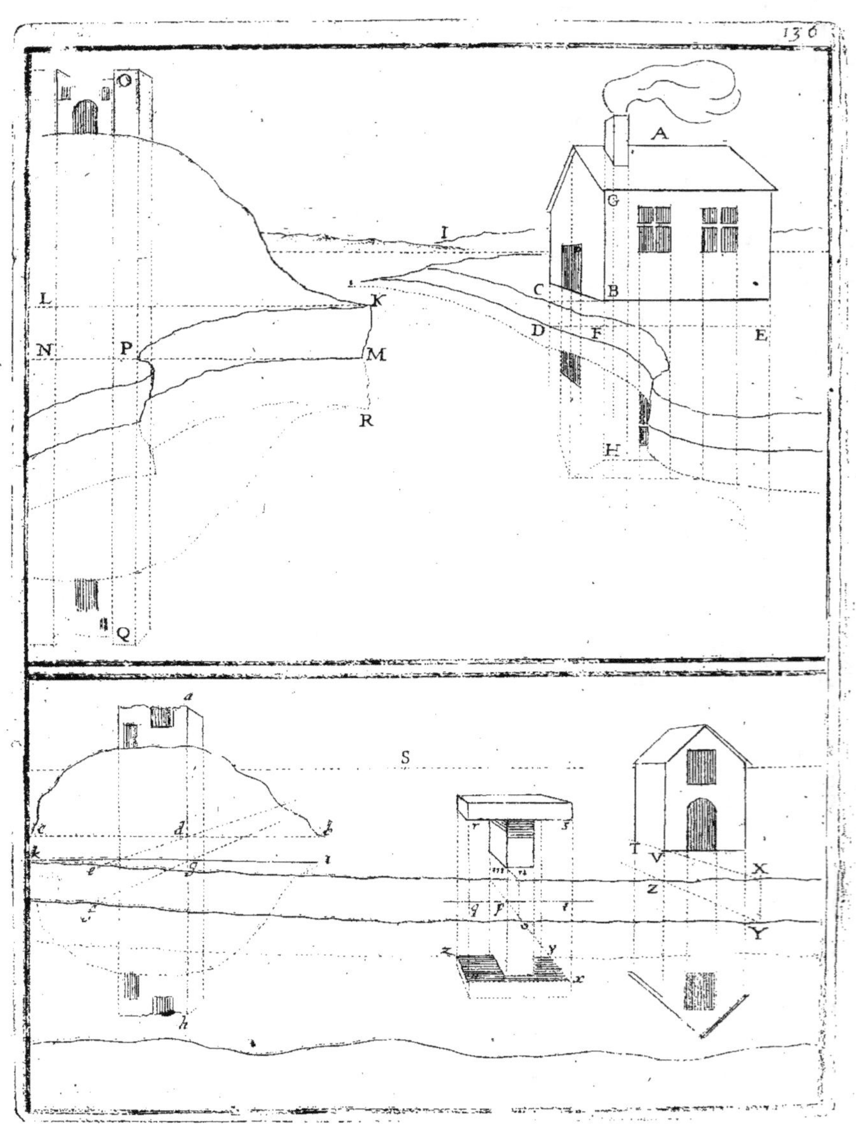
136
O
A
G
I
L
K
C
B
N
P
M
D
F
E
R
H
Q
a
S
c
d
b
r
s
k
e
g
i
T
V
X
m
n
Z
f
q
p
t
o
Y
z
y
x
h

PRATIQVE XI.

POVR TROVVER LA REFLEXION DES OBIETS, QVAND *ils ne sont pas à fleur d'eau.*

POur faciliter la pratique des reflexions, il faut tenir pour maxime, qu'elles commencent tousjours au niueau de l'eau; s'ils sont posés à fleur d'eau comme aux precedentes; elles commencent dés le pied de l'obiet; mais s'ils sont éleuez au dessus, comme en cette-cy, il faut chercher le niueau de l'eau, qui represente la glace du Miroir.

Si la maison A, reculée du bord de l'eau qui est plus basse; est donnée pour en trouuer la reflexiõ. Ie dis qu'il faut continüer par vne ligne occulte, le costé de la maison jusqu'au bord de l'eau, comme est BC, & du poinct C. faire descendre vne petite perpendiculaire CD. de l'espaisseur du bord; puis du poinct D, il faut tirer vne parallele à BC, qui est DE, representant le niueau de l'eau, d'où doiuent commencer les reflexions. Par exemple, faisant descendre vne ligne de l'angle B. elle coupe celle DE au poinct F; où il faut poser vne jambe du compas, & de l'autre jambe prendre la hauteur de la ligne FG: laquelle interualle se doit porter dessous, faisant FH égale à FG; de ce poinct H, il faut tirer vne parallele à BC, & vne ligne au poinct de veuë I, ces deux dernieres lignes couperont toutes les perpendiculaires &c. comme en la precedente.

Pour trouuer la reflexion de la montagne, & du chasteau de dessus, il faut du pied de cette mõtagne K, tirer vne ligne KL, parallele à l'horizon, cette ligne representera le diametre du pied de la montagne; du poinct, M il faut encore tirer MN, representãt le niueau de l'eau parallele à KL, par apres du poinct O, il faut faire tomber vne ligne qui coupera parpendiculairement MN, au poinct P. C'est à ce poinct P. qu'Il faut poser vne jambe du compas, & de l'autre faire PQ, égale à PO: Tout le reste se fait comme aux precedentes. Le bord KM, se reflechit en MR. à laquelle reflexion du bord, il faut tascher de donner la mesme largeur, & le mesme contour qu'a celuy de terre.

Les reflexions des objets de la figure de dessous, se trouuent par la mesme voye, quoy qu'elle semble tout autre, car si du poinct de veuë S, vous continüez le costé du logis TV, jusqu'au bord de l'eau X, & faites XY, de l'espaisseur du bord, la ligne tirée de Y, à S, sera le niueau de l'eau qui coupera la ligne descenduë de V, au poinct Z; où il faut mettre vne jambe du compas & pratiquer tout le reste, comme cy-dessus.

De mesme pour la montagne auec sa masure *a*; il faut de son pied tirer la ligne *bc*, & de, *a*, faire tomber vne perpẽdiculaire infinie, qui coupera, *bc*, au poinct *d*, par aprés du poinct de veuë S, il faut tirer vne ligne par *d*, & la continüer jusqu'au bord de l'eau, au poinct *e*, & faire *ef*, de la hauteur du bord; de ce poinct *f*, il faut de rechef, tirer vne ligne au poinct de veuë S, qui coupera la tombante de *a*, au ponict *g*; c'est à ce poinct *g*, où il faut mettre vne jambe du compas pour faire *gh*, égale à *g*, *a*. Par ce poinct *g*, il faut encore tirer la ligne, *ik*, parallele & égale à, *bc*; de ces poincts *ik*, il faut commencer par lignes occultes, la reflexion de la montagne qui s'acheuera dans l'eau, auec sa mazure.

Cette pierre du milieu posée dessus vne autre; trouuera sa reflexiõ, si du poinct de veuë S, on tire *S*, *m*, jusqu'au bord, *n*, & ayant fait *n*, *o*. de la hauteur du bord, on tire *o*, *s*, qui coupera la tombante de, *m*, au poinct *p*, qui represente le niueau de l'eau; par ce poinct, *p*, il faut tirer vne parallele à la ligne de terre, & y faire tõber des lignes des angles de la pierre, *r s*, qui la couperõt en, *q t*, où il faut metre la jambe du compas, & faire, *q u*, égale à, *q r*, & *t x*, égale à, *t s*, de ces poincts *u*, *x*, il faut tirer des lignes au poinct de veuë S. qui couperont les autres tombantes de la pierre aux poincts *y z*, & cette reflexion *u*, *x*, *y*, *z*. est le dessous de la pierre; ce que je dis à dessein de desabuser quelques peintres qui en chose semblable, ont fait paroistre le dessus d'vne table; qu'il est impossible de voir.

Si vn peintre possede bien ce que j'ay dit icy, & aux deux precedentes; il n'y a point de reflexion qu'il ne puisse representer.

SVITTE DE LA PRATIQVE XI.

SVr le premier trait de la figure precedente, que les clair-voyans connoiſtront en cette-cy, on peut acheuer vn païſage, & l'ombrer comme on a accouſtumé, & qu'il ſe void icy : Ce qui rendra l'ouurage parfait, où il ne doit plus paroiſtre aucun des traits qu'on eſt obligé de faire pour trouuer ces reflexions.

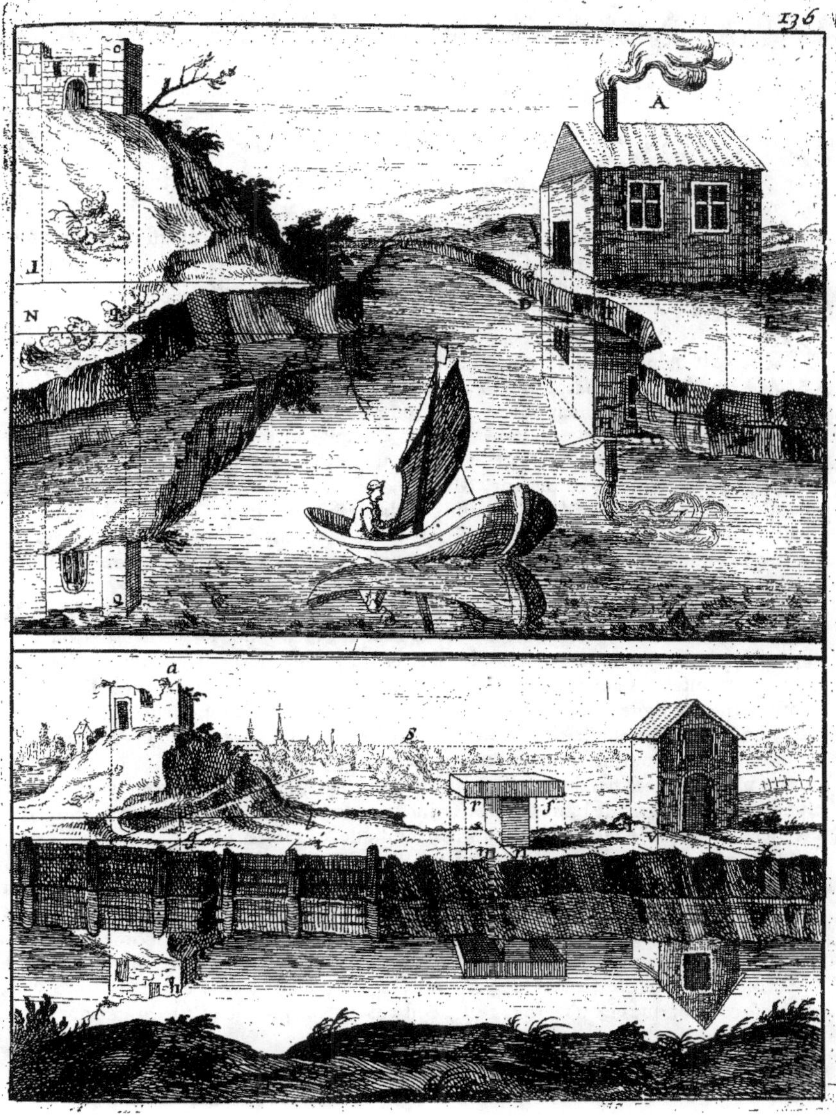
A
I
N
a
r
s

AVIS.

POVR ESTRE IVSTE, AVX FIGVRES QV'ON *veut faire paroiſtre ſur des Miroirs ronds, ou Cylindriques.*

LA pluſpart de ceux qui ſe meſlent d'Optique, ſçauent aſſez, que toutes les piéces qui ſe font pour diuertir & recréer la veuë, tant par le rayon droit, que par le reflechy & le briſé, doiuent eſtre regardées d'vn œil ſeul pour eſtre veuës dans leur prefection.

Sur cette verité, ie dis que les rayons A B, A C. qui partent de l'œil A, ne toucheront jamais, le diametre du cercle D E, car ſi ces deux rayons A B, A C, touchoient le diametre D E. il ſeroient parallels, comme ſont les marquez de poincts, & ne ſe couperoient pas à l'œil A, comme ils doiuent faire.

De plus, il faut remarquer que ces rayons, ou tengeantes A B, A C. ſont touſ-jours plus longues que le rayon droit A F. à raiſon que cettuy cy touche le Cylindre qui doit eſtre parfaitement rond, au deuant, & ceux-là ne le touchent qu'aux coſtez, qui ſont plus eſloignez de l'œil N. D'où il s'enſuit, en la deuxieſme figure, que l'œil N, eſtant eſleué deſſus A, au deuant du Cylindre F G; il donnera moins de longueur à F H, ou G H, que n'en donne C I, ou K I, qui eſt pour le coſté du Cylindre; ainſi qu'on peut voir C I, plus longue que F H.

Ie m'explique, ſoit priſe la longueur AF, de la ſeconde figure, & tranſportée en la troiſiéme. Deſſus A, ſoit eſleué la hauteur de l'œil A N & deſſus F, la hauteur du Cylindre F G, diuiſée en quatres parties égales; & du poinct de l'œil N, ſoient tirés des rayons par toutes ces parties, qui donneront les poincts F, L, M, O, H. ſur la ligne A A.

Sur la meſme ligne, mais de l'autre coſté; ſoit tranſporté la longueur A C. de la premiere figure: ſur A ſoit eſleué la hauteur de l'œil A N, & ſur C, celle du Cylindre, C K, qu'il faut diuiſer comme l'autre en quatre parties égales; Puis du poinct N, tirer des rayons par toutes ces parties qui donnans les poincts C, P, Q, S, I. feront voir que les eſpaces de la plus grande ligne C I. ſont plus grands que ceux de la ligne F H. ce qui prouient de ce que le rayon A C, eſt plus grand que le rayon droit A F.

Or ſi ces meſures de la ligne C I, de la troiſiéme figure, eſtoient tranſportées ſur B S, & C T, de la premiere figure, & que celles de F H, fuſſent auſſi miſes ſur A F. il eſt certain que ces inégalitez de longueurs, feroient que les cercles qui paſſeroient par les poincts qui ſont ſur les vnes & ſur les autres, ne ſeroient jamais concentriques, cõme on le verra aux pratiques ſuiuantes. Neantmoins pluſieurs les y ont faits & font encore Ce qui m'a fait croire que la figure, qu'ils font voir au Cylindre n'eſt jamais égale au Prototype, car il eſt euident que ce qu'ils font ainſi, n'eſt pas dans la juſteſſe; Ils y prendront garde s'il leur plaiſt.

137

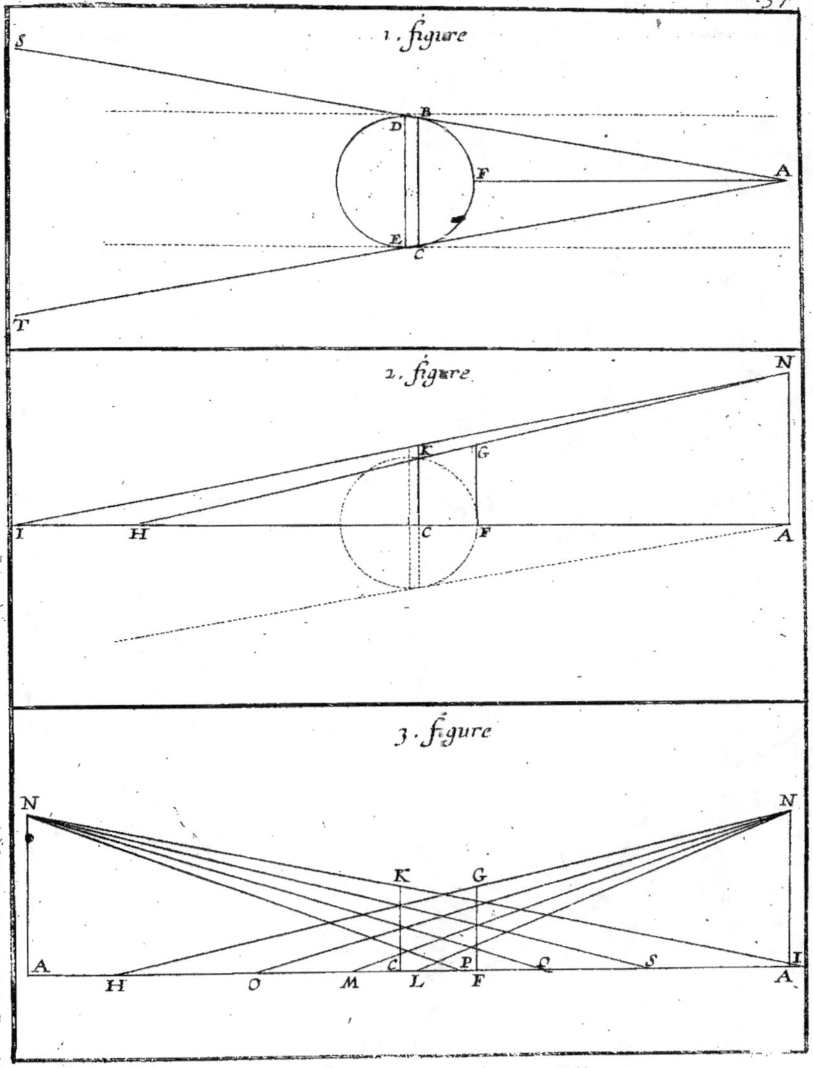

1. figure

2. figure

3. figure

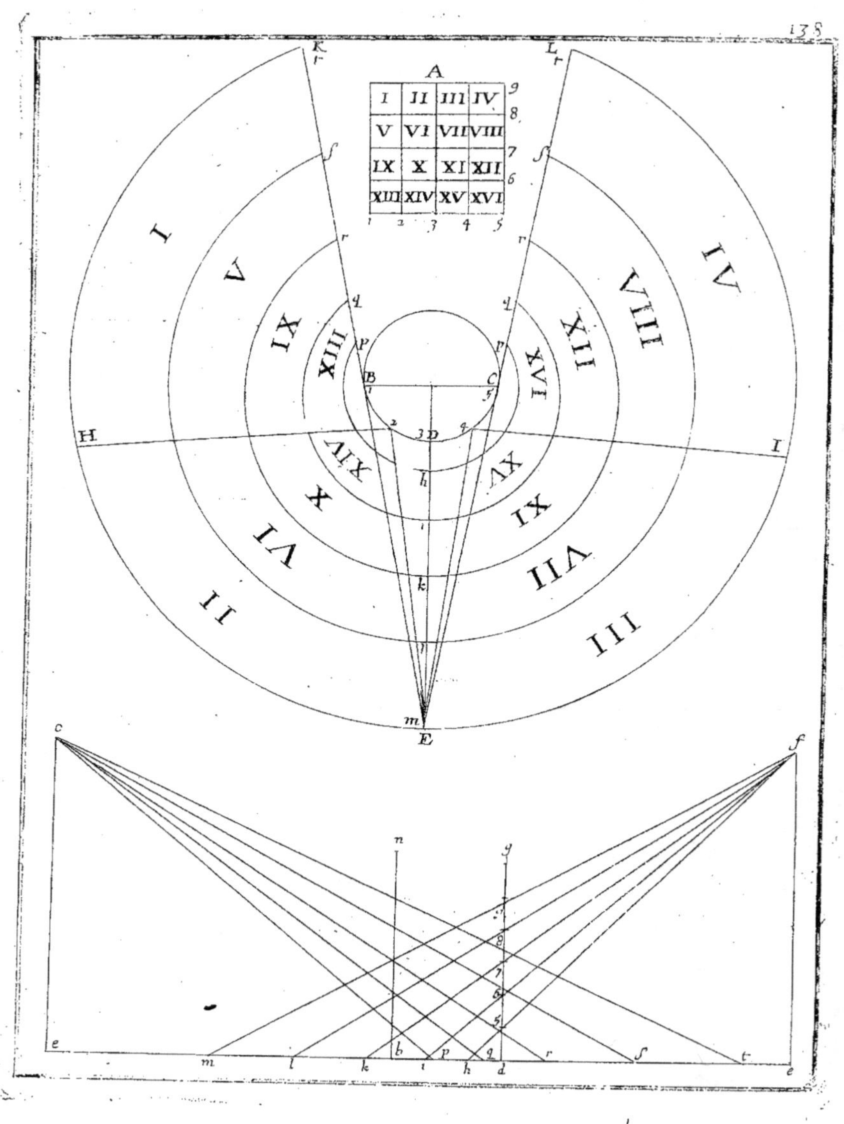
A
K
L
H
I
B
C
D
E
I
II
III
IV
V
VI
VII
VIII
IX
X
XI
XII
XIII
XIV
XV
XVI
e
m
l
k
b
i
p
h
q
d
r
f
t
n
g

PRATIQVE XII.

POVR PEINDRE SVR VN PLAN VNY VNE IMAGE DIFFORME, qui paroistra belle, & cõforme à son Prototype, en la surface d'vn Cylindre, ou miroir rõd.

PREMIERE FIGVRE.

DAns la quantité des methodes qu'on a données pour faire paroistre des figures sur les Cylindres, il s'en est trouué de defectueuses, pour auoir voulu les rendre trop aysées, comme de faire les cercles en égale distance & tous formez d'vn mesme centre, ainsi que j'ay dit. Or pour éuiter ces manquements, sans oster la facilité à celles qui suiuent, je veux commencer par celle-cy, qui sera assez intelligible à ceux qui apprennent, & qui peut les conduire aux plus parfaites, cy apres feüillet 140 & 141.

Tous ceux qui font de ces piéces se determinent quelque sujet, cõme vne image de Deuotiõ ou quelque portrait, duquel on se sert comme de Prototype: Et pour en prendre le trait plus exactement, on le diuise en quelque nõbre de petits quarrez, comme on void la fig. marquée A.

Par apres, il faut preparer vne planche, & vers son milieu faire vn cercle BCD, égal à la rondeur du Cylindre. Du centre de ce cercle, il faut tirer la ligne D,E, sur laquelle on prẽd le poinct d'esloignement E, à discretion. De ce poinct E, se tire deux lignes infinies qui touchent le cercle aux poincts BC: ce qui fait connoistre que de tout le Cylindre, on ne verra que l'arc BDC. dont BC, est la corde, qu'il faut diuiser en quatre, comme le bas du Prototype.

De ces trois lignes, ou rayons, EB, ED, & EC, on trouue les mesures pour former les cercles qui representent sur le plan les lignes trauersantes du Prototype marquées 5,6,7,8,9: Pour l'auoir plus aysé, il faut en quelque lieu separé (comme icy au dessous de la figu.) porter le rayon droit, qui est la distance de E. jusqu'au deuant du Cylindre D. comme on void *e,d*; & la perpendiculaire *e,f*, est pour la hauteur de l'œil, *f*. Sur le poinct, *d*, il faut esleuer vne autre perpendiculaire *d,g*, qui represen te le deuãt du Cylindre sans pied. Sur cette ligne *d,g*: il faut porter autãt de parties égales à celles de BC, qu'il y en a au costé du Prototype. 5,6,7,8,9. Puis du poinct *f*, tirer des rayõs passant par ces poincts marquez en *d,g*, qui estant continuez iront couper la ligne *e,d*, és poincts *h,i,k,l,m*. que l'on transportera sur le rayon droit ED. selon leur ordre comme *dh*. D*h*; *di*, D*i*; & ainsi des autres. En l'autre bout de la ligne *e,d*, ou en quelqu'autre lieu; il faut esleuer la hauteur de l'œil *eo*, égale à *ef*, & faire *eb*, égale à EB. puis sur *b*, esleuer *b,n*. representant le costé du Cylindre égal en hauteur & diuisé de mesme que *d,g*; par lesquelles diuisions on doit tirer des rayons du poinct *o*. qui couperont *e b* aux poincts *p,q,r,s,t*. qu'il faut transpotter sur BK & CL. comme ils y sont marquez.

Or puis que trois poincts suffisent pour former vn cercle, comme nous auons montré au feüillet 125. ce seroit en vain qu'on en chercheroit d'auantage. C'est pourquoy il faut se contenter des poincts E,K,L pour former le premier & le plus grand cercle; De *ss,l*, le deuxiéme, de *r,r,k* le troisiéme & ainsi des autres, qui tous ne seront pas concentriques.

Ces cercles estans regardez par le trou de la lunette (comme on verra cy-apres) paroistront sur le Cylindre comme les trauersantes du Prototype. 5,6,7,8,9.

Pour tracer sur le plan les lignes qui doiuent paroistre au Cylindre comme les perpendiculaires du Prototype: Il ne faut que diuiser la grande portion de cercle L, E, K. en autant de parties que la petite BDC, qui est icy en quatre, comme le bas du Prototype ainsi qu'on les void marqué 1,2,3,4,5. & des diuisions de l'vn, tirer aux diuisions de l'autre, comme de 1 à K, 2H; 3E, 4I; 5L. Lesquelles estant regardées auec les trauersantes, qui sont les cercles, donneront l'apparence d'vn quatrangle diuisé en autant de parties mais non pas parfaitement quarrées comme au Prototype A, *en quoy cette methode n'est pas dans l'exactitude comme les suiuantes fol.* 140 & 141.

Apres que ces cercles sont faits, & ces lignes tirées; il ne faut plus que coppier fidellement ce qui est en vn des petits quarrez du Prototype, dans l'espace qui luy raporte sur le plan, ou la plãche, comme on y void les caracteres de l'vn en l'autre; ce que j'ay fait à dessein d'ayder ceux qui cõmencent, en la suiuante ie n'y mettray point ces caracteres, mais quelq; fig. ou quelq; lettres.

SVITTE DE LA PRATIQVE XII.

POVR PEINDRE SVR VN PLAN VNY, VNE image difforme qui paroiſtra belle, en la ſurface d'vn Cylindre Speculaire.

SECONDE FIGVRE.

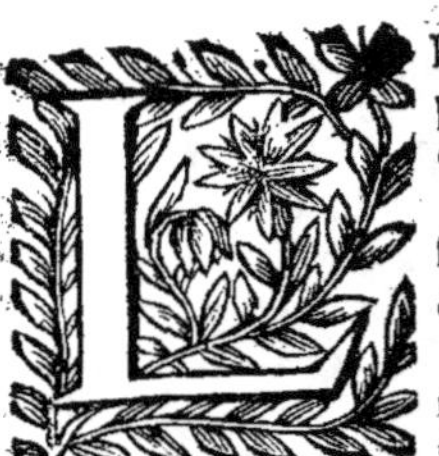

Es meſures de cette ſeconde figure, ſont égales aux meſures de la premiere tant pour l'eſloignement & pour la hauteur de l'œil, que pour la groſſeur du Cylindre, & la diuiſion du Prototype.

C'eſt pourquoy ie ſuppoſe que la precedente aura donné ſuffiſante inſtruction pour faire le premier traict de lignes occultes & que ce ſeroit perdre le temps d'en dire dauantages.

Ie diray donc ſeulement, que j'ay donné pour Prototype, vn nom de IESVS pluſtoſt qu'vne autre image, ou portrait, à raiſon que les lettres doiuent eſtre perpendiculaires, & garder leur longueur en la ſurface du Cylindre, auſſi bien qu'au Prototype, en quoy on verra mieux les defauts de la pratique, que ſi c'eſtoit vn viſage, ou autre objet, où il y auroit moins de ſubjetion.

Pour ce qui eſt des Cylindres; Il eſt bien vray qu'il y en a qui ſont compoſez de metaux qui ſont fort beaux: mais au lieu de ceux-là, qui ſont difficiles à trouuer parfaitement ronds, l'on en peut faire d'eſtain bien fin, qui ſe nettoyent & poliſſent ſur le tour, ne s'enroüillent point, & reprennent leur poly quand on les frotes auec vn cuir, & vn peu de potée deſſus; ou bien prendre vn baſton tourné, & le couurir d'vne feüille de talque bien deliée & eſtamée comme les Miroirs. Ces deux ſortes de Cylindres ne ſont pas de grands frais, & ſont aſſez paſſables.

Il faut remarquer qu'il arriue icy, le meſme qu'à tous les autres Miroirs, c'eſt à dire que tout ce qui eſt à la droite ſur la planche, paroiſt à la gauche ſur le Cylindre.

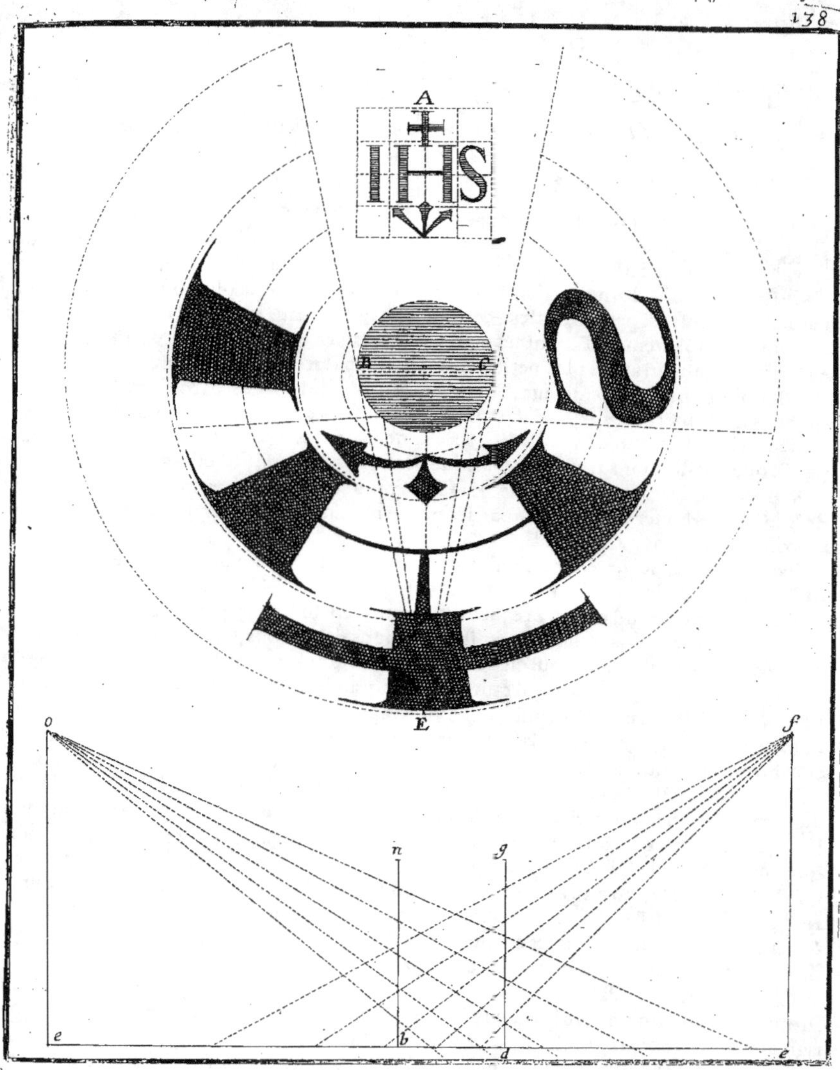

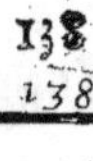

PRATIQVE XIII.

AVTRE METHODE, POVR FAIRE VOIR VNE *image, ou portrait, en la surface d'vn Cylindre Speculaire.*

PREMIERE FIGVRE.

EN la Pratique precedente, j'ay diuisé l'arc B, D, C, qui est ce qu'on descouure du Cylindre, en quatre parties égales pour gagner l'imagination de ceux qui commencent, qui trouueront cela comme raisonnable puis que le Prototype est diuisé de mesme. Mais cette methode n'est pas la plus juste, d'autant que l'arc estant diuisé en parties égales, comme nous auons dit, les rayons qui en sont tirez au poinct d'esloignement E. font les angles inégaux ; ce qui fait que les parties extremes estant veuës sous vn angle plus petit, paroissent trop serrées, du point E.

Or, pour remedier à ce defaut, & faire que toutes les parties paroissent égales comme elles sont au Prototype A. Il faut les faire voir sous angles égaux ; ce que l'on aura si au lieu de l'arc l'on diuise la corde BC, en autant de parties égales qu'il y en a au Prototype, & que des diuisions 1, 2, 3, 4, 5. on tire des lignes au poinct d'esloignement E:

Si on veut estre encore plus juste, il faut du poinct E, comme centre faire vn petit arc de B, à C, & le diuiser en autant de parties que le bas du Prototype, puis de toutes ces parties tirer des rayons au poinct E.

Par apres ; il faut chercher les reflexions des rayons. Mais si on veut on peut auparauant faire les cercles, par le moyen des rayons ED, EB, & EC, comme nous auons fait en l'autre pratique, où on aura recours si on ne s'en souuient pas. Ces cercles estans tous faits ; il n'y a plus qu'à trouuer les reflexions des rayons, par la methode que nous auons dõnée au feüillet 125 ; qui est par exemple, Pour le rayon EP, mettant vne jambe du compas au poinct P, de l'autre, il faut faire vne grande portion de cercle N, B. qui coupera la ligne EP, au poinct F, puis, auec vn compas ; il faut prendre l'arc N F, (qui est l'ouuerture de l'angle NPF.) & la porter sur cette mesme portion de cercle, commençant au point B ; qui donnera le poinct G. par lequel tirant la ligne P G, ce sera la ligne EP, reflechie en PH ; faisant l'angle de reflexion BPG, égal à l'angle d'incidence EPN. Si du poinct, O, on fait le mesme, l'on aura O, I. pour reflexion de la ligne EO : or puis que les lignes droictes qui touchent le cercle, font les angles égaux de part & d'autre, ainsi que nous auons dit ; feüillet 125, les lignes EB, & EC, sont donc reflechies és lignes BK, & CL, Et la ligne ED, qui est le rayon droit se reflechit en soy-mesme : tellement que toutes les lignes ED, PH, BK, CL, & OI. paroistront dans le Cylindre perpendiculaires au plan, & paralleles entr'elles. Et si les cercles sont faits, comme ie suppose, l'on aura sur le Cylindre vn quarré diuisé, comme le Prototype A.

C'est pourquoy, si dans les espaces tracez sur la planche, on transporte ce qui est au Prototype, ainsi qu'on y void ces chyfres, on aura au Cylindre la mesme chose qu'à l'original A. auec toute la justesse & perfection possible.

Si quelques scrupuleux veut encore prendre les rayons EO, EP, & d'auantage s'il y en auoit, pour s'en seruir à trouuer les cercles, ainsi que j'ay fait des trois ED, qui est *ed*, & EC ou EB, qui est *eb*. il luy est permis ; mais il peut se desliurer de cette peine sur l'asseurance que ie luy donne ; aprés les experiences que j'ay faites, que tous reuiennent quasi au cercle parfait je dis quasi, car dans l'extreme exactitude ce ne seroit pas vn cercle parfait, à raison qu'on trouueroit la portion de deuant le Cylindre, vn peu plus serrée que celle de derriere, mais cela est si peu, & le tout est si proche du cercle, que ce defaut n'est pas considerable, & passe pour rien dans la pratique.

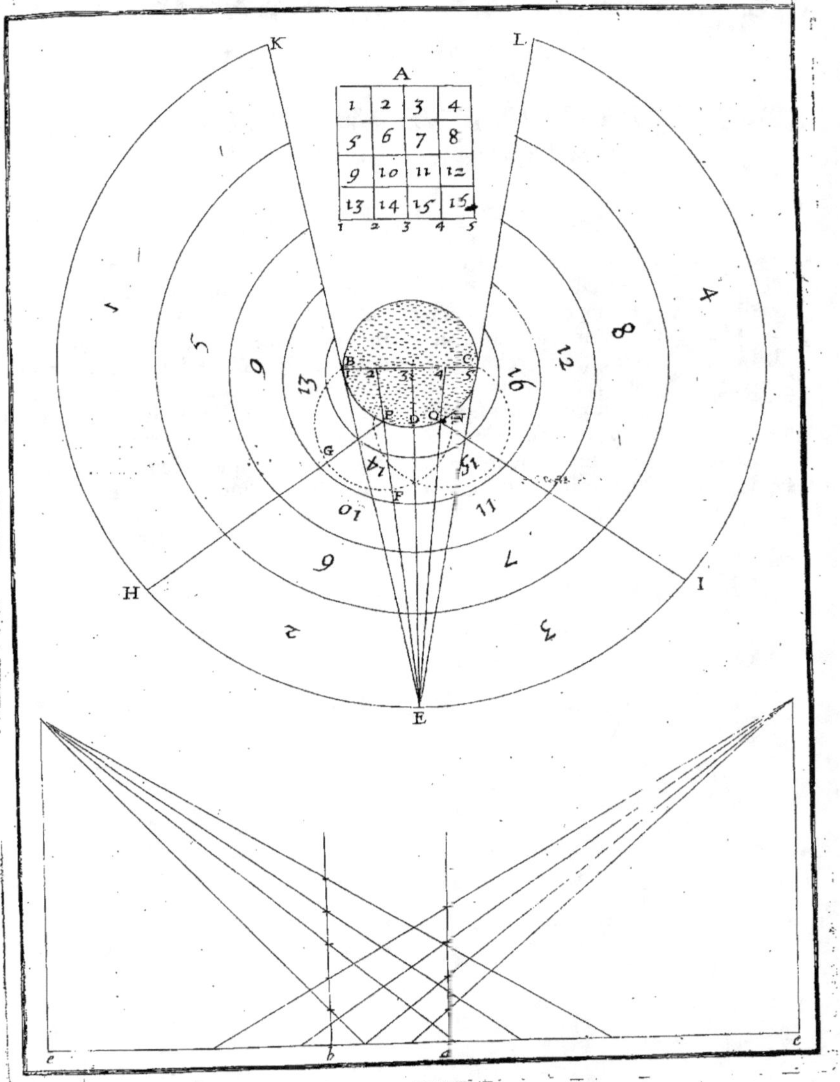

K
L
A
1 2 3 4
5 6 7 8
9 10 11 12
13 14 15 16
1 2 3 4 5
B C
P D Q N
G F
H I
E
1 5 9 13 4 8 12 16
14 15 10 11 6 7 2 3
e b a e

PRATIQVE XIV.

POVR FAIRE VOIR VNE IMAGE, OV PORTRAIT en la surface d'vn Cylindre Speculaire.

SECONDE FIGVRE.

IL n'est pas besoin de repeter icy, ce que ie viens de dire en la pratique precedente, pour tracer sur vn plan les espaces, qui par leurs reflexions representent sur vn Cylindre, celles qui sont au Prototype.

Car supposé qu'on l'ait bien entenduë en la precedente, comme il est assez croyable; il suffit de voir la figure de celle-cy, pour connoistre, par le nom de IESVS qui y est tracé, comme on doit desseigner sur le plan telles figures qu'on voudra, sans autre sujetion, pour celle-là, que pour celle-cy, que j'ay mise comme plus propre à connoistre l'erreur, s'il y en auoit en cette pratique, qu'on doit tenir pour vraye & plus asseurée de toutes celles qui sont pour faire voir les images en la surface d'vn Cylindre.

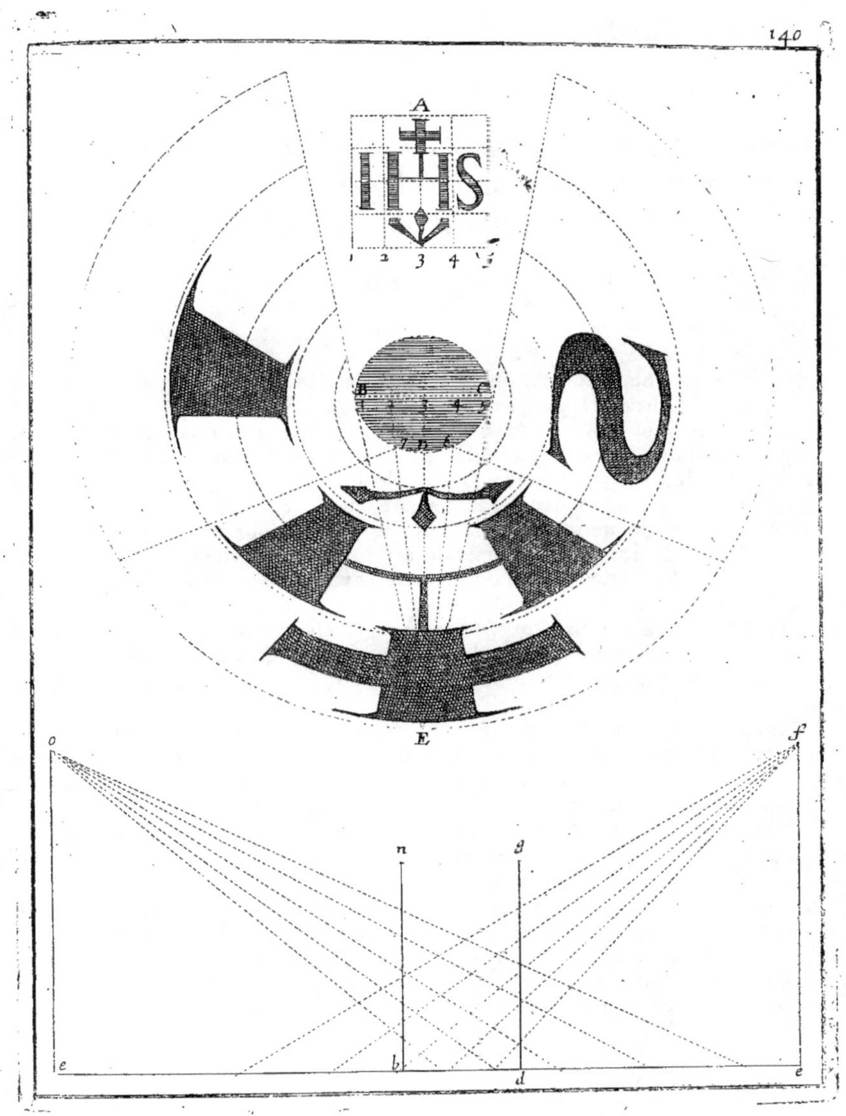
140
A
IHS
1 2 3 4 5
B C
1 2 3 4 5
7 n 6
E
o
f
n
g
e
b
d
e

PRATIQVE XV.

POVR FAIRE PAROISTRE L'IMAGE, ENFONCE'E vers le milieu du Cylindre, qui est la vraye methode pour faire voir sur le Cylindre, les images conformes, & semblable au Prototype.

Cette Methode est en tout comme la precedente que mous auons donnée du Cylindre page 139. & 140 où on à diuisé la corde B C, en autant de parties qu'en a le bas du Prototype A, & non pas l'arc comme en celle 138.

Supposé donc qu'on ait fait le cercle du Cylindre, pris l'esloignement E D, non pas seulement jusqu'au deuant du Cylindre comme aux precedentes, mais jusqu'à la corde B C; tiré les tengeantes; diuisé la corde B C; trouué les ligne reflechies G H; donné la hauteur, de l'œil *e f. e o*; & trouué les parties inégales qui doiuent estre sur le rayon droit E D. & sur les reflechys B K, & C L. Bref tout estant fait comme aux pratiques precedentes, à la reserue des cercles.

Ie dis qu'auant que porter les parties inégales qui sont pour le rayon droit E, D, il faut prendre F M, égale à F D, & la porter au deça du cercle du Cylindre. sur le rayon E D. Puis au poinct M, il faut commencer à mettre les parties inégales *h, i, k, l,* qui doiuent seruir à former les cercles. Aprés, il faut porter à l'ordinaire, celles qui sont pour les reflexions B K, & C L, je veux dire qu'il ne faut pas les esloigner de B, ny C, comme celles du rayon droit, mais les mettre selon leur ordre *p, q, r, s*; Puis de ces trois poinct *s, s,* E, former le premier cercle. De *r, r, k.* faire le second, & aisi des autres, comme cy-deuant.

Tous ces cercles paroissent dans le Cylindre, comme des lignes paralleles à la ligne B C. & tout le nom de IESVS en lignes droites; & ainsi que s'il estoit tout plat au milieu du Cylindre, ce qui ne se fait pas par les pratiques precedentes.

Si au lieu du nom de IESVS, on y veut faire voir vne image; il n'y a qu'à transporter ce qui est aux quarrez du Prototype, aux espaces qui sont sur la planche auec l'ordre & la proportion, donnés aux precedentes, & l'image paroistra comme si elle estoit dedans le milieu du Cylinde, toute platte ainsi qu'on la void au Prototype.

Si on veut faire voir plus d'vne figure sur vn mesme Cylindre, & sur vn mesme plan. Il n'y a qu'à esleuer le poinct de l'œil *f.* & *o.* & commencer les diuisions qu'on prend sur le Cylindre, vers les poincts *g, n*; ce qui jettera les cercles bien loing. C'est pourquoy si le Cylindre n'est assez haut pour voir cette seconde figure; il faut le monter sur quelque petit pied, pour lors on ne verroit plus la premiere figure mais vn autre.

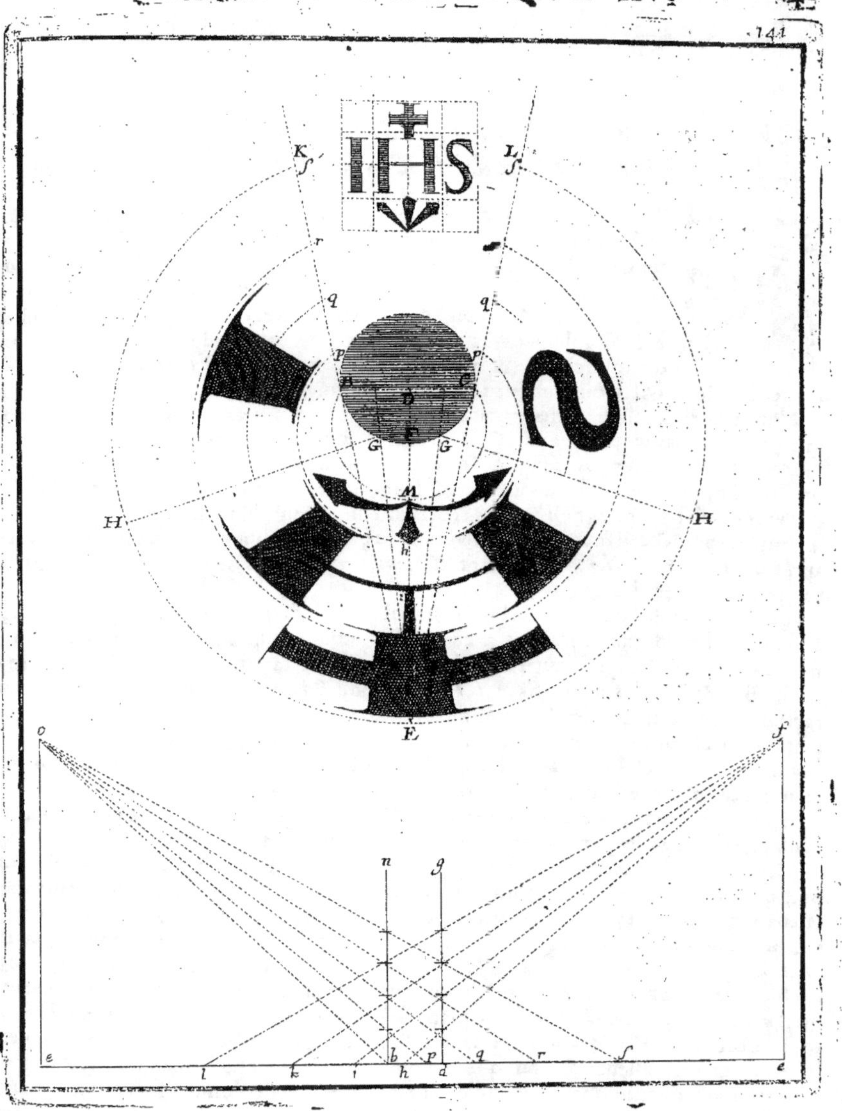
IHS
K
L
H
H
M
E
n
g

PRATIQVE XVI.

POVR FAIRE VOIR VNE FIGVRE, EN LA surface d'vn Cylindre Speculaire, ou Miroir rond, monté sur vn pied.

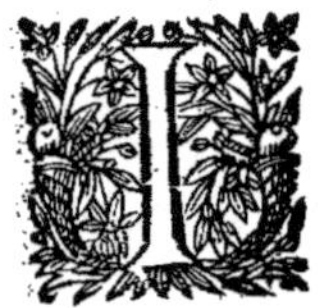

IVsques icy nous auons fait les figures pour vn Cylindre tout simple, & posé immediatement sur le plan; Or il arriue souuent qu'on enjoliue ces Cylindres, & qu'on les montes sur vn petit pied, fait au tour; ou autre en forme de pied'estal. Que si l'on n'auoit point laissé de place pour ce pied, & qu'on eut fait les figures, comme pour vn Cylindre posé simplement sur le plan, il arriueroit que le pied en couuriroit quelque chose, & qu'il ne paroistroit au Cylindre qu'vne partie de la figure, à raison qu'il seroit plus esleué qu'il ne deuroit.

L'on remedie à cela, sans changer les pratiques que nous auons données. Il faut seulement laisser la hauteur du pied du Cylindre sur la ligne *d g*, qui le represente.

Ie veux m'expliquer par la figure. Ie dis donc, qu'ayant pris la distance de l'œil E, jusqu'au Cylindre D. qui est le rayon droit; Il faut la porter sur vne autre ligne comme *e d*, & dessus *d*, esleuer vne ligne *d*, *g*, qui represente le deuant du Cylindre. C'est sur cette ligne qu'au poinct *d*, il faut mettre la hauteur du pied du Cylindre comme icy *d x*. & par aprés mettre au dessus de *x* en montant, toutes les parties égales qui sont à costé du Prototype, comme icy les quatre 5, 6, 7, 8.

Puis du poinct de la hauteur de l'œil *f*, il faut tirer des lignes par tous ces poincts 8, 7, 6, 5. *x*. & les continüer jusques à ce qu'ellles coupent la ligne *d*, *e*, prolongée aux poincts *h*, *i*, *k*, *l*, *m*, qu'il faut transporter aprés sur le rayon droit E D; & sur les reflechis B K, & C L, les autres *p*, *q*, *r*, *ſ*, *t*; de ces poincts que l'on aura marquez sur ces rayons, il faut faire des cercles, comme nous auons dit cy deuant, entre lesquels on copiera ce qui est au Prototype, ainsi qu'il a esté fait aux autres pratiques.

Puis posant le Cylindre auec son pied, dans le cercle *h*, *p*, *p*, l'on y verra l'image peinte sur la planche, parfaitement conforme au Prototype.

Il faut se souuenir, que tous les cercles, & les lignes qui ont esté tirées pour trouuer la place de l'image, ou portrait, ne doiuent plus paroistre quand la piéce est acheuée.

Si ie n'eusse eu crainte de trop multiplier les planches, j'eusse mis à châcune de ces pratiques du Cylindre, celle où on ne void rien sur le plan, l'image estant peinte sur vne esleuation qui luy est perpendiculaire; comme icy par exemple si on auoit esleué vn carton de la hauteur de deux doigts selon le cercle *p*, *h*, *p*. tout ce qui est sur le plan, peut estre peinte sur ce carton, par la regle que nous auons donnée au traité des ombres reflechies, & qui se redressent contre le corps qui les empeschent de s'estendre. Si on veut qu'il y ait vne partie de la figure sur le plan, & l'autre sur cette esleuation, il faut la faire sur le cercle, *r*, *k*, *r*. & l'on aura ce que l'on desire. On n'est pas obligé d'obseruer le cercle, en cette esleuation, puisque les rayons se redressent aussi bien sur vn Polygone, ou vne autre figure, que sur le cercle. Car si on met deux colomnes sur des piedestaux aux poincts Y Z. & deux autres en V X. Et qu'à la hauteur des pied'estaux on mette vne planche ou carte, qui aille de l'vn à l'autre; tout ce qui est au deça de la ligne qu'on peut tirer, de Y à Z. doit estre peint tant sur cette esleuation que sur les faces des piedestaux qui sont en dedans; estant tres certain que dans le Cylindre, on y verra l'image, de mesme que si elle estoit peinte sur vn plan vny.

Ce qui s'est en bas se peut faire en haut; Ie veux dire que ces images se peuuent peindre en dedans de la trabeation de ces colomnes, ou en dedans des pentes d'vn dais qui seroit au dessus,

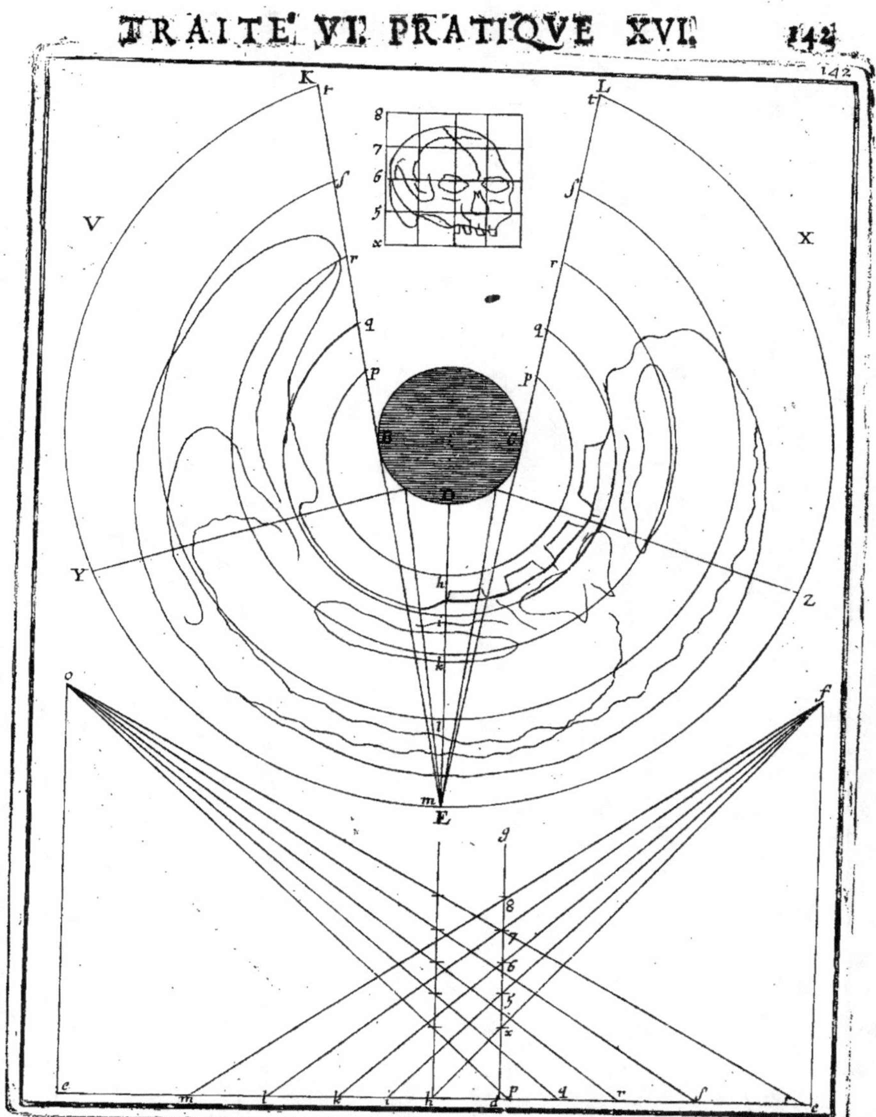
K
L
V
X
Y
Z
B
C
D
E
o
f
g

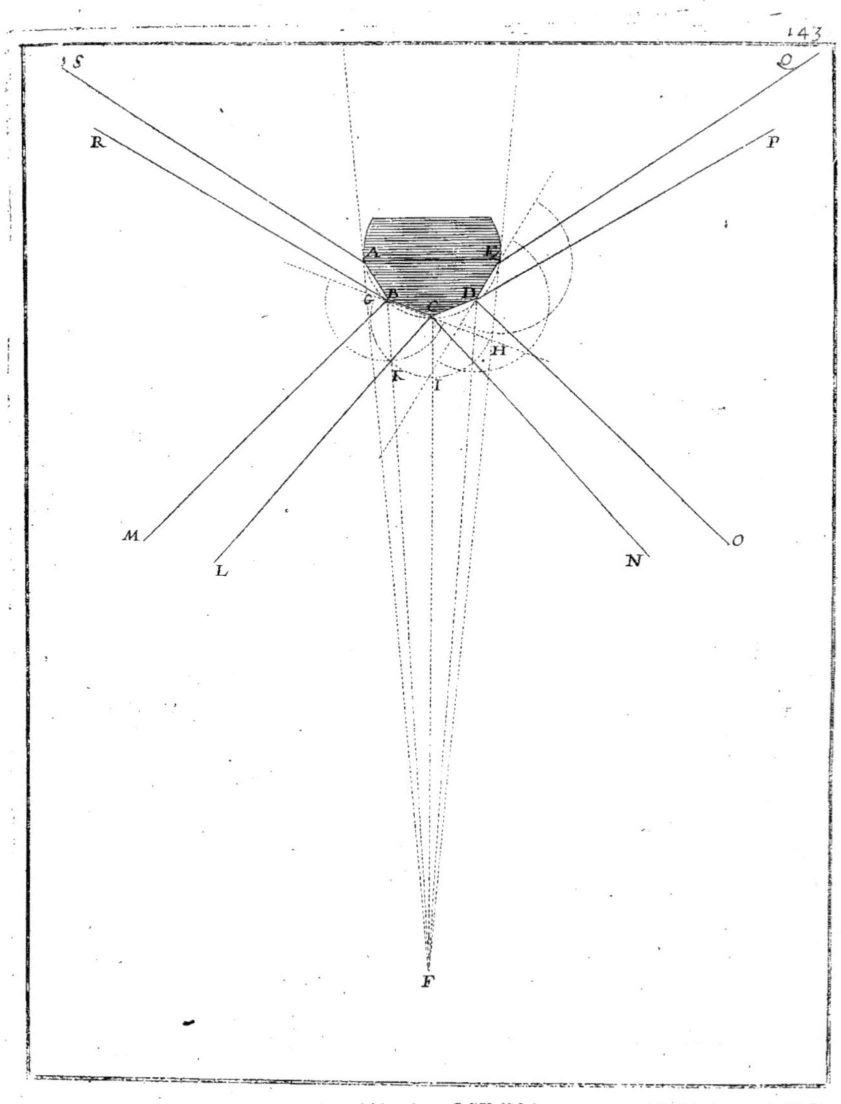
S
Q
R
P
A
E
G
B
D
C
H
K
I
M
L
N
O
F

PRATIQVE XVII.

POVR PEINDRE SVR VN PLAN, VNE IMAGE *separée en diuerses piéces, laquelle estant veuë sur vn Prisme Speculaire, ou Miroir de plusieurs faces, paroistra semblable à son Prototype.*

LEs inuentiōs des belles choses se trouuēt petit, à petit, & vne cōnoissance cōduit à vne autre; ainsi la pratique des images veuës sur le Cylindre, m'a donné la pensée de cette cy, qui n'est pas moins belle que curieuse, puisque l'on y peut cacher, mieux qu'en celle-là l'image ou le portait qu'on y veut faire voir; Ie ne me suis pas contenté de la simple speculation, qui est pourtant infaillible; mais auant que de la mettre au jour j'en ay voulu voir la pratique par le moyen d'vn Prisme de metail fait exprés, où la figure éparsse & diuisée en plusieurs costez, s'est si bien reünie, qu'il sembloit n'estre qu'vn piéce, veuë dans vn Miroir plan ou plat.

Ie quitte ce qu'vn autre pourroit dire de la beauté de cette inuention, pour m'attacher à la pratique qui ne sera pas trouuée difficile; selon la methode que i'en vais donner.

Premierement, soit marquée sur quelque plan, la base du Prisme, comme celle-cy ABCDE. faite d'vne portion de cercle; s'il peut auoir ses faces égales, on l'aura plus aysé, sinō il ne s'en faut pas mettre en peine, car l'on pratique le mesme en l'inegal qu'ē l'egal mais il y a plus de trauail en l'vn qu'en l'autre, à raison qu'ayant trouué vne partie des faces du regulier, reflechies, il n'y a qu'à les transporter de l'autre costé, ce qui est bien facile; mais quand elles sont irregulieres, il faut les chercher les vnes apres les autres.

Secondement, il faut prendre la distance de l'œil F, jusqu'au deuant de Prisme C. & de ce poinct d'esloignement F, il faut tirer des lignes occultes, ou rayons, aux poincts A, B, C, D, E, qui font autant d'angle d'incidences sur cette base ABCDE

Troisiémement, on doit trouuer les reflexions de tous ces rayons selon la methode que j'ay donnée au feüillet 125. Par exemple pour trouuer la reflexion du rayon F C; soit continüée de part & d'autre la face B C, par lignes occultes; & par le poinct C. soit fait le demy rond G H. Puis ayant pris l'ouuerture de l'angle H I, elle doit estre transportée en G K; Or la ligne qui sera tirée du poinct C. passant par le poinct K, sera le rayon F C, reflechy en C L. Ayant fait le mesme du rayon F B; il sera reflechy en B M. Dans cette supposition que toutes les faces sont égales, cette reflexion que nous venons de trouuer de la face B C, peut aussi seruir pour la face C D. qui aura C N, & D O. pour reflexion. Il faut encore par le mesme moyen que dessus, chercher les autres reflexions des rayons F D, & F E, sur la face D E, prolongée de lignes occultes, qui seront reflechies en D P, & E Q; qui estant transportées de l'autre costé, donneront pour la face A B. Les reflexions B R, & A S. Toutes ces lignes ne representent autre chose que les costes arrestes, ou rencontre des faces du Prisme.

Ces reflexions se donneront naturellement, si l'on pose vne chandelle, en la distance & hauteur de l'œil vis à vis de ce Prisme, mais ordinairement elles sont trop indeterminées à raison du grand, du moyen, & du petit jour qui s'y trouuent.

SVITTE DE LA PRATIQVE XVII.

Quatriesmement, Il faut faire les diuisions sur le Prototype *a*, *b*, *c*, *d*, que i'ay differées jusques icy, à dessein de faire connoistre par les reflexions des faces AB, & DE, qui sont fort estroites; la necessité de diuiser par parties inégales, les costez *ab*, & *cd*, du Prototype. Pour les costez *ac*, & *bd*, ils peuuent estre, si l'on veut, diuisez en parties égales, comme elles sont icy.

Pour trouuer ces parties inégales de *ab*; il faut supposer que le Prototype n'est pas plus large que la corde AEl (s'l est plus grand, ou plus petit, on en fera la reduction auec le compas de proportion) c'est pourquoy de ces deux poincts A, E. on tirera deux lignes infinies A *a*, E *b*. qui seront paralleles entre elles, & perpendiculaires à E A. Par apres du poinct F. Il faut continüer les rayons des poincts B, C, D, jusqu'à ce qu'ils coupent la corde AE, aux poincts T, V, X, desquels il faut faire des lignes paralleles à A*a* & E *b*. & ces cinq lignes diuiseront en hauteur le Prototype, selon qu'on void du poinct F, les costes, ou arrestes du Prisme.

Les trauersantes du Prototype se mettent à discretion, icy ie n'en ay mis que cinq en égales distances.

Cinquiesmement, Pour trouuer les projections de ces trauersantes, qui doiuent estre portées entre les rayons reflechis; il faut en vn lieu separé, mettre sur vne ligne droite, l'esloignement de l'œil de chaque angle du Prisme comme est I, Y, égale à FC. qui est le rayon droit; sur ce poinct I, il faut mettre la hauteur de l'œil IZ, égale à F, ✠; & sur Y, la hauteur du Prisme, ou Miroir à pans, où l'on portera les parties égales du Prototype, marquées 4, 5, 6, 7, 8. Puis du poinct Z; il faut tirer des lignes droites, passant par 5, 6, 7, 8. qui estant continuées, couperont la ligne 1 Y. aux poincts 1, 1, 1, 1. or ces sections se doiuent transporter sur les premiers rayons reflechis, depuis C, vers N. & L. Par exemple, ayant pris Y, 1, il faut le porter sur C, & marquer I, sur la ligne CL, & autant sur CN. & ainsi des autres 1, 1, 1. Pour auoir celles du second rayon FB; il faut prendre la longueur FB égale à FD, & la porter depuis Y à II, & sur II. esleuer la hauteur de l'œil II, *e*, égale à F ✠; puis de ce poinct *e*, il faut tirer des lignes, qui passent par les poincts 5, 6, 7, 8. & aillent couper la ligne Y, 1, aux poincts 2, 2, 2, 2, ces poincts Y, 2, 2, 2, 2, se doiuent transporter sur les rayons reflechis BM, BR, DO, DP. ainsi qu'il a esté fait sur les premiers. De plus pour le troisiesme rayon; il faut prendre la longueur FA, égale à FE. & la porter de Y, à III, & sur III, esleuer *f*. égale à F ✠, puis de *f*, tirer encore des lignes par les poincts 5, 6, 7, 8, qui couperont Y, 1, aux poincts 3, 3, 3, 3. qu'il faut prendre auec vn compas, & les porter sur les derniers rayons EQ, & AS.

Apres que tous ces poincts seront marquez sur les rayons reflechis; il faut les joindre de lignes droites, comme on le void en la figure. Et pour lors on aura sur le plan, autant d'espaces en nombre, qu'il y en a au Prototype; or si l'on peint en ceux de la planche, ce qui est aux autres du Prototype, selon l'ordre des chyfres & les proportions, on verra dans le Prisme speculaire, ou miroir de plusieurs faces, vne image aussi parfaite que celle du Prototype, pourueu qu'on regarde par le trou de la lunette, comme on verra cy-apres, feüillet 147.

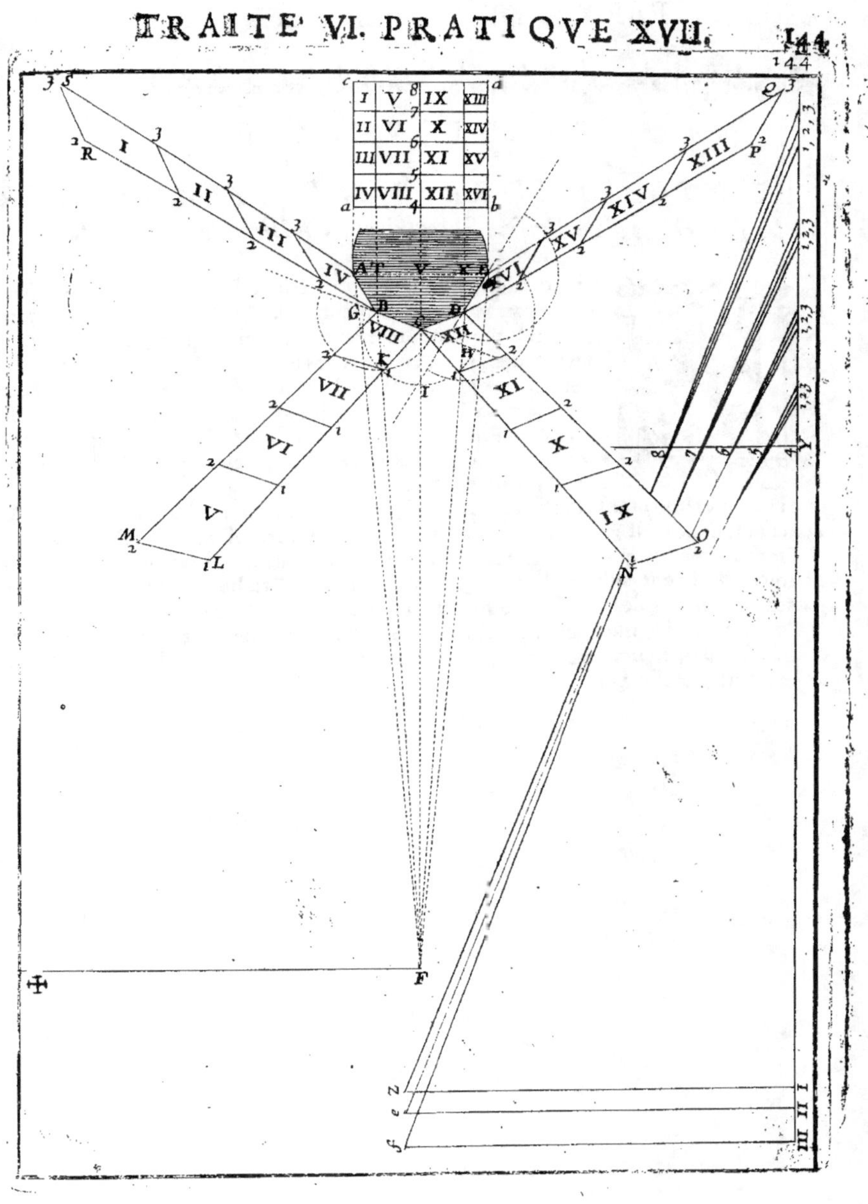

PRATIQVE XVIII.

POVR PEINDRE VNE IMAGE, SVR les projections d'vn Prisme Speculaire, ou Miroir de plusieurs faces.

LA methode de trouuer les projections des faces d'vn prisme speculaire, ou Miroir de plusieurs faces, a esté donnée assez amplement en la pratique precedente. C'est pourquoy je les suppose icy toutes faites, sans l'embaras des lignes qui les font trouuer.

Sur ces projections se void vne image, comme celle qui est au Prototype, mais partagée en quatre parties; ayant mis ce qui est sous, *a*, au Prototype, en la projection A. du Plan, ce qui est sous *b*, en la projection B. ce qui est sous, *c*, en la projection C; & ce qui est sous *d*, en celle D.

Si l'on met le prisme sur le lieu de sa base E, & que l'on y regarde de la distance F, & de la hauteur de l'œil F✠; l'image y paroistra tout vnie & semblable à son Prototype.

Or tout ce vuide qui est en G, H, I, K, L. ne paroist en aucune façon dans les faces du Miroir, ce qui donne liberté d'y faire tout ce qu'on trouuera bon, pour rendre l'image plus mesconnoissable sur le plan, ainsi que j'ay fait en la figure suiuante.

On peut faire icy que rien ne paroistra sur le plan, mais seulement sur vne esleuation qui luy sera perpendiculaire, ainsi que nous auons dit du Cylindre, en la pratique XIV. de ce Traité, feüillet 142.

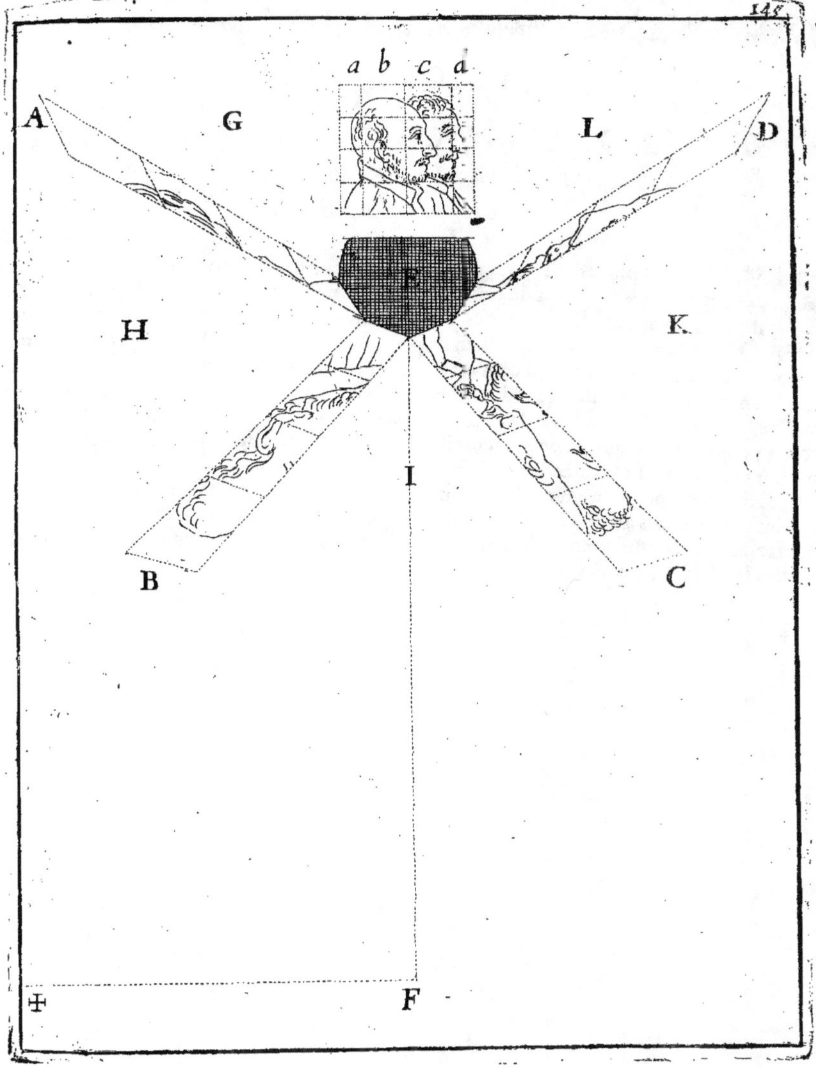

a b c a

A G L D

E

H K

I

B C

F

PRATIQVE XIX.

POVR RENDRE MESCONNOISSABLE SVR LE Plan, la figure qui doit paroistre au Miroir de plusieurs faces, ou Prisme Speculaire.

SI dans les places vuides, marquées G, H, I, K, L: On acheue des visages, se seruans des portions de ceux qui sont aux projections marquées A, B, C, D, changeant quelque chose en ceux qu'on fera, comme pourroit estre aux yeux à la barbe, en l'habit, ou en la posture; Il sera tres difficile d'y reconnoistre l'image ou portrait Prototype, si ce n'est que l'on pose le Prisme Speculaire, ou Miroir à pans, en la place de sa base, qui est ombrée, & qu'on y regarde par la lunette attachée en F, & esleuée de la hauteur F ✠, car pour lors, il ne s'y verra rien autre chose au Miroir à pans que l'image ou portrait du Prototype, quoy qu'il ne paroisse quasi poinct, parmy cette confusion de testes & de visages.

Ces figures se peuuent mettre au dessus du Miroir de plusieurs faces, tout de mesme que les precedentes au dessus des Cylindres; pour veu qu'on y garde l'ordre prescrit, de mettre la teste le plus prés du Miroir quand l'on mettra le plan dessus & au contraire quand le plan sera mis dessous.

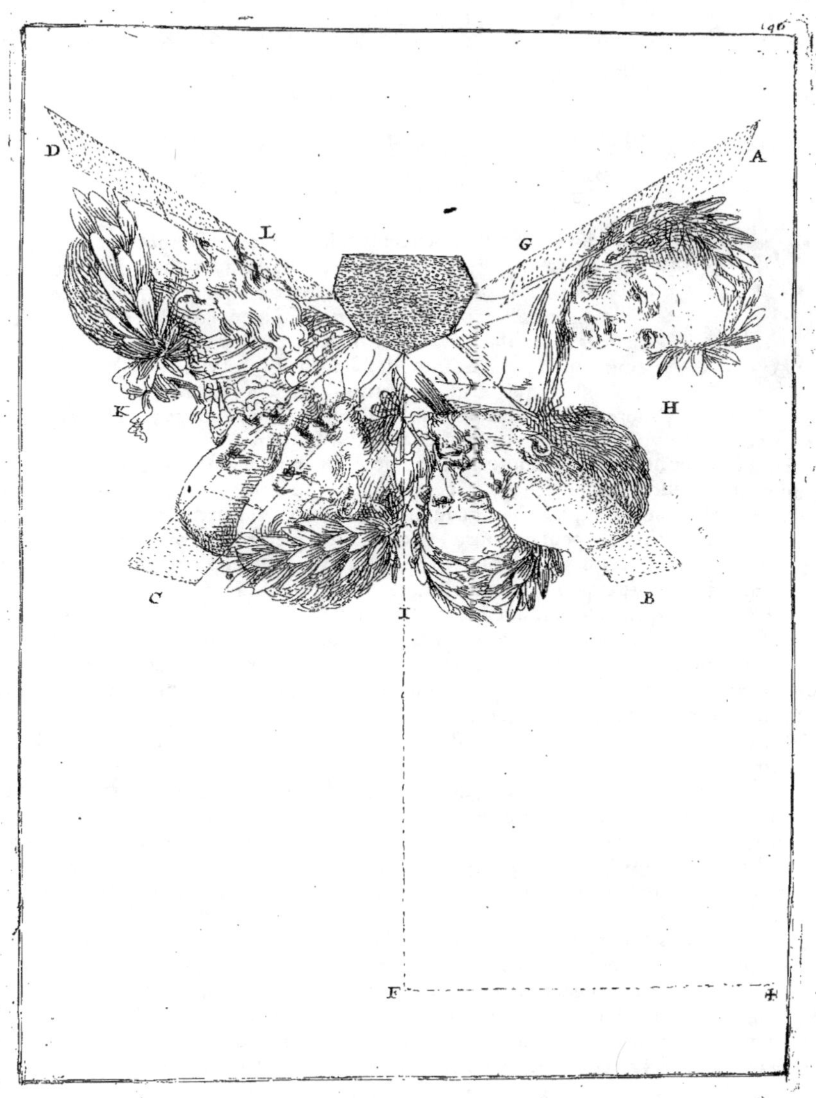
D
A
L
G
K
H
C
I
B
F
E

PRATIQVE XX.

POVR FAIRE VOIR LES PIECES DE CYLINDRES & Prismes Speculairs, dans leur perfection.

I'Ay desja dit au commencement de ce Traité, que pour voir parfaitement toutes les piéces d'Optique, tant de rayon droit, que du reflechy & brisé; il faut les regarder par vn trou qui ait la mesme hauteur, & le mesme esloignement que celuy sur lequel on s'est reglé pour desseigner sur la planche. Car si on les regarde à discretion, elles ne paroistront jamais comme elles sont au Prototype.

C'est ce qui m'a fait mettre icy ces deux figures; En la premiere, on y void le Cylindre ou le Prisme posé sur la planche où est l'image, qui se verra conforme au Prototype, si on la regarde par le trou de la lunette A.

En la seconde figure, le Cylindre n'est pas posé sur le plan où l'image est peinte, au contraire le Cylindre est au dessous, & cette planche, ou cette toille, sur laquelle l'image est tracée, est attachée au plancher, ou suspenduë comme vn petit daix, au dessus du Cylindre, ou du prisme. On peut donner à l'vne & l'autre piéces, la forme d'vne Colomne; non pas parfaite, puisque le Cylindre, ny le prisme ne doiuent point auoir de diminution; mais je veux dire qu'on leur peut donner des bases & chapiteaux.

Ces Cylindres, ou colomnes, peuuent estre pendantes ou attachez au plancher ou mis à costé d'vne porte, comme en B, on peut de mesme y mettre des prismes, comme en C; mais faut auoir soin qu'il y ait vne fenestre sur la porte, ou que cette porte soit tousjours ouuerte pour esclairer les objects, qui autrement ne se verroient pas aux Cylindres B, ou Miroirs à pans C. Les objects pourroient estre de Nostre Seigneur d'vn costé & de Nostre Dame, de l'autre; Ou du Roy & de la Royne, ou du Maistre & de la Dame du logis &c.

Or la pratique de tracer sur la planche ou la toille, les espaces qui se rapportent au Prototype, est toute la mesme que celle que nous venons de donner; s'il y a vn chapiteau à ces piéces & mesme vne trabeation entiere; il faut prendre leur hauteur, comme si c'estoit le pied du Cylindre des precedentes, & faire tout le reste à l'ordinaire. Quand l'on transporte aux espaces trouuez, ce qui est au Prototype; il faut se souuenir que quand les plans sont au dessus des Miroirs, il faut y peindre le plus prés, ce qui y doit paroistre le plus esleué: & le contraire quand le plan est dessous.

Le poinct pour l'esloignement de ces piéces, se doit prendre comme aux precedentes; Mais au lieu de l'esleuation de l'œil, il en faut prendre l'abaissement; c'est à dire du lieu où doit estre l'objet, jusques à l'œil du regardant. A son pied, c'est à dire au lieu où il est posé; il faut faire vne marque comme icy cette ✝, qui demeure tousjours sur le paué, affin d'y arrester ceux qui voudront voir ces objets dans leur perfection, autant qu'il se peut, sans la sujettion de la lunette.

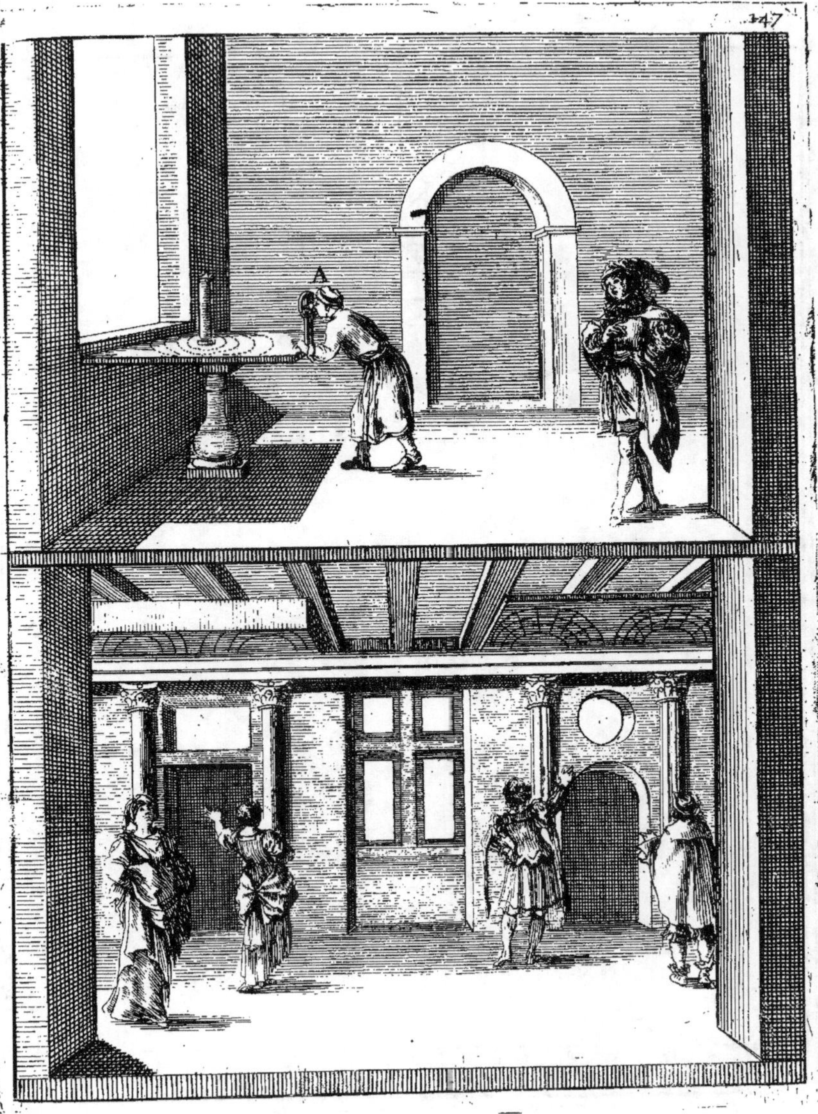

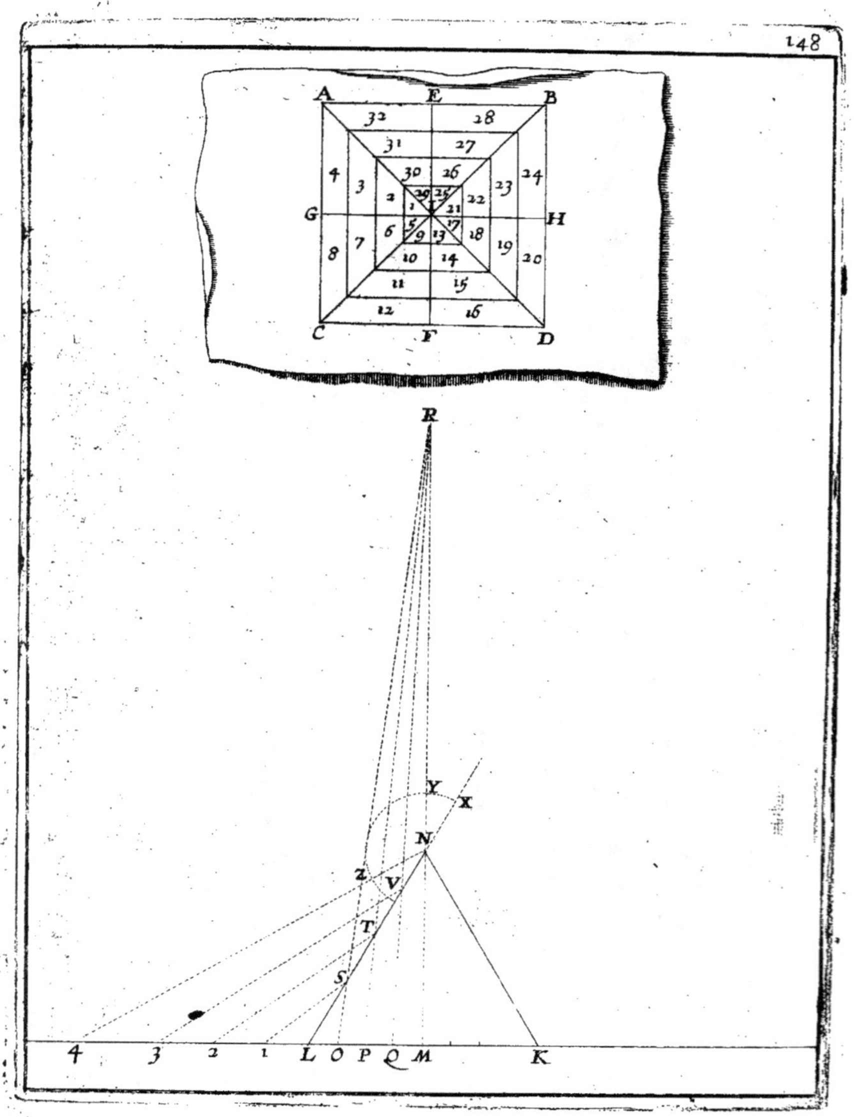
148
A
E
B
C
F
D
G
H
R
Y
X
N
Z
V
T
S
4
3
2
1
L
O
P
Q
M
K

PRATIQVE XXI.

POVR PEINDRE SVR VN PLAN, VNE *image, laquelle, quoy que diuisée difforme en apparence paroistra entiere & fort belle sur vn Miroir pyramidal, ou pyramide speculaire, de quatre faces estant regardée d'vn poinct donné*

QVand les esprits curieux, auront fait l'essay de cette piéce, ie m'asseure qu'ils diront qu'elle est l'vne des belles, & des plus agreables, de celles que la Catoptrique nous puisse donner; & d'autant plus à estimer, qu'elle est aisée à mettre en pratique, ainsi que ie vais faire voir.

Ayant choisi l'image, ou portrait, dont on veut se seruir pour Prototype; il faut l'enfermer d'vne figure qui ait autant de costez, que la Pyramide aura de faces : celle de nostre exemple est de quatre faces ; il faut donc enfermer le Prototype d'vn quarré ABCD. & diuiser ce quarré par deux diagonales AD. BC. & par deux diametres EF, GH, puis diuiser les diagonales en 4, en 8, ou tant de parties égales qu'on voudra décrire, par ces diuisions, de petits quarrez plus interieurs & parallels au grand : Châcun des triangles, des quatre qui sont au quarré, par exemple AIB, ou DIC, representeront vne des faces de la Pyramide.

Pour transporter cette image, ou la tracer sur vn plan, où est posée la Pyramide qui par reflexion doit la rendre à l'œil conforme au Prototype ; Il faut sur vne ligne infinie, porter l'vn des costez de la base de la Pyramide, qui est K L & de son milieu M, en esleuer vne qui luy soit perpendiculaire MN, produite à l'infiny ; sur laquelle se doit mettre la hauteur de la Pyramide MN, puis joindre de lignes droites K,N,L. & ce triangle sera vne des faces de la Pyramide; ou plustost la section que donneroit la Pyramide coupée en deux également. Apres cela : il faut diuiser LM en autant de parties égales, que l'est le demy-diametre IG, qui l'est icy en quatre LOPQM.

Ayant pris à discretion le poinct de l'esloignement de l'œil R sur la ligne MN : il faut de ce poinct R, tirer des lignes droites à tous les poincts des diuisions de la base O,P,Q. qui couperont la ligne LN. aux poincts S,T,V. & y feront autant d'angles d'incidence, desquels il faut chercher les reflexions par les voyes que nous auons données cy-deuant au feüillet 125 & 143.

Par exemple, pour trouuer la reflexion de RN; ayant continüé le costé NL vers X ; il faut du poinct N (où le rayon touche la Pyramide) comme d'vn centre, faire vn demy rond V,N,X. Puis du poinct X, prendre l'ouuerture de l'angle X,N,Y qui est XY, & la transporter auec vn compas sur le mesme demy rond, commençant où il touche le costé de la Pyramide vers V, qui sera VZ ; or la ligne qui sera tirée du poinct N, passant par le poinct Z, sera le rayon RN, reflechy en N,4. Ayant fait le mesme des autres rayons RS, RT, RV. L'on aura N 4, V 3, T 2, & S,1, qui seront leurs reflexions.

Or pour tracer les espaces qui doiuent occuper entierement châque face de la Pyramide ; il faut faire vn quarré égal à sa base, de laquelle KL, est vn costé : & au milieu de châque costé porter la ligne L,1,2,3,4. comme on verra au feüillet suiuant à raison que la place nous manque icy.

SVITTE DE LA PRATIQVE XXI.

SVpposé donc que le quarré (dont KL, est vn costé) soit la base de la Pyramide, ie dis que du milieu de châcun de ses costez, il faut tirer vne ligne qui luy soit perpendiculaire; sur laquelle on portera les mesures, ou diuisions, de la ligne L,1,2,3,4. Et des angles du quarré K,L,K,L, il faut tirer des lignes droites, aux poincts 4,4,4,4, qui formeront quatre triangles.

Puis par les autres poincts 1,2,3. il faut tirerdes paralleles à KL, entre les lignes K4, & L4. sans passer plus outre: Ce qui donnera vn mesme nombre d'espace qu'au prototype, ainsi qu'il se void en la figure. Où l'on remarquera que les chyfres qui sont au milieu du quarré prototype, sont les plus esloignés, sur le plan & à la pointe des triangles 4. à raison que la refexion des poincts 4, 4, 4, 4, setrouuent à la pointe de le Pyramide.

Or, si l'on peint ce qui est aux espaces de ce prototype, dans les espaces tracées sur le plan, où pose la Pyramide, & qu'on regarde par vn trou, aussi esloigné de sa pointe en ligne droite, que R. l'est de N; l'image se verra parfaitement semblable au prototype, & comme si elle estoit peinte tout à plat sur le plan de la base.

Sur ce mesme plan, & par la mesme pratique on peut peindre plusieurs portraits ou images, pourveü que la seconde image ou la seconde projection où doit estre peinte l'image; commence la base de la Pyramide sur la pointe de la premiere marquée 4. aussi faut il pour la voir, que le Miroir Piramidal soit esleué sur vn petit piedestal qui ait la mesmes hauteur que le Miroir, Et pour lors il ne se verra plus rien de la premiere image; mais parfaitement la seconde: En la premiere on pourroit mettre nostre Seigneur, & Nostre Dame en la 2. ce qui peut bien surprendre vne personne; car ayant des ja veu la premiere, on peut la diuertir à regarder quelque autre objet, & pendant ce temps, mettre le piedestal dessous la Pyramide; & la faisant regarder vne autre fois, elle y vera tout autre chose quà la premiere.

Tout ce que nous venons de faire pour la pyramide de quatre faces, se doit obseruer en vne de trois, de cinq, de six, de sept, de huict, & de tant de faces qu'il vous plaira; auec cette seule exception, que l'image Prototype doit estre enfermée d'vne figure qui ait autant de costez que la base de la Pyramide; comme d'vn triangle pour vne de trois faces; d'vn Pentagone pour vne de cinq; d'vn Hexagone pour vne de six, & ainsi de tant de faces qu'on voudra; Du centre de ces Pentagones, Hexagones, Octagones &c il faut tirer des demy diametres à tous les angles, ce qui formera autant de triangles qu'il y aura de faces; & diuiser ces diametres en plusieurs parties égales, pour tirer par ces diuisions des lignes paralleles aux costez, qui donneront des figures paralleles à la premiere, mais tousjours plus interieures, comme l'on a veu au quarré precedent ABCD. & en ce que j'ay dit des images peintes sur les pyramides: Pratique V. & VI. du Traité V. feüillet 114 & 115.

Le reste de l'operation, pour ces Pyramides Poligones, est toute semblable à celle des Pyramides à quatre faces; ce seroit temps perdu de faire vne redite, & d'autres figures, puis qu'il n'est pas necessaire, ayant dit suffisamment, ce me semble, en celle cy-dessus, pour les faire conceuoir facilement.

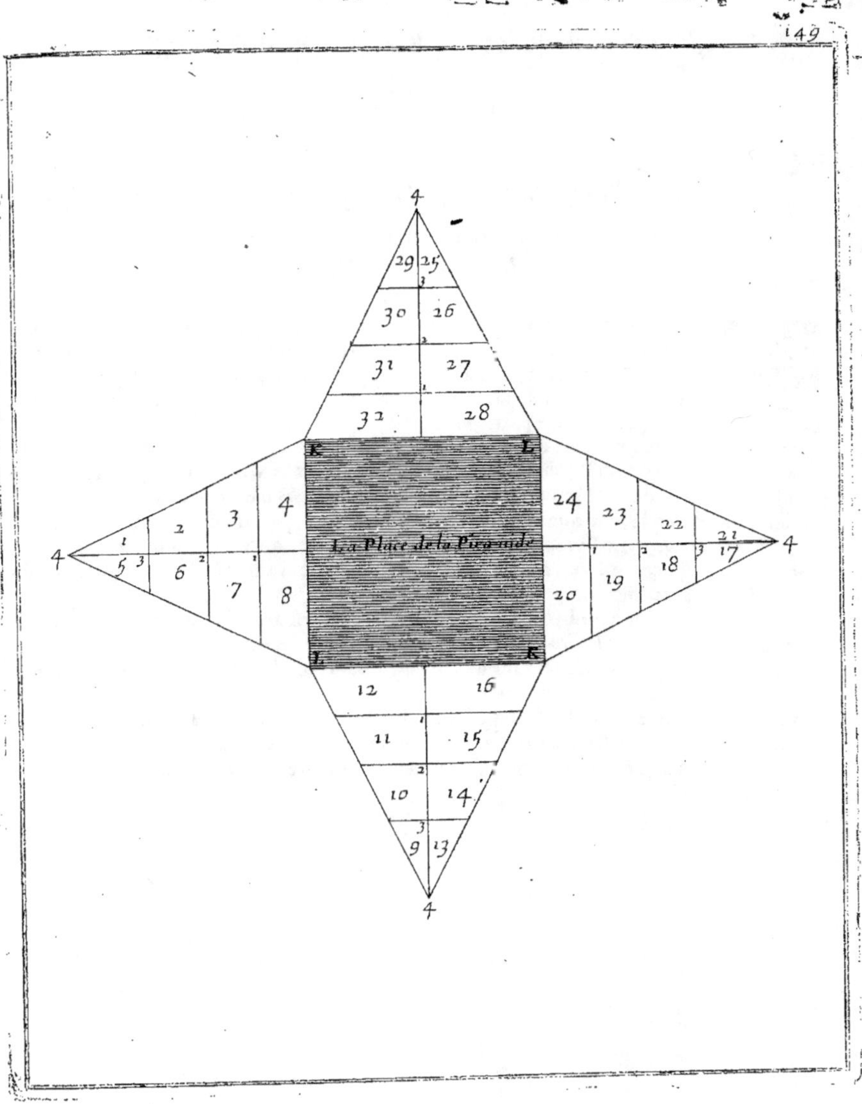
4
29 25
30 26
31 27
32 28
K
L
1
2
3
4
5
6
7
8
La Place de la Piramide
24
23
22
21
17
18
19
20
4
4
L
K
12
16
11
15
10
14
9
13
4

PRATIQVE XXII.

POVR PEINDRE SVR VN PLAN, VNE image, ou portrait, diuisé en plusieurs pièces lequel estant veu d'vn poinct donné, se rejoindront & vniront par reflexion sur vn Miroir pyramidal.

LA figure precedente, & l'ordre des chyfres que j'y ay mis, pouuoit toute seule, faire conceuoir comme le portrait A, doit estre partagé en quatre, puis que la Pyramide Speculaire est supposée de quatre faces; si elle en auoit cinq, ou six, il faudroit que ce portrait fut enfermé d'vn pentagone, ou hexagone, ainsi que j'ay dit autrepart.

Supposé donc que c'est vn quarré où est le portrait, & que ce quarré est diuisé en 32 espaces; & que les projections qui se doiuent reflechir sur le Miroir, en ayent vn mesme nombre. Ie dis que pour faciliter à peindre en ceux-cy, ce qui est en ceux là, il faut faire ainsi que j'ay dit en la pratique VI du Traité V. feüillet 115. parlant de la methode de peindre dessus & dedans vne Pyramide, où j'ay dit que le plus court, & le plus seur pour bien tracer dans l'espace de l'vn, ce qui est dans l'autre; est d'auoir le Prototype separé du plan, afin de le tourner comme on voudra.

Par exemple, pour peindre en la projection I, ce qui est au costé marqué I, du Prototype A; il faut mettre le Prototype, la teste en bas, & le tracer ainsi, à raison qu'estant veu par reflexion; il se redressera sur le Miroir; mais tourné d'vn autre costé; comme ce qui est à gauche paroistra à la droite.

Or dans les vuides C, D, E, F. on peut peindre tout ce qu'on voudra, auec asseurance qu'il ne s'en verra rien dans le Miroir, ce qui m'a donné sujet de faire la figure suiuante.

Le triangle marqué B. represente la hauteur, & vn costé de la Pyramide speculaire, ou Miroir Pyramidal.

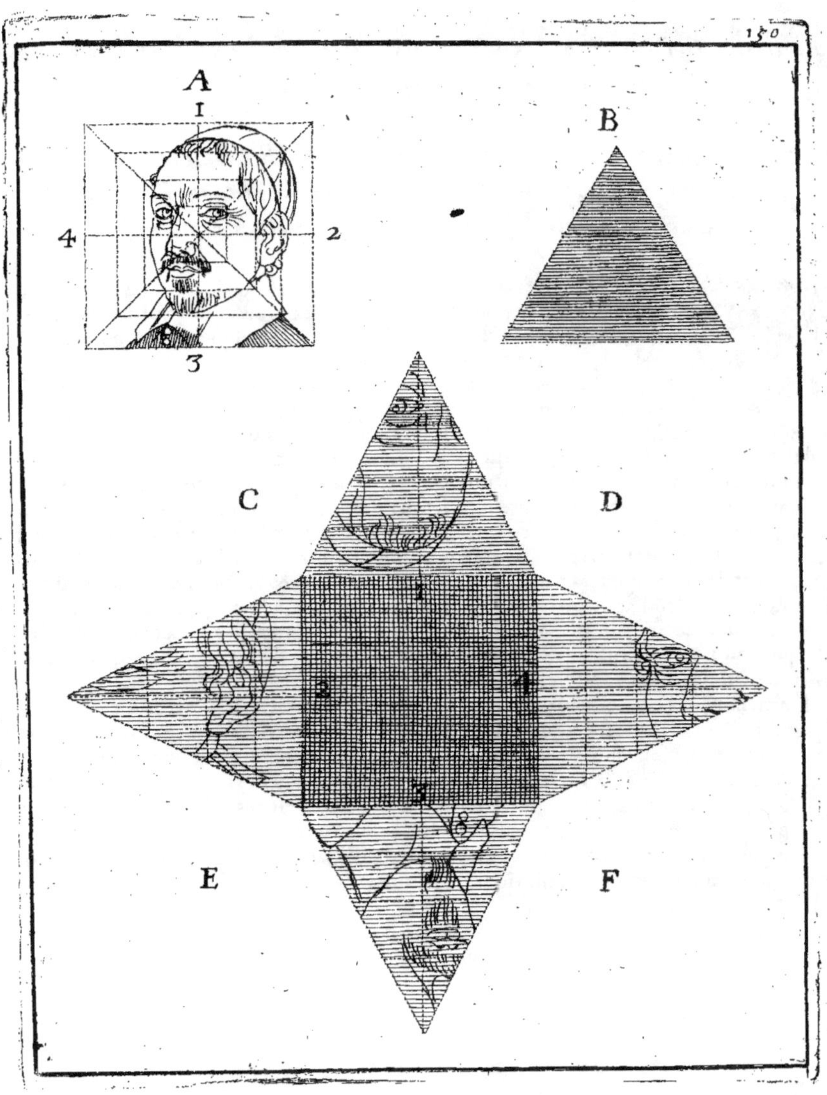
150
A
1
4
2
3
B
C
D
E
F

PRATIQVE XXIII.

POVR RENDRE MESCONNOISSABLE SVR LE plan, l'image ou portrait qu'on doit voir semblable au Prototype, dans le Miroir Pyramidal, ou Pyramide Speculaire.

IL est tres certain, qu'on ne verra rien sur le Miroir, que ce qui est ombré & enfermé de poincts, où le portrait qui est pour Prototype, estant partagé en quatre, châque projection en a quelque partie, comme il se void icy, & en la figure precedente.

Or, si de ces parties, de portrait on acheue d'autres visages tous differens & dissemblables du Prototype, ainsi qu'on peut voir en cette figure; il sera impossible d'y connoistre l'original, que par le moyen de la Pyramide Speculaire, posée dans le quarré, & veuë de la distance du poinct donné; où l'on ne verra rien autre chose, que l'image ou portrait, qui a esté choisi & donné pour Prototype.

Si au lieu d'vn portrait, l'on prend quelqu'autre objet, comme pourroit estre vn peroquet; Il faut l'enfermer d'vn quarré, le partager & peindre sur le plan, par les voyes que nous auons données en la precedente. Puisque la couleur de cét oyseau est ordinairement verte, ce qui sera peint sur la planche sera vert, & ses plumes, auront quelque rapport au feüillages des bois, ce qui peut donner la pensée de peindre, dans les vuides, quelque branche d'arbres, qui approche ce qui est des-ja peint, & dans ce meslange l'on ne pourra pas facilement connoistre le vray, d'auec le faux, que dans le Miroir où il ne se verra autre chose que le peroquet.

De mesme, si l'on veut faire voir par la reflexion, vne teste de mort, sur ce Miroir, quand on l'aura peinte sur le plan; sa couleur grise, & des traits courbes qui y sont de necessité, feront souuenir de quelques montagnes & rochers; C'est pourquoy, si dans les places qui sont de reste sur le plan, l'on peint des rochers, des montagnes & quelque paysage, on ne sçaura pas connoistre ce que c'est, sinon en regardant par la lunette; car pour lors on ne verra rien qu'vne teste de mort.

Ces piéces, ont fait trouuer cette inuention aussi agreable & diuertissante, que pas vne qu'ait encore donné la reflexion des Miroirs.

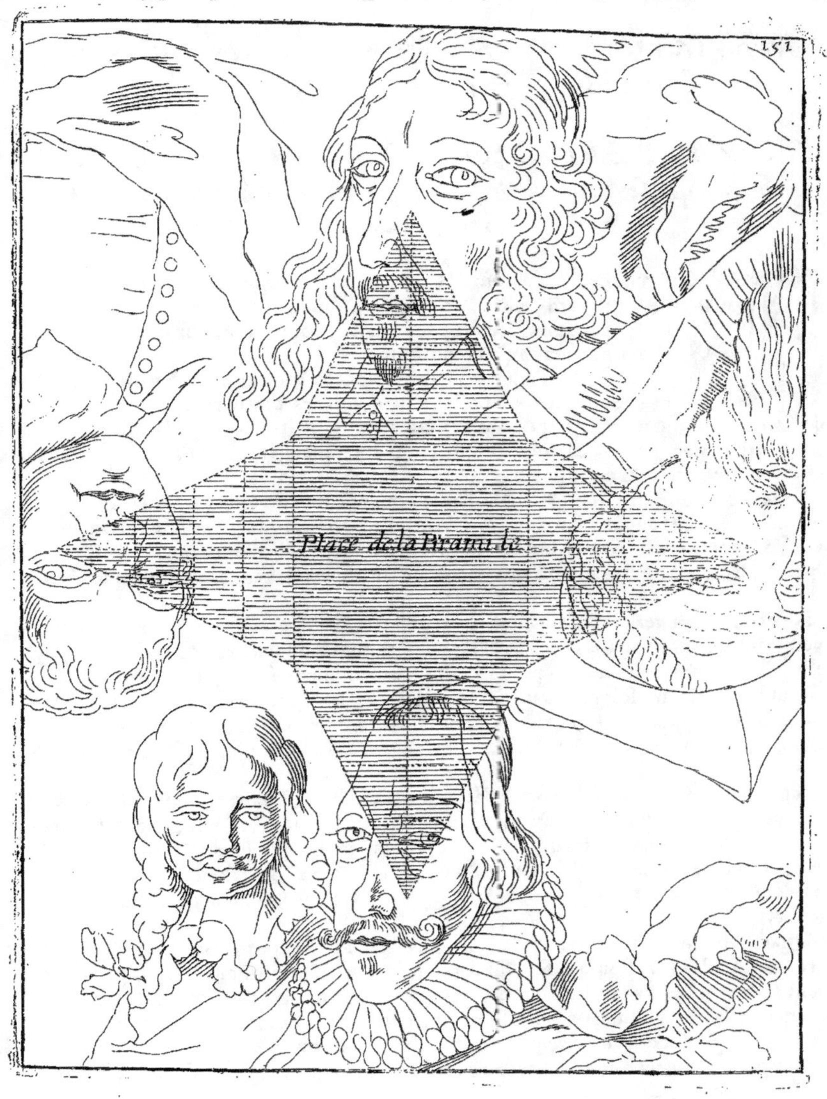
151
Place de la Piramide

PRATIQVE XXIV.

POVR PEINDRE VNE IMAGE, OV portrait qui se verra par reflexion sur vn Cône Speculaire ou miroir Conique.

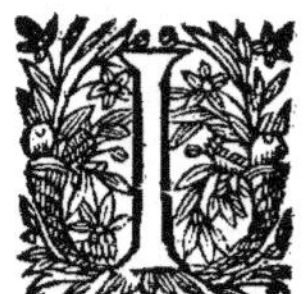

IE renuoyerois volontiers, pour cette pratique, à ce qu'en ont fait M. de Vaulezard, en sa Perspectiue Cylindrique, & le R. P. Niceron, en sa Perspectiue Curieuse; puis qu'ils en ont traité aussi bien & aussi methodiquement qu'il est possible.

Mais estant assez probable, que ceux qui auront ce liure-cy, n'auront pas tousiours les autres pour y voir ces pratiques, j'ay creu leur faire plaisir de leur montrer que tout ce que j'ay fait pour le Miroir pyramidal quarré, peut seruir entierement pour le Miroir cônique, sans rien changer que la figure quarrée en ronde, comme on verra en la suitte.

Il faut donc supposer que *a, b*, est le diamettre de la base du Cône, que *a c*, & *c b*, sont les costez; & que tout ce triangle *a b c*, est comme la moitié du Cône coupé iustement en deux, & égal au milieu de la Pyramide precedente K, L N; comme aussi que le prototype. A, B, C, D, E F G H. est diuisé par autant de cercles concentriques que l'autre a de quarrez.

Tout cela estant veritable, je dis qu'il ne faut pas pour celle-cy recommencer toutes les operations que nous auons faites pour trouuer les angles d'incidẽce & de reflexion, pour celle là, Puisque ce qu'on a fait pour l'vn, peut asseurement seruir pour l'autre.

Pour le faire voir, soit prise au feüillet 148 & 149. la ligne K. M. L, 1, 2, 3, 4. en laquelle il faut supposer K L, égal à *a b*. diametre de la base du Cône, & que ces chyfres 1, 2, 3, 4, sont des poincts qui terminent les angles de reflexion sur le plan, que cette ligne represente.

Or je dis que du poinct M, comme du centre de la base; Il faut faire autant de cercles concentriques qu'il y a de poincts sur cette ligne, qui sont icy L 1, 2, 3, 4; qui representent les cercles concentriques du Prototype; & comme ces cercles du Prototype sont diuisez par quatre diametres. Il faut aussi diuiser ceux du plan, d'vn mesme nombre de diametres; & l'on aura sur ce plan, autant de grands espaces, qu'il y en a de petits au Prototype.

Quand on transportera sur le plan, ce qui est au Prototype: Il faudra garde, que ce qui est en luy de plus esloigné; soit sur le plan, le plus prés de la base K L, & par consequent que ce qui est au milieu du prototype, soit au bord du grand cercle du plan; tellement que la plus grande circonference qui passe par le poinct 4 ne represente autre chose que le poinct qui est au centre du Prototype; à quoy aydera beaucoup de voir la disposition des chyfres que j'y ay mis à ce dessein; reseruant au feüillet suiuant d'y tracer l'image, ou portrait.

152

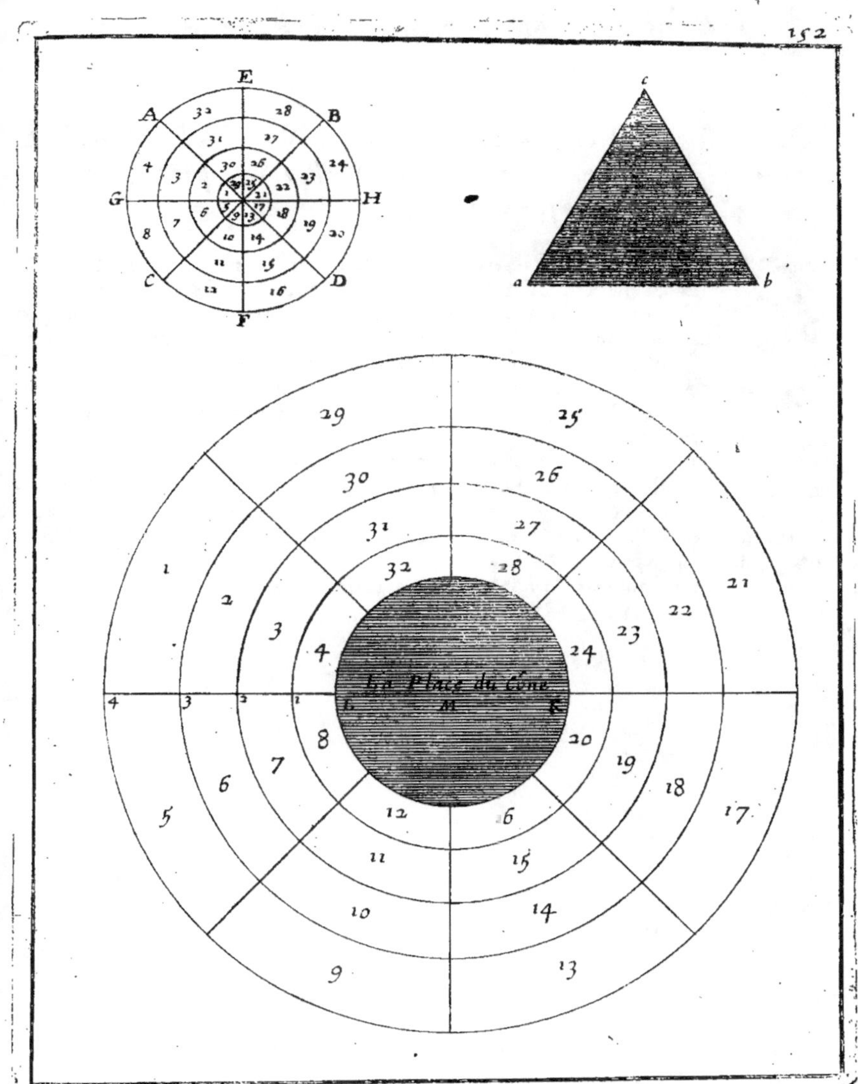

PRATIQVE XXV.

POVR PEINDRE SVR VN PLAN, VNE IMAGE confuse & difforme, qui paroistra belle, estant veuë par reflexion sur vn Cône Speculaire.

CEux qui ne sçauent pas les raisons des reflexions, sur ce corps rond, & en pointe, s'estonneront de voir cette figure si difforme & mesconnoissable sur le plan, où les yeux & le nez sont d'vn costé ; & la bouche d'vn autre. Mais qui prendra la peine de voir, en la figure precedente, l'orde des chyfres, tant du Prototype que du plan, il connoistra qu'elle doit estre ainsi, affin qu estant veue du poinct & de la distance donnée, sa reflexion, sur le Cône Specularie donne vn portrait, comme on le void au Prototype A.

Pour tracer sur le plan, cette image Prototype A, il faut qu'elle en soit separée, pour la tourner à mesure qu'on la tracera sur le plan. Par exemple, ayant tracé aux espaces du plan marqués 1, 2, ce qui est aux espaces du Prototype aussi marquez 1, 2. Il faut tourner le Prototype & le plan, & tracer en 2, & 3, du plan, ce qui est entre 2. & 3, du Prototype, & ainsi du reste.

Le triangle B. monstre la hauteur, & le diametre du Cône.

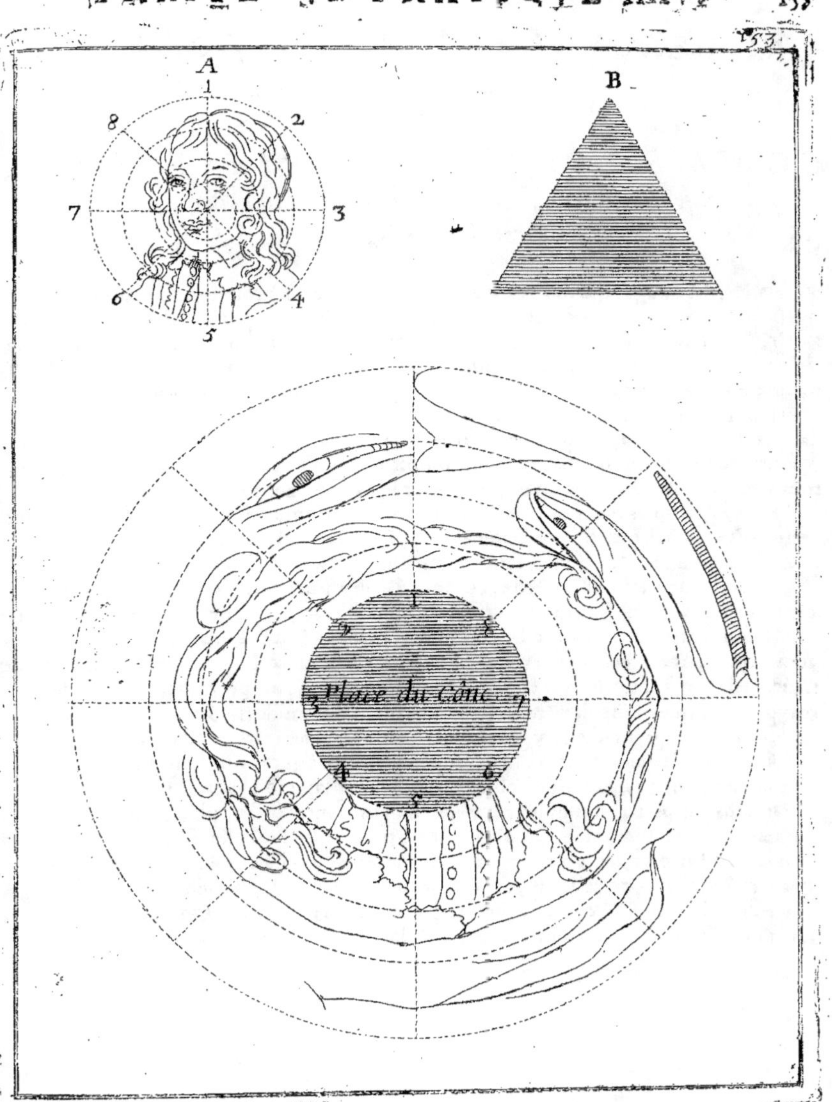
A
1
2
3
4
5
6
7
8
B
Place du Cône
1
2
3
4
5
6
7
8

PRATIQVE XXVI.

COMME LES FIGVRES REFLECHIES, *se doiuent regarder sur des Miroirs Pyramidaux, tant de plusieurs faces que ronds, appellées Cônes.*

LEs images qui se voyent par reflexion, sur des Miroirs Pyramidaux se doiuent regarder comme nous auons dit au feüillet 122. parlant des Pyramides & Cônes, sur lesquels les images sont peintes; où l'on a veu que le trou de la lunette D, est à la hauteur, & vis à vis de la pointe de ces piéces, & au mesme esloignement que celuy qu'on a pris pour y desseigner les figures.

Il faut faire le mesme pour celles-cy, qui se reflechissent sur ces Miroirs Pyramidaux, soit qu'ils soient de plusieurs faces, ou ronds; Car de les regarder à discretion, & sans cette sorte de lunette, c'est ne vouloir rien voir de bien; d'autant que sans cette subjetion, l'on ne verra jamais l'image sur le Miroir, conforme à son Prototype.

Par les pratiques que nous venons de donner, on aura remarqué suffisamment, que cette sorte de Miroirs se doit poser sur vn plan parallele à leur base, & que sur ce plan se doit tracer, & peindre, l'image qui doit y estre reflechie.

Ce plan peut estre vne planche, comme A, ou vne muraille comme B, ou le plancher comme C; c'est à dire à la discretion de châcun, en telle sorte, pourtant, que l'œil soit directement opposé à la pointe du Miroir, & à distance égale à celle qu'on aura prise pour tracer les reflexions: il faut marquer cette distance sur le paué, affin de mettre en ce lieux là, ceux qui voudront voir ces images, ou portraits, comme le Prototype; ainsi que pourroit estre en E, pour voir la Pyramide B; & en F, pour celle C.

Ce qui est de particulier icy, & n'est pas aux autres Miroirs, c'est qu'il faut que ceux cy soient dans le grand jour, comme on void en nos figures qui sont vis à vis des fenestres; à raison qu'il faut que l'objet qui est sur le plan, soit esclairé de toutes parts.

De plus on pourroit adjouter icy des images peintes sur vn plan, qui seroit opposé au deuant d'vne Pyramide, ou d'vn Cône Speculaire; laquelle image se verroit sur l'vn de ces Miroirs, par vn petit trou fait au milieu du plan, où l'image seroit peinte, qui seroit le reuers de celle-cy, car il faudroit mettre la Pyramide bien obtuse, en la place de la lunette D. & le trou pour regarder, en la place de la Pyramide; c'est à dire, au milieu du plan A, où l'image seroit peinte.

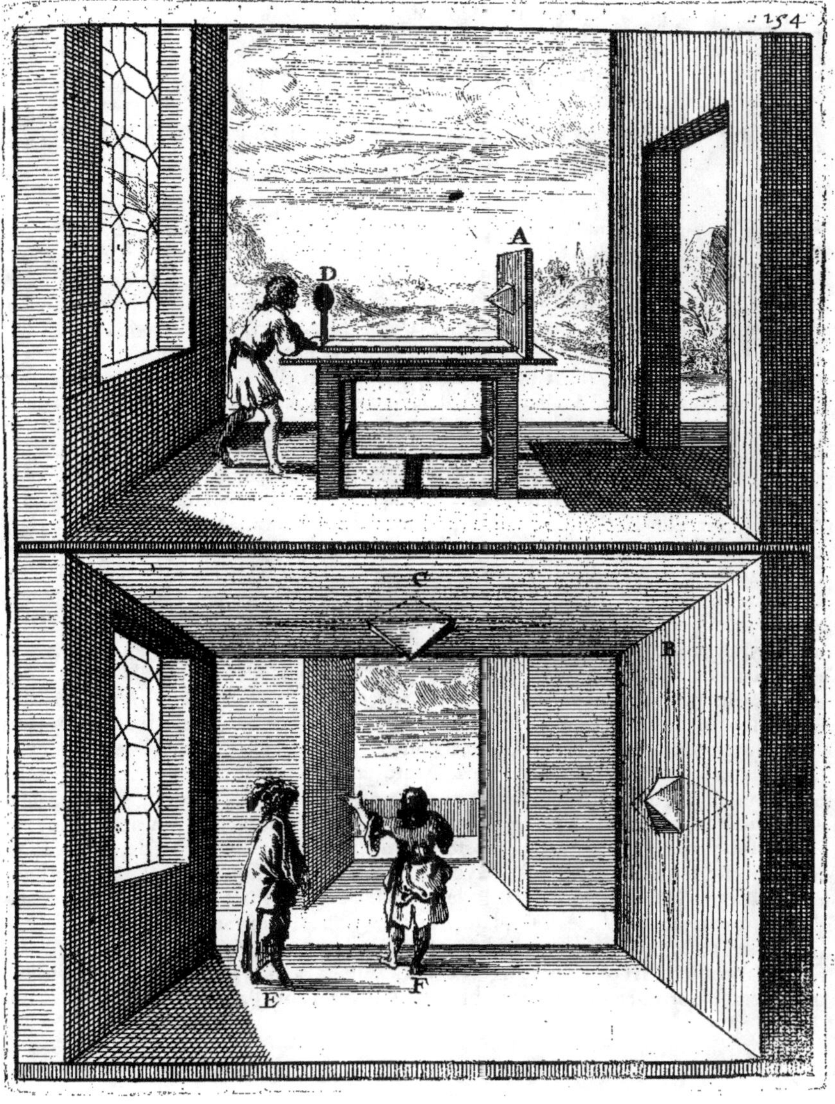
154
A
D
C
B
E
F

PRATIQVE XXVII.

DV MIROIR ANGVLAIRE, ET DES REFLEXIONS qui peuuent s'y faire.

LE Miroir Angulaire, n'eſt autre choſe que l'inclinement de deux faces ſpeculaires l'vne contre l'autre faiſant vn angle ſaillant. Il peut eſtre fait de métail, comme les Cylindres, Cônes &c ou ſeulement de deux Miroirs bien joincts enſemble, auſquels on donnera tel angle qu'on deſirera comme les deux Miroirs H F, & H D, font l'angle F H G. que ie ſupoſe droit comme le meilleur & celuy où ſe fait plus de merueilles.

Pour trouuer les reflexions d'vne jmage peinte ſur vn plan où eſt poſé ce Miroir ſur l'vn de ſes bouts, comme ſur la table A; il ne faut que ſuiure la pratique que j'ay donnée pour le Miroir à Pans fueillet 143, 144, & 145, puiſque ce qui eſt dit pour celuy-là, ſe doit faire pour cettuy-cy.

Or pour auoir les reflexions d'vne jmage peinte ſur vn plan où ce Miroir eſt poſé non pas ſur vn de ces bouts, ainſi que nous venons de dire : mais tout plat, comme en B, C; Il faut quitter celle-là & ſuiure quaſi la pratique de la Pyramide Speculaire feüillet 149, & 150, que nous venons de quitter, auſſi eſt-ce la raiſon qui me l'a fait mettre apres cette figure; en ce qu'elle peut beaucoup faciliter celle-cy. Car ſuppoſé que le Miroir angulaire ſoit D E F G. & que le triangle F H G, eſt ſa baſe, ou vn de ſes bouts. Ie dis que ſur vne ligne droite, en la figure de deſſous; il faut faire vn triangle I K L, égal à F H G, ayant vn angle droit ou non duquel la baſe I L, ſera diuiſée en autant de parties égales qu'il y en aura au Prototype M. qui ſont icy ſix; Par apres du poinct de la diſtance N, on tirera des rayons à ces diuiſions, & cherchera t'on les reflexions *a, b, c*, comme nous auons dit de la Pyramide, Pratiques XIX. & XX. de ce Traité feüillets 149. & 150.

Ayant trouué ces reflexions, *a, b, c*; il faut, en vn lieu ſeparé, tirer la ligne O P. égale à la hauteur & diuiſée comme celle du Prototype X, que ie ſuppoſe eſtre auſſi celle du Miroir, E, G, quoy que le Miroir pourroit eſtre plus haut; Cette ligne O P, doit eſtre diuiſée en autant de parties que le coſté X, & par ſon milieu Q, en tirer vne autre qui luy ſoit perpendiculaire; où on portera la diſtance de l'œil Q S, égale à R N. De ce meſme poinct S, il faut tirer des rayons par toutes les diuiſions de O P; Or ſi on porte ſur la ligne S Q, au dehors de O P, les poincts de reflexions L *a, b, c*, & que de ces poincts on tire des paralleles à O P. qui ne paſſeront pas les rayons S, O, & S P. on aura le plan O, P, T, V. pour vn coſté du Miroir, où on pourra peindre la moitié de la figure Prototype. Si l'on fait vne figure égale à celle-là, pour l'autre coſté du Miroir, on y verra le portrait entier tout ſemblable à l'original, ou Prototype.

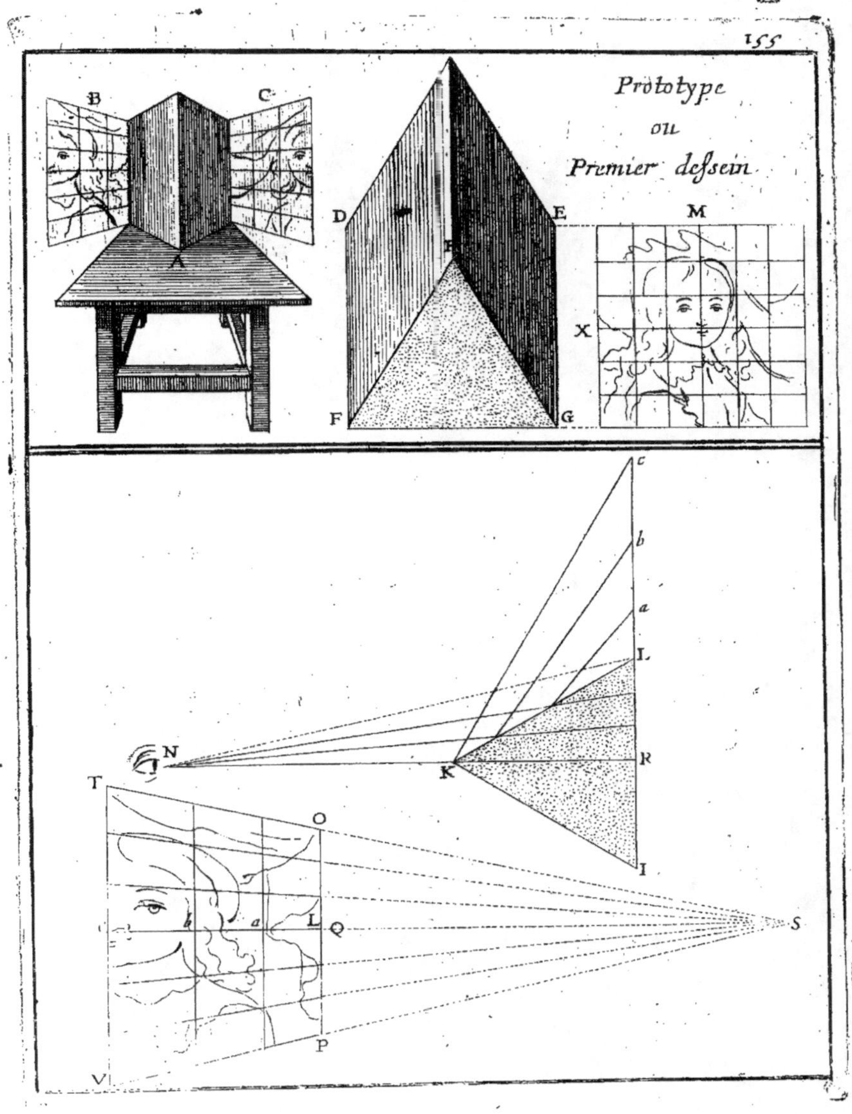
155
Prototype
ou
Premier dessein
B
C
A
D
E
F
G
M
X
c
b
a
L
N
K
R
I
T
O
b
a
L
Q
S
P
V

1556.

TRAITE' VII.

DE LA

DIOPTRIQUE

OV IL SE PARLE SEVLEMENT

DV RAYON BRIZE'

QVI PAR L'INEGALITE' DE L'ESPAISSEVR

D'VN VERRE,

PRODVIT VN EFFET MERVEILLEVX.

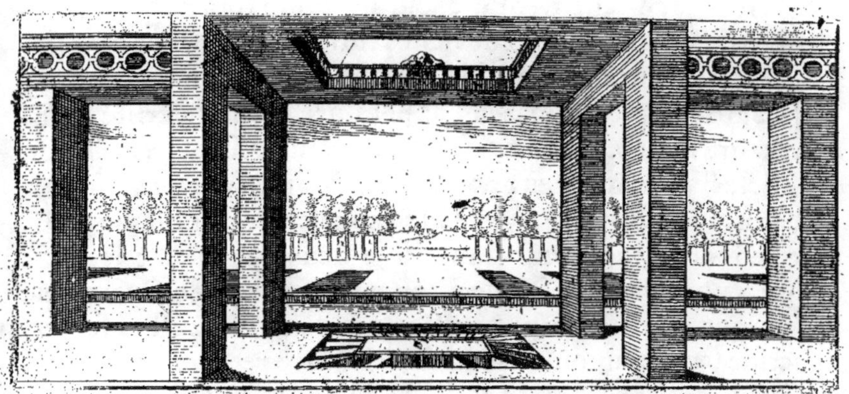

INSTRVCTION SVR LE TRAITE' VII.

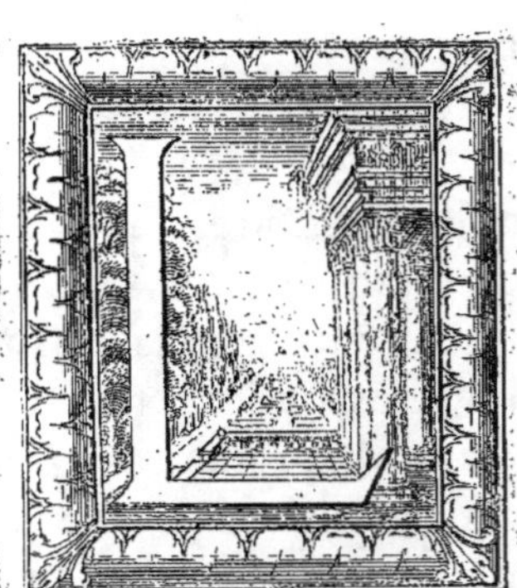

L'Inclination que j'ay pour la peinture, m'a fait imiter l'Abeille, qui va d'vne fleur à vne autre pour en tirer ce qui peut rendre son miel plus doux & plus agreable. De mesme, le desir que j'ay de rendre les Peintres sçauans & parfaits en leur Art, m'a fait visiter curieusement les sçiences qui pouuoient y cótribüer quelque chose, pour en tirer ce qui leur peut seruir; Non seulement en ce qui est necessaire pour bien reüssir en ce qu'ils font, mais aussi pour les diuertissements de l'esprit & de l'œil, par le moyen du pinceau & du coloris.

C'est dans ce dessein, que ie leur ay donné tout ce qui appartient au rayõ droit, où il y a de belles curiositez & biẽ recreatiues; que j'ay fait suiure tout ce qui se peut dire du rayon reflechy, ou de la Catoptrique, en matiere de peinture; où la diuersité des figures aura fait connoistre qu'elles sont aussi vtiles aux peintres, que delectables aux yeux des curieux. Mais venant à la Dioptrique, ou rayon brisé, ie n'ay trouué pour eux qu'vne seule pratique; encore ay-je bien balancé si je deuois la mettre icy puis qu'on n'y suit point de regle n'y aucune partique de Geometrie qu'on pourroit pourtant bien suiure & mesme celles de Perspectiue si on pouuoit faire tailler vn verre regulier, tant en ses espaisseurs, qu'en la forme & figure des facettes, mais comme cela est impossible, à mon sens, on est obligé de se seruir des verres tels qu'on les trouue & d'agir mechaniquement.

I'ay trouué cette inuention si charmante, qu'elle m'a forcé de luy donner au moins la derniere place. Vn de nos Peres là conceuë, & mis au monde le premier; elle fut trouuée si admirable, que châcun desiroit d'en voir faire l'experience par ce premier ouurier, qui fut mandé à Rome, où elle parut en triomphe; à son retour il passa en vn lieu où j'eu le bien de le voir trauailler, & pratiquer tout ce qu'il sçauoit en cette matiere là, qui s'est encore rafinée & augmentée du depuis, comme ie feray voir en la suitte.

Ce qui a fait mettre cette merueille dans la Dioptrique; c'est qu'elle s'est trouuée par le moyen de certains verres, taillés de telle sorte, qu'il y a plusieures faces & plusieurs angles, qui ont fait donner à ces verres, le nom de Polygones, ou à facettes: l'on s'en sert pour faire des lunettes de plaisir, qui donnent vn agreable diuertissement, par la multiplication des objets qu'elles rendent en pareil nombre qu'elles ont de facettes; C'est pour ce sujet qu'on les appelle encore, lunettes d'auaricieux, ou de pauures gens; à raison que pour vn seul escu, qui sera sur la table, l'on en verra 16, 24, 32, & dauantage, s'il y à dauantage de facettes.

Mais icy ces verres font vn effet tout contraire, car toutes ces facettes, ne vous donnent qu'vn seul portrait, conforme au Prototype que vous auez choisi quoy qu'il y ait quantité d'autres visages sur le plan vis a vis du verre C'est par cette meruille que ie veux finir mes ouurages de Perspectiue, me seruant ainsi que ie vient de dire de la mesme pratique que celuy qui là inuentée, & pratiquée où j'estois present en l'année 1628. Il disoit que de toutes les voyes qu'il a tentées, pour venir à cette cõnoissance; il n'y en auoit que deux bien aysés. La premiere, que le verre estant enchassé, au bout d'vn tuyau, comme nous dirons cy apres, il faut mettre vne l'ãpe à l'autre bout du tuyau, & cette lumiere fait voir les projections des facettes, sur le plan qui est oposé au verre, mais que l'experiẽce qu'il en a faite, auec ce qu'il sçauoit que toutes lumieres sont trompeuses par leur diminutions; luy ont fait quitter cette là, pour prendre la seconde plus seure, exacte & aysée. Qui est que la machine estant dressée comme au feüillet suiuant il faut mettre l'œil au petit trou du tuyau, & de la main marquer les angles des projections des facettes, auec la pointe d'vn couteau, d'vn compas, ou autre stile; par apres l'on joinct ces poincts trouuez, de lignes, qui donnent la figure de la facette autant parfaitement qu'il se peut. C'est de cette methode que ie me seruiray.

Ie laisse ce qui est du reste de la Pratique, qui se verra en son lieu; où on sera aydé des figures; Pour dire que la derniere de tout ce liure, est l'vne des plus admirables, en ce qu'elle enseigne à faire voir quatre images differentes par vn seul tuyau, sans le remüer, ny changer rien du plan, comme font quelques vns, qui apres auoir fait voir vne figure, esleuent, ou abaissent, ou tirent ce plan de quelque costé, affin d'y en faire voir vne autre, mais de la methode que ie dis l'on ne touche, ny au plan, ny au tuyau.

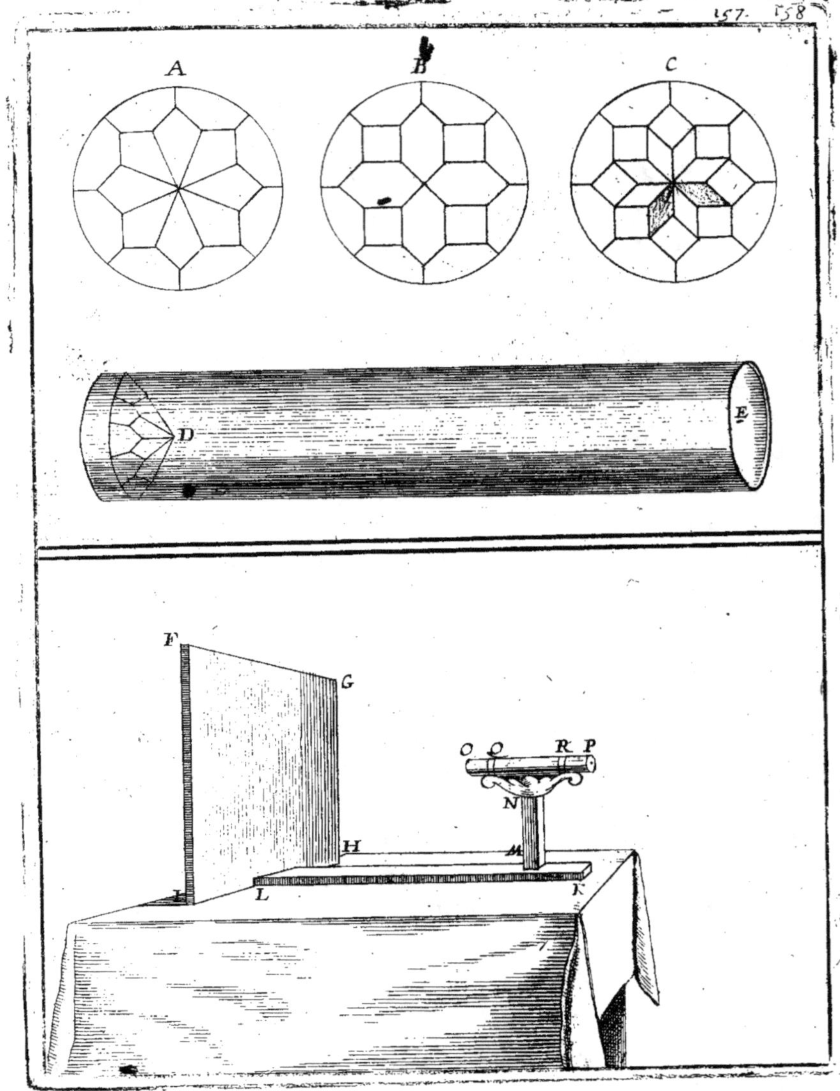
A
B
C
D
E
F
G
H
I
L
K
M
N
O
Q
R
P

PRATIQVE I.

DES VERRES POLYGONES ET A FACETTES.

Du lieu où ils se doiuent mettre, & pour construire la Machine, où se doit peindre, & regarder l'image proposée.

POur bien commencer, il faut dire ce que c'est de ces verres; puis que c'est par leur moyen que se doiuent voir les images, par refraction des rayons qui s'y brisent, à cause de l'inegalité de leur espaisseur; qui nous font aperceuoir ce semble tout autre chose que ce qui paroist au plan du tableau qui luy est opposé.

Ie dis donc, que ces verres sont plus esleuez sur le milieu que sur les bords & que cette éminence n'est pas vnie, mais taillée de diuerses faces, & diuersement comme sont le plus ordinairement les figures A, B, C, il y en a de taillez comme A, qui n'ont que douze facettes, & encore d'autres sortes, au choix desquelles, il faut tousjous prendre les plus clairs & plus reguliers.

Ce crystal à facettes, ou verre polygone, car on peut luy donner ces noms, se doit enchasser en vn bout d'vn tube, ou tuyau de fer blanc, ou de carton; non pas justement au bout, pour empescher que ses bords ne se colorent par la lumiere, mais vn peu en dedans, comme en la figure D. L'autre bout de ce tuyau doit estre entierement fermé, à la reserue d'vn trou où l'on puisse passer la teste d'vne épingle commune, qui doit estre tout au milieu E. C'est par ce trou que se doiuent voir les objets qui sont sur le plan du tableau.

L'on ne peut pas donner vne longeur determinée, à ce tuyau, à raison des diuerses veuës; je veux dire des diuers esloigments & selon qu'on veut s'aprocher ou reculer du plan. Car si l'on veut occuper vn grand espace, sans beaucoup d'esloignement; il faut faire le tuyau plus court afin que l'œil, estant plus prés du verre, descouure d'auantage du plan; si au contraire, on n'en veut gueres occuper, quoy qu'on soit bien esloigné, il faut faire ce tuyau plus long, & par ce moyen esloigner l'œil du verre. Car tant plus il en est esloigné les rayons se reserrent d'auantage, & par consequent descouurent vn plus petite espace sur le plan.

SVITTE DE LA PRATIQVE I.

CE tuyau doit estre attaché fixement auec deux petits liens de ferblanc Q, R, qui le tiendront arresté & commobile sur vn petit morceau de bois, vis à vis du milieu du plan auquel il doit estre perpendiculaire. Or ce plan est à discretion, car il peut estre vn tableau ataché contre vne muraille; ou la muraille mesme, comme seroit le fond, d'vne gallerie: ce peut estre aussi vn plancher, vn platfond & mesme vne voute.

Mais ordinairement cela se fait sur vn petit plan portatif, qui est vn ais, ou planche F, G, H, I. qui l'on fait quarrée octogone, ronde &c. Elle est mise perpendiculairement & en angle droit au bout d'vne autre planche K L; plus longue mais plus estroite; à l'autre bout vers K, s'esleue perpendiculairement vne petite piéce de bois, quarrée, ou ronde MN. sur laquelle on doit attacher le tuyau (immuable, comme nous auons dit) directement opposé au milieu du plan; Quoy que veritablement, il ne soit pas necessaire, d'estre si precisement, au milieu, si ce n'est pour garder la symetrie, en la disposition des projections des facettes.

Car l'on peut trouuer diuers aspects, & plusieurs veuës, en ne se seruant que d'vn seul tuyau; mais l'on y suppose diuers trous, qui ne peuuent pas estre tous au milieu. Ie feray voir cette pratique, sur la fin de ce traité. Mais il faut commencer premierement par vne seul veuë. comme celle donc nous parlons & traitons maintenant, afin de mieux comprendre la Methode qui doit conduire à plusieurs veuës.

Ie reuiens à nostre petite machine portatiue, & dis, que l'ayant disposée, comme cy dessus, l'on doit marquer sur le plan F G H I. les projections que chaque facette du verre y donne, en regardant par le petit trou, ainsi qu'on verra au feuille suiuant.

Quoy que cette machine n'ait de mesures qu'à la discretion de châcun; on luy en peut determiner quelques-vnes; l'on faict ordinairement le plan F G H I. de quinze pouces en quatré; pour son espaisseur il n'importe point pour veu qu'il ne se courbe pas. L'on donne à la planche K L. où il est attaché & posé, vn pied & demy ou deux pieds de long; mais seulement demy pied de large; à la petite piéce de bois M N. qui porte le tuyau, sept ou huit pouces; & le tuyau O P. de sept pouces de longueur, qui aura pour grosseur, le diametre du verre.

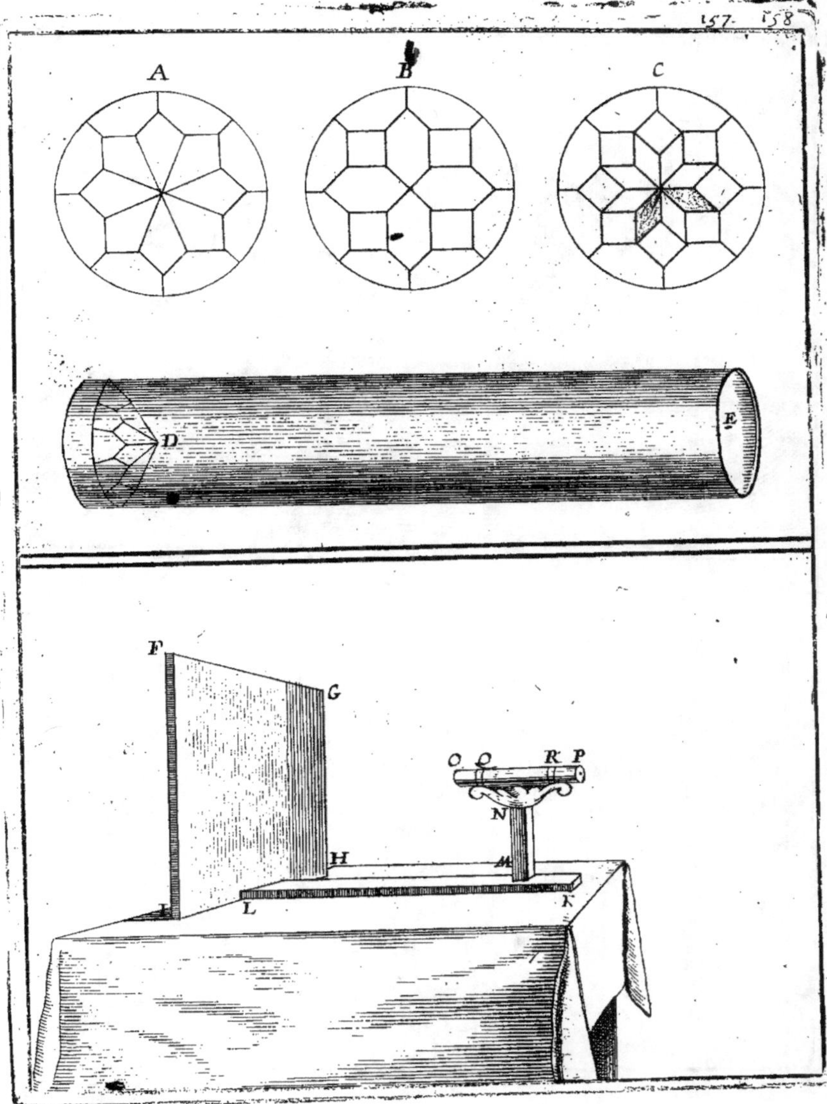
A
B
C
D
E
F
G
H
I
L
K
M
N
O
Q
R
P

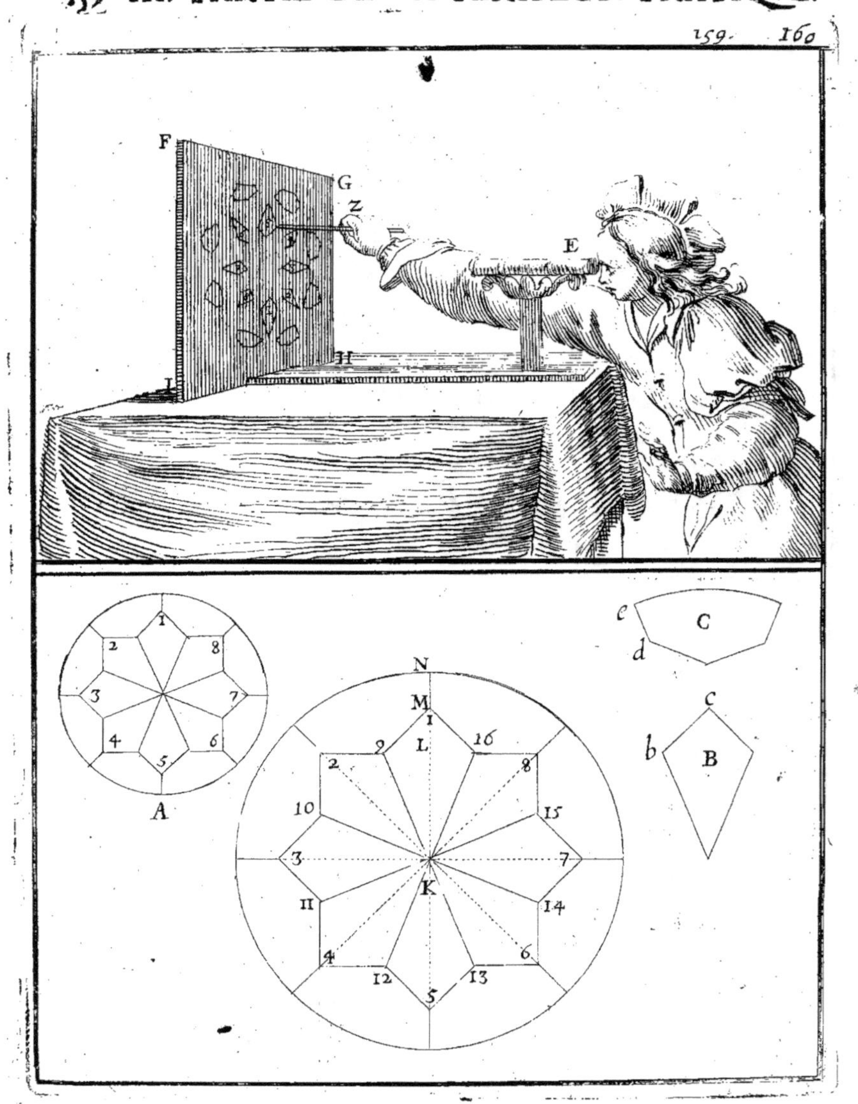
F
G
Z
E
H
I
1
2
3
4
5
6
7
8
A
N
M
L
K
9
10
11
12
13
14
15
16
c
d
C
b
B

PRATIQVE II.

POVR TROVVER LE LIEV DES PROIECTIONS *que châque facette du verre, donne sur le plan.*

LEs projections des facettes du verre sur le plan qui luy est opposé, se trouuent par deux moyens; Le Premier par la lumiere d'vne lampe, mais je laisse cette methode qui n'est pas assez iuste ny asseurée. Pour prendre la seconde; qui est de se seruir d'vne pointe, qu'on conduit de la main par tous les angles que descouure l'œil, qui est au bout du tuyau E. comme on void en la figure. Ie tiens cette methode comme la vraye, l'originale, & la plusjuste. estant celle que j'ay veu pratiquer au premier inuenteur de ces piéces, il y a vingt ans.

Ie viens à la partique, & dis que (supposé cette machine preparée comme nous venons de la laisser en la figure precedente & qu'on void encore en celle-cy) pour trouuer sur le plan F G H I. le lieu des projections, que le rayon brisé y enuoye; Il faut auoir l'œil au trou du bout E, & de la main, conduire vne pointe Z. par tous les angles des facettes du verre, & marquer leurs places sur le plan; pour par ces marques ou poincts, tirer des lignes droites, qui donneront vne figure toute semblable à celle du verre, mais plus grande.

Pour trouuer promptement ces projections; Il faut mettre l'œil au trou de la lunette E, & de la main approcher la pointe du cousteau sur la facette du verre, & puis l'en esloigner petit à petit, regardant tous-jours ce couteau par la mesme facette, jusqu'à ce qu'on touche le plan, auquel on marque tous les angles fort aysement.

Autrement il faut mener le cousteau, ou autre pointe, de part & d'autre sur le plan jusqu'à ce qu'il soit apperceu par la facette dont on veut auoir la projection, & pour lors l'arrester, & marquer tous ses angles, & les joindre de lignes qui en fermeront la figure.

Ayāt ainsi regardé toutes les facettes du verre les vnes apres les autres & marquées leur projectiōs sur le plan. Elle s'y trouuerōt en mesme nōbre mais en ordre contraire aux facettes du verre. Car Par exemple si la figure A, de la figure de dessous est celle de verre, & que nous prenions, pour premiere facettes, celle qui est marquée 1. & les autre suiuantes, 2, 3, 4, 5, 6, 7, 8: leurs projections seront sur le plan, en ordre tout contraire d'autant que la projection de cette facette 1. au haut du verre, se trouue en bas, comme on la void, sur le plan; Celle 5. qui est en bas sur le verre, est en haut sur le plan; & 3. qui est à droit sur le verre, se trouue à gauche sur le plan; Ainsi se changent toutes les autres; Ce qui prouient de la brisure & fraction des rayons.

SVITTE DE LA PRATIQVE II.

TOutes ces projections, sont tous-jours plus grande sur le plan qu'elles ne sont en effet sur le verre; & croissent, ou diminüent sur ce plan, selon qu'il est prés ou esloigné du verre, & selon que le trou où se met l'œil, est prés ou loing du verre. Si les facettes du verre sont inégales, les projections le sont aussi.

Maintenant pour faire vne assemblage Circulaire de ces projections qui se doiuent ramasser en telle sorte qu'elles fassent vne figure semblable à celle du verre A, affin d'y tracer l'image Prototype; Il faut prendre sur le plan la grandeur de châque sorte de projection, comme icy du trapeze I, & du pentagone irregulier 9, car il n'y a que ces deux figures ou sorte de facettes au verre de la lunette, representé par A. Or supposons que la projection de la facette marquée I, sur le plan est égale à celle marquée B. & que le pentagone irregulier est comme la marquée C: Ie dis que ces deux figures suffisent pour faire cet assemblage qu'on desire, à la façon qui s'ensuit.

Soit du poinct K, tirer vne ligne infinie, sur laquelle il faut porter le plus grand costé *a*, *b*, de la figure B, qui sera K L, & faire encore K M, égale à *a*, *c*; & K N, égale au petit costé d'vn des pentagones du bord marqué *d*, *e*. Ayant pris toutes ces mesures, au plus juste qu'il se peut; Il faut par aprés mettre vne jambe du compas au poinct K. comme centre, & de l'interuale K N, faire vn cercle de ligne pleine; & des interuales K M, & K L, deux autres de lignes occultes.

Cela fait, il faut diuiser le grand cercle K N, en huict parties égales, & des poincts de cette diuision tirer des diametres occultes, qui couperont le cercle fait de K M. aux poincts 1, 2, 3, 4, 5, 6, 7, 8, de plus, il faut encore diuiser en deux parties égales, châcun des huict parties du petit cercle K L, comme elles sont aux poincts 9, 10, 11, 12, 13, 14, 15, 16. desquels il faut tirer des lignes pleines passantes au centre K, puis joindre de petites lignes, les poincts 1, 9; 9, 2; 2, 10; 10, 3, & ainsi des autre, jusqu'à ce que les huict facettes du milieu soient toutes formées. Pour former les Pentagones irreguliers des bords; il faut encore du centre K, tirer des lignes depuis les poincts 1, 2, 3, 4, 5, 6, 7, 8, jusqu'au grand cercle N. Par ce moyen, on aura toutes les projections des facettes esparses çà & là sur le plan, ramassées dans vn cercle qui rendent vne figure toute semblable à celle du verre, ou cristal taillé à facettes A, qui est enchassé dans le tuyau.

Autrement, il faut transporter en quelqu'autre part, toutes ces projections du plan, les disposant selon leur ordre, les vne aprés les autre, & comme elles sont, soit regulieres ou irregulieres, & elles feront vne figure circulaire semblable à celle du verre.

C'est dans ce cercle qu'on doit peindre l'image Prototype, comme on verra au feüillet suiuant.

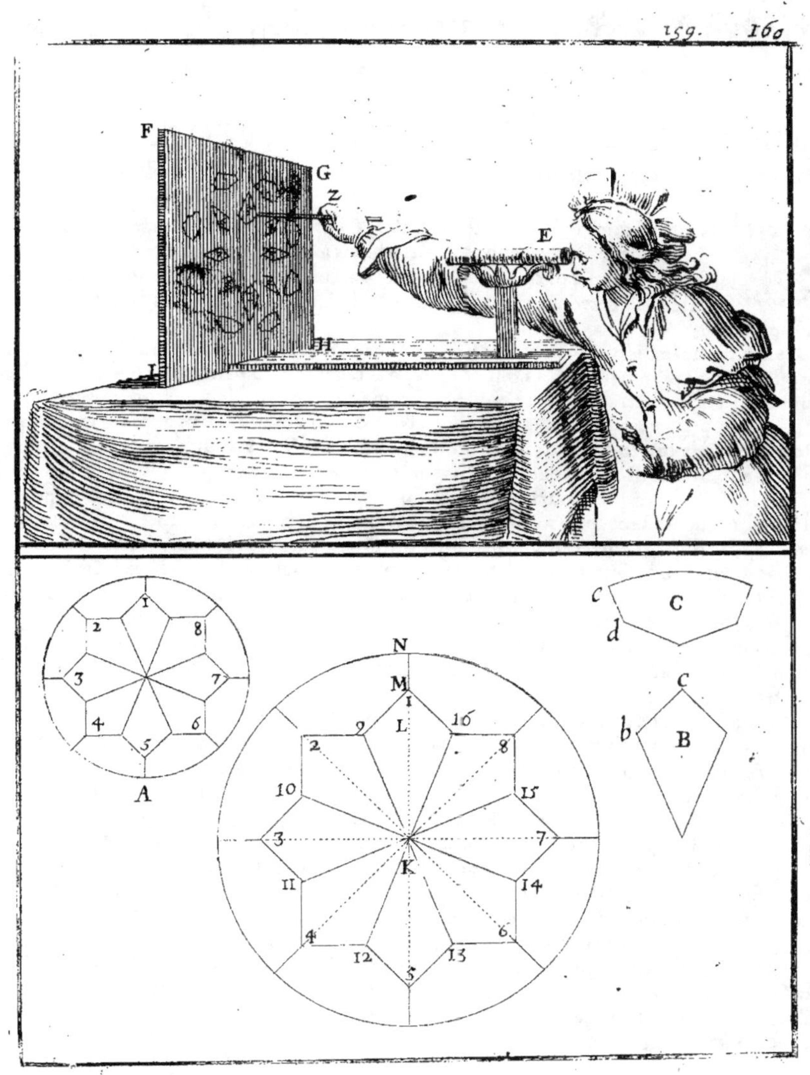
F
G
Z
E
H
I
A
N
M
L
K
C
c
d
B
b

PRATIQVE III.

POVR TRACER LA FIGVRE PROTOTYPE SVR les projections des facettes, qu'on a trouuées sur le plan.

N cette figure, ie suppose deux choses; La premiere que le quarré F, G, H, I. est comme le plan que nous auons veu vis à vis de la lunette en la fiugure precedente: La seconde, que la figure Circulaire A. diuisée de 16. facettes, est égale à la precedente, qui a esté construite des projections des facette de verre sur le Plan.

Cela supposé je dis que tout ce qui sera peint dans le cercle A, estant transporté sur les projections du plan, paroistra à l'œil de celuy qui regardera le plan par le petit trou de la lunette; Et ne s'y verra rien autre chose quoy que ce plan soit plein d'autres objets.

Châcun peut peindre dans ce cercle A, tout ce qui luy plaira & aymera le mieux; Pour moy, j'ay mis icy le portrait de nostre Roy Louis XIV. I'ay dit dans le cercle, tout à dessein; Car ce qui en sera dehors ne paroistra pas au regardant par la lunette.

Ie viens à la pratique. Pour transporter sur les projections, ce qui est au Prototype A; Il faut se souuenir de ce que j'ay dit, que tout ce qui doit estre veu en haut, dans la lunette, doit estre mis aux espaces, & projections qui sont en bas, sur le plan; Ce qui doit estre au bas du verre il le faut mettre en haut sur le plan; le gauche se doit mettre à droit, & le droit à la gauche ce qui sera facile à conceuoir, si l'on prend garde à la disposition des chyfres, que j'ay mis selon ce changement. Il n'y a donc plus qu'à transporter ce qui est en vn espace du Prototype, en l'espace qui est marqué de mesmes chyfres sur le plan; Ce qu'estant fait, bien exactement; il est tres certain que ce qui sera veu en la lunette, paroistra comme le Prototype A.

Si l'on se veut seruir d'vne image imprimée pour Prototype (comme on le peut fort bien faire.) Il faut sur cette image tracer la mesme figure que celle du verre comme icy, celle A, mais de la grandeur des projections; que l'on coupera & appliquera, les vnes aprés les autres, selon l'ordre mis cy dessus. Si l'image imprimée qu'on veut representer, se trouue plus grande, ou plus petite, que la figure composée des projections, comme par exemple la figure A; il faut tousiours faire vne figure semblable à celle du verre, de quelque grandeur que soit l'image; Puis aprés, il faut desseigner & peindre ce qui est en l'espace de l'image, dans l'espace du plan qui le represente. Le mesme se doit faire, & se fait pour l'ordinaire, encore que le portrait ou image Prototype soit desseigné sur la figure faite des projections; à raison que les verres n'estans pas taillés dans les rigueurs de Geometrie, ne font pas aussi leurs projections égales entr'elles, comme elles le sont en la figure A. Neantmoins pour rendre à l'œil l'image comme au Prototype, il faut tracer dans la projection qui est inegale tout ce qui est en l'espace égale du Prototype, & ainsi tout ira bien.

SVITTE DE LA PRATIQVE III.

OR comme pour l'ordinaire, l'on prend le portraït de quelqu'vn pour Prototype; ce portrait se trouue partagé en autant de piéces qu'il y a de facettes au verre, tellement qu'vne projection de ces facettes, aura vn œil & le nez, l'autre vn œil & vne oreille, vne autre aura la bouche & le menton, enfin châcunes de ces facettes & projections de facettes, auront quelque partie de ce visage, ou du vestement; lesquelles parties doiuent estre dispercées çà & là sur le plan, comme on les void aux projections des facettes, que j'ay faites plus brunes que le reste, à dessein de les faire connoistre; ce n'est pas pourtant qu'elles doiuent estre connoissables au tableau, car cela descouuriroit le jeu; au contraire, il faut les cacher le plus qu'on peut en acheuant de faire vn visage, de ce que châque projection aura du Prototype; tellement que si la projection d'vne facette sur le plan, ne contient qu'vn œil, du visage Prototype; il faut faire vn autre œil aupres, & acheuer vn visage, qui n'aura aucun air de celuy du Prototype. L'on pourroit mesme y adjouster des espaules, & faire vn busc tout entier, selon le dessein qu'on aura pris; ainsi d'vn seul visage, on en fera plusieurs, & d'vn portrait, autant qu'il y aura de facettes.

Ayant pris dessein icy, de faire voir par le trou de la lunette, le portrait de Louys le victorieux XIV. du nom; qui a le visage d'vn Ange; Aux espaces de ce plan, où se rencontrera quelque partie de ce beau visage; il faut en acheuer la teste d'vn Ange; & comme on peut mesme leur donner des corps entiers selon la place qui s'y trouuera on pourra aussi leur faire tenir; à l'vn, l'escu de France; à l'autre, celuy de Nauarre, à cettuy-là, les Sceptres; à cettuy-cy, la Couronne &c. Et au milieu de tous ces anges, il faut peindre le Roy deffunct, Louys le Iuste, & sa chere espouse la Reyne Regente, puis que ce sont eux deux qui ont produit le Roy: qu'on verra tout seul par la lunette.

I'ay veu autre fois, vn tableau semblable à cettuy-cy, au milieu duquel estoit peinte vne Hostie, comme celles dont on dit la Messe, & autour de cette Hostie, il y auoit quantité d'Anges en posture de deuotion. Mais quand on regardoit par le trou de la lunette, on ne voyoit rien autre chose, qu'vne image du petit IESVS.

I'en ay veu encore vn autre où dessus le Tableau, on auoit peint S. Martin comme on le represente ordinairement monté sur vn cheual, coupant la moitié de son manteau pour le donner à vn pauure, prés de la ville d'Amiens, & dans l'enfoncement, des bois, des riuieres, & la veuë d'vn beau paysage. Et lors qu'on regardoit par le tuyau, l'on ne voyoit plus rien de cela, mais seulement S. Martin couché dans vn lit couuert d'vn Pauillon, & Nostre-Seigneur entouré de quantité d'Anges qui luy apparoissoit, luy montrant le morceau de manteau qu'il auoit donné pour l'amour de luy.

Cela montre qu'il est libre à chacun, de mettre en ce plan ce qui luy plaira; ajustant pourtant, s'il se peut, le sujet du tableau, en telle sorte qu'il ait quelque raport auec ce qui est veu par la lunette, ainsi qu'aux exemples mis cy-dessus.

163. 164.

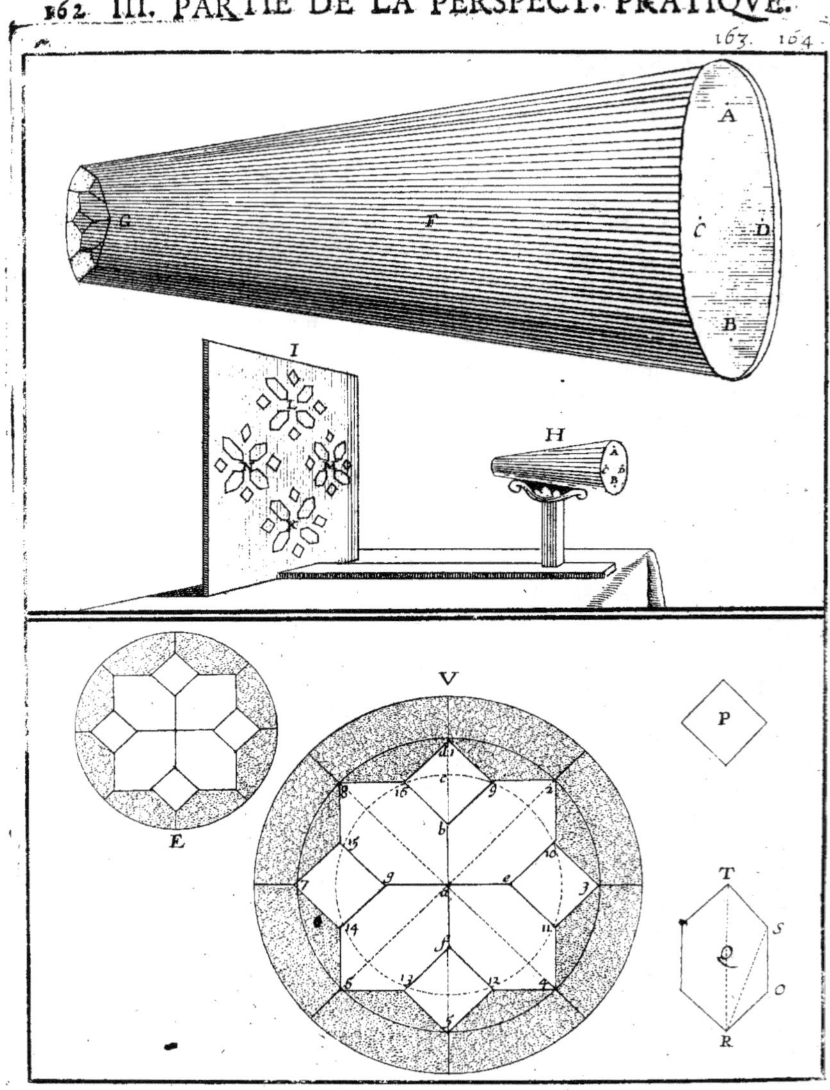

PRATIQVE IV.

POVR FAIRE VOIR DIVERS PORTRAITS, *ou images differentes, les vnes apres les autres, sur vn mesme plan, sans le mouuoir, ny toucher à la lunette, ou tuyau.*

IL me semble, qu'aux pratiques precedentes, j'ay dit tout ce qui est necessaire pour faire voir vne image, ou portrait, par le moyen d'vn verre polygone, ou à facette; laquelle estant diuisée en diuerses parties sur le plan, se void ramassée dans le verre, quand on la regarde par le petit trou du tuyau, où il est enchassé.

Il est vray, que par le mesme trou, l'on pourroit voir encore vne autre image, mais il faudroit mouuoir le plan, ou la lunette; Le plan se meut, par vn coulis de costé, ou de haut, ou en le tournant sur vn piuot; ce que l'on void tous les jours. Mais que cela se fasse, sans rien toucher au plan, ny à la lunette, je croy que peu de personnes l'ont encore veu.

C'est ce qui sera enseigné icy, où ie veux donner la methode pour faire voir, non seulement deux, mais jusqu'à quatre portraits, tous differents, les vns apres les autres, sans rien toucher, ny remüer au plan, ou à la lunette. Mais en regardant par diuers trous qui sont en vn des bouts du tuyau; que pour ce sujet l'on fait bien plus grand en son diametre, que quand il n'y a qu'vn trou. Quoy que la longueur de ce tuyau, & le diametre du bout où se font les trous, soient à la discretion de châcun; ie diray neantmoins, pour en determiner quelques mesures; que celuy qui me sert n'a qu'enuiron huit pouces de longueur; le bout où se met le verre, n'a que le diametre du verre; mais l'autre bout, où sont les trous, & où on met l'œil pour regarder les objets qui sont sur le plan, a quatre pouces de diametre, afin que ces trous A, B, C, D. soient en distance suffisante pour empescher que les projections des facettes qui appartiennent à vn trou ne se meslent, & confondent auec celles d'vn autre trou.

Pour mieux empescher cette confusion que donneroit vn si grand nombre de facettes si on laissoit toutes celles du verre; l'on peut en obscurcir quelques-vnes, comme j'ay fait icy les huit pentagones irreguliers qui sont au bord; soit en y collant du papier, ou y appliquant quelque couleur espaisse: Elles sont marquées de poincts en la figure E, qui represente le verre enfermé dans le tuyau; les huit facettes qui restent au milieu, soit en cette sorte de verre, ou en vne autre, estant suffisantes de rendre vn portrait; ce qu'estant ainsi; le plan qui est vis à vis de la lunette, ne sera chargé que de trente-deux projections, pour quatre portraits; qui seront tous destachez, les vns des autres, comme on les void en petit sur le plan.

SVITTE DE LA PRATIQVE IV.

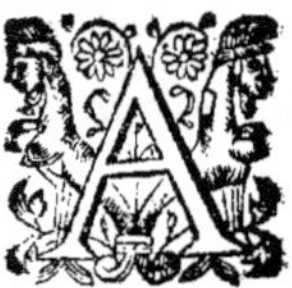

Yant donc fait le tube, ou tuyau, selon les mesures cy-dessus, ou autres. Sa figure sera comme la marquée F, où le verre G est justement au bout; & non pas vn peu en dedans comme en la figure precedente, à raison que ce verre cy estant regardé obliquement, les bords qui resteroient au tuyau, pourroient empescher les facettes de donner des projections sur le plan, ou du moins, elles n'y feroient pas entieres, ce qui s'éuitera mettant le verre tout au bord.

Ce tuyau, se doit monter comme on le void en H. vis à vis du plan I, où se doiuent peindre les portraits, ou images qu'on desire faire voir par la lunette.

Apres que la machine est montrée comme en H.I, il faut regarder par vn des trous de la lunette, & marquer sur le plan (soit auec la pointe d'vn compas, ou d'vn couteau, comme nous auons dit) les projections des facettes du verre qui s'y donneront tout au rebours. Par exemple regardant par le trou A, Les facettes du verre donneront leur projections sur le plan, en K. & ces projections seront encore en ordre contraire à celles du verre ainsi qu'en la pratique precedente. Le trou B, donnera les siennes en L; C, en M; & celle D, en N.

Or, Il faut prendre les dimensions de châque projection de facette, pour en faire vn assemblage; où se doit peindre l'image ou portrait Prototype, comme nous auons fait en la pratique precedente. Mais comme le verre de celle cy n'est pas semblable à l'autre, quoy qu'il y pourroit; il faut en donner vn auis particulier.

Ie dis donc que le verre comme E, auroit trois sortes de facettes, mais qu'en ayant rendu vne inutile, il n'en reste plus que deux, qui sont vn quarré P, & vn hexagone irregulier Q. supposé que l'vn & l'autre, sont semblables à ceux qu'on a trouuez sur le plan; il faut prendre le costé RO. auec vn compas, & le porter sur vne ligne droite, comme est *a*,*b*: il faut encore prendre la longueur RS, & la porter de *a*, à *c*, & finalement la distance RT. qui sera de *a*. à *d*; Puis du poinct *a*, comme centre, il faut faire des cercles occultes qui passent par les poincts *c*, & *d*; la circonferéce de celuy *d*, sera diuisée en huit parties par quatre diametres 1, 2, 3, 4, 5, 9, 7, 8. De plus, il faut encore diuiser en deux parties égales, châcune des huit parties du cercle *c*, marquées 9, 10, 11, 12, 13, 14, 15 & 16. qu'il faut joindre auec des petites lignes aux diuisions du cercle *d*, comme 1, 9. 9, 2. 2, 10; 10, 3. & ainsi jusqu'à 16, 1. L'interualle, *ab*, se doit porter de part & d'autre du centre, sur quatre demy diametres perpendiculaires, comme sont *ab*, *ae*, *af*, *ag*. de ces poincts *b*, *e*, *f*, *g*. Il faut tirer des petites lignes aux diuisions qui leur sont plus proches sur le cercle *c*. comme *b* 9, *b* 16; Ce qui donnera, auec les quatre quarrez, les quatre hexagones, qui sont tirez de lignes fermes, & par consequent l'assemblage des projections où se doit peindre l'image, ou portrait Prototype; cecy estant pour vn seul trou, il en faudra faire autant separement pour tous les autres, si l'on veut, ou se seruir de l'vn pour tous les autres. Comme en la figure V, peut seruir pour tracer les images des quatre trous AB CD.

Quoy que les facettes du bord ne doiuent pas seruir icy; je n'ay laissé de les mettre autour du Prototype afin de rendre cette figure V. comme celle de verre E.

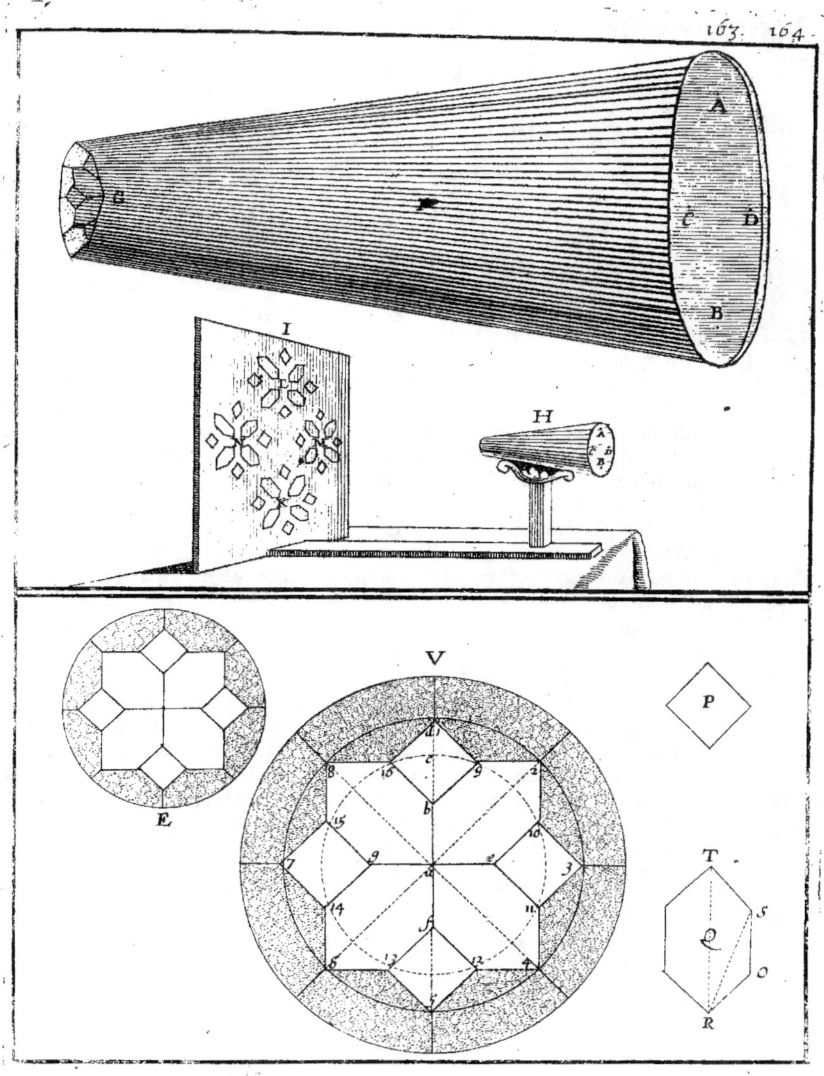
163. 164.
A
C
D
B
G
F
I
H
E
V
P
T
S
Q
O
R

PRATIQVE V.

POVR TRACER LES FIGVRES OV portraits Prototypes, sur les projections des facettes, trouuées sur le plan.

SVpposé que les projections qui sont icy en K, L, M, N. soient celles qu'on a trouuées regardant par la lunette, ou tuyau. Il faut de ces projections en former les quatre figures A, B, C, D. châcunes égales à la precedente V; Et quand on y aura peint tel portrait, ou image qu'on voudra, comme icy de Saint Ignace en A, qui doit estre peint sur le plan en K; Il faudra mettre en la projection 1 de K, ce qui est en la facette marquée 1, au prototype A. de mesme, ce qui est en la facette 2. de A, en la projection 2, de K. Et ainsi des autres projections; estant tres certain que si on desseigne & rapporte fidellement ce qui est aux Prototypes A, B, C, D, sur les projections de K, L, M, N. que regardant par les trous qui sont au bout du tuyau; Ces images paroistront à la perfexion. Par exemple, par le trou marqué A. l'on verra parfaitement le portrait de Saint Ignace; Par le trou B, celuy de S. Xauier; Par le trou C, celuy du B. Louis de Gonzague; Et par le trou D. celuy du B. Stanislas. Le premier est sur le plan en K, le second en L, le troisiéme en M, & le quatriesme en N.

On peut rendre tous ces portraits mesconnoissables sur le plan; en acheuant des visages qui ne leurs soient pas semblables, d'vne partie de ceux qui se rencontrent sur les projections; en telle sorte que d'vne teste, on peut en faire cinq ou six visages, & quasi autant qu'il y a de projections; tellement qu'on peut peindre sur ce plan vne quantité d'Anges & Cherubins. Dans le vuide qui est au milieu, l'on peut peindre vn nom de IESVS Nostre-Seigneur ou Nostre-Dame, ou tous deux ensemble si on veut.

Ie dois auertir, qu'en la figure precedente, & en celle-cy, j'ay seulement donné la disposition des projections, mais non pas leur veritable grandeur; Car le plan estant seulement esloigné de la lunette, d'vn pied & demy, les projections sont deux fois plus grandes qu'icy, ce qui eut obligé à faire vne trop grande figure, qui n'est pas necessaire, puisque l'instruction, & pratique, se donnent aussi bien en petit qu'en grand.

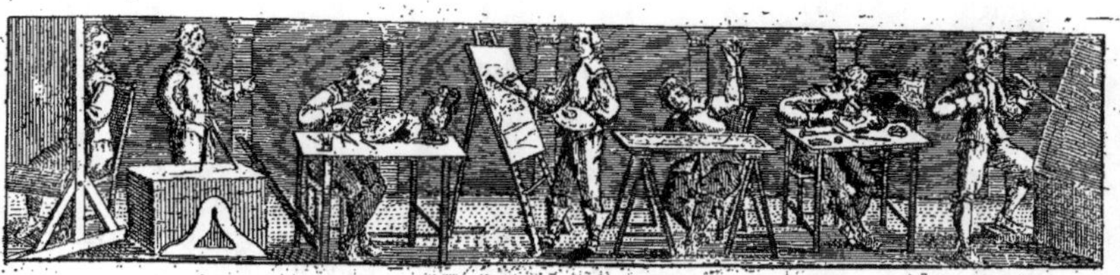

TABLE DES MATIERES CONTENVES EN LA TROISIESME ET DERNIERE PARTIE DE LA PERSPECTIVE PRATIQVE.

A

TABLE.

B

C

G

H

I

L

Q

R

S

T

V

Z

Fautes furuenuë en l'Impreßion.

Page.	Ligne.	au lieu de	Lisez.
9.	32.	qu'il fait	qu'il faut
29.	10.	extremité console	extremité de la console
36.	18.	Pratique VX.	Pratique XV.
47.	25.	comme elles.	comme ils.
81.	4.	diffeérce.	difference.
98.	au titre.	ROCHRES.	ROCHERS.
123.	5.	si on les regarde.	si on ne les regardes.
127.	29.	qaudre.	quadre.
142.	42.	s'est en bas.	s'est fait en bas.
144.	7.	A, E, I (s'l est.	A E (s'il est.
148.	au titre.	diuisée difforme.	diuisée & difforme.
152.	28.	il faudra garde	il faudra prendre garde.
154.	au titre.	appellée Cônes.	appellés Cônes.
158.	2.	commobile.	immobile.
Ibid.	7.	qui l'on fait.	que l'on fait.
164.		montrée.	mon tée.

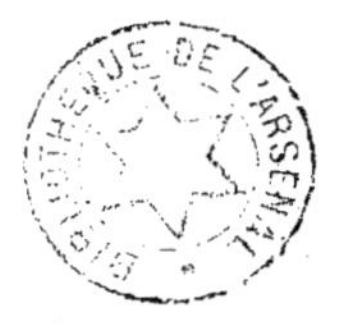

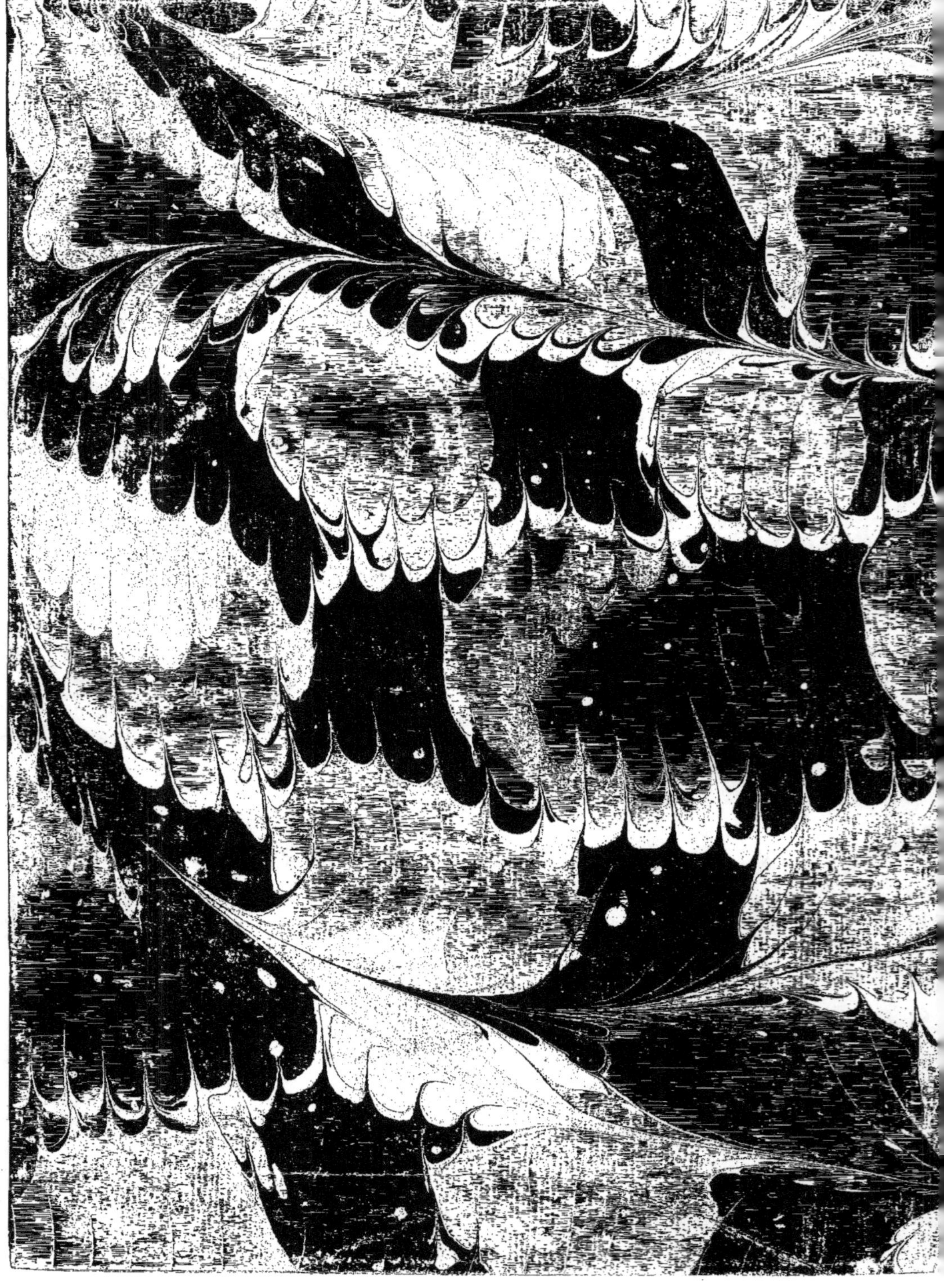

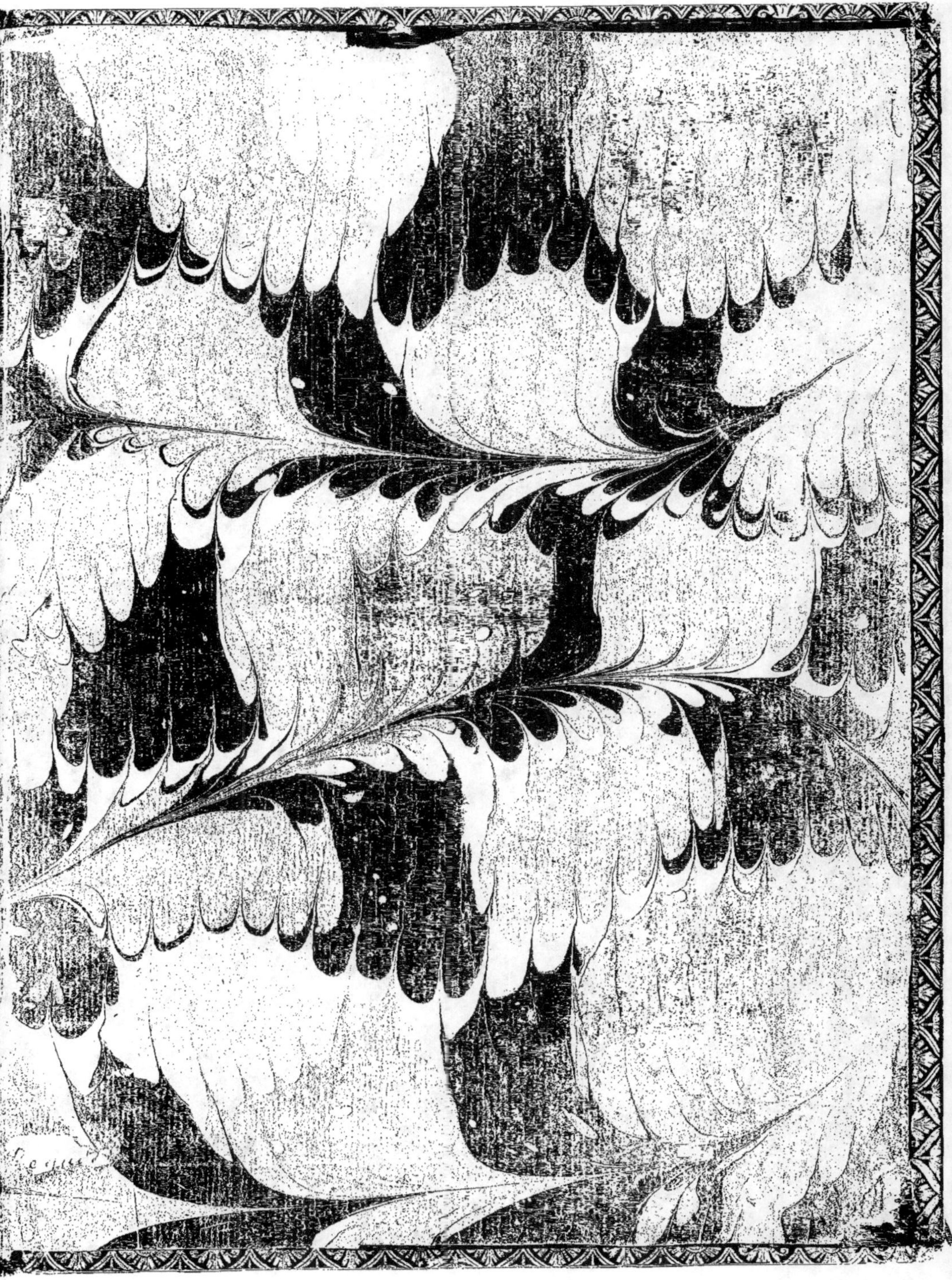

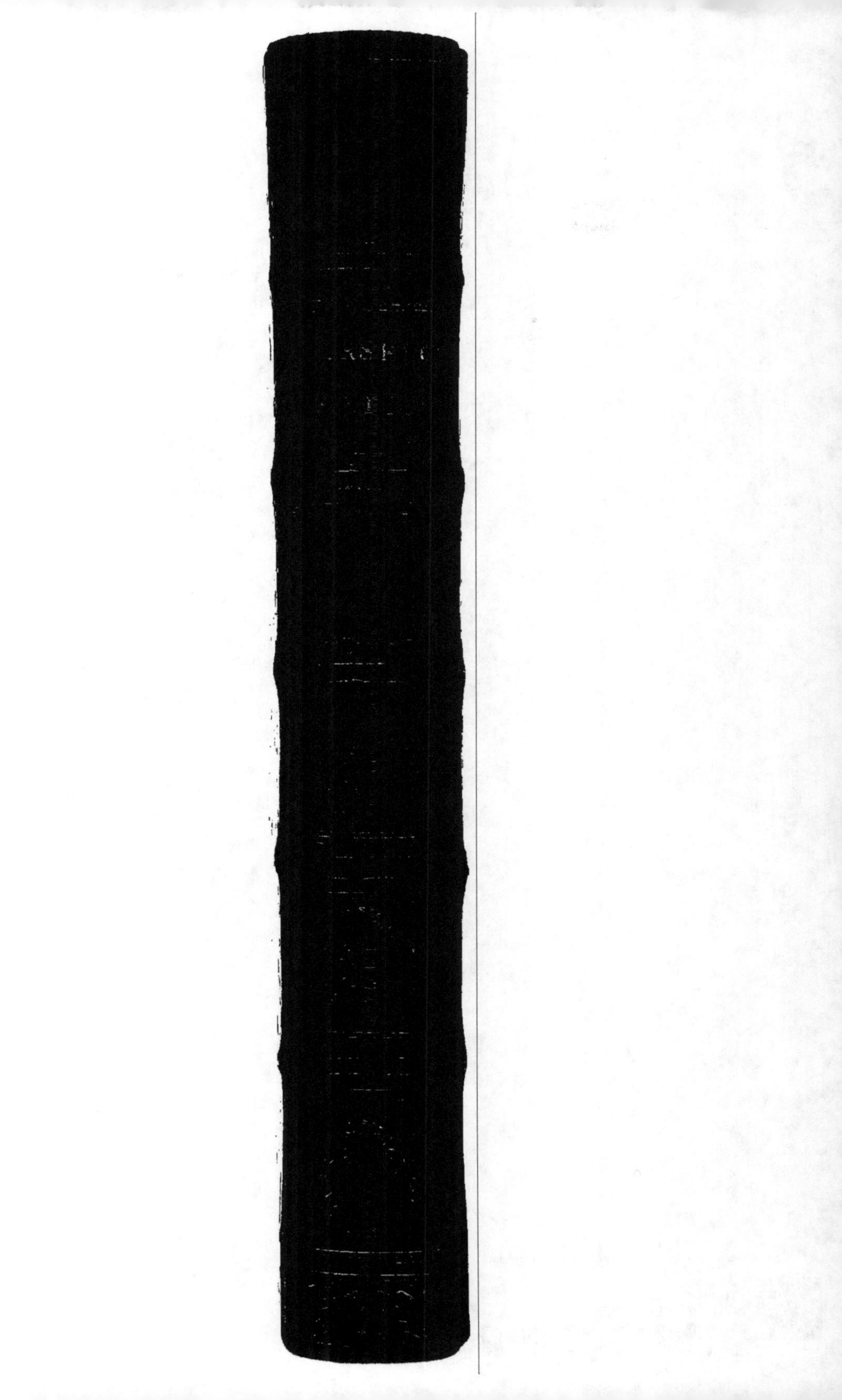

www.ingramcontent.com/pod-product-compliance
Lightning Source LLC
LaVergne TN
LVHW020554110826
845149LV00002B/266

* 9 7 8 2 0 1 3 7 4 8 9 4 0 *